交流与创新

——外文文献资源建设与组织学术论文集

国家图书馆外文采编部　编

國家圖書館出版社
National Library of China Publishing House

图书在版编目(CIP)数据

交流与创新:外文文献资源建设与组织学术论文集/国家图书馆外文采编部编. --北京:国家图书馆出版社,2016.7

ISBN 978-7-5013-5889-2

Ⅰ.①交… Ⅱ.①国… Ⅲ.①外文图书—文献资源建设—文集 Ⅳ.①G253-53

中国版本图书馆 CIP 数据核字(2016)第 151641 号

书　　名 交流与创新——外文文献资源建设与组织学术论文集
著　　者 国家图书馆外文采编部 编
责任编辑 金丽萍 唐 澈

出　　版 国家图书馆出版社(100034 北京市西城区文津街7号)
(原书目文献出版社 北京图书馆出版社)
发　　行 010-66114536 66126153 66151313 66175620
66121706(传真) 66126156(门市部)
E-mail nlcpress@nlc.cn(邮购)
Website www.nlcpress.com ——→投稿中心
经　　销 新华书店
印　　装 北京玥实印刷有限公司
版　　次 2016年7月第1版 2016年7月第1次印刷

开　　本 787毫米×1092毫米 1/16
印　　张 19
字　　数 420千字

书　　号 ISBN 978-7-5013-5889-2
定　　价 80.00元

本书编委会

序

文献资源是图书馆的立馆之本、服务之源，图书馆的服务离不开文献资源的保障。近年来，随着数字技术、网络技术的不断发展，文献载体发生了很大的变化，也给图书馆文献采编工作带来了很多新的课题、新的挑战。

国家图书馆外文采编部作为一个基础业务部门，承担着外文文献资源采选、编目、加工以及出版物国际交换的职能，也担负着人才培养的任务。外文采编部重视业务研究和人才培养工作，策划、举办了多次研讨会、业务培训、讲座，营造业务研究氛围，创造各种机会，形成了重视研究的风气，使得一批人才脱颖而出。

正是在这样的背景下，外文采编部集思广益，群策群力，创新思路，交流思想，积极探讨如何破解新形势下出现的新问题，将日常工作中的思考和研究成果在部门内部的研讨会和培训班进行交流，然后形成文字，由部门内部专家进行评审，提出修改意见，最后定稿。这些文字积少成多，颇具规模，于是就考虑集结出版，作为研究的总结，也可供同行参考。

本论文集收录文章55篇，作者都是来自国家图书馆基层的工作者，所撰写的论文既有对日常工作环节的细致讨论，也有对国际最新发展趋势的展望；既有对工作经验的朴素总结，也有对前沿理论的精彩剖析。涉及文献采访、文献编目、数字资源法律问题、各国图书馆比较研究、中国学文献研究、特色资源建设、国际交流等领域。希望这些论文能够对当下图书馆外文文献资源建设与组织工作有所裨益。当然，其中必然也有很多不成熟的地方，恳请各位同行斧正。

顾　犇

2016年6月

目　录

浅谈新形势下的国家图书馆外文图书采访工作

马　倩

1　国家图书馆外文图书采访工作的意义

随着教育的不断深入、外语水平的不断提高,人们对外文图书的需求日益增大。外文图书反映了各学科专业研究领域前沿的研究成果、学术水平和发展趋势,呈现了社会经济、文化发展最新的信息资料,能够为各个学校、研究机构和专业人员提供更好的学术参考。对于图书馆而言,外文图书的引进是图书馆文献资源建设中举足轻重的一部分,做好外文图书采访工作是馆藏文献资源建设的基础和前提,更是决定馆藏文献质量的关键环节。

国家图书馆是国家总书库,也是国内典藏外文图书最多的图书馆。截至 2009 年年底,国家图书馆馆藏外文图书 3501431 册,包括英语、法语、德语、日语、俄语以及其他小语种等多种语言图书。国家图书馆是综合性研究图书馆,担负着建设国家总书库以及为中央和国家领导机关、重点科研机关、教育机构、生产单位和社会公众服务的职责。国家图书馆的外文图书面向的是最广泛的读者群体,是国内研究机构及公众获取外文信息的主要来源。国家图书馆藏书建设既要重视图书收藏价值,又要保障读者使用需求,兼顾中国特色,达到国内外一流水平。因此,做好外文图书采访工作对国家图书馆建立多层次、跨系统外文文献资源保障体系具有重要意义。

2　国家图书馆面临的新形势和存在的问题

20 世纪以来,人们逐渐适应了“信息爆炸”“知识碰撞”的崭新信息时代。随着信息技术的迅猛发展,外文图书的各种电子信息纷纷涌现。各大出版社纷纷建立自己的网站,网上书店应运而生,外文图书代理商也先后建立自己的网络图书信息库。这些网络上的图书信息,不仅提供了出版社和作者等详尽的具体信息,还涵盖了权威专家的书评信息。外文图书采访员可以全面准确、方便快捷地获取外文图书信息,工作更加有据可循,有规可依。采访工作不再仅仅局限于围绕代理商提供的纸质目录,更能借助网络的力量查询优质外文图书。例如外文图书采访员可以第一时间获得世界各地畅销图书榜,获奖图书单等最新图书信息,为国家图书馆选入优秀图书。当然,信息时代为我们带来机遇和便利的同时,就不可避免地引发了很多困难和问题。

2.1　外文图书的采访周期长,时效性差

图书信息的更新越来越快速、越来越全面,图书馆的图书时效性面临巨大挑战。外文图书普遍采购周期长,书商提供目录给采访员,采访员通过查重、采选、发订,最终一步一步到图书

呈现在图书馆书架之上,至少要经过数月时间。例如科技类等外文图书,应当购买当前最新发展研究成果的图书,新预定的图书还没上架,该领域已发生了翻天覆地的变化。在图书采选工作中常常会遇到上一版的外文图书还在订购中,新一版的外文图书已经出版的情况。外文图书的到书速度对读者服务工作质量有极大影响。国家图书馆是中国的总书库,在采选书籍时更要保障其权威性、全面性。如何为图书馆采选出最新、最全的外文图书,成为采访工作的重要课题。

2.2 外文数字图书发展迅猛,对纸质图书冲击大

随着数字媒体的崛起,近十年来传统印刷业进入了前所未有的发展瓶颈期。外文纸质图书利用率低、分享成本高,数字图书比传统纸张图书更具有竞争优势,数字图书具有价格便宜、传播便捷、更新速度快等特点。信息技术的进步、电子图书的迅速发展对传统纸质图书形成了很大冲击。

国家图书馆一直致力于大力发展数字电视、手机、网络电视的新媒体资源建设,拓宽本馆外文图书服务阵地。近些年来国家图书馆的电子图书馆藏有了阶段性发展,已初具规模。截至2011年年底,国家数字图书馆数字资源总量已达561.3TB,其中电子图书142.7万种185.3万册。

国家图书馆在外文图书采选上具有特殊性,作为中国最大、外国文献最多的图书馆,其选择具有很大代表性。图书馆馆藏建设需要拥有与存取并重。如何保障数字图书和传统图书相互补充、共同发展,最大限度满足读者的需求,是当前亟待探讨的重点。

2.3 外文纸质书目质量参差不齐,采访难度大

目前国家图书馆外文图书采选的主要渠道是购买。采访员利用最多的就是书商提供的纸质目录。书商书目多数是定期书目和专题书目,来自出版社和出版商,通过ISBN来剔除重复图书。但纸质目录的质量良莠不齐,为采访工作增加了困难。

2.3.1 图书版本众多,容易订重

由于国外图书版本多样,有精装版本、平装版本、图书馆版等多种版本,旧版书重版、改换书名、不同国别版等情况十分复杂。例如同一内容的外文图书由于版本、出版地、装订形式不同对应的ISBN有所不同。同一本图书在不同国家出版,ISBN有时也各不相同。目录报道时平装版本在本月书目中报道,精装版本却在几个月后的书目中出现的情况屡见不鲜。因此,书商提供的纸质书目极易出现图书复本。

2.3.2 图书套书合集复杂,不易甄别

当前外文图书丛书、多卷集十分普遍,也是图书馆馆藏的重要收藏品种。但一方面丛书、多卷集经常不按序号出版、时间跨度大,另一方面丛书、多卷集名称著者标注不统一,图书信息混乱。图书信息复杂,难以辨别分卷图书和整套图书的关系。图书目录反映的图书信息存在遗漏、重复,进一步增加了采访困难。

2.3.3 图书书目编辑人员少,水平有限

目前国家图书馆使用的外文图书书目,多是由书商提供。图书进出口公司的书目编辑人员配备比较少、工作强度大,不能有效保障外文图书信息的准确性、全面性。书目的图书重复、题名错误、信息不全等现象一直存在。目前我馆的外文图书书目,多是以学科分类,按月提供

给不同的采访人员。外文图书的分类标准并不统一,精装和平装版本并不同时出版,图书经常重复报道。有时精装版本报道在文学类,而平装版本就报道在政治类,不同选书员的书目并不互通,增加了选书员的甄别困难,容易造成重复采选。相对来说,图书馆适合入藏精装版本图书。书商书目中提供的平装版本图书,有时竟高达百分之七八十的重复报道率。或是采访员遇到平装版本,已自行查询精装版本进行订购,但更多的是短时间内书商将精装和平装分别报道在不同书目里,另外,外文图书采购周期长,经常需要重复选书步骤、多方查证才能确认。同时,留驻图书馆进行查重工作的书商人员,受限于外语水平和专业知识技能,不能有效剔除不适合图书馆的外文图书。

2.4　读者需求多样化,采访重点与读者需求不统一

国家图书馆外文图书面对的读者知识水平相对较高,需求更加主动化、多样化。一方面读者期待快速、便捷的查阅检索外文信息,另一方面采访人员很难与读者正面接触,一般读者需求都是通过典阅人员反馈。这种读者需求的反馈方式准确度、及时性有待商榷。

国家图书馆的图书采访总原则是"中文求全,外文求精"。根据本馆的性质与任务、文献本身的类型与价值,对国外印刷型文献的采选应遵循全面采选和重点采选的原则。因此,我馆外文图书采访员采访图书有所侧重,偏好重要法律法规、中国相关著作、百科全书等适合图书馆入藏的外文图书。由于读者对外文图书的需求有所差异,做到"依人选书""为书找人"十分不易。如何使得馆藏中的外文书籍得到更好的利用,实现采访人员与读者动态交流亦是当前图书馆面临的巨大挑战。

3　完善国家图书馆外文图书采访工作的对策

3.1　评估馆藏资源,实现纸质图书和电子图书的共同入藏

馆藏调查可以摸清本馆馆藏现状,校验采访工作质量,为以后采访工作奠定基础,提供参考。馆藏调查分为馆藏基础分析、馆藏比较分析和核心书目馆藏分析。

馆藏基础分析能够判断国家图书馆目前学科结构情况,针对薄弱采选学科做出优化,进一步提高外文图书利用率。

馆藏比较分析将国家图书馆与其他图书馆馆藏进行对比分析。可以设定一个具有代表性的权威图书馆对比组,例如将中国国家图书馆与美国国会图书馆、哈佛大学图书馆等馆藏质量和数量一流的图书馆放在一起进行数据分析。馆藏比较分析可以获取国家图书馆馆藏的优势和不足,针对馆藏实际情况进行查漏补缺。

核心书目馆藏分析能够进一步提高核心书目收藏率,提升图书的收藏价值。只有对馆内馆藏做到胸有丘壑,才能选出最需要、最适合图书馆的外文图书。

国家图书馆需要科学合理采选不同形式的图书资源,保障其综合性、全面性。电子图书与纸质图书并不是此消彼长的关系,两者相互补充、相得益彰。相对来说,纸质外文图书的入藏远不如电子图书的采购速度快、价格低。因而,针对馆藏的当前情况和学科的更新动态,可以有所侧重。对于时效性比较强、更替速度较快的学科,例如计算机、科技类图书可以选入部分电子图书。这样有助于改善读者获取外文信息滞后的情况,提高了外文图书的使用率。针对著作类、政治历史等时间沉淀较长的外文图书,可以采取传统书目勾选和自选相结合的方式进

行有效采选。

3.2 调研书目信息，适当推进网络选书的进程

图书代理商一般为了保障图书的书目采选比例、到货率，比较偏好大出版社的图书，容易导致专业性较强的小出版社出版的图书被忽视。由于图书代理商采集外文图书信息的能力有限，对国家图书馆馆藏和需求并不十分不了解，提供的外文图书目录会有所偏漏。

国家图书馆外文采访相关部门需要敦促书商提高纸质书目质量，避免复本、错书入选，采集图书信息源更加准确，提高书目质量，重视查重工作。

同时应力求定期对留驻图书馆的查重人员进行相关培训指导，避免因疏忽大意等主观因素造成的查重不准确、不全面。在书目进入图书馆的第一道关卡优择劣汰，才能保障后续工作的有效进行。

外文图书采访员也需要对书目进行认真审核、筛选。纸质书目提供的图书信息要认真核对，避免订单已下，图书信息不一致无法到货的情况，及时与书商沟通，针对书目存在问题反复确认、更正。选书中的每一步骤环环相扣、步步衔接，只有宏观认真把握、细节严格把关才能减少图书复本选入。

传统外文纸质书目图书复本屡见不鲜，纸质书目勾选购买周期长，不能针对图书馆馆藏需求及时做出调整。网络选书能够弥补纸质书目采选的不足，提高采访效率，保障图书质量。当前网上书店十分普遍，网上书店对图书的信息数字化储存，内容十分丰富全面，面向的读者范围广泛、不受时间地点限制，同时其自有的订货系统缩短了传统库房备货等周期。目前网络选书主要为中小型图书馆订购需求提供了便利。我馆这种大型综合性图书馆对外文图书采选的可靠性要求比较高，传统纸质书目勾选是常规工作。网络选书需要进一步流程化，在避免订重、建立馆内订书记录、传递图书数据促进馆内编目工作等方面进一步完善。只有随着电子商务平台的发展，网络选书操作性更强，我馆才能更好地利用网络选书。图书采访员如果能够准确了解馆藏、网上及时查阅信息、针对性网络订购图书，必将能打开外文图书采访工作的新途径。

3.3 加强读者交流，增进“选”与“需”的契合度

长期以来，外文图书采访人员是基层工作人员，选书工作地点局限于办公室，并不直接面向读者。读者需要的外文图书具有针对性，及时了解并做出反响十分必要。读者的借阅体验直接反映了图书馆的馆藏服务水平。加强采访人员和读者的动态交流，有助于采访人员根据学科变化和读者需求做出调整。古人云：“业精于勤，荒于嬉；行成于思，毁于随。”在外文图书采访工作中，采访人员积极主动、勇于创新无疑可以拓宽图书采访的新视野和新天地。

加强采访人员和读者的互动交流可从以下几个方面着手。第一，读者推荐单、读者问卷具有较强操作性。可拟定期发放相关问卷给外文阅览室内的读者，以期第一时间了解读者需求。第二，采访人员可以定期走入外文图书借阅室和读者交流，倾听读者对图书馆的馆藏评价和想法建议。第三，召开专家读者座谈会，架起图书和读者之间的桥梁，真正成就国家图书馆海纳百川，终成文献渊薮；服务社会，铸就知识津梁之功能。第四，研究读者借阅和复印情况，准确反映外文图书使用的真实情况。

综上所述，数字信息时代下的外文图书采访工作变化很大，采访人员需要做好馆藏调查，

调研书目信息,加强读者交流,调整采选工作策略,选入优秀图书。信息网络时代的新形势下,国家图书馆必能开创新纪元、成就国内外一流的外文馆藏水平!

参考文献:

[1] 顾犇.外文文献采访工作手册[M].北京:北京图书馆出版社(今国家图书馆出版社),2004

[2] 童旭.浅谈新形势下高校图书馆外文图书采访工作的完善[J].科技情报开发与经济,2007(14)

[3] 莫霄.善用网络书目,提高外文图书采访质量[J].图书馆建设,2004(4)

[4] 尚小辉.国家图书馆外文图书馆藏发展实践与思考——以国家图书馆为例[J].图书馆建设,2011(3)

[5] 崔琮.外文图书采访的传统与网络模式之比较[J].大学图书馆学报,2008(6)

[6] 王静.高等学校外文图书采访工作研究[D].长春:东北师范大学,2007

[7] 章红.试谈外文图书采访要求[J].图书情报论坛,2005(2)

国家图书馆东文小文种文献采访模式探讨

王小红

1 国家图书馆东文小文种文献采访概况

国家图书馆东文图书采编组成立于2000年,由以前的东方语文图书编目组和日文图书采选组合并而成。作为国家图书馆外文采编部的其中一个科组,它主要负责东文文献的全面采选及编目工作,所涉及的文献来自40多个国家和地区,主要语种包括日文及其他多个亚洲非通用语种。目前已有和正在开展采选工作的东文文献有:日本、韩文、阿拉伯文、越南文、泰文、印地文、蒙文、印尼文、波斯文等语种图书、缩微文献、实体电子资源等,其中由于日文文献的采选业务已发展得比较成熟,因此,本文只对其他东文小文种的采选工作进行重点探讨。

根据国家图书馆采访条例,所有东文小文种文献采选工作遵照国外印刷型文献的采选通用原则,即针对不同类型文献分别进行全面采选、重点采选、适当采选和不予采选。本着国外出版物求精、多品种的采选宗旨及各相关国家发行出版业的实际情况,东文小文种文献的年采访总量已达2万多册,其中日文文献在东文小文种文献采访中的占比最大,约80%,其他各文种占比20%左右①。

东文小文种文献收藏是外文文献收藏工作中不可或缺的重要组成部分,国家图书馆对此相当重视。近些年来,馆里为更好地开展东文小文种文献采编工作,陆续增设了相关专业工作岗位。自2011年以来,在日文、韩文、阿文语种的基础上,陆续增加了泰文、蒙文、印地文、马来文、越南文等多名干部,现已有员工21人,这为东文小文种文献收藏工作的顺利开展提供了重要的人力保障,从一定程度上缓解了采选难度,但由于各种客观条件的制约,尤其是东方国家

① 根据东文图书采编组相关统计数据计算结果。

发展大多参差不齐，导致采访过程中问题多样化。与其他的语种相比，东文小文种采访工作开展有较大的差异性。

2 国家图书馆东文小文种文献采访工作特点

2.1 采选流程无统一规范

相比较而言，西文和日文文献的采选已形成较为稳定的工作流程，书商与馆里业务往来也有着固定的合作模式。一般经过书商提供书目、采访人员选择书目、发订、催询、记到等工作便可顺利完成采选。究其原因：西方国家出版业相对发达，出版信息整合也比较规范，如计划出版文献目录信息、新书书目、出版年鉴等信息都相对具有准确性和可靠性，较容易获取，保障了所发订文献较高的到货率；与此相反，由于客观条件受限，东文小文种文献的采选流程则情况各异，总体而言，基本包括两步：搜集书目信息、向书商发采选订单。虽然也有书商提供书目的情况，但书目信息涵盖范围和内容的更新却远远比不上西文或日文文献，并且东文小文种工作人员所搜集的信息大多基于网络，因此对于信息的时效性、准确性的判断也相对困难。

通过与东文采编组的泰文、印地文、马来文、蒙文等非通用小文种采选干部的交流了解到，造成东文小文种文献采选信息搜集难、采选流程多样化、无法统一这一现状的主要原因如下：第一，相关国家出版业发展相对落后，规模较小，总体规划不稳定，与外界的行业信息交流较少，很难找到出版信息集中体现的载体，如出版年鉴、目录等，这类资料在马来、泰国、越南、蒙古等国家几乎没有，多数小文种书目信息的搜集还只能依靠"广撒网"的传统方式来进行，这样势必耗时长，效率低；第二，互联网因素，东方国家发展水平不一，信息技术发展相对落后，相关出版信息不能全面、及时地通过互联网获得，以越南为例，越南现有各类型出版社约 65 家，通过对其中 20 多家年出版文献较多的出版社的网络抽查统计发现，约有 35% 的出版社[①]没有网站主页，这也就意味着他们的出版信息无法通过互联网获得；第三，网络信息与文献实际存在不匹配，众所周知，任何商品在市场上的流通都有一定周期，且各国周期长短不同，小文种文献因出版量小、流通范围有限等原因流通时间较短，因此，当工作人员接收到书目信息的时候，某些文献实际上可能已经流通过期而退出了市场。基于以上种种原因，在目前的采访条件下，东文小语种很难实现统一规范的采选流程。

2.2 采选途径单一

国家图书馆文献获取途径比较多样化，包括接受缴送、购买、交换、受赠、征集、复制等。国内文献主要通过接受缴送与购买的方式进行采访，国外文献采访主要依靠购买、交换、赠送实现。除购买是所有外文文献采访共同的主要方式外，通过交换和赠送所采选到的文献各语种情况差异较大，大致可以分为以下三种情况：第一，西文文献每年采访量大，主要通过购买实现，而通过交换所采选的量约占总采选量的 3% 左右[②]，虽然所占比例较小，但因为比较规律，

---

① http://mic.gov.vn/solieubaocao/danhsachcapphep/xb/Trang/Danhs%C3%A1chnh%C3%A0xu%E1%BA%A5tb%E1%BA%A3n(t%C3%ADnh%C4%91%E1%BA%BFnng%C3%A0y0362011).aspx

② 根据西文图书采访组和出版物交换组相关统计数据计算结果。

对西文采访也起到很好的补充作用;第二,日文文献的获得方式比较特殊,除了购买以外,每年通过接收日贩赠送的文献约占全年采访的50%左右[①],而且比较稳定和规律,而交换的数量则较少;第三,东文小文种文献主要通过购买获得,其中韩文、阿拉伯文、越南文能通过国际交换获得少量文献,但质量和数量上并不十分稳定,其他语种如蒙文、泰文、印地文、马来文等几乎只能通过购买获得。

3 东文小文种文献采访工作的现状及问题

目前,东文小文种惯用的采访工作主要通过购买与交换两种方式实现,其中采购为主,交换为辅,经过长期的发展及大家的努力,我馆小文种文献采访工作现在已得到有序开展,但仍然存在较大的困难。从 2013 年至 2014 年,我馆东文小文种采选发订数量都已达到 3 万种以上,而最终能到货的数量只有 2 万多种,到货率只有 60% 多[②]。以下是东文图书采编组 2013、2014 两年的文献采选部分工作统计表:

表 1 东文图书采编组 2013 年采访工作部分统计表[③]

项目		日文	韩文	越文	阿文	波斯文	泰文	蒙文	希伯来文	印地文	缅文	乌尔都文	月合计	年累计
预订	种	19748	1982	1203	6085	904	1177	977	0	1018	651	0		33745
	册	19830	1992	1207	6190	906	1177	977	0	1019	651	0		33949
登到	种	18555	720	728	889	360	746	689	13	625	0	2		23327
	册	18718	733	772	930	403	746	725	15	652	0	2		23696

表 2 东文图书采编组 2014 年采访工作部分统计表[④]

项目		日文	韩文	越文	阿文	波斯文	泰文	蒙文	印地文	马来文	月合计	年累计
预订	种	19672	2425	2160	5800	160	1649	1700	1590	90		35246
	册	19825	2435	2180	5900	160	1651	1704	1612	90		35557
登到	种	19021	642	783	890	138	787	780	785	10		23836
	册	19340	650	812	931	160	791	835	787	10		24316

从以上表格中可以看出,除日文文献的到货率较高以外,其他各文种的到货率都相当低,平均到货率只有 30% 多,这一比例也清楚地反映了我馆东文小文种的采访现状。下面将从东文小文种文献各个采访环节方面分析这一现状中的问题及原因。

3.1 发订文献目录收集

文献目录信息的获取途径少是东文小文种采访工作遇到的共同难题。目前,东文小文种发订目录的收集主要通过以下两种方式进行。第一种是采访人员自己收集、整理和建立采访

①② 根据东文图书采编组相关统计数据计算结果。

③④ 数据来自东文图书采编组采访工作统计表。

书目信息。在现有的工作条件下,小文种采访工作人员主要依靠网络实现对文献目录信息的收集,这也是目前为止国家图书馆小文种文献采选最主要的采访途径。相比较另外两种文献获得的途径而言,这种采访方式有很大的优势。首先,通过网络,采访人员可以对书目信息直接进行选择收集,减少了多方多环节沟通信息表达上的信息不全或错误,大大提高了工作有效性;其次,由于采访人员自身具备的语言优势和网络的便利,采访工作者也可以对文献相关信息进行更全面的了解,以选择更有价值的书目信息,提高了准确性和专业性;再次,随着现在科技的发展,网络资源信息更加丰富、全面,信息更新速度也更加及时,这样采访人员可以第一时间搜索到相关信息,大大提高了时效性。尽管如此,小文种文献的采访还是存在着一些不足,还有较大的提升空间。因此,拓展一种新的采访模式很有必要。第二种是书商提供。对于主要依靠网络收集书目文献资料的小文种文献采访工作而言,书商提供的书目信息有一定补充作用,但通过仔细对比研究这些书目发现也存在着多方面的不足。首先,这些书目存在重复现象,采访人员对这些包含了重复书目信息的资料进行筛选时,会导致不可避免的重复无效工作,耗费时间。其次,书商所提供的书目信息在类目上有一定的局限性。在采访问题上,书商一般会根据采访人员的相关要求进行书目信息收集,采访人员会与书商沟通所需采购分类的大致范围,虽然这些要求对书商进行目录收集有一定的导向性,但同时也是一种制约。再次,时效性差,由于受到如政治、地理、交通、相关对象国出版业发展水平等各种因素的影响,导致小文种文献采选工作有着高度的敏感性,很难有规律地进行,所以采访周期通常比较长,这直接影响了采访工作的时效性,容易出现书目信息陈旧、过时等现象,造成采访不能实现。

3.2 书商采购

国家图书馆外文图书文献的购买任务一直都由第三方即相关图书进出口公司负责,采购情况的好坏直接决定了我馆外文文献采访的到货率和收藏任务。东文小文种文献由于受采访对象国诸多因素影响,导致采访困难,有很大的不稳定性。首先,采购公司在小文种人力资源方面有着明显的不足,由于语言沟通的障碍,加大了购买文献过程中的难度,对采购的准确性也有一定的影响,例如印尼、马来文文献的采访今年就出现了有的采购商无法进行采购的情况,这样后续相关工作就有出现中断的可能。其次,政治因素的影响。以越南、泰国为例。2014 年 5 月,越南各地发生大规模游行示威、罢工,甚至打砸抢烧各种暴力事件,受此影响,越南文文献 2014 年的采访工作明显出现了采购周期成倍延长、采访到货率低的情况。近年来,受党派斗争的影响,泰国政局持续动荡,影响遍及各行各业,泰文文献采访周期更无确定性。

因此,在现有条件下,如何提高采选效率也成为目前大部分东文小文种工作人员共同面临的采选挑战,而开辟一种新的采访途径,更好地利用有限的客观资源,提高采访效率应该是东文小文种文献采选新的目标。

4 海外采访新模式的可能性

在国内,东文小文种由于使用面窄,其文献收藏也具有较强的针对性。目前,这些文种文献采购的主流力量主要包括图书馆、高校、科研机构等。除日文、韩文、阿拉伯文等文种的收藏情况相对乐观外,东南亚小文种文献收藏则相当贫乏,这不光与这些文种文献的使用需求小有关系,采访难更是主要原因,这更需要我馆担负起国家总书库的重大职责。如何提高国家图书馆东文小文种文献的采访效率,是所有东文小文种工作人员当前迫切需要考虑的问题。

以更具代表性的东南亚小文种为例,虽然东南亚小文种文献收藏具有明显的地域性,一般都集中在地域较近的地区如广东、广西、云南、四川,还有少数比较发达的地区如北京、上海等地,但这并不影响一种高效采访模式的共通共融。从对东南亚小文种东南亚语言教学比较集中的广西、广东、云南、四川、北京等地高校的文献采购调研结果来看,高校小文种文献采访虽然采访数量小,收藏面窄,大多还面临经费不足的客观困难,但他们灵活高效的海外采访模式也为国家图书馆的东文小文种文献采访提供了借鉴和可能。首先,都有采访需求。尽管社科院及高校等机构的用于科研与教学的目的与国家图书馆不同,但作为东文小文种的少数采访机构而言,都有着相同的目的。其次,工作人员配备相似。采访人员都有着相关的语言优势,对相关对象国的各方面有一定的了解,以及有相当的采选经验,可以从大量类目繁多的文献资源中挑选出适合采访条例及更有价值的文献,提高采访效率。再次,经费方面。国家图书馆作为专门收藏国内外文献的机构,经费相对充足,这也是我们可以进行海外采访的客观优势之一。最后,采访人员有着长期在图书馆工作的经历,对采访条例、政策以及馆藏资源都比较了解,能进一步增强采访的目的性和针对性,提高采访效率。

综上所述,东文小文种文献采访迫切需要提高效率。一方面,传统的采访方式在现有条件下已很难有所突破;另一方面,海外采访模式开启的各种条件也逐渐成熟,是较为可行的提高采访效率,进一步满足采访需求的更好途径。

参考文献:

[1] Danhsáchnhàxuấtbản[EB/OL]. Bộthông tin vàtruyềnthông [2015-07-01]. http://mic.gov.vn/solieubaocao/danhsachcapphep/xb/Trang/default.aspx

[2] 王静. 高等学校外文图书采访研究[D]. 长春:东北师范大学,2007

浅谈图书馆数字馆藏评价

王志君

近年来,随着电子技术以及信息技术的迅猛发展,电子出版、网络出版以及图书馆数字化建设不断兴起,新型数字资源在图书馆馆藏建设中的比重也不断加大,大有赶超传统的物理馆藏之势。近年来,国内图书馆每年花费在数字资源上的经费也有所提高,以陕西省高校图书馆为例,2009 年数字资源经费为 4285.6 万元,比 2005 年的 2388.9 万元增加了 79.4%,占文献资料总经费的 30.5%[1]。伴随这一现状,对于数字资源的评价也正在逐步成为图书馆界的一个新的研究视点。

所谓数字馆藏是指图书馆所藏的数字资源,它是以数字式分布的信息为对象,通过计算机、网络技术、通信技术等科学手段多渠道多媒体地面向社会搜集并整理出来的集合文本、声、光、图像、视频等内容的电子信息资源。与传统馆藏资源所不同的是，数字馆藏在文献存储介质和文献传播方式方面都发生了较大的变化。没有了传统书架和书库的限制，数字资源的馆藏布局变得更为灵活便利，文献存储方式和服务方式的改变使得数字馆藏不再受到空间和时间上的局限，计算机技术以及通信技术的介入使得数字资源可以拥有更为便捷的信息检索系统，用户可以不再像查阅传统文献那样逐页翻查。数字信息的速度更快，图书馆的利用效率也就更高。但随着图书馆对于数字资源的投入增加，一系列现实问题也不断出现，比如说，大量资金投入是否带出大规模价值产出？用户的体验和满意度是否有所改善？本地区科研需求能否得到充分满足？加大数字资源馆藏建设投入是否意味着传统馆藏不再重要，二者如何科学协调？这些问题促使业界对图书馆数字馆藏评价的研究不断地深入。从另一个侧面也能看出，科学有效的图书馆数字馆藏评价，已经成为图书馆馆藏建设中的一项重要内容和业务趋势。

1 数字馆藏评价的操作流程

数字资源在图书馆馆藏形式方面主要存在实体数字馆藏和虚拟数字馆藏，因此在进行具体的数字馆藏评价操作时也要根据馆藏类型分实体馆藏评价、虚拟馆藏评价这两个阶段来进行，这样可以针对不同类型的数字资源来建立不同种类的有针对性的评价指标体系，进而保证对数字馆藏评价的科学性、客观性和准确性。

首先，要整体把握本馆所有数字资源的状况，从影响数字馆藏数量质量以及用户服务效果等方面进行排查筛选，总结整理出一系列对于本馆数字资源评价有重要指导作用的指标和要素，并用科学手段构建一套符合本馆馆情的评价指标体系，从而可以有的放矢地针对本馆数字馆藏的整体以及部分逐条逐项进行有效评估，最终得到数字资源的初始评估值。

其次，要对数字馆藏评价的指标和要素进行有效权重计算，分析出各指标要素的相对重要性并数值化，进而根据上一步所求得的初始评估值进行加权计算，最终得到本馆实体数字馆藏的具体评估分数值。

然后，还要根据本馆虚拟馆藏的特点和总体状况分析总结能够影响虚拟馆藏质量的各种因素，并仿造实体数字馆藏评价指标体系的构建方法进行本馆虚拟数字馆藏评价指标体系建设，然后加权计算得出虚拟数字馆藏的各指标评估分值。

最后，根据前几步所获得的实体数字馆藏和虚拟数字馆藏的评价结果，辅以资源利用效果，资源配置质量等综合性评估指标值，进行数字馆藏的综合评价和总结。

2 数字馆藏评价指标体系的建立

根据数字资源在图书馆内的存放特点以及被利用特点的差异，数字馆藏可大体分为实体数字馆藏和虚拟数字馆藏。前者主要是指被安装存储于图书馆本地服务器上的自建资源以及购买或受赠的数据库资源；后者主要是指图书馆购买或者受赠的远程数据库资源以及各种网络信息资源。因此要针对实体馆藏和虚拟馆藏这二者的不同特点来分别构建评价指标体系。

2.1 评价指标体系的建立原则

馆藏评价流程中最为基础、最为核心的工作是建立科学的评价指标体系，它不仅关系着馆藏评价工作的成功与否,也决定了馆藏评价工作的质量和效率,因此,评价指标的选取和体系的建立是馆藏工作评价的重要内容之一。由于馆藏评价是一项全面复杂的工作,所以需要对众多因素综合考虑[2]。指标体系建立时应遵循以下原则:

2.1.1 整体性原则

实体数字馆藏和虚拟数字馆藏的评价涉及很多业务领域,其复杂程度直接决定了评价指标体系的多元性和多因素性。对数字馆藏进行有效评价必须要通盘考量,杜绝以偏概全、注重细节忽视整体的做法。

2.1.2 实用性原则

评价指标体系的复杂性决定了馆藏评价工作操作实施的困难指数,因此构建馆藏评价指标体系要遵循简而优的实用性原则,指标尽可能做到少综合性,多专一化;少描述性,多数据化。

2.1.3 代表性原则

所选择的具体评价指标要能够体现出数字资源在某一方面的特征,既要具备客观性又要兼顾广泛的代表性。

2.1.4 可比性原则

为了尽可能降低不同图书馆之间相同评价指标数值的差异度,选择具有可比性的指标比较有意义,比如可以选取人均数值等。

2.2 实体数字馆藏评价指标体系

在具体评价过程中可以根据资源特点从实体数字馆藏的资源内容、检索利用方式、用户使用状况、成本效益分析这4个方面来实现评价指标体系的构建。

2.2.1 资源内容评价

资源内容的评价是整个数字馆藏评价体系的核心内容,资源内容的质量优劣直接决定了数字馆藏的优劣。内容评价的具体指标包括:

①资源的整体状况。整体状况一般可包括数字资源的数量、种类、大小、时间范围、语种、内容形式等,根据这些特点评价者可以对于数字资源的整体状况有一个宏观上的把握。

②数据的出处状况。数据库中的各项数据的出处在何处?是否是来源于权威的核心期刊、权威的组织学会或者是重要的会议?这些都直接决定了数据库学术价值的高低。

③核心出版物在全部文献中所占比例的高低。馆藏资源中权威出版物所占的比例越高说明整个馆藏数字资源的可利用率就会越高,整个资源的权威性就越大。

④数据的加工组织情况。数据加工所采用的元数据格式、数据著录标准、编目规则等指标直接影响数据库的利用效率。

⑤数据的更新快慢情况。数据更新快慢一方面受到图书馆自身软硬件水准和工作效率的影响,更重要的一方面是出版商的数据加工周期直接决定了馆藏数字资源的更新效率。数据更新越快,用户满意度会越高,用户数量也会积极攀升。

⑥数据库的安全保障能力。安全保障一般指数据库是否具备专业有效的杀毒防毒软件,是否已经具备有效的防火墙和信息拦截技术,是否拥有完整的备份系统和恢复系统。

⑦硬件设备情况。硬件设备与速度挂钩。高水准的硬件设备一方面能够提高数字馆藏的存取效率,另一方面也能够缩短用户对信息的查询利用时间。

2.2.2　检索利用评价[3]

检索系统是读者用户使用图书馆资源的一个有效的工具,一个优质的检索系统不但可以提高用户对图书馆的资源利用率,还可以大大缩短用户的查询时间,很大程度上可以提高用户对于馆藏资源的满意度。检索利用评价的指标主要有以下几类:

①检索工具。主要包括检索工具的收录范围、索引库的标引规则和词表等。一般来讲,检索工具功能越多,用户检索所得的结果就会越全面准确,但检索功能过于冗繁也会导致用户利用难度增加,因此检索功能齐备性和检索工具易用度二者要同时兼顾。

②检索结果。主要是指检索工具或检索系统在得到用户发出的检索请求之后能否及时有效地将答案反馈回去。检索的答案是否正确、全面,排序是否符合用户需求等也是必须要考虑的方面。

③用户服务。除了常规检索方式外,检索系统是否可以根据用户特殊需求按照字顺、音顺、时间、相关度等条件主动调整检索结果的排列方式,是否有能够将检索结果转发到微博、微信、邮箱等的人性化设计,是否支持手机、pad 等移动设备应用等。这些用户服务不但可以提高检索工具的易用性,也可以于细微处见精神,能够体现图书馆的人文情怀,提高用户的满意度。

2.2.3　用户使用状况评价

用户使用状况评价主要是指数据提供商和图书馆通过定量、定性两种方式来分析用户利用馆藏数字资源的各项评价指标。其中,定量分析主要是客观性指标,一般通过数据提供商定期提供的数据利用报告和图书馆自有服务器所记载的各项行为记录为根据来进行处理;定性分析主要是主观性指标,一般包括图书馆对于用户的定期调研、问卷调查、约谈采访以及其他相关业务工作等。用户对于馆藏数字资源的利用评价对于图书馆数据库续订工作和数据提供等相关服务有着重要的参考借鉴意义,相关指标包括:

①用户登录数。即以某一时间段来计量访问馆藏数字资源的用户数量。这一指标可以反映馆藏数字资源的利用率。

②用户检索及下载数量。即以某一时间段来计量针对馆藏电子资源的检索次数和用户的下载次数。这一指标可以反映资源系统服务的能效。

③用户的满意度。即以问卷调查或者约谈采访的形式来考量用户对于馆藏数字资源使用后的满意程度。

2.2.4　成本效益分析评价

成本效益分析法最初是由法国专家朱丽斯·杜丕特于 1844 年提出的,他认为成本效益分析法主要可用于分析资金投入的合理性,以便更好地为管理层做决策提供依据。而最早将成本效益分析法用于图书馆中的是美国的圣路易斯团队,其目的在于估计服务的价值和投资回报[4]。通过此方法,图书馆管理者可以知晓每年购买数字资源的资金投入是否达到了预期的价值体现,管理者也可以根据分析出的数据决定是否续订数据库和购买其他数据资源。相关指标包括:

①数据资源的价格。主要是指图书馆所购买的各种数据资源的实际价格,包括电子期刊、电子图书、数据库等。

②数据库年涨价幅度。年涨价幅度计算方式是用前一年和本年购买同种数据库的价格差除以前一年的购买价格所得出的比例值。按照现行图书馆界观点,一般数据库的年涨价幅度

低于百分之八都是正常价格波动。年涨价幅度直接影响图书馆的经费使用情况，所以关乎图书馆的年度成本核算和服务绩效。

③软硬件设备费用。软硬件设备费用是最为基础的指标，软件费用包括书目软件、杀毒软件、读写等办公软件的购买和更新费用，硬件费用包括各种计算机设备、服务器设备、网络设备以及各种用户终端设备等。

④单次数据使用成本。主要包含登陆成本、检索成本以及全文下载成本等。

⑤确定馆藏的收益问题。收益可分为有形收益和无形收益两类，有形收益可通过了解登录次数、下载次数、检索次数等使用情况指标来考察，而无形收益则很难通过定量分析来得出结论，但可以通过用户满意度、馆藏数字资源浏览下载量占全部馆藏资源的百分比等指标来进行综合的定性分析。

2.3 虚拟数字馆藏评价指标体系

虚拟数字馆藏与实体数字馆藏在数据存储方式、提供方式等方面有所不同，它一般不存储在图书馆服务器中，用户需要通过图书馆服务器中转至数据服务商的服务器来进行远程访问。因此除了前面所提及的实体数字馆藏评价的 4 个评价指标外，还要针对虚拟数字馆藏本身的特征来进行评价，具体指标还包括：

①虚拟馆藏的软硬件设备。虚拟馆藏的软硬件设备以及网络条件直接决定了图书馆用户访问以及使用图书馆虚拟数字馆藏的便捷性和时效性。

②虚拟馆藏的信息组织。虚拟馆藏的信息不同于实体馆藏，它多是由网络发布而来，信息广泛但多无组织无分类，因此图书馆必须要实现对其进行信息组织处理，以方便用户的访问使用。虚拟馆藏的信息组织水平高低影响着虚拟馆藏的质量和用户易用度。

③通信费用及信息流量费用。费用越低，用户越容易接受，资源的利用率就会越高。

④网络安全。用户接入网络访问资源时，如果因为资源本身不安全，如含有病毒或木马，进而导致用户权益受损失，那么谁还敢再使用图书馆的虚拟馆藏呢？所以网络安全极其重要，它很大程度上影响着虚拟馆藏的服务质量以及用户的使用感受。

⑤网络及数据的链接成功率。链接成功率高说明虚拟资源的维护得力，资源保障得当；成功率低说明图书馆虚拟数字资源的服务质量不到位，维护不合格。由于资源并不在图书馆的本地服务器上，所以对于数据的维护更要注意，要善于及时发现问题、解决问题。

3 图书馆数字馆藏的评价方法

关于图书馆的馆藏评价方法有很多，在进行数字馆藏评价时我们不能仅拘泥于一种特定的方法，应科学而广泛地采用多种评价方法来进行系统化的分析工作，进而形成一个科学、优化的数字馆藏的评价方法体系。目前图书馆界主流的评价方法有以下几种：

3.1 数量评价法

数量评价法是从馆藏数字资源规模、各学科各主题各文种文献的馆藏量、数字资源年增长速度、数字资源采购费用等角度来评价馆藏数字资源的。该方法简单易行，可操作性较强，具有较高的客观性，能使一些含糊的概念精确化，使主观随意性的程度减弱，但其局限性在于对许多无法定量分析的主观认识因素难以量化。

3.2 引文分析法[5]

主要是指通过对学术专著或论文的脚注、尾注、引文等对某一个学科领域文献的被应用情况进行对比分析,从而评价馆藏数字资源被应用或者可能被应用的情况。

3.2.1 引文分析法的优点

①评价者可以据此检验图书馆馆藏数字资源的整体实力,也可以考察特定领域的馆藏实力;

②有利于深入了解相关部门之间有多少重叠的馆藏需要;

③一旦确定了引文参考文献,图书馆就可以对馆藏数字资源进行分析对比,以便了解引文参考文献与实际馆藏文献的比例,衡量馆藏资源的充足程度;

④根据图书馆是否拥有该学科领域中的引文样本,为判断馆藏是否充足提供了一个量化指标。

3.2.2 引文分析法的局限

①用引文分析法评价数字馆藏质量,仅仅是关注了部分研究人员的需求,而忽略了其他读者的需求;

②研究人员的引用来源对该领域的实际工作者、教师或者学生来讲不一定是最重要或者最有用的;

③由于引文研究具有时滞性的内在本质,新的核心文献的出现不能很快地在参考文献中得以反映;

④由于许多文章的引文参考文献著录不正确或者书目信息提供得不全面,图书馆员根据错误的书目信息追踪原文献,也可能会耗费大量的时间和精力而无济于事。

从引文分析法的优缺点可以看出,此方法主要是用于科研数字馆藏的评价,一方面可以反映出数字馆藏对学科核心文献的覆盖率,另一方面也有助于了解数字馆藏对用户科研贡献的大小。

3.3 统计分析评价法

统计分析评价主要是应用统计分析方法并运行各相关计算公式来处理馆藏评价指标体系中的各个指标,并根据指标值对数字馆藏数量和质量进行综合性评定。使用该方法得出的结果更为准确客观,但由于所需的数据量较大,操作流程较为烦琐。此外,对于各项数据和标准的收集整理也是难点之一。

3.4 标准书目对比分析法

标准书目对比分析法多用于对传统馆藏的评价,这里也可以借鉴使用。具体操作方法一般是采用标准书目、目录对照数字馆藏进行逐一核查,核对数字馆藏在种、数、文种以及重点著作收藏等方面存在的问题,并借以评价馆藏品质[6]。优点:方法简单易操作,评定结果有较高易用性。缺点:第一、仅适用于对于中小图书馆的数字馆藏评价或者数字馆藏中某些特定文献的评价;第二、对照目录逐一核查会耗费大量人力物力,对于图书馆人员要求较高,因此用所有的专业目录比照数字馆藏进行全面性的评价是不可能的;第三、由于各图书馆地域、专业、任务等各不相同,统一的标准化目录对本馆未必完全适用,因此所得出的比对结果也未必完全科学。由此可见此方法由于工作量颇大,所以仅适用于核心数字馆藏的评价以及单学科文献覆盖率的评价。

3.5 印象法

印象法又可称为专家评判法,它是由某一领域或某一学科的专家、学者或图书馆专业人员对数字馆藏资源进行定性评价,是一种评价图书馆拥有特定学科的数字馆藏质量的办法。用印象法评价馆藏质量,简便易行,可操作性强。它的弊端在于:印象法具有主观性、随意性较大并缺乏数据依据。

3.6 成本效益分析法

成本效益分析法是通过对图书馆每年在数字馆藏资源的采购成本、维护使用成本以及效益产出值进行测定和推算,进而得出图书馆在数字馆藏方面的投入产出比。该评价方法比较适用于实体数字馆藏评价中的效益分析。

数字馆藏评价是图书馆进行数字化馆藏建设的一项重要的工作,是图书馆信息资源建设不可或缺的一项基础工作。因此在进行数字馆藏评价时要严格按照评价的操作流程,遵循各项基本评价原则并结合科学的评价方法,有的放矢地对实体数字馆藏和虚拟数字馆藏进行科学有效的综合评价,利用得出的评价结果来进一步指导图书馆的数字馆藏建设,提高用户对图书馆数字资源的利用满意度,优化配置馆藏的数字资源种类,以促进图书馆更加健康地发展。

参考文献:

[1] 教育部. 高校图书馆事实数据库系统[DB/OL]. [2015-09-24]. http://libdata.scal.edu.cn/
[2] 阚德涛,张志武. 馆藏研究评价[J]. 大学图书情报学刊,2008,26(4)
[3] 孙芳,赵良英. 高校图书馆数据库评价指标研究[J]. 图书馆工作与研究,2008(7)
[4] 李正兰,张西亚. 从成本效益分析的角度谈高校图书馆数字馆藏评价[J]. 大学图书情报学刊,2010,28(6)
[5] 魏育辉,刘健. 馆藏评价方法研究概述[J]. 信息资源建设,2010(9)
[6] 姚秀花,张玉梅,李胜华. 高校图书馆文献资源评价探析[J]. 科技情报开发与经济,2010,20(24)

海外知名图书馆韩国文献资源建设实践与启示

王瑜世

1 世界范围内韩国相关文献收藏总体概况

韩国图书馆研究所(KRILI)于2009年所做的一项针对以经济合作与发展组织(OECD)成员国为主的37个国家242所主要图书馆或研究机构的调查问卷显示,有超过半数以上(129

所)的图书馆和机构拥有韩裔或非韩裔的图书馆员专门负责韩国文献的收集、整理与服务。这从一定程度上反映了韩国文献在当前世界范围内受到了相当程度的重视。收集韩国文献的图书馆规模不一、类型多样,有各国的国家图书馆、知名高校图书馆,也有名不见经传的社区图书馆、韩国海外文化中心图书馆等,藏书规模也从数千种到十几万种不等。虽然韩国文献所占国际各类图书馆外文文献收藏的收藏比例不能与联合国六种官方工作语言相提并论,与同为东方语种的日语也仍存在一定差距,但韩国文献作为馆藏资源,在国际各类图书馆递增的速度引人注目,围绕韩国文献收集的相关方针政策也值得借鉴。

2 美俄日三国国家级图书馆韩文文献收藏和服务情况及特点

2.1 美国国会图书馆

美国国会图书馆建于1800年,是美国的四个官方国家图书馆之一,也是全球最重要的图书馆之一。美国国会图书馆馆藏的韩文文献由其下属的韩国资料馆(Korean Unit Collection)进行收集、整理并保存。1950年朝鲜战争爆发之际,韩语组还是日语组的一个分支,都隶属于东方语言部。国会图书馆的韩国资料馆是美国政府机关中唯一专门收集与韩国相关资料的场所,与韩国相关的所有文献需求都会被移交给该机构,因此其韩国学藏书的规模得到了快速的发展。1964年,在经历过结构调整之后,韩国资料馆被并入“中国——韩国部(Chinese and Korean Section)”。

美国国会图书馆的韩国部(Korean Section)是于1990年,在现在的韩国国际交流财团(Korea Foundation)的前身——韩国国际文化社会(International Cultural Society of Korea)的支持下成立的。1989年12月,韩国国际交流财团以美国议会成立200周年为契机,向其赠送了包括大量文献在内的,总价相当于一百万美元的礼物。1955年美国国会图书馆通过韩国书商,开始正式地、体系化地收集韩国出版物。1966年9月24日韩国同美国签订了交流协定,自此之后,美国国会图书馆开始接收大量的多种主题的韩国政府出版物,这也成为美国国会图书馆韩国文献收集的一大亮点。

尽管对于韩国学文献的收集相对其他国家较晚,但经过积累与发展,美国国会图书馆也已形成颇具规模的韩文文献藏书体系。在全部韩文文献当中,近代资料占据绝大部分,但其中也不乏19世纪的珍贵孤本文献。以2013年的统计数据为例,韩文文献总计包括286000册单行本,7490种定期出版物。定期出版物主要包括了韩国和朝鲜出版发行的主要杂志,政府白皮书,学术期刊等。除此之外,韩国学藏书还包括了2500卷缩微胶卷,囊括了自1920年至今的250种报纸。

朝鲜出版物的收藏也是美国国会图书馆的特色之一,其总计收录230种朝鲜期刊和超过10000册件的朝鲜文献资料。这些资料不仅仅包括近年来朝鲜最新出版的文献,还包括了大量1940年至1960年期间朝鲜出版的早期连续出版物,对于美国学界和政界专家了解朝鲜相关政策信息起到了极为重要的作用。

2.2 俄罗斯国立图书馆东方文献中心

成立于1862年的俄罗斯国立图书馆是欧洲第一大图书馆,藏书总量仅次于拥有2.1亿册/件藏书的美国国会图书馆,居世界第二位,目前共收藏包括俄语和其他国家语言在内的超过300个语种的各类文献，总量超过4550万册。俄罗斯国立图书馆收藏了大量东方语言资料、地图、乐谱、音像资料、孤本书、论文、报纸等文献，其规模与质量均在世界范围内名列前茅。

俄罗斯国立图书馆东方文献中心拥有一个面积为43平方米的韩国学文献阅览室。东方文献中心保存着韩文文献资料29000件，其中图书12000余册，杂志超过16000期，每年重新装订的报纸合订本440册。图书类文献主要以苏联时期用韩文出版的书籍以及韩国、朝鲜出版书籍为主，包括教科书、工农业手册、参考书、翻译小说、苏联政府出版物等。20世纪40年代至60年代期间出版韩文书籍约有2000册，朝鲜出版物超过5000册，韩国出版物约有6100册，此外还少量收集了中国、日本出版的韩文文献。在这些韩国学藏书当中，最有价值的当属80余册韩国孤本书。除图书之外，俄罗斯国立图书馆东方文献中心还包括大量韩文报纸和杂志，其中包括252种朝鲜期刊，26种韩国期刊和4种苏联期刊，共计281种。在总数多达16300卷册的期刊和杂志中，90%以上为20世纪50年代至60年代期间朝鲜出版的资料。由于美国和欧洲的研究中心或图书馆绝大多数没有条件如此完整、系统的收集这部分资料，因此这部分馆藏具有相当高的学术价值和史料意义。其中期刊方面比较著名的包括《朝鲜文学》（《Chosŏn munhak》，1953—96）、《人民》（《Inmin》，1947，1950—56）、《勤劳者》（《Keulloja》，1952—1991），《劳动者》（《Nodongja》、1952—1965）等。报纸方面包括13种20世纪30年代至40年代苏联远东地区发行的资料，例如《高丽日报》（《Koryŏilbo》，1950—1992）等。

1990年俄罗斯同韩国正式建立外交关系，俄罗斯国立图书馆也开始同韩国国立中央图书馆、议会图书馆等机构形成密切的合作关系。2008年以后，东方文献中心开始接受韩国国立中央图书馆的文献捐赠。2009年，东方文献中心又通过韩国国际交流财团接收了4000册最新出版的图书，在很大程度上补充了馆藏数量，更新了馆藏结构。

2.3 日本国立国会图书馆

日本国立国会图书馆在关西馆设立了亚洲语言资料室，该资料室于1948年6月正式开馆。根据2013年的统计数据，该资料室共收藏亚洲各国图书总计336190册，其中数量最多的为中文图书，共计266627册，韩国图书总量达33040册，位居第二，几乎相当于其余各国图书数量的总和。在期刊与报纸方面，韩国文献的总数虽然仍不及中文文献，但所占比例远超其他国家，分别占到35%和27%。日本国立国会图书馆亚洲语言资料室所收藏的韩国文献以每年1700册的速度增长。收集重点包括字典、目录等参考图书以及年鉴、统计、白皮书以及研究类著作等学术性图书，对于不同领域的通史、地方志、社会史、资料集和丛书等也积极展开收集。收集方式主要依靠在日本国内书店采购和国际交换。

日本国立国会图书馆的韩文图书、杂志、报纸大部分都收藏在关西馆，另外一小部分则收藏于东京总馆和国际儿童图书馆。根据亚洲情报室韩国语图书的收藏原则，基础性和使用率较高的资料由东京总馆进行收藏。例如，韩文报纸由新闻资料室收藏，字典、统计、年鉴等由人文综合情报室和科学技术·经济情报室收藏。1985年以前入藏的约10000余册韩国语图书收藏在东京总馆，可通过卡片目录的形式提供检索。对于世界各国议会和法律相关资料，也收藏在东京总馆的议会官厅资料室，其中包括了韩国国会发行的国会及委员会会议录等400余册资料，这部分资料大多通过国际交换获取，可通过OPAC系统进行检索。

作为日本国立国会图书馆的分馆之一，国际儿童图书馆藏有7000余册韩文儿童书，全部可通过OPAC进行检索。日本国际儿童图书馆的藏书以绘本为主，包括儿童杂志和与儿童书相关的一些资料。收藏的韩文儿童书主要以日文翻译本、权威性较高的儿童图书奖获奖作品以及图书榜排名靠前的作品为主。

其他韩文资料还包括在东京总馆地图室收藏的韩文地图200余张。其中的大部分尽管尚未进行编目,但由于总数不多,查找读者所需文献并不困难。

3 海外知名图书馆韩文文献资源建设对我们的借鉴与启发

3.1 继续加强馆藏资源规模建设

韩文文献采访工作的对象包括了韩国和朝鲜两个国家,依赖目前配备的工作人员数量无法保证馆藏韩文文献资源的系统性和完整性。中国国家图书馆的馆藏韩文文献尽管在数量方面超过俄罗斯国立图书馆和日本国立国会图书馆,但与美国国会图书馆仍有相当大的差距。资源是服务的前提和保障,为了进一步彰显国家图书馆作为国家级文献战略保障库的地位和作用,下一阶段,应该尽可能的继续加大韩文文献采访的规模,力争覆盖更多领域,更长时间范围的韩文文献。

3.2 努力促进韩文文献体系化、专业化、特色化发展

通过分析美、俄、日三国三所国家级图书馆的韩文文献馆藏情况,可以看到他们均有相对更加明确的收藏目标和服务对象,即主要为政府机关和科研机构提供参考决策服务,馆藏文献的类别也集中在政治、历史等方面。普通读者虽然也可以借阅这部分馆藏资源,但三所图书馆并没有专门为普通读者大量采购日常阅读所需的文学、艺术、语言类资料,这可以保证其文献资源建设向着体系化和专业化的方向发展,而且与它们国家级图书馆的定位也是相符的。此外,美国国会图书馆的韩国政府出版物收集和俄罗斯国立图书馆的朝鲜早期出版物收藏都是业界独树一帜的,在彰显其馆藏特色的同时,也树立了它们在学术界的权威性。

3.3 积极开拓采访渠道,寻求多元化外部助力

美、俄、日三国的三所图书馆,均在不同历史时期,不同程度上借助韩国图书馆界、出版界、社会团体乃至政府机构的帮助,获得了大量的文献捐赠,拓宽了文献来源的渠道。中韩两国自1994年建交以来,中国国家图书馆也曾在一段时间内得到了包括韩国国际交流财团、大韩出版文化协会等机构的捐赠,但由于捐赠文献的内容与我们的需求存在一定程度的区别,且由于人员限制,需要用很长的周期方能处理完一次赠书,以至于目前在接受韩方各界文献捐赠方面出现萎缩态势。今后,可以尝试主动向韩国各界机构提出具体文献需求,寻求文献捐赠,特别是政府出版物类的文献,拓宽韩文文献采访的渠道。

中国国家图书馆的韩文文献采访工作起步较早,在经历了多年的探索和实践之后,形成了一套较为成熟的工作方法,并且依托国家图书馆的整体文献资源建设理念,在韩文中国学文献、周边地区专题性文献等方面做出了积极尝试,收到了初步的良好反馈。未来,中国国家图书馆的韩文文献采访工作仍应继续坚持“两条腿走路”,既要以自身为主,从实际出发,又要积极借鉴外界先进经验,努力向着建设国际领先韩文文献馆藏的目标努力。

参考文献：

[1] 리소냐. 미국 의회도서관의 한국학 장서[R]. Korea：The National Library of Korea，2014

[2] Natalia，An. 러시아국립도서관 동양센터의 한국학 장서[R]. Korea：The National Library of Korea，2014

[3] 阿部健太郎. 일본 국립국회도서관의 한국어 자료와 한국정보 서비스[R]. Korea：The National Library of Korea，2013

试论三种图书出版模式对西文图书采访的影响

平　安

随着数字出版的快速发展，文献资源的出版发行方式发生了新的变化，在传统文献出版形式之上，自助出版、按需印刷出版、开放存取出版等新的形式蓬勃发展起来，文献资源呈现出多载体多品种的特点，为出版行业增添了新的活力，满足了读者的阅读需求，同时也为图书馆丰富馆藏，降低购书经费起到了良好的作用。但是同时，这些出版模式使得传统的图书馆采访业务工作受到新的考验，一定程度上增加了图书馆采访人员的选书难度，因此如何面对挑战，探索文献资源建设的采访新策略，是业界亟待解决的重要课题。

1　按需印刷出版对西文图书采访的影响

按需印刷（Print on Demand，以下简称 POD）出版是一种根据作者和读者的需要，采用先进的数据处理系统、数字印刷系统和网络系统进行图书出版发行的出版方式。POD 出版的优点是出版社既有效控制了成本，又满足了市场小众的需求。对于图书馆而言，补藏馆缺是图书馆采访工作中的一项重要内容，由于 POD 可以解决图书馆所需的短版书、绝版书、断版书的需求[1]，因此这种出版模式受到了图书馆的青睐。根据笔者的归纳，目前图书馆 POD 图书的主要采选难点有以下四点：

第一，有些出版社 POD 图书的定价策略比较模糊。在报道目录中采访人员发现，纸本目录也好，电子目录也好，数百条书目不管图书内容、页数、装帧形式有多大区别，所有报道的书价均是一样。这样一刀切的定价方式，对于正常的选书工作造成了误导，因为图书价格是体现图书价值的一个重要方面，是文献采访中的一个重要采选指标。一刀切的定价模式，使得采访人员很难做出正确判断。

第二，由于 POD 设备投入和印量成本的原因，POD 图书的价格通常要高于传统出版图书。如果图书馆过多购买 POD 图书，必然冲击当年新书的采选目标任务的完成，影响到图书馆购书经费的使用。

第三，每家出版社提供的 POD 图书虽然有限，但是所有出版社的报道量并不小，对于图书馆而言，符合馆藏需求，并且缺藏的书毕竟是少数，因此在 POD 图书采购上过多花费精力，采访人员往往事倍功半,不利于日常采选工作的正常进行。

第四,一些 POD 书目信息不全且不准,导致采访各环节难度增加。图书馆所需的 POD 图书本身经常是短版书、绝版书、断版书的旧书为主,相关出版信息比较难查,馆配商在制作书目数据时,客观的来讲,想把相关出版信息补全并不容易,因此,图书馆采选人员的查重遴选难度增大,发订数据也很难达到业务规范要求,到货后图书的重书错书的退书问题、付款问题会明显增加,给图书采访工作带来了新的难题。

2 开放存取图书出版对西文图书采访的影响

开放存取(Open Access,以下简称 OA)理念的初衷,是为了降低学术交流门槛,为学术科研服务。它对于调整图书馆馆藏结构、降低购书经费,实现纸电协调有着重要的推动作用[2]。如何甄别并遴选出合格的 OA 出版社及其图书,降低图书采选风险和节省采选人员的选书成本是西文图书采访中需要思考的现实问题。OA 图书出版对西文图书采访的影响主要体现在以下四个方面:

第一,从纸电协调,节省购书经费的角度来看,已经有网上的 OA 电子资源可以利用,再买对应的 OA 纸本资源,即 OA 图书的意义究竟多大,是采选工作中遇到的难点。一些传统知名出版社如 Springer、Degruyter、Taylor&Francis 都开始涉足 OA 领域,并在一些 OA 平台上提供了相关图书,那么对于这些传统出版社的销售动机和其带来的新的影响,则是采访人员需要跟踪和思考的。

第二,从 OA 图书的采购风险看,OA 出版商的不正当竞争造成了负面影响。近几年来 OA 学术出版的进入门槛越来越低,商业竞争也越来越激烈,OA 图书出版变得越来越复杂。对出版社的遴选和甄别变得更加重要。不规范的出版社会利用法律漏洞谋求利益,例如有一些出版社并没有与作者签订合同,也没有给作者一定报酬,就直接拿作者的文献进行结集出版。可见 OA 图书的版权问题和知识产权问题的风险问题仍然很大,出版行业不正当竞争的加剧,一些出版社动机不纯,不为学术,只为赚钱,甚至做出一些违反职业道德的侵权行为,必然会影响图书的采访质量,最后受损失的也必将是图书馆和广大读者。例如 2015 年,NY Research Press、Callisto Reference、Clanrye International、Foster Academics、Hayle Medical 共 5 家出版社未经 Intech 出版社同意,再出版和销售开放存取图书。全部图书都更换了图书封面,更换了新的编者姓名、申请了新的 ISBN 号。上述 5 家出版社这样出版的改头换面的"新书",很容易让图书馆文献采访人员认为是新书,造成了图书馆的馆藏建设损失,许多研究人员因此也被骗了,那些正规的学术出版社损失也很大,维权的成本也很高。

第三,从 OA 图书的内容来源看,目前网上的大量 OA 图书、论文资源被 Intech 这种主流的 OA 出版社选中,进行了一定的加工整理,做成学术书籍销售给图书馆。图书馆采访人员在甄别此类图书的时候,压力陡增,在追查作者学术能力、研究内容的学术影响力等采访要素上,都需要比采购传统出版社的图书选书花费更多的精力。

第四,从同行评议看,OA 图书内容的学术性容易遭质疑。众所周知,经过同行评议的图书出版才有质量保证,OA 图书是新事物,起步晚,OA 图书出版中的同行评议水平与传统图书出版相比,还有很大差距,因此 OA 图书容易出现低水平的研究内容,这为相关研究人员带来了不可估量的风险。采访人员如何过滤那些低价值的 OA 学术图书成为一道难题。

3 自助出版对西文图书采访的影响

自助出版(Self-publishing),又称自出版,目前业界没有明确的定义,笔者认为国家图书馆杨柳总结的定义比较全面[3],即“自助出版是指由作者本人在不借助其他任何第三方出版机构的情况下自行出版所著作品的出版方式”。自助出版与传统出版模式相比的优势如下:一是,自助出版降低了出版门槛,普通人也可以轻松实现图书出版的机会;二是,自助出版的流程相对于传统出版来说较短,编辑、装帧、审校环节简单,因此出版的效率更高,出版内容的时效性更强;三是,自助出版对于体现作者本人的出版意志有着传统出版不可比拟的优势,美国作家 Blake Crouch 认为出版社没有把自己当成合作伙伴,他不能对封面设计和图书营销提出意见,于是尝试着在 Kindle 上进行自助出版,实现了巨大成功。作品当月卖出 188 本,从 2011 年 4 月开始实现了月销售 2 万本的销售成绩;四是,自助出版模式下作者如果依靠优秀的出版作品,将获得更多的版税收入,传统版税只有 5% 到 30%,但自助出版可以让作者获利高达 30% 到 70%。

这几年国外自助出版图书的对图书馆采访工作产生了不少影响,主要体现在馆配商报道量、选书员的选中率和图书馆购书经费三个方面,这三个方面紧紧相扣,相辅相成。

第一,自助出版的内容丰富,馆配商报道及时。自助出版由于作者的出版动机不同,除了学术图书之外,还有大量的文学、历史、传记、小说、教育等等。其中不乏好书,市场销售情况甚至要好于传统图书,说明自助出版平台上的图书质量并非都是低质量图书。从自助出版图书的报道上看,如果将馆配商提供的全部自助出版社目录信息删去,势必会错过购买一些有价值的图书。

第二,从采访人员看,如果放任馆配商把过多的自助出版书目纳入正常目录中进来,必将增加选书员的工作量,选中率低,事倍功半。以国家图书馆为例,往往在海量的馆配商目录里只能找到很少的一部分达到学术研究水平的自助图书。

第三,从购书经费使用上看,一些自助出版图书的题名为了销量而故意吸引眼球,书的内容一般。如果造成了误选,则是对图书馆有限的购书经费的一种浪费,这种损失会点滴聚集起来,长远的看必将对图书馆馆藏质量造成一定程度的损害。

第四,自助出版市场竞争激烈,馆配商书目报道质量的稳定性受影响。自助出版催生了一大批畅销书,然而更多的自助出版的图书实际上无人问津,其结果是销量的下降导致出版社收入受到影响,出版社只好另寻出路。因此并非所有的自助出版公司及其品牌都能生存下来,优胜劣汰适者生存也是自助出版市场必须遵守的丛林法则。

4 图书馆西文图书采访的应对策略

在信息技术的推动下,POD 出版、OA 出版、自助出版等多种数字出版模式相继出现,形成了一种多元开放式的出版新常态。它对传统出版产业造成了一定的冲击,也对图书馆的馆藏资源建设带来了深刻的影响。在数字出版模式下,图书馆需要根据自身定位认真研究纸质文献与电子文献收藏的比例和结构,充分考虑读者的阅读需求和阅读习惯,积极构建科学合理的图书馆馆藏资源体系。笔者认为有如下三个策略来应对 POD 出版、OA 出版、自助出版带给西文图书采访的新挑战。

4.1 适量采选 POD 图书,不断丰富馆藏

补藏馆缺是图书馆采访工作中的一项重要内容,由于 POD 可以解决图书馆所需的短版书、绝版书、断版书,因此适量采选是必由之路。面对 POD 图书的采访策略有以下几点:第一,认真查重,确定 POD 图书对应的原版图书是否已有馆藏;第二,确定 POD 图书内容是否适合和达到我馆馆藏要求;第三,思考 POD 图书的价格是否合理;第四,纸张印刷质量能否达到馆藏标准,馆藏保存受不受影响;第五,保障相关的书目信息提供的是否准确、及时,在下订单和验收登记的工作环境能否顺利,不受拖累;第六,控制 POD 图书采购数量,不要影响当年新书购买计划的执行。

4.2 关注业界 OA 图书出版,思考纸电协调

OA 运动对于降低学术出版门槛有着深刻和长远的意义,北京大学刘兹恒教授已经做过相关研究,笔者不再赘述[4]。然而 OA 图书出版过快过热导致一些问题的滋生,比如说图书的质量内容问题、知识产权保护问题等等,这些都已经成为采访人员必须要面对的实际业务问题。对于 OA 图书的采选策略,笔者建议,采访人员应该关注以下四点:第一,积极关注国外主要 OA 学术图书出版社的销售策略的变化;第二,继续思考纸电协调问题,对于网上开放 OA 做成纸本图书的出版营销策略,图书馆根据自身特点,灵活采选,不搞一刀切,对于高价值的学术图书可以适量采选;第三,对于黑心出版社的不正当竞争,应该联合其他图书馆一起抵制,将购书风险降低到最小;第四,国际 OA 项目组织的不断发展,很多非营利性组织应捐款方要求,出了不少印本资源图书,这些 OA 图书内容既好,价格又非常便宜,非常合适采选,图书馆采访人员应以学科为线索,梳理国际上相关 OA 组织及其出版物,丰富馆藏。

4.3 跟踪自助出版形态,谨慎采选

任何事物都有其两面性,当我们看到自助出版图书对于降低出版门槛,繁荣了出版市场,满足了作者的出版意愿,带来了可观的出版收益,图书馆可采选的图书数量激增的同时,也要看到自助图书出版带给图书馆西文采访人员的难题。面对自助出版图书,笔者的策略有以下几点:第一,采访人员应重视和甄别自助出版图书的学术性,谨慎采选;第二,关注哪些自助出版平台的图书比较切合图书馆馆藏要求;第三,在招标采购环节中,图书馆需规范馆配商大量报道自助出版图书的行为,督促其提高书目报道质量,从报道源头上把关,降低选书员采选难度,保障图书馆文献采选工作顺利完成。

参考文献:

[1] 欧懿,燕今伟. 按需印刷和按需出版及其对图书行业的影响[J]. 图书馆理论与实践,2011(5)

[2] 孙丽媛. 多元出版模式下的图书馆馆藏资源建设探讨[J]. 图书馆研究,2014(5)

[3] 杨柳. 自助出版及其对图书馆外文文献采访工作的影响[C]//数字出版对文献资源建设的影响——第五届全国文献采访工作研讨会论文集. 北京:国家图书馆出版社,2014

[4] 李武,刘兹恒. 一种全新的学术出版模式:开放存取出版模式探析[J]. 中国图书馆学报,2004(6)

日本国会图书馆亚洲信息建设与服务考鉴

白　婧

近年来,随着全球化趋势不断加深,世界各国的交流合作日益密切。中国在世界舞台上扮演着越来越重要的角色,世界要了解中国,对我国的书籍、杂志、电子期刊等信息资源的需求不断加大;同时,中国也要了解世界,需要通过更多的信息资源来研究世界上各种重大事件,包括政治、经济、文化等诸多方面。因此,全球信息情报资源建设工作重要性日益凸显。而随着我国在亚太区域影响力的逐步扩大,亚洲区域特别是我国邻国信息资源的搜集与研究,成为其中十分重要的一个方面。

此外,随着科技的进步、社会的发展,人们对信息需求的层次也在不断提高,对信息的新颖性、知识型、精品化、个性化的追求成为当今信息需求的主导观念,对知识型信息服务的体验也正成为时尚。人们越来越多地希望获得全方位的信息知识型服务,这促使信息资源建设更加趋向多向性和复杂化,同时也为信息资源的综合利用提供了广阔的需求基础,推动信息资源建设与服务的前进步伐。

1　日本国会图书馆亚洲信息室概况

与我们一衣带水的邻国日本高度重视亚洲各国的情报信息建设与服务,在其国立国会图书馆(下文均简称为国会馆)设立了在组织上较为独立的亚洲信息室,并在官网检索分类上专门设立了亚洲信息导航。

亚洲信息室为读者收集和提供东亚、东南亚、南亚、中亚、中东及北非地区相关资料和信息,提供阅览、复印、参考咨询、馆际互借、远程复印、书面及电话咨询等远程服务。

该科室设置一名室长,一名室长助理,并将科室成员分为总务组、亚洲第一组、亚洲第二组、亚洲第三组,分别对应中国、韩国朝鲜、其他区域资源的工作。在工作分配上,实行按区域协领的办法负责各项工作。人员构成年轻化,多为历史、法学等社会学科专业出身,辅修亚洲语言为第二外语。

亚洲信息室藏书量为438894册,报刊年鉴等8739种(数据截至2015年3月),包含:中文、韩文的图书、年鉴,1986年以后入藏的其他亚洲地区图书和年鉴,亚洲各语种的报刊以及日文、西文的亚洲相关资料。其中中文藏量占百分之八十以上,除了大量的图书以外,还藏有近3900种学术杂志、大学学报、综合杂志等,涵盖人文、社会、自然科学等领域,其中自然科学类的杂志规模可谓日本第一。除此之外,中文的电子期刊数据库的规模也十分庞大,包括中国期刊全文数据库(CAJ)、中国重要报纸全文数据库(CCND)、人民日报图文数据(CD-ROM)、文渊阁四库全书电子版(CD-ROM),以及中国近代期刊篇目数据库、全国报刊索引数据库、中文报纸论文索引资料库等索引数据库。

2 服务特色

2.1 采编阅借服务一体化

亚洲信息室的工作集采访、编目、阅览、复印、参考咨询、馆际互借等环节为一体,俨然为一个以亚洲信息为主题的小型图书馆。

在采访环节上,根据每个地域的特点,分别采取不同的采访方式。中文图书的采访系统最为完善,主要通过购买和国际交换的形式获得大量图书。亚洲信息室从1999年开始与我国国家图书馆(下文均简称为国图)建立合作,从中方提供的书目信息中选书、购书,解决了部分文献在日本国内难以购买的问题,成为其长久而高效的重要购买渠道之一。在亚洲小语种图书的采选上,亚洲信息室同样面临购书渠道有限、图书来源不稳定等实际困难。为此亚洲信息室专门建立了小语种入藏清单,将馆藏薄弱的区域资料和需要补藏的图书整理记录下来,并将清单发放给日本国内书商、当地书店以及欧美各旧书店,以期在发现相关有用资料的第一时间进行采选。除此之外,亚洲信息室还参加了美国国会图书馆(LC)的共同收集计划,只需交付一定的费用,便可通过该计划由LC在设立了事务所的亚非的六个地区(雅加达,新德里,伊斯兰堡,开罗,奈洛比,里约热内卢)购买、整理、邮寄需要的资料,通过此渠道入藏了大量难以入手的政府出版物和地方出版物。

在编目上,中文和韩文资料的著录遵照《日本目录规则》,其他亚洲语言的著录遵从《英美编目条例》。值得一提的是,中文和韩文文献编目实现了多语种化,完善的880字段使得读者可以在检索端口用中文简繁汉字、日文汉字、拼音、日文假名来检索同一文献,极大地提升了便利度。

亚洲信息资源的阅览室位于关西馆地下一层,是关西馆最大的阅览室——综合阅览室的一部分。该阅览室提供3万册左右参考图书、普通图书以及1000种左右报刊的开架阅览。

在参考咨询方面,由亚洲信息室直接提供与亚洲各国相关参考图书、文献的查找方法,并通过国会馆资源导航功能分主题向读者介绍包含互联网资源在内的相关信息查找方法。

2.2 资源揭示深度化

在信息资源展示上,亚洲信息室将资源按照政治、法律、行政、经济产业、社会、劳动、教育、历史、地理、哲学、宗教、文学、艺术、语言、科技等领域分类,将可能解答读者关注点的各语种资料按主题罗列出来并作简单的介绍说明,详尽之至。例如读者想要了解经济产业相关的情况,可看到中国经济产业的资料,亚洲各国(除中国)综合性经济、产业资料的图书列表,关于各国公司的情况、统计资料,以及各经济活动相关的法律、制度等。

此外,亚洲信息室在国会馆网站上提供新到文献(以编目完成为准)的书目记录浏览,既可以按语种分类查看,也有综合目录,每月更新一次。每个季度还会有一次新书推介,按地域、语种、主题从新到馆的图书中选取具有代表性、时政性等特点的图书加以介绍说明,刊登在亚洲信息室的发行刊物上。

2.3 信息高度整合化

亚洲信息室充分利用网络平台,将一切与亚洲信息有关的资源整合在了一起,并及时发

布。主要体现在以下几个方面:

①将各领域、各主题相关机构的网站做成了链接集,以供读者快速查找和浏览;将日本国内藏有亚洲相关资料、亚洲语言资料的机构按地域、对象国、语种、假名顺序、机构类型等罗列出来,并提供各机构网站、开放时间、联络方式、馆藏情况等详细信息,以方便读者入手资料,把握分析日本国内资源分布状况和藏书结构。

②从2003年开始每季度发行一次亚洲信息室刊《亚洲信息室通报》,主要面向研究人员、亚洲信息图书馆员,提供亚洲相关资料、情报,以及亚洲地区出版业、图书馆的动向。有纸版和电子版,涵盖信息十分全面。

③摘录国会馆月报中与亚洲相关的新闻报道,有详细的文字内容可阅览。

④将参考咨询实践中咨询率较高的信息罗列出来,将信息查找方法做成了参考咨询路径集合,登记件数50件(数据截至2015年10月),为读者查找资料指明了方法。

2.4 培训交流体系化

亚洲信息室主办的业务交流活动主要有亚洲信息研修班、亚洲信息相关机构座谈会。

亚洲情报研修班以提高从事亚洲资料收集工作人员的专业技能为目的,从2002年开始每年举办一次,面向日本各大学图书馆、公共图书馆、研究机构中从事亚洲信息工作相关人员,一般举办两天,规模为20—50人左右,会议讲师多为大学教授、图书情报专业人员、亚洲信息相关研究人员,每年会选取一个特定主题。亚洲相关信息机构座谈会也为每年一次,面向日本国内相关从业人员,目的在于加强国内亚洲信息机构的交流,促进亚洲信息资源的建设与流通。座谈会通常围绕图书馆业务相关主题以汇报的形式展开,由亚洲信息室和其他各机构的演讲人分别做本馆报告和外部机关报告。

除此之外,亚洲信息室也会不定期举办一些公开的小型讲堂、研修班,还定期派遣员工作为交换馆员到对象国图书馆进行交流和学习。

3 对国图亚洲信息资源建设及信息服务的启示

我国国家图书馆的亚洲信息建设工作历史悠久,拥有国内最丰富的亚洲文献馆藏,取得了一定的成绩,形成了自有的一些特点,但也有值得进一步提高的地方。国会馆的亚洲信息建设服务对我国有一定的借鉴意义,我们应该取长补短,学习日本先进的部分,并结合自身的特点,完善国家图书馆的亚洲信息建设与服务。

3.1 降低编目成本,完善数据质量

目前国图日文数据采用原编和套录两种形式,其他文种数据均为原编,编目的侧重点在于著录,而在多语种记录、主题标引、分类等方面还相对薄弱,这也是今后应当完善的地方。一方面需要进一步提高对编目员业务水平的要求,另一方面或充分发掘可靠的数据源,或数据外包,或实现共享,以省时又高效地完成著录环节,节约更多的人力、财力专注在分类标引等工作上来完善数据质量。

3.2 扩大采访渠道,丰富馆藏种类

国图日文文献的采访工作较为成熟,体系相对完善,但也存在可以突破和创新的地方,例

如可以在今后的工作中进行尝试约藏、与国会馆建立合作渠道等方式;其他东文小语种文献的采访工作面临购书渠道有限、到书率不稳定等困难,可明确搜集目标,积极寻求与各机构的合作,资源互利共享。在馆藏种类上,东文资源目前以图书为主,日文与韩文有少量报纸杂志。在今后的采访工作中,可进一步扩大入藏范围,增加文献种类,尤其在学位论文、学术杂志、学报类杂志、电子期刊数据库等资料类型上可以有所突破。

3.3 着眼资源揭示,整合信息共享

"为人找书,为书找人"是图书馆职业最简明最精辟的表述。采访也好,编目也好,最终的目的都是为了满足读者"求知"的需要,把有用的书呈现在读者的眼前。对文献的推介和揭示有利于馆藏资源的展示和利用;及时整合信息并公开共享,是使读者快速找到资源的有效途径。因此,在保障采访和编目环节及时高效完成的基础上,应着眼对资源的揭示与信息的共享。

3.4 创新人员专业,采编咨询一体

在西文采编工作中,国家图书馆已经实现了各非西语专业人才的汇集,而在东文图书的编目环节上还保留着招录小语种专业人才的传统。随着我国二外教育的普及,具备文史政经等专业背景而又了解一门非通用语种(尤其是日语、韩语)的人才也越来越多。可适当增加此类人员的比例,以增强专业背景,加强学科馆员的建设。东文采编人员具有精通语言和资源丰富的双重优势,尤其是一些稀有语种的人员在图书馆内更是独一无二,可加强与参考部门的合作,充分发挥此类人才的作用,开辟更多亚洲信息资源服务的业务。

参考文献:

[1] 郭翠花,雷刚,苏日娜. 图书馆管理及信息资源建设研究[M]. 长春:吉林大学出版社,2014

[2] 国会馆亚洲信息室导航[EB/OL]. [2015-11-22]. https://rnavi.ndl.go.jp/asia/index.php

[3] 胡海燕. 日本国立国会图书馆信息服务及其特点[J]. 图书馆学刊,2004(6)

浅析西文赠书的管理和建议

任明硕

赠书是指个人、单位组织和社会团体等不以营利为目的,无偿或半无偿向图书馆捐赠其著述、收藏、编撰的纸质文献和非纸质文献。图书捐赠工作,是指图书收藏者将其保存的有价值的图书资料自愿赠送给指定图书馆后,由图书馆工作人员对赠书进行筛选和编目加工并长期收藏和管理,以供广大读者阅览使用。接受多渠道赠书是图书馆丰富、补充馆藏,争取扩大社会支持的长期有效的重要方式,尤其是在当今购书经费有限和书刊价格猛涨的情况下,对图书馆的建设和发展具有重要的现实意义。随着经济全球化的迅猛发展,国内读者对外文资料的

需求日益增大,西文书刊的馆藏建设就显得十分重要。而相对于国内出版物来讲,西文书刊的价格相对昂贵,获取方式较为曲折复杂,而且寄送时间较长,这就使得西文赠书的重要性日益增强。

1 西文赠书类型

按照捐赠来源划分,西文赠书通常有团体赠书和个人赠书两大类。团体赠书是指社会团体、研究机构、出版商或者各国驻华使馆及相关语言文化中心等机构,为了加强学术文化交流和扩大自身影响,将其出版发行的书刊或者内部收藏的一些文献资料赠送给指定图书馆。而个人赠书是指学者或者收藏家将其著作、手稿或者私人藏书自愿无偿赠送给有关图书馆保存,以供广大读者们阅读使用。

2 西文赠书的优势和劣势

2.1 赠书的优势

赠书相对于自选书而言,采访渠道不同,接收方式不同。就西文赠书来讲,优势有以下几个方面:

①赠书行为的无偿性和自愿性使得图书馆可以通过接收赠书,弥补购书经费的不足。

②赠书来源丰富,量多面广,极大地丰富馆藏数量和品种,而且有利于发展特色馆藏建设。有些西文赠书出版于多年前并无再版,在国内已经几乎成了孤本,通过采购渠道购买已经是很难实现的,只能寄望于收藏者捐赠给图书馆,社会大众才有机会阅读学习。

③赠书大多是现货直接入馆,略掉了采选、发订、验收和资金结算等工作环节,从而也节省了相关人力和工作时间。

④学者和研究机构所提供的西文赠书,大多是学科专业人员通过层层筛选而保留的精品,研究价值较高,颇具收藏意义。

⑤通过赠书的接收工作,扩大图书馆社会影响,同时也加强了自身宣传。

2.2 赠书的劣势

然而,由于采选工作环节的缺失,赠书的劣势也很明显:

①某些赠书复本数量过多,而馆藏库存对复本的收藏有严格的数量限制,这样一来多余的复本无法进入馆藏,造成了资源的浪费。

②赠书质量不一。赠书质量在一定程度上受赠书渠道影响比较大,赠书渠道的广泛性也造成赠书质量的不确定性,从而暴露出诸多的问题,比如所赠图书资料陈旧破损、残缺不全,随书光盘大多已经丢失,给阅读造成了不便。有部分受赠图书是失去时效性或时效性较差的呆滞书,内容陈旧,知识老化,利用价值不高。这些问题直接影响了馆藏质量。

③缺乏有效具体的赠书管理机制,造成赠书管理工作滞后。采编部门的工作人员每年都有大量的文献资源采购和编目加工任务,还要抽出一定的时间和精力来处理各种各样的赠书,这种带有不确定性的临时性任务就导致了图书馆一方面不能很好地完成赠书接收工作,一方面也不能及时地处理到馆赠书,导致赠书长期积压,赠书的价值和利用率得不到发挥。

④信息不全给编目工作造成困难。赠书的语种和内容所涉及的范围较大,而很多发展中国家出版的图书缺少一些规范信息,比如 ISBN 号和版权页的缺失。工作人员的专业和能力受限,因此在验收和编目的时候,经常要花精力在辨认语种和在网络上搜索本书的相关出版信息。这样一来也给赠书的处理工作增加了一定的难度。

⑤赠书不像自选书有着严格的采选规则和程序,发订、验收、编目、上架的日期时间在电脑系统里面有准确的记载,如果周期太长,读者会质疑图书馆的工作效率。这样无形之中产生了一个督促的效应,有利于保证新书上架的时效性。而赠书由于本身存在偶然性和不确定性,没有如此严格的采选程序和客观的时间记载,所以很容易产生积压现象,既占用空间,又耽误读者阅览。

3 赠书的管理和入藏原则

图书馆根据本馆自身的特点和藏书结构,结合读者需求和学校学科发展的需要,有针对性地制定赠书管理和入藏原则是赠书接收工作顺利进行的前提。

3.1 管理原则

由于受赠是图书馆情报机构获取文献的一种常见方式,各个图书馆都会面临此项工作,所以制定规范的受赠管理办法,设立专人专管受赠事项,显得尤为重要。国家图书馆针对受赠相关业务专门制定有《国家图书馆捐赠文献管理办法》,根据不同文种和文献载体形式在相应部门设有受赠窗口,规范管理受赠事宜。负责受赠工作的图书馆员应该热情接待捐赠对象,对于重要、珍贵或者大量文献捐赠者,应该详细做好受赠记录,出具相应的接收函或者感谢信,对于所赠文献不符合本馆入藏政策的文献捐赠者,要主动说明馆藏方针和采访政策,做出适当的不入藏解释并委婉表示感激。做好受赠资料的处理、回复记录和宣传工作,有利于社会各界树立正确的赠书公益意识,认可并且信任图书馆的赠书工作,从而为图书馆馆藏建设开辟更为广阔且珍贵的赠书来源。

3.2 入藏原则

受赠是图书馆获得稀有、珍贵文献的重要来源,不过由于受赠的书刊资料水平参差不齐,需根据本馆文献补充方针,进行筛选。从理论上讲,对受赠资料的选择和原则至少应当和图书馆制定的采访原则相同,同时还应该有权根据自己的馆舍条件和馆藏发展,有计划、自主地进行剔除。但实际上,有时候赠书人对于所赠予的书刊资料,在分编、保管和流通上会提出附加条件,如要辟专室保存或者捐献文献需作为一个整体保存,不能剔除或者转让等。因此,图书馆在受赠时应考虑到有无能力来满足这些条件。图书馆也应有相应的规定,在接受捐赠时向对方表明自己的立场。对于无收藏价值的图书,即使是对方主动捐赠的,考虑到图书馆加工和收藏所耗费的人力和物力成本,也应当拒绝接受。例如《国家图书馆捐赠文献管理方法》对不同载体形式受赠文献的接收、管理、利用以及证书制式等方面都制定了详细的规则,有效保障了捐赠者及其赠书在国家图书馆都能得到应有的尊重与合理的归置。

4 如何进一步完善赠书工作，使其更好地发挥作用

4.1 加强业务交流与学习，获取工作经验

与同行进行业务交流和学习，是吸取他人宝贵工作经验，提高本馆赠书工作管理水平的方式之一。因此，应定期通过各种方式同知名高校图书馆进行业务交流，从中借鉴、吸收他馆工作经验，从而逐步完善自身工作。

4.2 充分发挥主观能动性，做好西文原版赠书的导向和甄选工作

甄选赠书这项工作标准严格并且情况复杂，需要相关工作人员耐心仔细地对待。首先，应该严格依照本馆的外文藏书补充方针和藏书剔旧相关规定等来规划本馆的赠书甄选标准。制定赠书筛选标准是至关重要而不可或缺的工作。应根据本馆实际馆藏情况、服务读者层次、复本收藏标准等，制定可操作的具体标准，并且在实际工作当中严格遵照执行。这项工作要求相关采访人员遵循以下几个方面：①重视图书的外观质量。在选书时充分注意外观质量，尽可能详细地检查书内有无缺页掉页现象，杜绝涂抹、水渍以及破损甚至已经无法满足读者阅读使用需求的图书，使入藏赠书在上架前有了外观质量上的保证。②衡量图书的内容质量。对赠书内容进行初步审查，防止盗版及违反出版法、著作权法、版权法及相关法律规定的图书进入馆藏，与此同时还应警惕内容低俗、宣扬封建迷信、言论观点带有反动思想的图书，避免有严重政治性错误或者色情暴力倾向的图书进入流通借阅环节，对西文图书馆藏建设的整体水平产生不良影响。③适当关注赠书的时效性。应用技术类尤其是信息技术等更新较快的前沿学科的图书，在筛选时要特别注意版权页中的写作年代以及出版年代和再版年代，防止选入内容陈旧甚至已经失效的旧书废书，而原版小说和一些经典著作、名人手稿和在历史研究方面有收藏价值的图书当属例外，少儿读物、教材及考试资料等图书，一般情况下不予收藏。

4.3 在征得捐赠者同意的情况下，尽可能保留赠书的处理权

对于有入藏价值的图书，按照本馆的入藏方针加以管理，而对于那些入藏价值不高的图书，如内容陈旧的书籍、通俗读物或者复本量过高的图书，可以在征得捐赠者同意的情况下进行处理，比如转赠给其他图书馆或者相关组织机构，将过期图书进行剔旧等。

4.4 开展赠书利用调查与反馈

赠书流通一段时间以后，可以通过该书的借阅历史统计赠书的使用情况、使用对象，进行赠书质量分析，了解赠书对教学科研的作用，收集用户反馈的意见与建议。一方面可以改进图书馆的工作，提高对赠书的管理水平；另一方面，将这些情况反馈给捐赠者，使其了解所赠图书的价值，可以激发捐赠者持续赠书的热情和提高赠书的针对性，最终受益的将是图书馆和图书馆的广大用户。在条件允许的情况下，邀请来访的外国友人和专家学者参观赠书专柜，倾听他们在这个语种或者这个科目的馆藏建设方面的意见和建议。

4.5 开辟全方位的赠书渠道

在接收赠书过程中，根据本馆馆藏特色、复本量、短缺文献等情况，主动与相关机构和组织

取得联系来满足馆藏书建设需要。如果对方有某些方面馆藏短缺而本馆恰好存在富余馆藏，可以促进馆际赠送交换。这样既互通有无，又实现了业务上交流与联合，充分发挥赠书的作用，使其造福于全社会。

与国外知名人物联系，通过网络或者媒体等渠道获取国外知名人士的藏书情况，在适当的时候与之联系，建立良好的关系，介绍自己的优势，使之相信将会使其藏书得到很好的利用。这些知名人士的藏书数量不一定多，但是学术质量却是非常有保证的。

4.6 提高赠书接收管理人员的业务素质

赠书工作较为特殊，在条件允许的情况下尽量安排专人负责，从赠书者接待洽谈、赠书接收清点、赠书验收登到、复本查重和剔除、回执制作和相关馆藏清点，一系列相关工作一气呵成，既避免了中间环节之间可能出现的时间上的拖延而影响赠书上架，又使得工作的完整性得以实现。

西文赠书管理人员还应根据业务需求，适当地提高自己编目水平和外语水平，常见的语种，譬如英语、法语、德语、西班牙语、意大利语，能认识一些常见的词汇，而馆藏量相对较少的语种，能做得到可以识别属于哪国语言。这是开展赠书管理工作的必要技能，也是提高工作效率，扩大赠书来源的前提要求。

西文赠书是补充图书馆外文文献资源的一个重要来源，面对赠书质量问题，我们应实事求是，想方设法地进行质量引导和控制，逐步减少赠书的盲目性，增强其适用性，使赠书活动得以有效地改进，健康地发展。同时我们应重视西文赠书的利用和开发，使之发挥应有的作用，形成良性循环，并取得社会效益和经济效益的“双赢”之效果。

参考文献：

[1] 许萍. 优化图书馆赠书业务的探讨[J]. 图书馆工作与研究，2009(4)

[2] 李娜. 自动化管理环境下的赠书管理模式研究[J]. 图书情报论坛，2008(4)

[3] 刘铁. 图书馆赠书质量谈[J]. 图书馆工作与研究，2009(1)

[4] 郭万召. 浅谈图书馆赠书制度的建设和赠书工作的开展[J]. 图书馆论坛，2004(5)

[5] 陈晶. 浅谈公共图书馆地方文献赠书工作[J]. 晋图学刊，2012(4)

[6] 甘心. 论公共图书馆地方文献赠书的质量引导及控制[J]. 图书馆界，2011(2)

[7] 刘光宏. 我国图书馆接受赠书的发展趋势及其对策[J]. 图书馆建设，1996(5)

[8] 朱硕峰，宋仁霞. 外文文献信息资源采访工作手册[M]. 北京：国家图书馆出版社，2014

日本国立国会图书馆出版物交换业务考察

刘　洁

出版物交换是外文文献资源建设的重要途径之一，不仅能够有效补充馆藏，也可以促进交换双方的文化交流。日本国立国会图书馆作为日本最大的图书馆，在1948年成立之初就开展了出版物交换业务。在信息沟通不便利和书籍出版商业化不发达的背景下,出版物交换业务在其图书采访中发挥了重大作用。然而,随着互联网和信息技术的不断发展,出版物的载体形式更加多元化,传统出版物交换陷入困境;如何在新时期发展和变革出版物交换业务,已成为亟须出版物交换馆员解决的重要课题。日本国立国会图书馆在立足本馆馆情的基础上,针对交换对象的需求进行了一系列改革探索并收效良好。中国作为日本的邻国,在文化氛围、工作模式、语言环境上同日本有诸多相似之处,日本国立国会馆在出版物交换业务方面的一系列积极尝试值得我们借鉴。

1 日本出版物交换的历史

日本的出版物交换工作在不同的历史时期由不同的机构承担,依据承担机构的不同,可以将日本的出版物交换历史划分为以下三个阶段[1-2]:

1.1 外务省时代(1875—1911 年)

1875 年,时任交换实施机构的美国史密斯协会向日本赠送了一批政府出版物,并希望获得日本的相关政府出版物,开启了日本出版物交换的序幕。这一阶段日本出版物交换的具体事务由外务省(日本政府负责对外关系事务的最高机关)负责实施,外务省是负责日本对外关系的行政机关,包括对外政策、派驻使节、通商航海及缔结条约的事项,并且作为驻外单位与国内政府沟通的桥梁,负责情报收集分析、旅外侨民照顾及保护和文化宣传等事务。

1.2 帝国图书馆时代(1911—1948 年)

这一时期,出版物交换业务由外务省转移到文部省(日本中央政府行政机关之一,负责统筹日本国内教育、科学技术、学术、文化及体育等事务),指定帝国图书馆负责具体交换业务。帝国图书馆成立于 1897 年,隶属于文部省,其前身为设立于 1872 年的"书籍馆"(日本对图书馆的古称),是第二次世界大战之前日本唯一的国立图书馆。1941 年 12 月太平洋战争爆发,日本的出版物交换业务全面停止。太平洋战争结束后,GHQ(驻日盟军总司令)提出恢复美国同日本的出版物交换业务。

1.3 国立国会图书馆时代(1948 年至今)

1948 年 2 月,根据《国立国会图书馆法》,日本将原帝国议会两院图书馆和上野帝国图书馆合并为国立国会图书馆,国立国会图书馆开馆后承担了出版物交换的职责和具体业务。日本出版物交换的具体业务由收集部下设的国外资料课承担。1955 年,日本国立国会图书馆同中国国家图书馆建立了交换关系。

2 日本国立国会图书馆的出版物交换

2.1 日本国立国会图书馆出版物交换的业务类型

根据 1958 年联合国教科文组织通过的《国际出版物交换公约》和《各国间交换官方出版物和政府文件公约》,日本国立国会图书馆被指定为国际交换机关,承担出版物交换的具体业务,并同世界上大部分国家都建立了稳定的交换关系。截至2013年年底,日本国立国会图书馆同来自154个国家和2个地区的895个机构及54个国际组织有交换关系。该馆进行国际交换的出版物主要包括政府出版物和一般(民间)出版物。

2.1.1 政府出版物的国际交换

出版物交换是进行政府出版物采访的重要手段。为了保障国立国会图书馆的政府出版物国际交换,日本法律规定每一种政府出版物都必须向国立国会图书馆呈缴30本,其中两至三本作为日本国立国会图书的馆藏,其余复本都用作同海外交换机构进行政府出版物国际交换。依据交换的不同目的和方法,政府出版物的交换又分为总括交换、特定交换和选择交换三种[3]。

总括交换是指按照一定原则,在政府之间签订交换协定,总括地进行交换出版物。目前,同日本国立国会图书馆进行总括交换的一共有四家机构:美国国会图书馆、德国柏林国立普鲁士文化遗产图书馆、加拿大国家图书和档案馆等。特定交换是指在政府出版物中,互相交换特定的资料。目前包括国际联合图书馆、英国图书馆、俄罗斯国立图书馆、法国国立图书馆、比利时皇家图书馆。选择交换是指事先通过协议,再进行选择交换,即通过交换目录的选择,以等价等量方式交换,取得均衡。

2.1.2 一般出版物的国际交换

日本国立国会图书馆同中国、俄罗斯、韩国的交换机构进行一般出版物的国际交换较为活跃。日本国立国会馆进行一般出版物国际交换的重点是海外研究日本或者同日本相关的出版物,与此同时也向他国寄出日本出版的研究他国的出版物。日本同海外交换机构的出版物交换协议首先始于1979年同丹麦出版物交换局的交换,自那时起,选择交换的范围逐渐扩大,目前包括:瑞典皇家图书馆、波兰国家图书馆、中国国家图书馆、罗马尼亚国家图书馆、匈牙利国家图书馆、捷克国家图书馆、塞尔维亚国家图书馆、挪威国家图书馆、韩国国立中央图书馆等。

2.2 日本国立国会图书馆出版物交换的业务内容

日本国立国会图书馆的出版物交换工作主要包括海外交换机构采选出版物的寄送,海外交换机构寄出出版物的受理,交换书目的制作,交换资料的采选以及同海外交换机构的通联等五个方面[4]。

出版物交换馆员从各机构送来的书籍目录中选择适合进行交换的书籍制成交换目录,将交换目录发送至海外交换机构,依据交换机构反馈的书籍需求进行采选。由日本国立国会图书馆国内资料受理担当部门负责处理交换对象的需求书目并完成配书,之后国际交换部负责录入系统记录,每月定期捆包、通过邮政寄送。

除了将本国的出版物交换到国外,出版物交换馆员也承担了国外出版物的接受工作。针对日本国立国会图书馆的采访政策,出版物交换馆员从海外交换机构发送的交换目录中,采选本馆所需的海外出版物。海外出版物送达后,出版物交换馆员对相关资料进行检视后分类归置、贴书标、制作接收通知。此外,出版物交换馆员同海外交换机构进行日常通联,发送缺刊催刊请求、交换内容的调整通知等。

2.3 日本国立国会图书馆交换的业务特点

近年来,日本国立国会图书馆出版物交换合作机构的数量稳步增长。从交换合作伙伴的区域来看,大部分都集中在欧洲、亚洲和北美洲;从交换对象的种类来看,大学、政府机构、研究所等学术机构的比例较高。日本国立国会图书馆与其交换伙伴国家的国家图书馆都建立了紧密的交换关系。

在获得交换出版物的数量方面,日本国立国会图书馆接受交换资料的数量于20世纪80年代到达顶峰,之后呈现逐渐下降的趋势;在获得交换出版物的内容方面,日本国立国会图书馆通过出版物交换获得的图书和期刊占到整个采访比例的百分之二十,而出版物交换来的文献中有百分之九十都是政府出版物。

3 日本国立国会图书馆出版物交换业务的困境和变革

如前所述,随着信息网络技术的迅猛发展,国家之间的交流日益便捷密切,使得过去必须通过出版物交换才能获得的书籍资料都可以轻松地购买。与此同时,电子出版物逐渐增多,越来越多种类的出版物停止了纸本出版,许多国家的政府出版物甚至可以直接在网上获取、阅读。这一系列的变化都给日本国立国会馆传统的出版物交换业务造成了冲击,该馆针对出版物交换国际环境的变化,进行了一些有益的尝试[5]。

3.1 出版物交换框架的转变:从总括交换到选择交换

总括交换始于20世纪,在国家之间并不是特别了解彼此的出版环境的时候,该交换方式不失为一种简便易行的交换模式。然而,该交换方式的缺点是许多交换资料不一定是双方所需要的。随着政府出版物种类的增加、交换手段的多元化、日益紧缩的财政政策(呈缴本数量的减少)、国际邮费的增长、出版模式由政府主导转变为商业主导等一系列外部环境的变化,日本国立国会图书馆将进行总括交换的图书馆数量从12家缩减至目前的4家,其中所有期刊的交换方式都已转变为了选择交换。

3.2 出版物交换在图书馆采访中地位的下降

随着大部分国家出版信息的公开易得、商业出版环境的优化以及商业出版物数量的增多,出版物交换在采访中的地位逐渐降低。随着经济更加自由化,图书进出口贸易更加活跃,获得外国出版物的渠道并不仅仅局限于出版物交换业务。另外,同购买相比,出版物交换仍然具有不够稳定、交换多卷书不持续以及不系统、耗费更多的时间等缺点。

3.3 区域的不均衡以及供给之间的缺口

为了更好地提升出版物交换的服务质量,1993年日本国立国会图书馆向319家主要的交换对象发送了调查问卷,统计双方的交换目录以及对方是否需要日文文献以及感兴趣的文献领域。日本国立国会图书馆相关工作人员对统计结果进行了分析研究,发现大部分交换用户都希望收到英文出版物,只有98个交换对象希望获得日文出版物,且其中52家都是来自中国、韩国等亚洲区域的交换对象。而在欧洲和美国,只有研究东方学或日本学的机构希望获得日本语文献。

1977年起,日本国立国会图书馆将200种政府出版物制作成为缩微文献寄往14个机构。在分析了调查问卷后,日本国立国会馆发现许多机构希望获得的文献种类仅局限于数据、白皮书或年度报告。针对大部分机构对于出版物内容和语言的特定需求,日本国立国会馆减少了政府出版物的寄送种类,同时扩大了寄送机构的范围,改为将英文版的40种政府出版物送往42个机构。目前,日本国立国会图书馆仍在进一步加大对于英文版政府出版物的缩微影印工作。

4 结语

当今,知识和思想的传播媒介丰富多样,传统的纸本出版物交换的基础已经开始动摇。当更加快捷经济的信息分享环境建立之后,传统纸版出版物交换业务将不免受到冲击,图书馆必须适应这种变化,做出相应的变革,以期更好的发展。

首先,顺应信息化潮流。针对越来越多已经数字化并可以在网上获取的出版物,建立相应的数据库或专业的门户网站,加强电子出版物的采访,积极推动电子信息的交换。

其次,梳理传统交换业务。传统纸版出版物交换除了作为采访的一种手段之外,在推动国际共识上有着积极意义。从国际视野来看,目前仍然有许多国家在接收纸版的交换文献,应当充分考虑海外交换机构需求的多样性。目前,出版物交换仍是政府出版物、未经商业出版的博士论文、海外日本学、再版古籍和缩微平片最有效的采访手段。应当把出版物交换的重点放在厘清界限、提高效率方面。

最后,了解交换对象需求。不论是传统纸版出版物交换,还是电子信息交换工作,都应该且必须了解交换对象的实际需求。应充分利用交换工作中的日常通联渠道,重视吸收交换对象的回馈信息,对不同的交换对象,采取不同的交换内容、方式,有目的性地改善出版物的交换框架。

参考文献:

[1] 国立国会図書館. 国立国会図書館三十年史〈資料編〉[M]. 東京:国立国会図書館,1980

[2] 国立国会図書館五十年史編纂委員会. 国立国会図書館五十年史(本編)[M]. 東京:国立国会図書館,1997

[3] 殷根瑛. 国际图书交换——日本国立国会图书馆调查札记[J]. 图书馆杂志,1998(1)

[4] 国立国会图书馆总务部. 国立国会图书馆年报[M]. 东京:国立国会图书馆,2013

[5] Hisanori Tanaka. Present state and future of the international exchange of publications in the National Diet Library: report of 67th IFLA Acquisition and Collection Group [R]. Boston: IFLA, 2001

挖掘免费法律资源的富矿

——英国国家图书馆免费网络法律资源分析

朱硕峰

网络资源是海量的,而且其中的很大一部分网络资源还是免费的。如何利用好海量的、免费的网络资源是一个大课题。利用得好,就是挖掘到了免费的富矿;利用不好,就犹如守着金山讨饭吃。在当前图书馆的资源建设费相对紧张的情况下,研究免费的文献资源意义相当重大。所谓的"开放存取",也是争论了10多年的热点话题,也不应该仅仅是学者们的争论,需要纳入图书馆的实践。本文试图从英国国家图书馆的免费法律文献资源的分析入手，希望对国内图书馆有所借鉴。

英国是在西方社会最先实现工业化的国家，也是最先走向法制社会的国家，形成了相对比较完备的法律体系。英国作为英美法系国家的代表，自然对其数量庞大的法律文献相当重视。法律文献顺理成章地成为英国国家图书馆的重点馆藏。

1 英国国家图书馆免费网络法律资源收藏概况

1.1 有关法律电子资源的采访政策

早在2007年英国国家图书馆法律类资源的内容战略中，有关未来电子资源收藏（不包括图书、期刊和报纸）的政策是[1]图书馆要增加收藏全文的英国法律资源；对于外国法律，只有当免费网络资源不足时，才会考虑购买英文资源。由此可以看出，对于外国法律，免费资源是英国国家图书馆的首选。敢于制定这样的政策，也是源于法律文献有着不同于一般的文献资源的特点，如数量庞大，时效性强、更新快，权威性等。这些特点使其网络载体在利用上的优势优于纸质文献，这就直接影响到图书馆法律文献的收藏政策。

1.2 法律类网络资源概况

在这种政策指导下，免费网络资源在其法律文献中占据了相当分量。在其网页“社会科学电子资源：法律与法律研究”（Social Science Electronic Resources：Law and Legal Studies[2]）类别下，与法律有关的电子资源分为10个类别。其中的免费资源共列出243个，这些都是图书馆经过认真筛选而确定的。而所购买法律资源数据库品种只有70种左右（Lexis Library旗下和Westlaw UK旗下的多个子项目分别各自计数），其中还包括一些跨学科的数据库，如：Avery Index to Architectural Periodicals、International Political Science Abstracts、PsychInfo、Sociological Abstracts等。免费资源的数量数倍于购买资源。这一方面说明英国国家图书馆非常重视免费的网络文献，另一方面也说明免费的网络资源确实比较丰富，能够相当程度地满足用户需求。这既是制定政策的依据，也说明图书馆比较好地贯彻了法律资源的采选政策。

2 免费网络资源的来源及内容分析

免费网络资源的来源是其可靠性、权威性的基本保障，因此网络资源的制作或发布机构是相当重要的参考因素。通过对英国国家图书馆的免费文献来源分析，其来源主要有以下几种类型。

2.1 政府或国际组织及其相关机构的官方网站

法律原始文献基本上是官方文献，一般由国家的专门机构发布。在网络时代，国家的立法机构或相关部门一般都会通过专门的网络机构发布法律条文、案例等法律文献。这类机构发布的法律文献具有权威性。英国国家图书馆收集的这类免费资源主要来自：各国政府部门，比如司法部、内务部等；立法系统，英国议会，英格兰、苏格兰、威尔士、北爱尔兰的议会和法律委员会；专门的政府文献收藏、出版的官方机构官网，如英国国家档案馆，美国政府出版局网站；各种国际组织官网，比如欧盟、欧洲委员会、联合国、世界贸易组织；等等。

表1是从英国国家图书馆“法律与法律研究电子资源”主题中摘录的部分比较重要的有关原始文献官方网络资源的列表。

表1 英国国家图书馆收藏的有关法律文献的主要官方网站

题名	简介	备注
Legislation. gov	UK, English, Welsh, Scottish and Irish legislation. Provides revised texts up to 2001, including a limited range of point in time snapshots and historical revisions. From 2002 texts of legislation are provided as enacted or made, and amendments are listed. Texts of Public General Acts as enacted are also provided for partly extant historical legislation in some instances	英国政府出版物官网
DATA. GOV	Government website providing a single point of access for sharing and re-using statistics and predominantly quantitative data sets produced by government bodies	英国开放政府官网
European e-Justice portal	The European e-Justice Portal attempts to be a single point of access for information on European Union's legal system. Among many other functions, the site provides links to sources of case law from EU courts, sources of national level case law of member states, procedure and guidance for legal practitioners, judiciary, businesses and the general public	欧盟官网有关法律系统的门户
The National Archives (TNA-UK)	Website for the UK's official government archive. Includes guidance relating to its own collections and to archival policy and practice in general. Hosts catalogues for its own collections and for collections held elsewhere. Useful for discovering public sector, parastatal, and private sector legal records	国家档案馆——英国官方政府档案
Parliamentary Archives	Website for the UK Parliamentary Archives. Covers House of Lords and House of Commons. This page links to the PORTCULLIS catalogue, Private Bill Witness database, Parliament's web archive, learning resources and digitised resources	英国议会档案官网
UK Government Web Archive	Access to archived, point-in-time instances of UK national governmental websites, and thus to research publications and other information about the administration of justice and the UK regulatory landscape that can no longer be found on live government websites. The archive can be searched by url or key words, and browsed by category, themed collections or an A-Z listing of archived websites	英国政府网站档案国家档案馆官网
National Archives of Scotland (NAS)	National Archives of Scotland website provides catalogues for the national collections, as well as the National Register of Archives for Scotland and links to the Scottish Archive Network which aims to provide a single catalogue for over fifty Scottish archives. The NAS website continues until replaced by a website for National Records of Scotland following 2011 merger with GRO-Scotland	苏格兰国家档案馆官网

续表

题名	简介	备注
National Assembly for Wales *Cynulliad Cenedlaethol Cymru*	Official website of the National Assembly for Wales: includes texts of Acts/Measures passed by the Assembly. Also includes texts of Proposed Measures and bills, relevant debates, committee considerations and other documentation including guidance on legislative process and competence	威尔士国民议会官网
Scottish Parliament / *Pàrlamaid na h-Alba*	Official website of the Scottish Parliament: includes texts of bills as proposed and as amended, relevant debates and committee outputs, guidance on legislative process, and other documentation	苏格兰议会官网
UK Parliament	Official website of the United Kingdom Parliament: includes texts of bills as proposed and amended for recent sessions, systematic signposting to older bill numbers and versions, committee and whole house consideration of proposed legislation, and useful publications and guidance on legislation and process. Useful resources include • Bills Before Parliament(bill index) • Sessional Information Digest • Fact Sheets • Research Briefings	英国议会官网
Judiciary. gov. uk	Website of the Judiciary of England and Wales and the Tribunals Judiciary maintained by the Judicial Office. Provides links to court and tribunal judgments and decisions(see Media tab), practice directions, biographies of the judiciary, statistics and reports, learning materials and practical information	英格兰和威尔士司法和法庭司法网站，由司法办公室维护
Scotland: Judiciary of Scotland	Maintained by the Judicial Office for Scotland this site explains the structure and role of Scottish courts and judiciary. Other offerings include provision or signposting of selected judgments, consultative and administrative publications, and advice for attending court	苏格兰司法办公室
Supreme Court	Website of the Supreme Court of the UK and of England and Wales. Site includes judgments of decided cases	英国和英格兰、威尔士最高法院的官网
Ministry of Justice	Ministry of Justice website combining multiple, previously distinct, government sites relating to public administration of justice in England and Wales. • See Reports and Data for links to selected research and statistical publications consolidated under MoJ agencies and themes. • See "full list" of organisations for links to the websites and research publications of other MoJ agencies	英国司法部官网
Northern Ireland Department of Justice	Official website pertaining to the public administration of Justice in Northern Ireland. Resources include administrative and research publications relating to devolved aspects of policing and justice functions and the department's five agencies	北爱尔兰司法部有关公共管理的官网

续表

题名	简介	备注
Northern Ireland Law Commission	Information relating to the review, development and reform of the law in Northern Ireland	北爱尔兰法律委员会官网
Scottish Law Commission	Information relating to the review, and reform of statute law in Scotland	苏格兰法律委员会官网
Scottish Government	Official website of the Scottish Government including social research, statistical and consultative publications relating to law and the public administration of justice	苏格兰政府官网
Scottish Courts	Scottish Court Service website providing general and practical information, court opinions, procedural and administrative publications, news and more relating to the Courts of Session, High Courts of Justiciary, Sheriff Courts, District Courts & and other courts and tribunals	苏格兰法院
Equality and Human Rights Commission	The Equality and Human Rights Commission site includes research publications and other information about rights and discrimination relating to race, disability, sexual orientation, age, religion and belief	平等与人权委员会(独立委员会)
HM Courts and Tribunals Service	Nested within the Ministry of Justice website HMCTS pages provide policy information, procedural rules and forms, and other guidance and practical information relating to the operation and use of courts and tribunals in England and Wales	司法部下属的英国法庭与审判委员会网站
Home Office	Website of government department with policy responsibilities including crime, and policing. Site includes research and statistical publications relating to these and other areas of socio-legal interest. (See also UK Central Government Web Archive)	英国内政部官网
UK Treaties Online	Full text of treaties to which the UK is party and supporting information provided by the UK Foreign and Commonwealth Office Treaty Section	英国外交与英联邦办公室条约组
Federal Digital System(FDsys)	Federal Digital System of the US Government Printer's Office. Provides access to authenticated versions of congressional bills and hearings, public and private laws, codified statutes and regulations, court opinions and other law related official publications. Coverage is largely late C20th onwards but varies from source to source	美国政府出版局网站的联邦数字系统
NCJRS	National Criminal Justice Reference Service. Funded and administered by offices and programmes of the U. S. Department of Justice, this service provides justice and drug related information for research and policy	美国司法部资助和管理的项目

续表

题名	简介	备注
LegiFrance	Official portal to French law, including legislation, case law and treaties. Selected resources are available in English translation	法国政府的网络法律文本的官方门户网站
Council of Europe Treaty Office	Official website of the Council of Europe's Treaty Office provides links to a full list of treaties/conventions and allows searching of the text, signatures, reservations, declarations and explanatory reports	欧洲委员会条约办公室官网
European Court of Human Rights	Database of the case-law of the supervisory organs of the European Convention on Human Rights	欧洲委员会欧洲人权法院官网(欧洲人权公约的执行机构)
Curia	Official website for the Court of Justice, General Court and Civil Service Tribunal of the European Union providing full text access to European Court Reports from 1954. Includes a Digest of thematically organised case law	欧盟法院的官网
EUR-Lex	EUR-Lex is the key portal to legal materials of the EU, in the 24 official EU languages updated daily. It includes, with extensive search facilities, the Official Journal, treaties, full text legislation and preparatory acts, full text decisions of the ECJ (Courts of Justice and of First Instance of the European Communities) and references to national case-law concerning EU law	欧盟官方法律资源的主要门户,24种欧盟官方语言
European Union Treaties	Quick access to official treaty texts on EUR-Lex, the public face of European Union's official legal data base. The collection links to founding treaties including consolidated texts, accession and other treaties. See also the International Agreements collection for agreements made between the European Union and non-EU member states or other international organisations	EUR-Lex 网站下,快速检索欧盟官方条约的数据库
International Law	United Nations site signposting the International Law Commission, International Court of Justice, other UN legal organs, and online resources. Site provides research guides and UN legal documentation	联合国官方网站有关国际条约委员会,国际法庭及其他联合国法律机构的文献。

续表

题名	简介	备注
United Nations Treaty Collection	Includes full text of the UN Treaty Series, Dec. 1946 – Apr. 2003, a collection of treaties and international agreements registered with the Secretary-General; full text of the earlier League of Nations Treaty Series, July 1920 – Oct. 1944; Status of Multilateral Treaties Deposited with the Secretary General (as of 1st January 2006); and the Index to the UN Treaty Series	联合国条约数据库
International Court of Justice	Site gives links to decisions from 1946 onwards although some of the older reports are available in summary form only	联合国国际法院官网
World Trade Organisation	Legal texts of WTO agreements	WTO官网
International Criminal Court	Website ICC, the world's independent and permanent, International Criminal Court, governed by the Rome Statute and based in the Hague, Netherlands	国际刑事法院官网(独立机构)

注:此表备注中的中文是笔者根据各网站的介绍摘译,下表同。

从这个表格中可以看出:①这些免费网络资源的提供者是西方三权的代表机构——立法、司法、行政机构的官方网站,以及欧盟、联合国等国际组织的官方网站,它们都是法律资源第一时间发布的权威官方机构,具备法律文献通常的权威性、时效性等特点,可靠性是毋庸置疑的;②这些来源机构涵盖范围广、层次多,既包括英国本土各联合体、政府部门,又有其他主要西方国家,如美国、法国等,还包括了欧盟、联合国等国际组织,既有国内法,又有国家法,可以说基本囊括了有关法律资源的各类重要网站,这说明免费法律资源的内容广泛;③这些官方机构提供的内容以原始文献为主,而原始文献一般是图书馆法律资源最基础的馆藏,很多是取代以前印刷版的,可以说网络资源已成为原始文献的主流。

因此,图书馆的法律文献收藏,不得不重视这类官方机构的免费资源。

2.2 各种法律图书馆和法学研究机构

在西方国家法律资源是图书馆最重要、数量最大的馆藏资源,尤其是在英美为代表的普通法系国家。法律图书馆成为重要的专门图书馆。不论是国家图书馆,还是大学,研究机构,法律图书馆都自成体系。在网络信息时代,法律图书馆在免费资源制作方面同样占有重要地位。

法律研究机构在文献资源的应用、发展中具有重要的推动作用。这类机构既是文献的收藏者、利用者,又是法律文献的生产者。他们产生的文献具有很高的学术水平。而且,由于其非营利性质,其成果基本是免费的,因而高质量的免费资源成为他们的重要特征。

英国国家图书馆对各种法律图书馆和研究机构的免费资源相当重视,也把他们纳入了馆藏资源,下面摘录一些比较有代表性的法律图书馆免费资源,见表2。

表 2　各种法律图书馆和研究机构的免费网络资源

题名	简介	备注
BAILII	British and Irish legislation, court and tribunal decisions, and law reform papers, the UK Treaty Library, decisions of the ECHR, ECJ and Privy Council, and links to World Law Resources. The site also provides multiple advanced search options including a citator function enabling discovery of subsequent considerations of cases, cases citing particular legislative provisions, citation of journal articles and more. Service is maintained by the British and Irish Legal Information Institute and partners	英国爱尔兰法律信息研究院，主办者为伦敦高级法律研究所，（爱尔兰）考克大学法律教师
Bodleian Law: Law Reports & Journals	Database created by the Bodleian Law Library identifying titles, locations, and jurisdictional scope of law reports and journals. Although access to the content of the recorded titles is restricted the database acts as a valuable tool for identifying publications for a given jurisdiction	牛津大学 Bodleian 法律图书馆
Bodleian Social Sciences Library	Bodleian Social Science s Library holds and develops the collections of several former libraries related to socio-legal studies including the Centre for Socio-Legal Studies, Centre for Criminological Research, and the Social Policy and Social Work libraries. This site is freely available on the Internet	牛津大学 Bodleian 社会科学图书馆
British Academy Lectures	Sound recordings and texts from lecture series including the British Academy Law Lectures and the Maccabaean Lectures in Jurisprudence	英国科学院
Cardiff Index to Legal Abbreviations	Find the meaning of abbreviations used for legal publications from around 300 jurisdictions. Focus is on English language law reports and journals, but other language titles, and selected major text books and legislative series are also included	卡迪夫大学
Eagle-i	Eagle-i (Electronic Access to Global Legal Information) is a searchable and browse-able portal to high quality web resources for UK, European, Foreign, Comparative and International law. Covers 200 countries as well as non-governmental international bodies and organisations involved in international law. The service provides content assessments and well-maintained dynamic links. Building on records originally created for Intute: Law, this service is developed as a national research resource for the UK by the Institute of Advanced Legal Studies	伦敦大学高等法律研究院主持的国家级项目
FLAG (Foreign Law Guide)	This database, hosted by the Institute of Advanced Legal Studies, searches a periodically updated inventory of print collections of foreign legal materials in UK libraries. Signposts libraries, their online catalogues and shelf marks for official gazettes, session laws, court reports and other primary legal sources	伦敦大学高等法律研究院主持

续表

题名	简介	备注
Institute of Advanced Legal Studies(IALS)	Site includes access to the library catalogue. Also provides access to FLAG and other FLARE databases, research guides by jurisdiction and resource type, and to the Eagle-i catalogue of reliable legal websites	伦敦大学高等法律研究院
Glossary of Arabic terms used in teaching and learning Islamic law	Archived version of the draft glossary produced as part of the Developing an Islamic Law Curriculum project at the former UK Centre for Legal Education(UKCLE)	英国法律教育中心
International Organisations	British Library links for subscription based and free online resources for researching international organisations	英国国家图书馆有关国际组织资源的网站导航
Lawbore	City Law School's legal resources portal offers links to online resources by legal topic, jurisdiction and resource type. See "Learnmore" for "how-to" guides and tutorials. See also LawboreProfessional	伦敦城市大学
Lawlinks	Award winning site signposting freely available web resources, and providing hints for working with legal information resources. Maintained by the Law Library of the University of Kent at Canterbury	英国坎特伯雷市肯特大学法律图书馆
Research Guides by Jurisdiction(IALS)	Research guides identifying key resources for researching the law of a wide range of jurisdictions. The guides are provided by staff and visiting researchers at the Institute of Advanced Legal Studies, or are available elsewhere on the web	伦敦大学高等法律研究院主持
Current Law Journal Content and Index to Legal Periodicals	Index to legal periodicals, tables of contents, and other detail for over 1,600 titles. Maintained from 2000 to April 2011 and still hosted by Washington and Lee Law School	华盛顿与李大学法学院
Guide to Law Online	Annotated guide, prepared by Law Library of Congress, to legal resources on the web. Site includes links to US state and federal resources including court opinions as well as information about court structure and history	美国国会法律图书馆的法律网络资源导航
Globalex	Research and resource guides for foreign, comparative and international law. Guides outline legal system and sources of law for a wide range of jurisdictions. Maintained by New York University Law School	纽约大学法学院
Intergovernmental Organisation Links	The Northwestern University Library IGO list provides links to the websites of a large number of intergovernmental organisations arranged alphabetically by name	美国西北大学图书馆

续表

题名	简介	备注
Law & Humanities Institute	Website of the Law and Humanities Institute and further online resources from Professor Solove of George Washington University Law School	乔治·华盛顿大学法学院
Legal Information Institute(Cornell)	Not for profit portal for United States law resources provided by Cornell Law School dedicated to free access to law. The site provides or links to federal and state resources including the United States Code, Code of Federal Regulations, Congressional Record, Statutes, bills, case law and Uniform Laws	康奈尔法学院法律信息研究所
Afkortingenlijst juridische tijdschriften	Abbreviations for European law journals and law reports from the Catholic University of Leuven. Coverage: Belgium, Netherlands, Germany, France, England/UK, Switzerland, EU and international titles	比利时鲁文天主教大学
Oñati IISJ Library	Socio-legal library and catalogue at the International Institute for the Sociology of Law in Gipuzkoa, Basque Country, Spain	西班牙巴斯克地区法律社会学国际研究院
Peace Palace Library	Catalogues and research resources for International Law from the library serving the International Court of Justice, Permanent Court of Arbitration and the Hague Academy of International Law	荷兰和平宫图书馆
LawCite(AustLII)	LawCite is an automatically generated law citator enabling discovery of citations to a given case or journal article in subsequent cases, journal articles and law reform reports. LawCite is in development under the direction of the Australian Legal Information Institute and partners	由澳大利亚法律信息研究院及其合作者发展
Table of Regnal Years of English Sovereigns	Useful for constructing and understanding citations to legislation, this table, hosted by Harvard Law Library, enables regnal years to be mapped to calendar dates	哈佛法律图书馆
Juriglobe	Research, quick reference resources, and visual aids for comparative legal systems from the World Legal Systems Research Group at Ottawa University	渥太华大学
European Network for Law and Literature	Website supporting law and literature scholarship hosted by Erasmus School of Law in Rotterdam. Site includes select resources and bibliography, conference information and links to Italian and Nordic law and literature groups	鹿特丹伊拉斯谟大学
LASSnet	Blog of the Law and Social Science s Research Network. The Network was initiated in 2007 by Centre for Study of Law and Governance, at Nehru University, New Delhi to map and facilitate research and teaching in law and social sciences in South Asian contexts	印度尼赫鲁大学法律与治理研究中心

续表

题名	简介	备注
Asian Legal Information Institute (AsianLII)	Case law, legislation and other resources from the Asian Legal Information Institute	亚洲法律信息研究院
Hong Kong Legal Information Institute HKLII	Caselaw, legislation and other resources from the Hong Kong Legal Information Institute	香港法律信息研究院
Legal Information Institute of India	Case law, legislation, treaties, law commission reports and other legal sources provided by the Legal Information Institute of India. Established in 2011	印度法律信息研究院
Australasian Legal Information Institute (AustLII)	One stop shop for all Australian legal materials, including consolidated and numbered acts at Commonwealth and State level, consolidated and numbered regulations at Commonwealth and state level, case law and treaties	澳大利亚法律信息协会悉尼科技大学和新南威尔士大学法律教师联合出品
New Zealand Legal Information Institute NZLII	New Zealand legislation, case law and other resources	新西兰法律信息研究所是奥塔哥大学、坎特伯雷大学和澳大利亚法律信息协会等联合项目

从表2中的介绍可以看出，这类资源的内容主要是：①门户、目录、导航类。资源导航是图书馆的重要职能，不少法律图书馆根据自身的特点制作“资源导航”，而英国国家图书馆也是通过文献导航的方式把免费网络文献纳入馆藏资源的，可以说是“导航资源的导航”。②参考工具类。主要是词典、术语、案例等。③学术研究类。这类资源主要是法学研究机构提供，如期刊文章、报告、案例研究等。这里要特别说明一下伦敦大学高等法律研究院。它的目标是服务国家的学术研究团体，主持的Eagle-i，FLAG（详细内容见表2）是国家级法律导航项目，免费开放，学术水平相当高。

2.3 与法律相关的学会、协会

西方国家与法律相关的从业人员众多。这些从业者建立的与法律相关的学会、协会数量不少。其参与者多是学者、律师等人士，是法律研究、应用的中坚力量。例如，2013年年初法律学者学会（Society of Legal Scholars）有会员2900多人[3]。他们对法律、法学的发展有极大的推动作用。一方面，这些机构的动态标志着法律界、法学界的最新发展状态，这些信息本身具有重要的价值，也是业内人士比较关注的；另一方面，这些组织也从各自的角度编制一些免费网络文献，具有重要的文献价值。英国国家图书馆把一些重要的学会、协会的有关信息资源也纳入了自己的网络资源导航。表3是从其资源列表中摘录的比较有代表性的学会、协会。

表3　英国国家图书馆纳入馆藏的主要学会、协会资源列表

题名	简介	备注
American Association of Law and Economics	Site includes news, conference and journal information, and links to other Law And Economics associations of the around the world	美国法律与经济学协会，是法律与经济学学者的团体
ASA Sections: Law and Crime, Deviance & Law	Links to websites for American Sociological Association sections including Law and Crime, Law & Deviance. The website of the Section on Law includes newsletter archive, annual, reports, and other resources	美国社会学协会，是社会学家的组织，下面有法律与犯罪、异常行为与法律组别
Association for the Study of Law, Culture & the Humanities	Association of scholars "engaged in interdisciplinary, humanistically oriented legal scholarship". Site includes bibliographies, conference and journal information	法律、文化与人文研究协会，是跨学科、以法学为目标的学者的组织
British Society of Criminology	Body supporting academics and practitioners working in the fields of crime, criminal behaviour and criminal justice. Site provides information about conferences, publications and prizes as well as links to research centres, other criminological societies abroad, journals and other useful research resources	英国犯罪学学会
European Association of Psychology and Law	European organisation for research, practice and teaching in psychology and law. Student area provides fact sheets and resources including links to law and psychology associations worldwide	欧洲心理学与法律协会
Law and Courts Organized Section (APSA)	Website for the American Political Science Association (APSA) providing links for Organized Sections including Law and Courts	美国政治科学协会法律与法庭组
Law Society of England and Wales	Website of representative body for solicitors in England and Wales. Site includes research publications, statistics and fact sheets as well as policy discussion, news, information about professional issues and specialist groups, publications and services, as well as a directory of solicitors	英格兰与威尔士法律学会，这两个地区律师的组织
Law and Society Association	Website of US based Law and Society Association, an international, disciplinarily diverse group of scholars engaged in the study of socio-legal phenomena. Free resources include past newsletters and information about collaborative research networks and other resources for socio-legal researchers	法律与社群协会，从事社会—法律现象研究的国际化、多学科学者群体的组织

续表

题名	简介	备注
Research Committee on the Sociology of Law	Website of the International Sociological Association's Research Committee 12-Sociology of Law. Registration required for full access	国际社会学协会的第 12 研究组：法律的社会学的网站
Society For Empirical Legal Studies	Website with conference programmes and other selected resources relating to empirical research on legal issues	经验法律研究学会，是该方向研究学者的国际组织
Socio-Legal Studies Association	Web site of the UK based Socio-Legal Studies Association, a group of scholars engaged, at the nexus of law, humanities and social-sciences, in empirically and theoretically informed study of socio-legal phenomena. Provides access to newsletter and index, news and events bulletin board, membership directory, and research area including subject and research centre links	社会法律研究协会(英国)，是研究法律社会学者的组织
American Society for Legal History	ASLH describes itself as an "international academic society dedicated to fostering scholarship and teaching in the many fields of legal history around the world." Their site includes resources for doing legal history and details of publication and conferences	美国法律史研究学会
Bar Council	The General Council of the Bar is the representative body for barristers in England and Wales. Site includes statistics (See About Barristers) and consultation reports as well as guidance and other information about the role of council, work of barristers, Inns of Court, and specialist groups. Also links to directories of barristers	律师委员会，代表英格兰和威尔士的律师
Association of Law Teachers(ALT)	Organisation representing law teachers in further and higher education, and conducting research on legal education. Website includes information about regular publications, policy and consultation responses, conferences and other events	法律教师协会
Society of Legal Scholars	Website of the learned society for legal scholars and university law teachers. Site includes information on special interest groups and committees, conferences, other legal events, research funding and prizes	法律学者学会

从表中的介绍可以看出，学协会的网站信息更多的是业界动态信息，如会议、出版信息，新闻通报，年度报告，会员信息，行业名录等。这些内容是法律的实践性特点的标志。这些信息对法律从业者来说有重要的作用，是了解法律信息、行业发展的重要渠道。英国国家图书馆把这些网站导航，给用户提供了更加集中的信息，方便用户一站式查找。

总之,从英国国家图书馆收藏的免费网络法律资源的情况看,信息内容包括了多个层次,从最新的一般资讯到学术研究资源,从二次文献到原始文献应有尽有。可以说囊括了法律资源的各种类型。正是基于这些丰富的资源,英国国家图书馆才优先选择将免费资源纳入馆藏。

3 对我国图书馆的启示

综上所述,从英国国家图书馆的免费法律资源可以看出,免费资源已经非常丰富,我们不能等闲视之。

首先,应该认识到法律资源的免费利用已经形成趋势。

2002 年 10 月,在加拿大蒙特利尔举行的“网上取览法律资讯会议”,通过了“免费自由取览法律咨询宣言”[4],提出法律信息资源作为公共资源,应该免费利用,并推动法律信息资源的免费运动。目前参与这项运动的成员有 50 多个机构[5]。这些机构中的 AsianLII、BAILII、AustLII、Cardiff Index、GlobaLex、LII of India、NZLII、WorldLII 都被英国国家图书馆纳入馆藏资源。这项运动将继续推动更多法律资源的免费利用。

英国国家图书馆就是利用了这个发展趋势,把众多的免费资源纳入馆藏目录中,使其免费资源的数量数倍于商业购买资源,有力地保障了法律资源的馆藏。我们国内的图书馆也要积极适应这种趋势,把适合自己的资源纳入馆藏。

其次,很多法律信息的免费资源质量很高,图书馆完全可以放心利用。

从前面描述的免费法律信息资源的来源可以看出,由于法律资源的特殊性,不论是官方发布的法律原始文献,还是研究所、图书馆、学协会的信息资源,背后都有强大的机构力量或专业人员做质量保障。这与其他类别的网络资源鱼龙混杂,难以辨别质量高低,形成了鲜明的对比。如此高质量的资源可以放心利用。

再次,免费资源可以节约资金,更有效地利用有限的资源建设经费。

资金短缺一直困扰着我国的图书馆。因此研究、利用网络免费资源是解决资金与资源矛盾的很好解决途径。英国国家图书馆给我们做出了很好的榜样。利用好免费资源,既可以有海量的文献资源保障,又可以节约资金。可以说是一举两得的好事。而且免费资源可以成为商业资源订购时的谈判武器。那些原来以法律原始文献为主要资源卖点的商业公司的数据库在某种程度上可以被免费资源替代。比如,English Reports(1220—1873)[6],United States Code[7]等这些曾经是几百卷的价格不菲的印刷品,现在部分可以通过网络免费利用。另外,免费资源甚至可以有一些商业资源没有的信息。比如,一些发展中国家的机构,这是通过商业资源都比较难得的资源。

总之,法律免费资源是一座富矿,目前在我国还没有充分地开发利用,需要我们努力地研究,挖掘到更多的宝藏。

参考文献:

[1] The British Library's content strategy-appendices[EB/OL].[2015－12－24]. http://www.bl.uk/aboutus/stratpolprog/contstrat/contentstrategyappendices.pdf

[2] Social Science electronic resources: Law and Legal Studies[EB/OL].[2015－12－24]. http://www.bl.uk/eresources/socsci/law_and_legal_studies.html

[3] Welcome to the Society of Legal Scholars[EB/OL]. [2015 - 12 - 24]. http://www.legalscholars.ac.uk/
[4] 免费自由取览法律咨询宣言[EB/OL]. [2015 - 12 - 24]. http://www.falm.info/declaration/declaration_zh-Hans.shtml
[5] Members of the Free Access to Law Movement(FALM)[EB/OL]. [2015 - 12 - 24]. http://www.falm.info/members/current/
[6] English Reports[EB/OL]. [2015 - 12 - 24]. http://www.commonlii.org/uk/cases/EngR/
[7] United States code[EB/OL]. [2015 - 12 - 24]. http://www.gpo.gov/fdsys/browse/collectionUScode.action?collectionCode = USCODE

印尼图书采访、资源共享困境及其发展

刘嘉慧

1 印尼图书采访现状及电子图书采访计划

近年来,中国与印度尼西亚的关系在政治、经济、文化、教育、旅游等领域取得进一步发展,两国关系日益提升,两国国民对对象国的求知欲望将随之越来越强烈,阅读图书是了解对象国的基本途径之一。近年来中印出版交流日益密切,我国曾多次在印尼举办图书展览会,2013年11月16日,中国图书展销会在印尼首都雅加达开幕,同时举办了中国—印尼出版交流会,本次书展展出了近年来中国出版的优秀图书1100种,涵盖中文教材教辅、少儿读物、科普、文学、历史、旅游等多个门类,让印尼读者更多地了解中国历史文化,更多地了解当代中国的发展现状[1]。2000年中国首次在印尼举行中国图书展,共展出图书1500种,引起了当地社会的极大兴趣,推动了双方在版权贸易、合作出版、图书进出口等方面的合作,增进了两国人民的互信、了解和友谊[2]。

但是,在我国,却很少甚至没有见到类似的印尼书展会,印尼图书也甚少出现,国家图书馆是我国非通用语种图书资源最丰富的地方,但是在印尼图书采访方面也陷入困境,目前我馆仅能通过进出口书商采访印尼图书,其中存在多种问题,图书种类选择少,到馆所需时间长,因此图书更新速度比较慢。全国学习印尼语的学生越来越多,但各地图书馆也面临同样情况,图书藏书量少,更新速度慢,以旧书居多,不利于读者学习研究。我们纵观全球,北美的研究图书馆对东南亚地区资料的收藏一直不遗余力,美国国会图书馆在印尼首都雅加达设立了购书中心,美国教育部指定若干高校图书馆为美国的国家东南亚地区研究资源中心,与此同时,一些图书馆则成了东南亚国家的北美政府文献资源储存中心。相比之下,我馆印尼图书资源面对如此困境,必须采取相应措施,为了加强两国图书界交流合作,提升我馆采访质量,我国各界出版社可鼓励印尼方来我国举办图书展,或参与我国国际书展,为我国印尼爱好者及书商提供一个阅读与选购空间。同时,中国与印尼距离较近,存在地理优势,因此可加强两国国家图书馆交流与合作,多举行图书交换或赠送活动,丰富馆藏,两国图书管理人员可相互到馆参观学习,增进友谊,共同进步。

除此之外，现今全球已进入数字化时代，为避免采访纸质图书出现的上述问题，我馆可采选部分印尼电子图书。互联网的高速发展正在把书籍以数字化形式带进虚拟世界，正是由于人类环保意识的增强和互联网用户的增加，电子图书数量不断提高。根据美国出版联合协会提供的数据，2006 年美国数字图书总销售额超过 90.3 亿美元，首次超越纸质图书的销量，这意味着电子图书的影响力在不断扩大[3]。在此方面各国也在向美国学习，目前我馆已实现部分中文图书电子化，读者可实现网上阅读。印尼也不例外，2009 年印尼教育部发起“低价和免费下载中小学教科书计划”[4]，推出电子图书政策，获得良好的反馈，除了教科书，印尼出版社、图书馆也陆续推出其他类型的电子图书，以文学作品为主，虽然印尼电子图书现服务范围还较小，但它是可能发展的，专家估计，未来 20 年印尼电子图书的发展将超越传统书籍，因此我馆可尝试采访或与印尼方合作交换电子图书资源，因为与传统图书相比，电子图书占据空间小，且容易更新、纠错，字体可调整至舒适的大小，为各个年龄段的读者提供了便利条件。

2 我国印尼图书资源共享困境及发展

2.1 印尼图书资源利用状况及实现电子资源共享化

随着中国与印尼两国政治、经济、文化交流越来越频繁，学习印尼语的学生、对印尼研究有兴趣的读者遍布全国，但各地方、各高校图书馆、书店资源匮乏，软、硬件设施的配备并不完善，图书资源馆藏少、更新慢，满足不了读者的需求，因此读者阅读研究之路受到阻碍。我馆是印尼图书资源最丰富的图书馆，可现今印尼语图书资源利用率低，部分文献信息资源甚至长期搁置，无人问津，同时由于地区局限，资源不能充分被全国各地读者利用，因此印尼图书资源共享迫在眉睫。为满足全国印尼学者对印尼图书资源的需求，我馆可带领实施电子图书资源共享化，进而应用于各省市图书馆及部分高校图书馆。因此图书馆间的合作显得尤其重要，特别是对于小语种电子图书资源共享于各大高校图书馆，从而受益于广大教师与莘莘学子。这不仅能为教学和科研提供切实有效的信息资源保障，更重要的是实现所藏文献信息资源由独占到共享，使其发挥最大的服务作用，让读者更方便、更充分地利用好图书馆的各种资源。

实现全国小语种电子资源共享化的前提是我馆具有小语种电子文献资源，因此我国国家图书馆与各国国家图书馆电子资源共享与合作势在必行。2012 年 9 月 11 日，“中国—东盟文化论坛”在南宁隆重举行，来自 12 个东南亚国家的图书馆馆长及专家齐聚一堂，讨论研究“亚洲图书馆的资源共享与合作研究”，国家图书馆名誉馆长周和平做了“交流应对挑战，合作促进发展——亚洲图书馆资源共享与合作发展”的主旨报告，其他国家图书馆馆长也分别介绍了各自数字图书馆的建设发展和服务情况，引起了各国代表的强烈共鸣[5]。可见各国已意识到资源共享的重要性，所以印尼图书资源共享也可从中借鉴。近年印尼已实现部分图书电子化，因此我馆可采选部分印尼电子图书资源，或与印尼国家图书馆或出版社交流合作，签订合约，双方交换或购买其电子数据库或电子图书资源，同时，在条件允许的情况下，小语种馆藏图书可借鉴中文图书，将部分阅读研究价值高的小语种图书电子化，以供网上阅读。我馆具有小语种电子文献资源后，便可继续研究如何共享于各省市、各高校图书馆。

在美国，图书馆间的信息资源共享是通过图书馆联盟的形式实现的，包括理事会管理模式、层级委托管理模式和松散协议联盟管理模式。由于政府重视，在政策和资金上给予支持，加上图书馆界本身具有资源共享及合作的理念，美国图书馆联盟得以迅速发展。多年的实践证明,图书馆联盟是美国实现资源与服务共享最实际、最有效的组织形式[6]。同时依托政府支持,在我国沿海某些经济发达地区,出现了地域内的文献资源共建共享体系,如广东的网络图书馆、上海的文献资源共享协作网等。因此各图书馆界可从中借鉴,积极参与馆际间合作和资源共享,打破"自建自用"的服务模式,形成开放的多元化服务方式,提高资源利用率,提高文献资源满足率,也就是指图书馆满足读者需求的文献供给能力。最终国家图书馆可共享藏有的小语种电子文献资源,各省市、各高校图书馆获得数据库后,便可造福于广大研究学者,以解燃眉之急。

2.2 如何实现全国性电子图书资源共享化

图书馆要真正实现电子图书资源共享的价值以及达到满足用户信息需求的最大限度,必须建立图书馆互联网协作方式的统一机制。根据我国实际情况,图书馆与图书馆之间或图书馆与其他机构之间可以形成一个相互联系的有机整体,借助政府的资金投入和管理,组建资源共享中心,采购资源共享中心所需要的软硬件设备,搜集本地区读者对图书馆小语种电子图书资源服务的需求,与国家图书馆签订文献信息资源共享协议,建立文献信息中心,把文献资源放进共享中心,通过网络进行互联,共建共享电子文献信息资源,读者可在当地图书馆搜索并利用国家图书馆的小语种电子图书资源,从而达到促进信息资源共建共享的目的,解决当地图书馆资源贫乏的困境。同时各馆利用本馆各种技术、方法和途径,本着自愿平等互惠的原则,为读者提供快捷、高效的信息服务,以利于实现真正意义上的资源共享,为我国图书馆事业的可持续发展打下坚实的基础。

国家图书馆、各省市、各高校图书馆信息资源共享是一项资金投入较大的工程,政府相关部门应该提高重视程度,加大经费投入来支持各大图书馆,专项资金主要用于协调和规范外文文献、电子文献、基础设施的合理配置等方面。而国家图书馆、各省市、各高校图书馆应更新态度,树立开放式、现代化、共享合作的新观念,尽快建立在共享网络中整体资源的全局概念,树立正确的信息传递与数据共享观念,实现馆际间合作协调,发挥出现代图书馆的重要职能,为真正意义上的信息资源共享打下基础,克服"重藏轻用"的观念,树立用户至上,面向社会全方位服务的观念。

任何项目发展都离不开法律法规的规范与支持,因此也需要努力健全图书馆相关法律法规。图书资源共享是一个跨地区、跨部门、跨行业的系统工程,为了协调不同地区、不同部门、不同行业之间的关系,需要政府出面制定相应的政策和法规,规范各方面的权利和义务,指导和规范全国范围内信息资源的共享活动。对于业务性活动中的各馆差异,需要通过契约方式进行约束;对于社会服务和具有经济效益的服务活动,更需要有严格的经济合同的约定,以保障活动的稳定、持续开展。

小语种电子图书资源共享能最大限度利用图书资源,开阔视野,打破时间、空间的界限,但初期不能盲目地依靠投入大量的人力、物力来改善硬件设备和网络服务水平,这样很可能造成浪费而并不能达到信息资源共建共享的目的。资源共享需要政府相关部门或者机构来协调,如果没有一个强有力的具有行政和技术权威的协调机构,没有合理的管理体制,那么即使资金再充足,环境网络再好,信息资源的共建共享也将无法取得应有的成就。

实现信息资源共享,最大限度地发挥信息资源的作用和体现它的价值,这是图书馆界的终极目标。信息资源共建共享的成败与否,直接关系到图书馆事业的可持续发展水平,虽然在资源共享过程中会遇到很多障碍，但只要我们共同努力，进一步探索和实践，图书馆信息资源共享一定能得到很大的发展。

参考文献：

[1] 周檬，王海权．2013 年中国图书展销会在印尼开幕[EB/OL]．[2013 - 11 - 16]．http://news.xinhuanet.com/world/2013-11/16/c_118170236.htm

[2] 中国在印尼举办书展[EB/OL]．[2000 - 05 - 10]．http://www.people.com.cn/GB/paper39/556/59893.html

[3] Clarissa Chen. Perkembanganindustrybuku di masadepan[EB/OL]．[2013 - 02 - 08]．Dunia UKM，http://www.marketing.co.id/perkembangan-industri-buku-di-masa-depan/

[4] Erwida Maulia．印度尼西亚：网上提供教科书[N]．雅加达邮报，2009 - 3

[5] 2012—中国东盟文化论坛在南宁举办[J]．图书馆界，2012(5)

[6] 孔令玉，高波．美国的图书信息资源共享模式[EB/OL]．[2008 - 02 - 21]．http://www.doc88.com/p-71747190836.html

数字时代国家图书馆外文报刊的协调采访

宋仁霞

1 背景

1.1 国际出版趋势

20 世纪 70 年代，随着卫星通信技术、光纤通信技术、个人 PC 机的发展，数字资源检索和服务不再受地域限制，逐步向国际化发展。到 80 年代末，数据库数量已经达到 3600 多个，出现了光盘数据库，全文数据库开始迅速发展，并出现了数值和事实数据库。自 20 世纪 90 年代以来，基于互联网的电子资源数量有了突飞猛进的增长（见下表）[1]。

1975—2000 年数据库增长情况表

	1975 年	2000 年	增长倍数
数据库产品数	300	13000	43.2
数据库生产商	200	4000	20.0
数据库代理商	100	3000	30.0
数据记录条数	5200 万	152.5 亿	293.3

据 *Gale Directory of Databases*2012 年版统计，截止到 2012 年共有 11000 个在线数据库和 5000 个 CD-ROM、DVD 等载体的数据库。

随着信息载体的发展变化和因特网的迅猛发展，电子期刊、网络数据库等的大量涌现改变了传统图书馆馆藏的微观构成和宏观构成。印刷版期刊的产量逐年下降，电子版期刊的产量急剧增长，成为近年来国际期刊总的发展趋势。

1.2 馆藏发展政策

20 世纪 90 年代之前，国家图书馆的外文期刊采访基本围绕科教兴国、为国家发展提供科技文献支撑的方针，外文期刊馆藏基本上以科技类为主，如 1989 年馆藏外文科技期刊品种数是社科期刊的 3 倍多[2]。

进入 90 年代后，党的“科教兴国”战略引导国家图书馆的外刊采选工作踏上“跨世纪台阶”。遵照“科教兴国”战略的要求，为配合国家高新技术的开发研究，在外文采选工作中，应把西方发达国家高技术领域的核心刊，尤其是有关电子信息技术、生物技术、能源技术、航天技术、新材料技术、激光技术和环境保护技术等方面的核心刊，作为跟踪采集的重点[3]。

2003 年，随着党中央关于“加强对哲学、社会科学的研究”讲话精神的要求，国家图书馆的外文期刊采访重点开始转移到人文社会科学方面。国家图书馆《“十一五”规划纲要（2006 年—2010 年）》中明确规定外文文献的采访重点：适时调整外文文献采集的范围和重点，全面采集海外中国学、中国研究以及有价值的海外中文文献，加强外国社会科学文献、国际组织与外国政府出版物的采集，加强小语种文献和周边国家与地区出版物的采集，同时加大电子出版物、网络文献等数字资源的采集。

2 国家图书馆外文期刊的调整策略及实施情况

围绕馆藏发展政策的调整，国家图书馆的外文期刊采访工作近年来陆续进行了一系列的变化，主要的调整工作如下。

2.1 检索类期刊由纸本到电子的转化

检索类期刊是提供科技查新和科技成果转化的主要参考文献，在经费中占很大比例。进入 90 年代后，面对刊价逐年上涨，经费严重不足的情况，国家图书馆开始逐年削减价格昂贵的检索类刊物。检索类期刊订购品种已从 1989 年的 841 种减至 1997 年的约 700 种[4]。

检索类刊物的数字化速度飞速发展，如美国科学信息研究所于 1963 年出版的《科学引文索引》、1973 年出版的《社会科学引文索引》、1978 年出版《艺术与人文科学引文索引》为信息情报界的大检索工具[5]，其光盘版于 1988 年问世。随着网络技术的发展，1997 年该三大检索工具推出了网络版数据库。随后其他检索类刊物的光盘版也大量出现。

检索类刊物的数字化，大致经历了纸本版—光盘版—网络版的发展历程。国家图书馆检索类刊物的馆藏结构也大致有以下几个变化：

（1）印本与光盘并存时期

2001 年，国家图书馆共订购光盘版数据库 20 种，均为检索类刊物，与馆藏纸本检索类刊物重复率约为 80%。

（2）停订印本改订光盘版

2003 年，国家图书馆对于纸电共存的检索类刊物进行了调整，对于有馆藏的光盘版的检索类刊物原则上停订纸本期刊，保留了捆绑优惠的核心检索类刊物，当年订购的检索类期刊削减为 300 多种，例如停订《国际药学文摘》的印刷版，保留其 CD-ROM 版。

(3)停订印本改订网络版

随着检索类刊物的 E-only 出版趋势越来越明显,为了满足读者对科技资料查新和查证的需要,国家图书馆陆续将部分大部头的检索类刊物转为 E-only 订购模式。例如,英国剑桥科学文摘出版社出版的《剑桥科学文摘》系列期刊有 40 种,国家图书馆订购了其中的 35 种,总刊价为 36 万人民币,2003 年这部分刊的印刷版已不再出版,改出电子版。印刷版医学检索类外文期刊《荷兰医学文摘》有 42 个分册,且均为周刊,不但占用较大的阅览室空间,而且内容上与 Medline 还有交叉,故停订印刷版,改订数据库 EMBASE。

截至目前,国家图书馆检索类刊物基本上都转为网络版数据库,共订购外文检索类数据库 25 个,且基本上为英文数据库。

2.2 科技类印刷版期刊的订购品种逐步减少

随着期刊电子化进程的加快和全国文献资源保障体系的发展,国家图书馆经过大量的调研,确定了文献资源建设的发展方向:国家图书馆文献整体资源构建逐步向人文社科倾斜,逐步加大对社会科学文献尤其是海外中国学文献的采选,减少科技期刊的采选品种。近年来,外文报刊的馆藏布局不断调整:

①纸本期刊的核心馆藏以社会科学、自然科学基础学科为主,该部分学科将采用 P-only 的采购模式,同时将加大该部分文献回溯文档的采购,以更好地为党政军和立法决策提供及时便捷的服务;

②基于科技期刊实效性和读者的需求情况,将逐步采用 E-only 的采购模式,满足到馆读者的文献需求,提高利用率;

③医学、农业、地质类等期刊将通过馆际互借方式或文献传递方式为读者服务,生物学期刊据实际情况慎重削减,但基础类部分要保留。

科技类纸本期刊近年不断削减:

①2005 年停订了部分和电子期刊重复的科技类印本期刊;

②2006 年荷兰 Elsevier 出版社的 SD 数据库的订购模式由原来的 P + Free E 进入到 P + E(租赁费),停订 IEEE 全套期刊 116 种,改订网络版;

③2008 年停订科技期刊和检索类期刊共 1925 种,经费涉及约 1400 万元;

④2013 年受文献采购经费的制约,根据纸电协调采访的原则,对已订购数据库具有永久使用权且不与纸本期刊捆绑的期刊进行了削减,停订期刊 648 种,经费涉及 800 万。

2.3 人文社科类纸本期刊的订购品种逐步增加

按照文献资源建设的总体规划,逐步加大对社会科学文献,尤其是海外中国学文献的采选,近年来陆续增订人文社科类纸本期刊:

①2009 年通过代理公司、出版社、网络、阅览室、读者等多种途径搜集相关目录数万条,经采访人员精心筛选共增订法律、社会学等社科类新刊 525 种,社科、科技的订购品种比例为 51% : 49%;

②2010 年继续增加人文社科类期刊 464 种;

③2011 年增订人文社科类期刊 371 种,馆藏人文社科与科技期刊的馆藏比例为 50% : 50%;

④2012 年增订社科类期刊 155 种,西文人文社科与科技期刊的比例为 52% : 48%。

2.4 外文报纸由纸本到电子的转化

外文报纸是了解世界的窗口，也是图书馆重要文献信息之一。它的出版周期更短，时间性更强，以最快的速度报道世界各地发生的最新事件和科学技术方面出现的最新成果。与期刊相比其内容更加广泛，版面一般较大，多为对开或四开，以单张散页形式出现。2002 年之前，国家图书馆订购的外文报纸为 200 余种，随着馆藏增加报纸库房日趋饱和，部分报纸合订本已无法上架。我馆根据采访、收藏、利用、经费等方面的情况，对报纸的载体形式进行了调研，认为 35mm 的缩微胶卷比较适宜报纸收藏。考虑到缩微胶卷出版发行的相对滞后和读者利用等因素，经过慎重筛选，选择了 4 种我馆读者利用率不高、时效性要求不强，但又在收藏范围之内的外文报纸，从 2003 年起改订缩微胶卷，以期对外文报纸入藏的新载体形式做一种尝试。

2005 年外文报纸开始采用分级收藏的方针：一级核心报纸订购印刷版 + 网络版，二级核心报纸订购缩微版 + 网络版，三级报纸订购网络版。当年度停订外文报纸 91 种（其中主报 69 种，副报 22 种）。为了弥补纸本馆藏的缺失，2007 年我馆开始订购 *Access World News* 报纸数据库。该库提供超过 8000 种世界各国家和地区最受欢迎和普遍阅读的报纸电子版全文，并收录全球主要通讯社、电视台的相关报道，为读者提供了很大的便利。

2.5 采购方式的调整

2006 年以前，外文期刊订购基本上是按照学科进行分包（Order By Subject），后选择代理商的方式。随着期刊电子化趋势的加快和出版社的并购，各出版社的订购模式也由原来 P-only 转为 P + E 模式（Big Deal）。同时，为了贯彻《2006 年度图书资料采购环节调整实施方案》中关于外文报刊购置实施分包询价的规定，更好地发挥外文期刊购置费的最大效能，国家图书馆从 2007 年开始，对大出版社的英文期刊的订购采取按照出版商订购（Order By Publisher）的方式，小出版社的期刊采取延续性订购的原则。OBP 的优点如下：

①有利于分包询价的操作实施和效果监测；

②便于理清出版社期刊列表，为 P + E 做好前期准备；

③有利于促进和出版社的直接沟通，并得到更多的服务；

④有利于控制购书经费，特别是可以减少后付款贷款利息和减少代理服务费；

⑤有利于加强免费电子版的开通；

⑥有利于将来的历史数据的采购；

⑦有利于馆藏分析和评估；

⑧有利于电子资源的整合。

采取 OBP 的出版社有：Elsevier、Wiley、Blackwell、Springer、OUP、Emerald、Haworth、Taylor&Francis、CUP、SAGE、Lippincott 等 10 余家。

2.6 订购模式的调整

2004 年以前，大型的商业化期刊出版商大多采用 P + E 的出版模式，受商业利益的影响大都采取 P-first（纸本优先）的销售策略，即在出版纸本期刊的同时出版电子期刊，图书馆可以仅订购纸本期刊，也可以在订购纸本期刊的同时捆绑订购电子期刊。

2005 年开始，有些大型的出版商针对图书馆市场的需求纷纷出台了 E-only 的期刊订购政策。国家图书馆于2006年开始实验性地采用EOS(Electronic Only Subscription)的订购模式。例如John Wiley出版社的期刊2006年推出了E+P的订购模式(订购电子期刊,赠送纸本期刊),总费用在2006年纸本期刊价格基础上增加5%。

2007年国家图书馆采用纸电捆绑模式引进的数据库达到12家出版社,涉及19208种电子期刊。截止到2012年,馆藏期刊全文数据库40个,其中现刊数据库大部分采用纸电捆绑的订购模式,即付费获得电子数据库访问权的同时必须满足一定的纸本期刊订购要求(一般为满足品种或贸易额的最低要求)。

随着期刊数字化趋势的加快,国外出版社将重心转移到电子期刊的出版和发行,打破传统纸电约束模式。如:AIP(美国物理联合会)和APS(美国物理学会)两个数据库过去都属于“买纸赠电”访问的数据库。2013、2014年,两家出版社先后调整政策,不再提供免费获赠电子访问权的模式,图书馆可根据自身需求,单独支付所需电子期刊费用,纸本期刊既不捆绑销售也不提供额外折扣。Wiley期刊库过去采用的是“核心期刊内容费+电子访问费+纸本DDP优惠”的订阅模式。“核心期刊内容费”占整体贸易额的近80%,核心期刊中包含的期刊可获得永久访问权。2013—2015合同期将原来的“核心期刊内容费+电子访问费”合并为一个整体,所订内容均可永久访问,且对纸本期刊不再进行捆绑,可按需以DDP价格订购。

3 外文期刊采访工作未来的思考

3.1 外文纸本期刊的学科结构

国家图书馆外文期刊主要是通过订购、交换、缴送、赠送4种渠道采购而来的,订购的期刊占了绝大多数。经过多年的文献资源建设形成了数量多、品种全、学科广泛的特点。从馆藏情况来看,我馆共收藏外文印本期刊53683种(包含过刊和现刊),其中社科类期刊20653种,占馆藏量的38%;科技类期刊33030种,占馆藏量62%(数据库来源于Aleph系统)。从学科建设来看,近年来国家图书馆订购的外文期刊学科统计如下图:

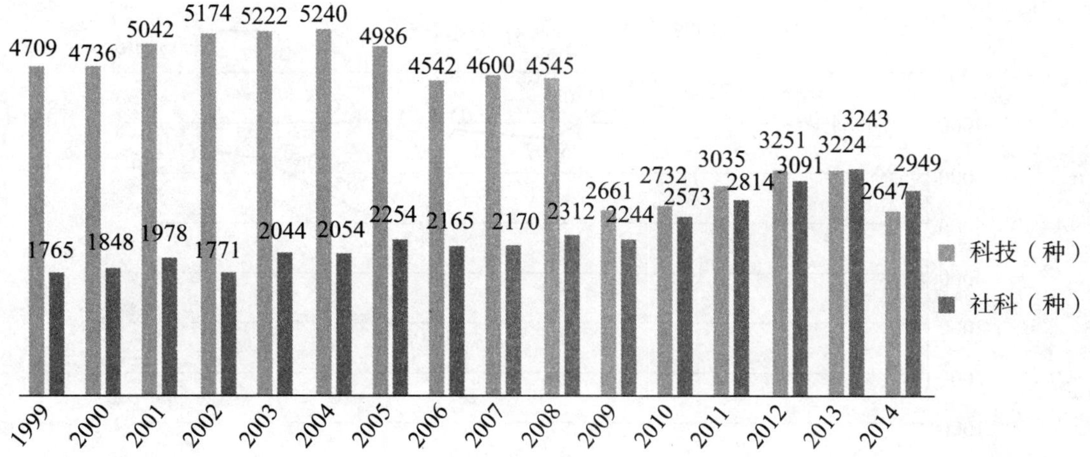

图1 国家图书馆订购外文期刊统计

从上图可以看出,外文社科期刊品种相对较少,资源薄弱一些。但是社科期刊品种数所占的比例在逐年增大,科技期刊所占的比例在逐年减少。社科期刊的收藏比例由1999年馆藏量的27%上升到2014年的47%，而期刊品种从1999年的1765种增加到2014年2949种，增加了1184种；科技期刊馆藏比例由1999年的73%下降到2014年的53%，期刊品种由1999年的4709种减少到2014年的2647种，减少了2062种。

近年来，由于国内高校和科研院所纷纷加大了对电子资源的采购，科技类期刊基本上满足了教学和科研的需求。尤其是国家加大了文化建设力度，广大读者不断增长的文化需求对国家图书馆的业务和服务提出更高的标准。国家图书馆在“十二五”规划中明确规定外文文献的建设重点：国家法律法规与立法决策、海外中国学研究、中国周边国家和重点区域研究、国家重点工程建设领域、重点科研项目等。为此，适时调整外文社科类和科技类期刊的入藏比例，形成印本资源与电子资源互为补充的馆藏格局，才能够好的服务读者。

3.2 纸本期刊与电子期刊的协调建设

近年来电子资源大量涌现，使图书馆面临新的挑战和机遇。从20世纪90年代中期开始，国外许多二次文献出版商率先推出了基于因特网的二次文献数据库，随后许多全文出版商也纷纷推出了全文期刊数据库。与原来的纸本期刊和光盘数据库相比，这些网络版数据库，无论是内容，还是平台的检索功能都具有明显优势。

在纸质文献和电子资源的建设思路上，一般国外图书馆通行的做法是在已经订购了大量纸本期刊的基础上再支付少量费用，就可以获得这些期刊的电子访问权，这样购买的电子期刊大多是与纸本期刊重复的。因此在10年前，国外图书馆用于购买电子资源的经费占全部文献经费的比例相对较少。据美国研究型图书馆联盟（ARL）的统计资料显示，1999年这一比例只有8%—10%，2001年平均每个馆达到16%。随着电子资源的发展，近年来各馆纷纷增加了电子资源的采购力度，电子资源的采购经费有大幅度提高，期刊纸本转电子已经成为国外图书馆的定局。

近年来国家图书馆外文期刊纸本订购数量每年都有变化，这与馆藏建设策略的调整有很大关系，下图为近年来通过代理公司订购的外文期刊情况：

图2 1999—2014年订购期刊种数统计

从上图可以看出,2008 年以前外文纸本期刊的订购数量基本上为 7000 种左右,2009 年订购数量由 2008 年的 6857 种减少到 4905 种,减少了 28%,2009 年至 2013 年逐年增加,主要是增加了馆藏社科期刊的采购力度,2014 年受购书经费的影响,削减科技期刊 800 余种,削减了 13%。总体而言,纸本期刊的订购品种呈减少的趋势。

从馆藏电子期刊来看,2010 年外文电子期刊为 2 万余种,到 2014 年 12 月,馆藏电子期刊为 50488 种(为部分数据库期刊的回溯年代不同,未去重),短短 4 年的时间里电子期刊的数量增加了 2 倍。从《Ulrich's 国际期刊指南》收录内容来看,近年来电子出版物的发展速度远远大于印本期刊。国家图书馆外文报刊的采访政策近几年随之调整,例如,在国家图书馆“十二五”规划中明确指出,文献的载体结构也是以纸本为主,注重发展与其相匹配的网络镜像资源。但是从国家的战略角度和信息安全等方面来看,在无法保证数字资源长期保存的条件下,外文期刊的纸本订购与保存是非常重要的。

参考文献:

[1] Hahn T. B. Online Database and Information Retrieval Services Industry[G]//Encyclopedia of Library and Information Sciences,3rd ed. Taylor & Francis,2010

[2] 李镇铭. 七十年来北京图书馆外文藏书建设[J]. 北图通讯,1982(2)

[3] 任毅军. 国家图书馆外文期刊采选工作的调查与思考[J]. 北京图书馆馆刊,1999(3)

[4] 任毅军. 国外检索期刊出版的历史演进与发展趋势[J]. 国家图书馆学刊,2001(1)

[5] Boweker R. R. Urich's International Periodicals. Directory[M]. A Division of Reed Elsevier I nc. NewProvidence, NJ,USA,1999

中朝两国国家图书馆出版物国际交换的回顾与展望

宋奇岳

中国与朝鲜之间有着紧密而悠久的文化交流与历史传承。中朝两国由于地理位置、文化背景、历史传统等多方面因素,促使两国关系逐步地深入发展。

随着中朝两国文化间的交流日益增强,两国图书馆间的合作也不断加强。中朝两国出版物交换的历史,受到两国外交政策和国际形势等多方面因素的影响,使得中朝两国国家图书馆的交换工作在不同的历史节点表现出不同的阶段性特征。本文以 1949 年新中国成立为起点,以 1992 年为分界线,通过分析中朝外交史上的重大事件,纵向对比两国国家图书馆交换工作在不同阶段表现出的主要内容和基本特征,努力探求当今中朝两国国家图书馆在出版物国际交换业务关系中的历史定位及发展方向。

1 中国国家图书馆与朝鲜人民大学习堂交换工作的历史

1.1 朝鲜人民大学习堂简介

朝鲜人民大学习堂的前身是平壤市立图书馆。1946 年 10 月 13 日,平壤市立图书馆正式更名为"朝鲜国立中央图书馆"。1963 年,根据图书馆自身发展的需求,朝鲜国立中央图书馆新馆在平壤市中心落成。1982 年 4 月 1 日,金日成将朝鲜国立中央图书馆正式命名为"朝鲜人民大学习堂"。朝鲜人民大学习堂肩负起朝鲜国家图书馆的职责,不仅为全国图书馆事业的发展起到了指导性的作用,同时为社会公众提供全面的知识化服务。该馆目前有 3000 万册藏书,其中外文图书 1500 万册,杂志 630 万册,外文图书以西文、俄文、中文、日文为主。由于购书经费的困难,主要是通过交换和赠送渠道来补充外文文献的馆藏。

1.2 不同时期中朝两国国家图书馆的出版物国际交换

1949 年 6 月 30 日,中国确立了"一边倒"的外交政策,奠定了新中国创建伊始的外交方针基础[1]。1949 年 10 月 6 日,中国与朝鲜建立外交关系。中国与朝鲜紧密团结在以苏联为首的社会主义同盟下,共同反对美韩联盟。1950 年 6 月,朝鲜战争全面爆发,中国军队积极入朝参战。中国对朝鲜在战后的经济恢复与建设提供了有力的援助。1953 年 11 月,中朝两国签订经济文化合作协定。1961 年 7 月,两国签署《中朝友好合作互助条约》。在中韩建交之前,中国对朝鲜始终坚持"一边倒"的外交政策。在这种背景的影响下,中国国家图书馆与朝鲜人民大学习堂(朝鲜国家图书馆)间出版物国际交换工作逐步开展,交流合作日益频繁,表现为不同阶段的历史特性。

(1)交换业务的探索期(1954—1965)

1950 年 6 月 25 日,朝鲜战争爆发。在"一边倒"外交政策的影响下,无论从外交关系的角度出发,还是考虑到自身的安全问题,中国时刻关注朝鲜战争的局势动态。这场战争的主要结果之一是奠定了数十年中国同朝鲜民主主义人民共和国,以及大韩民国关系的基本格局[2]。战争结束后,中国和朝鲜都处在复杂而艰难的生存环境之中,但由于中朝两国坚定不移的同盟关系,使得处在冷战时期中的两国关系的发展基本保持较为平稳的状态。1953 年 11 月,中朝两国签署了经济文化合作协议,1954 年 9 月,中国国家图书馆与朝鲜人民大学习堂建立交换关系,致力于推广两国间的文化交流与传播。1957 年年底,中朝两国签订了《科学技术合作协定》,在签订之后的一年中,通过国际交换手段,中国国家图书馆向朝鲜人民大学习堂提供了部分经济开发类与科学技术类相关出版物,以加强两国经济发展的经验和科学技术方面的交流与合作。1961 年 7 月 11 日,中国与朝鲜缔结具有历史意义的《中朝友好合作互助条约》,在该条约的第五条,明确指出继续巩固两国文化交流和科学技术领域的合作[3]。虽然在朝鲜战争之后,中国遭受到了以美国为首的西方国家的封锁、包围与遏制,使中国几乎被国际社会所孤立[4]。但是中朝两国的文化交流与两国国家图书馆间的交换业务仍然保持着平稳的发展。

(2)交换业务的稳定期(1970—1991)

1970 年,中国国家图书馆与朝鲜人民大学习堂的交换业务工作逐步恢复。1982 年,中国国家图书馆收到对方寄出交换的科学技术类期刊。1983 年,中国国家图书馆向对方寄送一批工业技术类图书。1984 年,朝鲜人民大学习堂向中国国家图书馆表示希望能够继续收到工业技术类的书籍。1985年,通过出版物交换业务,中国国家图书馆向朝鲜人民大学习堂寄送图书141种280册。该批图书经过反复筛选,以诗集和散文集为主,其中不少是描述朝鲜战争时期的优秀作品。在诗集部分的代表作就有著名诗人郭沫若的《消灭细菌战》《鸭绿江》,青年诗人严辰创作的《友谊》《我们站在同一片云彩下》;散文集方面魏巍代表作《谁是最可爱的人》《战士和祖国》《年轻人让你的青春更美丽吧》亦是脍炙人口,茅盾的《侵略者将自食其果》,巴金的《我们会见了彭德怀司令员》《平壤,英雄的城市》等;小说类则以著名作家杨朔的长篇小说《三千里江山》,巴金的《爱的故事》《团圆》,陆柱国的《上甘岭》作为此次交换图书小说部分的重点。

1986年,两国政府针对1987—1988年间的文化合作签订了新的协议。该协议中要求两国政府协助中国国家图书馆和朝鲜人民大学习堂交换社会、政治、科技类书籍和关于图书馆工作经验的资料。自1986年至1989年年底,中国国家图书馆向朝鲜人民大学习堂共寄赠700种1300余册图书,但是由于朝鲜方面的图书经费有限,加之其出版业发展的滞后,中国国家图书馆收到对方交换的书籍数量并不理想。

(3)交换业务的发展期(1992—1999)

1992年中国与韩国建立外交关系,中国的外交政策也由对朝鲜的"一边倒"转变为了对朝韩的"等距离"外交。"等距离"外交政策无疑对朝鲜方面产生了巨大的冲击,中朝关系也因此陷入胶着状态,尽管在中韩建交之初朝鲜并未做出强烈的反应,但是对中朝关系产生了相当大的影响。但中国始终强调与朝鲜的传统友谊,致力于中朝关系的友好发展。为了与朝鲜人民大学习堂的交换业务避免受到太大的影响,中国国家图书馆不断积极地与对方开展交换业务。1992年年底,中国国家图书馆向朝鲜人民大学习堂寄送朝鲜部分出版物的中译本。其中包括了金日成著作《在朝鲜劳动党中央委员会第五次全国代表大会工作总结报告》《亚洲革命人民反美共同斗争必将胜利》等。历史类出版物包括《朝鲜通史》等。此外,根据对方提出的要求,中国国家图书馆陆续向对方提供有关农业、生产制造、自动化开发、经济类等相关领域的出版物。

1993年,中朝两国政府签署《中华人民共和国政府和朝鲜民主主义人民共和国政府一九九三至一九九四年文化交流计划》协议。1994年,中国国家图书馆收到朝鲜人民大学习堂交换朝文书24种,1995年收到来书41种,1996年收到朝文图书10种。1998年中国国家图书馆向对方寄送中文图书31种。虽然由于中韩建交,导致中朝关系一度受到影响,但是通过双方的共同努力,中国国家图书馆与朝鲜人民大学习堂的交换业务并没有受到明显的冲击。

2 中国国家图书馆与朝鲜人民大学习堂交换业务现状

进入21世纪,两国交换业务开展频繁,交换量也在逐步递增。2000年,中国国家图书馆向朝鲜人民大学习堂寄送图书23种48册。2001年,寄送图书33种88册。2002年,寄送图书20种48册,其中中文图书19种47册,外文图书1种1册。2003年,寄送图书62种62册。2004年,寄送图书10种10册。2005年起,朝鲜人民大学习堂对中国国家图书馆启动全面交换政策。自2012年至2015年,中国国家图书馆每年收到对方寄来朝鲜文图书约400册,向对方寄送中文图书1100余册。在连续出版物方面,两馆交流合作日益密切。截至2015年,中国国家图书馆向朝鲜人民大学习堂提供连续出版物105种,朝鲜人民大学习堂向中国国家图书馆提供连续出版物 41 种。

朝鲜人民大学习堂提供连续出版物如下表所示：

朝鲜人民大学习堂提供连续出版物表

科技期刊	社科期刊
内科	千里马
外科	金刚山
朝鲜药学	今日朝鲜
预防医学	经济研究
基础医学	青年文学
儿童,妇产科	金日成综合大学学报(哲学)
化学和化学工业	金日成综合大学学报(国文学)
生物学	金日成综合大学学报(人文学)
数学	文化语言学
物理	最近经济动向
分析	民族文化遗产
计量学	历史学研究
地质地理学	朝鲜艺术
矿工开采	情报科学
轻工业科学	人民教育
重工业科学	高等教育
自动化工学	金日成综合大学学报(法律学)
电子科学	体育与健康
机械工学	
发明科学	
天文学研究	
科技革新	
金日成综合大学学报(自然科学)	
总计:41 种	

3 交换业务开展中努力克服的困难

3.1 避免有悖交换原则情况

中国国家图书馆一直以来坚持平等互利的交换原则,然而由于中朝两国经济增长水平不同,出版物价格标准差距不断拉大,图书馆经费规模差异等因素很难实现等价交换。在与朝鲜人民大学习堂的实际交换中,双方尽量做到等量交换。此外由于朝鲜人民大学习堂对中国国家图书馆的全面交换政策,容易造成被动交换的问题。而中国国家图书馆方面,通常在经费允许的条件下,针对对方的实际需求,尽量向对方提供出版物交换目录,特别是对于所交换的出版物的政治格调和学术价值进行严格的把控,避免发生有悖于出版物国际交换原则的情况。

3.2 避免过分强调交换数量情况

中国国家图书馆在开展交换业务过程中，充分考虑到不同国家、不同地区的出版物交换工作水平不同，努力做好与交换单位间的原则性与灵活性之间的平衡。虽然通过出版物国际交换能够使本馆与国外其他图书馆及相关单位、机构间达到互通有无，实现双方思想、文化信息交流的目的，但是在实际交换工作中，要避免过分强调出版物的交换数量，而不注重具体交换内容的情况发生。如果过分强调出版物的交换数量，则会影响交换合作的可持续发展[5]。因此，出版物国际交换工作要从全局出发，充分考虑交换合作单位的经济实力，兼顾馆藏政策要求等因素，实现交换双方的平等互利。

3.3 避免通联与寄送工作周期过长情况

通联工作作为两馆开展交换业务的直接通道，起到至关重要的作用。在与朝鲜人民大学习堂实际的通联过程中，由于对方存在着一些硬件和互联网环境建设的困难，导致邮件查收及回复间隔时间较长，这对国家图书馆的寄发和选书造成了一定的影响。特别是涉及连续出版物的情况，如果寄送工作周期过长，则很难保证连续出版物的时效性，对交换业务统计和及时补充馆藏的工作带来了一定的影响。

4 新时期下中朝两国交换业务的未来

大力发展出版物交换业务，同时把交换来的信息开放于社会，服务于大众，这是信息时代的特征，也是图书馆自身发展的需要所决定的。

在新时期下，数字信息化在图书馆业务开展中的作用愈发明显，根据出版物国际交换工作发展的趋势，数字资源交换的需求越来越大。这就对出版物国际交换工作实现网络化，使交换工作与国际接轨提出了新的要求。

通过开发数字交换平台，中国国家图书馆与多家交换单位通过网络交换平台进行高效、便捷的资料交换。在这一方面，我们也希望在保持原有良好的交换模式下，能够通过数字交换平台与朝鲜人民大学习堂开展更为丰富的交换模式，这样不仅能够及时获取对方的交换资源信息，还能够有效地克服通联中带来的多个问题。

在数字信息时代下，我们只有通过不断发展、不断创新，努力探索新时期下交换工作的特点和规律，同交换单位间建立先进高效的业务新模式，推动国际交换工作的发展，体现出更高的工作价值。

参考文献：

[1] 刘金质，张敏秋，张小明. 当代中韩关系[M]. 北京：中国社会科学出版社，1998

[2] 张增香. 新中国成立前中国与朝鲜半岛友好交往的历史镜监[J]. 中国石油大学学报，2008(6)

[3] 陶常梅，李晓光. "一条线"外交政策下的中朝关系[J]. 安徽教育学院学报，2006(9)

[4] 隋淑英. 论朝鲜战争对中国的历史影响[J]. 聊城师范学院学报，2000(6)

[5] 李伟，马静. 公共外交视角下的出版物国际交换策略研究[J]. 宁夏社会科学，2015(5)

国家图书馆馆藏俄文连续出版物现状分析

宋　萍

中俄文化交流广泛，文献交流作为文化交流的重要部分，对于两国学者的研究工作意义重大。早在20世纪初，两国已开始翻译交流出版马克思主义著作。新中国成立后到1956年，达到交流顶峰。此后，伴随中苏关系紧张，出版物交流也陷入低谷。随着中国改革开放，双方逐渐恢复并加大了对彼此文化的研究和交流，出版物的交流更加深入。就目前我国俄文出版物收藏情况看，中俄双方在出版物交流、采选方面的合作，还有很大提升。

俄文连续出版物是俄文出版物采选的重要部分，其连续出版的特点也能够在一定程度上体现出我国与俄罗斯等俄语国家文化交流的脉络。近年来，俄文连续出版物出版稳定，从总量上看，还有很大的采选空间。所以，为了做好国家图书馆俄文连续出版物的采选工作，对国家图书馆当前俄文连续出版物的馆藏情况进行梳理、分析，就显得尤为重要。

1　馆藏俄文连续出版物发展历史

俄语中常用词组“периодические издания”来意指连续出版物，中文直译为“定期出版物”，主要包括期刊、报纸、汇编和通报（指某些机关的定期刊物，例如科学院通报“бюллетень Академиинаук”，国家图书馆在数据处理上，一般将通报归为期刊类型）。而国家图书馆的馆藏俄文连续出版物主要类别为期刊和报纸。

据《中国国家图书馆馆史》等相关资料记载，国家图书馆馆藏文献内容曾经历过几次重大的变化。俄文连续出版物作为国家图书馆馆藏的组成部分，其发展同样也经历了漫长而曲折的历程。

1.1　新中国成立前

新中国成立前，国家图书馆的俄文文献馆藏很少，俄文书籍仅有4000余册，多半是帝俄时代出版物，而俄文连续出版物更少，基本处于自然增长的状态。数据统计，1949年以前，国家图书馆（当时名为北京图书馆）中外文全部馆藏文献共约140万册，其中外文连续出版物主要为外文期刊，共计68308册，仅占馆藏文献的5%。虽然没有官方统计数据，但从国家图书馆系统数据显示，馆藏的俄文连续出版物多自20世纪30、40年代才开始连续性入藏。

1.2　新中国成立后至20世纪中期

新中国成立以来，党和政府非常重视北京图书馆的发展，购书经费逐年增加，逐渐改变了新中国成立前只注重中文图书采选的方针。加之出版单位缴送、政府拨交、私人和单位捐赠以及国际书刊交换，截至1958年，国家图书馆馆藏出版物总量已升至560万册，外文文献量增长显著。其中包含了82种不同文字的书刊,汉文约350万册,少数民族语文图书45000册,俄文有20万册,日文有40万册,英、法、德文有40余万册,其他文字书刊不到10万册。俄文文献藏量增至20余万册,较49年增加了50多倍。内容以苏联新出版的社会科学和科学技术书籍为主。在1956年,北京图书馆通过机构调整,同时扩大外文期刊的增订,使得馆藏俄文期刊达到307种。

除了采选所得俄文连续出版物,国际交换也是扩充馆藏的有效途径。与世界各国进行书刊交换,是国家图书馆很早就开展的工作。《中国国家图书馆馆史》等资料记录了北京图书馆当时与苏联图书馆图书交换的突出业绩。资料记载,1958年,北京图书馆收到了苏联寄来的书刊达42410册,其中一部分是新出版的有关于人造卫星和原子能方面的尖端科学书籍,对当时我国的科学研究工作帮助很大。当时,在这些交换的书刊中,经常收到的俄文杂志有600余种,报纸有30多种。

随着藏书的不断补充,当时的北京图书馆期刊库积存了很多外文期刊的零本和副本。鉴于外文期刊收藏的连续性和单一性原则,加上当时的北京图书馆各书库基本处于饱和状态,富裕书刊的剔除工作迫在眉睫。在1963年,北京图书馆突击整理了期刊库中需要剔除的俄文期刊3万余册,分配给有关科研和生产单位,物尽其用。

1.3　20世纪中期至今

20世纪50年代,伴随着《全国图书协调方案》[1]的颁布,我国图书馆开始了信息资源共建共享的历程。这是一次主要针对外文原版书刊采选进行的改革。对国家图书馆外文书刊的采选产生了很大的影响。

《中国国家图书馆馆史》详细地记录了20世纪50年代至21世纪初,国家图书馆依据资源共建共享原则做出的采选政策调整。期间,20世纪90年代开始,因书刊价格上涨、汇率调整与并轨等原因,购书经费缺口增大,根据实际情况,国家图书馆采取了保重点压缩采选的原则,削减了200余种外文期刊。后来,考虑到载体多样化和价格上涨趋势,国家图书馆又提出“削减有依据,保留有理由,留有余地”的采选原则,当年与兄弟单位反复协调后,停订了880种外文期刊,力求保持馆藏特色。近年来,电子资源重要性渐显,外文期刊的采选与入藏逐渐偏重于数据库资源。为了考虑电子期刊和纸质期刊的合理订购,当出现电子与纸本同步出版时,国家图书馆基本停止了纸本的订购。俄文作为外文连续出版物的小分支,在采选方面,也受到了一定的影响。

由于和兄弟馆之间的协调入藏,除去交换、缴送、捐赠等途径来刊,医学、军事、地质、农业(交叉学科除外)的外文期刊逐渐剔除出国家图书馆的采选范围。通过馆际协调,医学、地质、农业等专业方面连续出版物分别由中国医学科学院图书馆、中国地质图书馆和中国农业科学院图书馆专门采选。国家图书馆医学、地质、农业方面的俄文期刊从1990年开始陆续停订,到2008年,基本全部停止采选。目前,国家图书馆俄文连续出版物6400余种,就数量来说,期刊居多,报纸量很少。除去过刊和依据采访政策停订的期刊,通过交换和采选的现刊,目前有1000余种,其中交换刊300多种。

除了受国内采选政策的影响,以俄语为主要出版语言国家政治经济的变化、出版业的状况,也是国内对俄文出版物采选的必要考虑因素。苏联的解体,政治、经济、社会体制的全面转型,使蓬勃发展的俄文书籍出版事业受到了重大波及,一度陷入低谷期,这也对国家图书馆俄文文献交换和采选工作造成了一定的影响。

苏联解体后,俄罗斯、乌克兰和白俄罗斯成为主要的俄文书籍出版阵营。独联体国家书商协会(ACKP)[2]2013年对俄罗斯、乌克兰和白俄罗斯这三大独联体国家图书市场进行了调查。其中,俄罗斯作为苏联解体后最大的独联体国家,也是俄文书籍出版的最大国家,是国家图书馆俄文文献采选的首要参考国家。就俄罗斯来说,苏联解体后的十年间,虽然出台了例如《大众媒体法》《国家支持大众传媒和书籍出版法》等法律支持政策,但是其报刊出版业仍然需要更长的时间来走出转型等因素带来的阴影。由于缺乏价格政策,以及俄罗斯出版业的低迷,加上民众购买能力下降,十年来,俄罗斯的报刊发行量锐减。

2003年以后,随着一系列有利于出版业发展的政策出台,俄罗斯出版业开始显现出稳步增长的趋势。《俄罗斯联邦大众传媒法》《俄罗斯义务上缴文献样本法》《国家支持大众传媒和书籍出版》等法律法规的制定修订,为出版业提供了法律保障。但是好景不长,2008年的经济危机以及电子阅读的快速发展又导致了俄罗斯报刊订阅量的大幅度下降,2009年俄罗斯的报刊订阅收入比2008年减少了83亿卢布,降低了30.3%[3]。到2010年后,报刊市场开始回暖。据俄罗斯出版物统计数据[4]显示,近几年俄罗斯连续出版物数量稳中有所增加,出版语言均以俄语为主,占所有出版语种的95%以上,还有少量英语、乌克兰语、鞑靼语、巴什基尔语、雅库特语等,如下表所示。

俄罗斯2012—2014年连续出版物数量统计表

年代 出版类型	2012	2013	2014
期刊、通报、汇编(种)	8051	8598	8846
报纸(种)	10681	11109	11061

国家图书馆俄文连续出版物的采选内容之所以一直没有太大的变化,一是因为馆内采选政策的限制,二是由于俄罗斯图书出版业的动荡转型。从近几年的数据看,单从数量来说,国家图书馆的俄文连续出版物还有很大的采选空间。当然,高质量的馆藏既要保证量的充裕,还要保证质的优越。需要与时俱进的采选政策,连续性的入藏准则,完善的保存环境和高效的利用率回馈。要求采访人员,深入了解馆藏内容,以现有资源为出发点,时刻关注学科发展动向,用发展的眼光来扩充馆藏。

2 馆藏俄文连续出版物现状

由于连续出版物能及时全面地呈现世界最先进的知识和技能,因此在图书界出版业倍受青睐,也是教学研究不可或缺的研修对象。根据《乌利希全球连续出版物指南》[5]统计,目前全世界共有73万种连续出版物,其中在发行中的近36万种。如何将形形色色的连续出版物分门别类,因研究目的不同,分类标准也不同。目前常见的分类标准有:刊载内容、出版载体、出版机构、出版类型、文字语言、出版周期、文献级别等。

2.1 馆藏俄文连续出版物类别比重

国内图书馆外文连续出版物的收藏范围要考虑满足本地本单位的教学、科研和经济文化的需要,所以馆藏外文文献具有相对稳定的学科范围和读者范围。国家图书馆馆藏的俄文期刊有6400多种,俄文报纸有50余种。按照刊载内容,从中图分类法角度分析,俄文期刊在各大类均有覆盖,社科类期刊有1540余种,科技类期刊有4830余种。社科类期刊中,政治法律类、经济类、文体科教类以及文学类分别占有较大比重。而科技类期刊中,工业技术类有2600多种期刊,占馆藏的41.28%,具有绝对的馆藏地位,另外,农业科学类、医药卫生类、数理化学类和交通运输类期刊比重也较大。馆藏俄文报纸的数量很少,共有50多种,内容多倾向于综合性,暂不作一一解析。详见以下图表。

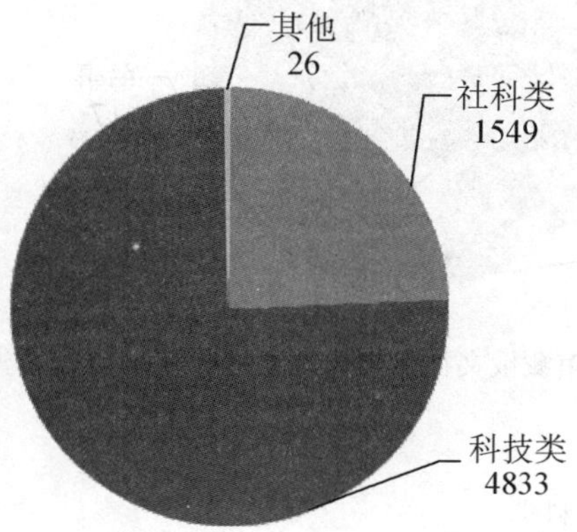

图1 馆藏俄文期刊基本大类比重

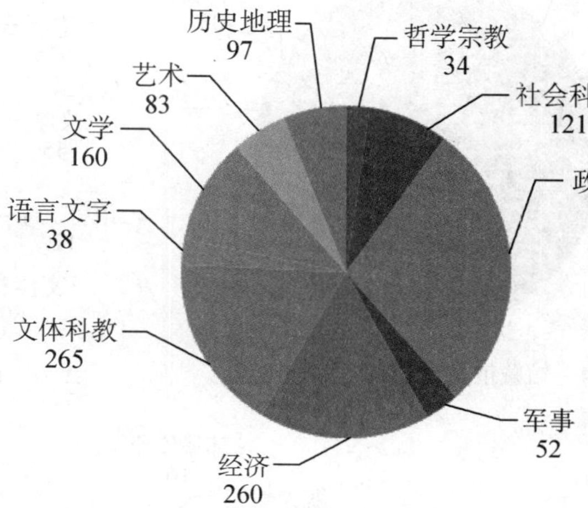

图2 馆藏俄文社科类期刊类别比重

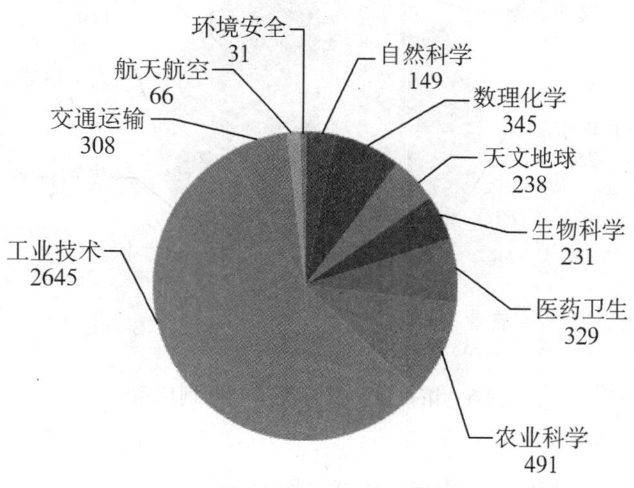

图3 馆藏俄文科技类期刊类别比重

2.2 馆藏俄文现刊报类别比重

几十年来,由于图书馆采选政策的不断调整以及诸多因素的影响,馆藏的6400多种俄文期刊已经不断缩减,除去过刊和因采选政策停订的期刊外,目前,国家图书馆馆藏俄文现刊有1000余种,从我馆系统数据分析得出,社科类期刊约400种,科技类期刊有600余种。社科类期刊中政治法律类、经济类和文学类所占比重稍大,其他各类比较均匀。科技类期刊中,仍以工业技术类比重最大,有250余种,占馆藏俄文现刊的24.71%。另外,数理化学类和生物科学类期刊比重稍大,其他类别也比较均匀。从两个数据对比可以看出,俄文现刊中,军事类、医学类、农业类和地质类的期刊数量明显减少很多,而且,也不再列入我馆每年的采选范围。俄文报纸目前在订的有7种,均是综合性内容。现刊的分类情况具体见以下图表。

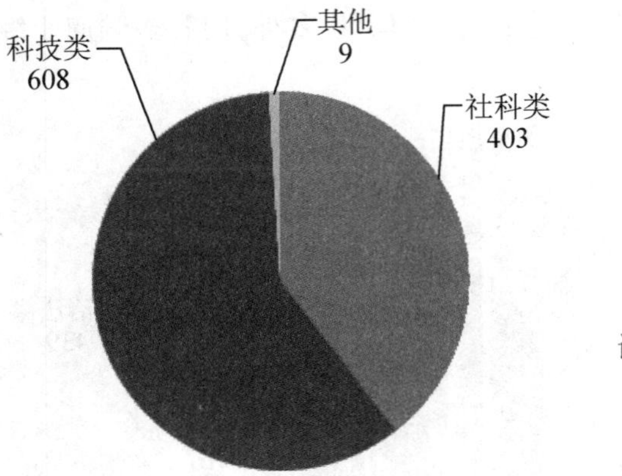

图4　馆藏俄文现刊基本大类比重

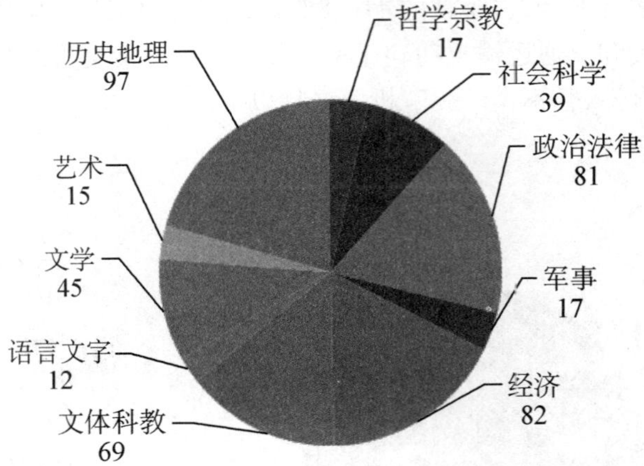

图5　馆藏俄文社科类现刊类别比重

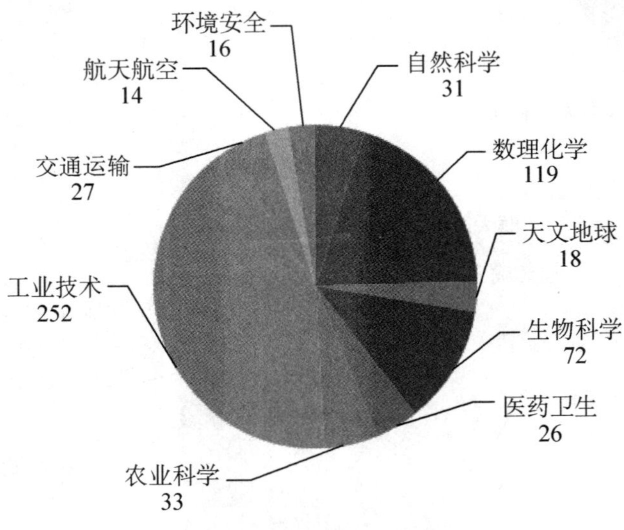

图6　馆藏俄文科技类现刊类别比重

3　今后俄文连续出版物重点采选方向

近年来,俄罗斯出版业一直呈现稳定增长的良好态势。从俄罗斯联邦统计局公布的2012—2014年俄罗斯出版期刊内容分类数据看,各类期刊种类都有所增加。根据国家图书馆的文献采选方针及俄罗斯出版物近年的出版情况,我馆未来的俄文连续出版物采选应侧重以下几个方面。

3.1　工业技术类

工业技术,尤其是石油天然气技术一直是俄罗斯的优势项目,近年来,出版物内容以工业技术、经济、文体科教、医药卫生、政治法律等为主。结合国家图书馆的文献采选方针，未来的科技期刊采选，可以多注意石油天然气以及交通运输方面的优秀期刊。

3.2 文化艺术类

随着中俄友谊加深，国内对于俄罗斯语言文化以及艺术方面信息的需求量剧增。国内更多的学者将注意力转移到俄罗斯优秀文化艺术作品的研究上，连续出版物作为出版业最活跃的一部分，能够及时传达俄罗斯最新的文化动态。俄罗斯文化传统深厚，近两年出版的这方面的期刊超过600种[6]，这些优秀期刊都是我们了解俄罗斯民族的重要窗口。所以，这方面的期刊和报纸，也是采选需要着重考虑的方向。

3.3 法律、中国学类

在馆藏外文连续出版物中，与俄罗斯法律和中国学相关的俄文连续出版物是国家图书馆的特色文献。

新中国成立以来，国家图书馆一直履行着为中央国家机关立法与决策提供文献信息咨询服务的职责。中央领导机关在科学民主决策和政务公开建设进程中，对于国家图书馆的文献信息需求呈现出视野国际化、内容专题化、研究深度化的特点[7]。为适应诸多变化，国家图书馆设立"海外中国学文献研究中心"，开展中国学专题文献研究，并设立了中国学文献阅览室，提供读者阅览服务。俄罗斯的中国学研究历史悠久，成绩斐然。传统的俄罗斯中国研究中心有俄罗斯科学院远东研究所、东方学研究所和远东分院等，研究方向几乎涵盖中俄关系的方方面面。还有很多高等院校都设有相关院部。如莫斯科国立大学亚非学院、圣彼得堡国立大学东方系等。同时，也涌现出许多汉学大家。据统计，目前在俄研究汉学的专家有6000多人，其中在远东所就有100多位中俄关系领域的著名汉学家。罗索欣、比丘林、王西里、B. A. 克里夫、季塔连科等都是俄罗斯著名的汉学家。从国家图书馆系统数据统计情况看，目前，馆藏的俄文中国学文献有940多种，其中期刊10余种，现刊8种，国内出版的1种。俄罗斯出版的主要中国学期刊国家图书馆都已入藏。在这些期刊中，我们可以看到俄罗斯汉学家的最新研究成果。

法律文献也是国家图书馆馆藏特色文献资源的重要组成部分，是国家图书馆履行国家级图书馆职能、为中央国家领导机关提供立法决策服务的重要文献基础。为了加强国家图书馆法律文献的建设与利用，更好地满足立法与决策机构、法学科研与教育部门以及公众对于法律文献的需求，2009年9月9日国家图书馆法律参考阅览室成立并对读者开放[8]。由于历史原因，中俄两国在过去有着相同或相似的法律体系；在当代，两国目前又都处于经济体制转型时期，面临着相似的经济和社会问题，所以及时和深入地研究俄罗斯现行法律体系，对我国法律研究和法治进程具有重要的借鉴作用，对探索我国社会主义法律体系的完善及依法治国理念的落实有着重要的理论意义和实践意义。从国家图书馆系统数据统计情况看，目前，国家图书馆馆藏的俄文法律文献1800多种，其中期刊31种，现刊26种。结合俄罗斯的法律文献出版状况，我们还有继续挖掘的空间。

随着电子文献的出现和不断发展，外文期刊的载体形式也发生了转变。很多外文期刊由全纸质转变为纸电并存，再到纯电子形式。俄语相对于英语来说，使用群体较少，俄文电子连续出版物的资源开发较英语文献落后很多。纸质文献仍是国内各图书馆的主要入藏对象。

通过近几年的观察,笔者发现,我馆馆藏俄文连续出版物,特别是期刊的发行,存在一定的不稳定性。停刊现象较多,迟出版现象时有发生。为了保证俄文连续出版物的馆藏质量,采选人员在采选报刊时,既要关注报刊内容,又要注意报刊既往发行情况,对报刊的出版信息加以了解,选择可靠的出版机构。值得注意的还有一点是,苏联解体后,俄罗斯对我国的交换数量也有所减少,如俄罗斯国立图书馆,与我馆的交换期刊从 210 多种,已经减少到 50 种。因此,要定期关注交换文献的变化,对于优秀俄文连续出版物及时补订。

国家图书馆的文献采选方针是"中文求全,外文求精",其中外文文献的采选始终坚持主旨鲜明、原则清晰、程序严谨的方针。近年来,面对中俄关系的不断发展、文化交流的日益深化,俄文连续出版物的采选也必须与时俱进。首先,建立起系统的俄文连续出版物文献脉络,在已掌握的文献历史和内容框架内,进行阶段性内容更新。其次,采选人员要及时了解和掌握科技发展战略与规划,跟踪当前世界科技新动向,为采选内容的精准提供保障。再次,不忘初衷,积极了解读者需求,将有用书刊优先引进馆藏。

参考文献:

[1] 许磊. 我国信息资源共建共享研究现状分析[J]. 情报科学,2005(12)

[2] ГорбуновА. В. Современное состояние книжного дела в России, Украине и Беларуси[J]. Библиография, 2014(2)

[3] Российскийрынокпериодическойпечати: Состояние, тенденцииииперспективыразвития [EB/OL]. [2015 - 08 - 12]. http//www. fapmc. ru/

[4] Статистический учёт печатной продукции России[EB/OL]. [2015 - 09 - 18]. http://www. bookchamber. ru/index. html

[5] Ulrichs web Global Serials Directory[EB/OL]. [2015 - 06 - 11]. http://ulrichsweb. serialssolutions. com/

[6] Статистический учёт печатной продукции России[EB/OL]. [2015 - 09 - 18]. http://www. bookchamber. ru/index. html

[7] 詹福瑞. 国家图书馆开展中国学研究的服务定位与目标实施[J]. 国家图书馆学刊,2010(1)

[8] 白云峰,刘冰雪. 国家图书馆法律参考阅览室的构建——以法律图书馆为视角的考察[J]. 法律文献信息与研究,2011(4)

略论印度印地语图书出版的发展、现状及相应采访方法

张　皎

1　印度印地语图书出版业的发展和现状

1.1　印度印地语图书出版业的发展历史

印度的印地语图书出版已经有 200 多年的历史,但是较快地发展起来则主要是在 19 世纪末 20 世纪初集中于文学创作领域,这与印地语文学在当时的迅速发展有关。印度印地语文学

的发展至今已有1000年左右的历史，但是在近现代以前，印地语文学创作的体裁几乎全是诗歌，且宗教意味浓厚。1857年印度民族大起义爆发以后，印度民族开始觉醒，也促进了文学的革新，作家的创作题材开始从神话传说、宗教故事转变到现实中来，创作体裁也从诗歌扩展到戏剧、散文领域，其中最为成功的典型是帕勒登杜成功地创作了大量现实主义的剧本、散文和诗歌。此时，一些进步人士的积极推动和莫卧儿王朝的提倡也促使印地语本身的形态发生了决定性的变化：克里波利（ khariboli）[①]方言逐渐取代了 brajbsha[②] 等其他方言，成为文学创作的主要语言，为以后文学的大发展提供了极为有利的条件。在接下来的50年里印地语文学进入了发展的黄金时期，涌现出大批著名的印地语作家，如伯勒萨德（prasad）、默哈德维·沃尔马（mahadevi verma）、本德（pant）、尼拉腊（nirala）等等，他们创作了大量优秀的作品，对世界文学发展做出了重要贡献。印地语文学的迅速发展从客观上促进了印地语图书出版和销售的发展，因此，早期印地语图书出版主要集中在小说、诗歌和戏剧领域，早期的出版者不仅出版文学书籍，自身也进行创作，他们在加尔各答、巴特那、瓦拉纳西、阿拉哈巴德、阿格拉、拉合尔、德里和孟买这些中心城市运营，这就促进了印地语图书出版的发展，也促进了印地语表达的发展和完善。独立之后，印度出版业发展迅速，出版内容更加多元化，受众也更为广泛。

1.2 印度印地语图书出版业的现状

如今，印地语是印度的官方语言之一，不仅在印度国内广泛使用，在印度周边也有相当数量的人使用。在印度国内大约有40%的人口以印地语为母语，还有很多人虽然不以印地语为母语，但是对印地语也大致能够理解。印度印地语的使用地区集中在德里、北方邦、比哈尔邦、中央邦、拉贾斯坦邦、哈里亚纳邦和喜马偕尔邦等印度中北部地区，旁遮普地区也有很大部分人使用印地语。除了南部一些省份出于政治原因抵制印地语之外，印度印地语的使用人数还在逐年增长。在印度周边，如毛里求斯、斐济等国家也有相当数量的人使用印地语。该语言覆盖总人数仅次于汉语，为世界第二大语言。如此庞大的使用人数使得大批年轻有活力的企业涌入到这个市场，使得印地语出版业获得了长足发展，印地语图书出版已经在世界出版业中占领了一席之地。1997年，印度有近2500家印地语出版社，一共出版印地语图书16026册[③]。目前，印度每年用20多种语言出版图书八万多册，其中英语图书出版只占到出版总量的20%，而印地语图书出版则占到出版总量的25%左右，约为两万多册，且题材广泛，涉及文学、宗教、政治、经济、文化、教育等各个方面。

由此可见，如今印度的印地语图书出版量大，题材多元化，为我们进行印地语图书的采选提供了条件。同时，要在如此数量庞大的印地语图书中找出我们需要的和高质量的图书，也必然要遵循一定的方法和规律，因此下面笔者将对印地语图书的采访方法进行简要的分析、总结。

---

① 克里波利方言是当时德里及周边地区有教养的阶层使用的语言。

② Brajbhasha 方言是印地语诗歌创作中使用了几百年的语言。

③ D. N. Malhotra：50 years of Book Publishing in India since Independence，New Delhi：Federation of Indian Publishers，1998：56.

2 印度印地语图书的采访方法

2.1 有的放矢，重点突出

印地语图书出版量大，种类繁多，因此，要从中选出高品质的图书，需要找出采选的重点。

2.1.1 重要主题重点采选

印地语出版最初主要集中在文学领域，目前仍然在文学领域比较活跃；国内印地语学者的研究方向也主要集中在文学方面，因此，无疑文学类书籍应该成为印地语图书采访的一个重点。但是，因为印地语文学类书籍每年的出版数量较多，所以要从中挑选出一些优秀的文学和文学研究作品，就需要从印地语各文学发展阶段及其代表作家着手。公元十世纪以前印地语文学创作还没有产生，因此对这一时期的文学作品采选主要以梵语古典文学的印地语译本和研究作品为主，采选重点在于吠陀诗歌、两大史诗、往世书等经典宗教文学作品的印地语译本和研究作品。对于印地语文学本身，刘安武先生把印地语文学的发展大致分为初期（1400 年前）、前中期（1400—1600 年）、后中期（1600—1875 年）、近代时期（1857—1900 年）、现代时期（1900—1947 年）这几个阶段。其中初期作品以歌颂王公贵族的叙事诗和爱情抒情诗为主，值得采选的作品不多，比较有代表性的作家是诗人维德亚伯迪[①]。前中期又称为虔诚文学时期，比较有代表性的作家有格比尔达斯、加耶西、苏尔达斯、杜勒西达斯等，他们的作品和研究他们的作品都可以作为采选的重点。后中期又被称为法式文学时期，文学作品以艳情诗歌为主，值得采选的作品不多，比较有代表性的作家是比哈利拉尔（1603—1663），德沃德特（1673—1769），普生（1613—1715）和觉特拉杰。近代时期随着印度民族大起义的爆发和西方思潮的冲击，印度民族开始觉醒，文学也酝酿革新，作家和诗人看到了英国殖民统治的恶果，现实社会中的种种黑暗和封建的流毒等，于是他们的创作主题从宗教故事和神话传说以及男女的艳情转变到现实中来，出现了很多民族主义、爱国主义的作品。这一时期最为成功的作家是帕勒登杜，因此这一时代又被称为“帕勒登杜时代”，他成功地开拓了印地语文学创作的戏剧和散文领域，创作了很多成功的印地语戏剧和散文，戏剧代表作有《按吠陀杀生不算杀生》（1873）、《黑暗的城邑》（1881）、《印度惨状》（1876）、《印度母亲》（1877）等，散文代表作有《夏季》《要命的大会》《毗湿奴大神的印度》等，他的作品无疑是这一时期采访的重点。现代时期随着印度民族独立运动的高涨，民众的觉悟不断提高，加之近代时期印地语文学创作题材和体裁的扩展，促使印地语文学创作也迎来了空前的大发展、大繁荣，普通人民群众成为创作的主人公。这一时期最为值得关注的作家是被称为“小说之王”的普列姆昌德，他的作品具有强烈的现实主义精神，代表作有《戈丹》（1936）、《仁爱道院》（1922）等。此外这一时期值得关注的还有小说家耶谢巴尔（1903—1976），民族主义诗人谢利特尔·巴特格（1859—1926）、迈提里谢仑·古伯德（1886—1964），阴影主义诗人杰耶辛格尔·伯勒萨德（1889—1937）、苏米德拉南登·本德（1900—1977）、尼拉腊（1896—1961）、默哈德维·沃尔马（1907— ）等，他们的作品都可以适当采选。对于当代印地语文学采选则需要关注重要的文学奖获奖作品。印度国外的奖项主要可以关注诺贝尔文学奖获奖作品等，印度国内重要的文学奖项有印度

---

① 维德亚伯迪写了一些带民族主义色彩的叙事诗，但是最有影响和最受欢迎的是他写的爱情叙事诗，他被称为善歌的“黄莺”或“胜天第二”（胜天是 12 世纪梵语文学晚期最有名的诗人，主要作品有《牧童歌》）。

文库奖、印度国家文学奖、印度国际文学奖、印度文学院奖等，对于这些文学奖项的获奖作品都应做重点采选。此外，文学研究方面，对经典文学作品和代表作家进行研究的作品也可以适量采选。

印度是世界文明古国，拥有丰富的历史文化资源，其中最突出的是其庞大复杂的宗教体系和丰富的哲学思想。宗教在印度人的生活中扮演不可或缺的角色，在宗教发展过程中也产生了丰富的哲学思想，各个时代都出现过著名的哲学思想家，并且对世界哲学思想的发展产生了重要的影响，而且国内外对于印度宗教、哲学的研究也很热门，因此，对于研究印度重要宗教、哲学派别及其代表人物，印度宗教和哲学经典，印度宗教、哲学发展与现状的作品等均应重点采选。在古代，印度重要的宗教、哲学经典有四吠陀、两大史诗、往世书、《奥义书》《梵经》等；重要的宗教派别有吠陀教[①]、佛教、耆那教、锡克教等；重要的哲学派别有吠檀多哲学、顺世论、数论派、胜论派、正理派、弥曼差派、瑜伽派等；重要的思想家有商羯罗等。对于这些内容进行研究的作品可以适当采选。近现代随着社会的变革和西方思潮的影响，印度教出现了很多宗教改革派别，其中重要的思想家有被称为"印度近代之父"的拉姆·莫汉·罗易（Ram Mohan Roy，1772—1883），达耶难陀·娑罗室伐底（Dayananda Sarasvati，1824—1883）等，印度近代最有影响的哲学家则是辩喜（Swami Vivekananda，1863—1902），奥罗宾多·高士（Aurobindo Ghose，1872—1950）也是很有影响的哲学家，此外，像甘地等当时的政治宗教领袖也拥有丰富的哲学思想。对于他们的作品以及对他们进行研究的作品都可以重点采选。在现当代印度，仍然存在很多宗教派别，占据主导地位的是印度教，对于这些宗教的发展现状进行研究的作品也可以适当采选。

随着目前国内对印度关注度的提升，国人了解印度的兴趣也在逐步增强，因此对于与印度的一些热点的政治、经济、文化问题相关的书籍也应当重点采选。其中研究印度的种姓制度、妇女发展、民主制度、外交政策等的书籍都是我们可以重点采选的方向。

2.1.2 重点出版社重点采选

印度的印地语出版社众多，约有2000多家，因此要提高采选效率，就应当对其中有代表性的、出版质量较高的出版社有所了解，在印度众多出版社中，比较有影响力的综合性出版社有：位于德里的 Radhakrishna Prakashan（राधाकृष्णप्रकाशन）、Prabhat Prakashan（प्रभात प्रकाशन）、National Publishing House、National Book Trust，位于阿拉哈巴德的 Rajkamal Prakashan（राजकमल प्रकाशन）、Lok Bharati Prakashan（लोकभारती प्रकाशन）等。文学类出版社有：位于德里的 Vani Prakashan（वाणी प्रकाशन）、Sahitya Akademi（साहित्य अकादमी）、Kitab Ghar Prakashan（किताबघरप्रकाशन）、Bharatiya Gyan Peeth（भारतीय ज्ञानपीठ）等。政治类出版社有：位于斋普尔的 Rajana Prakashan（रचना प्रकाशन）等。历史类出版社有：位于斋普尔的 Pancashila Prakashan（पंचशील प्रकाशन）等。社会学出版社有：位于德里的 Vivek Prakashan（विवेक प्रकाशन）等。

当然这些出版社的类型划分是以其出版重点作为依据，其出版内容上也会有交叉、重合，在采选中应当予以综合考虑。总之，这些出版社出版的图书相对质量较高、较有代表性，可以作为重点的采访对象。

---

① 吠陀教后来发展成为婆罗门教，婆罗门教继续发展成为目前印度最主要的宗教——印度教。

2.2 扩展采访思路,多渠道采选

要确保采选的全面性以及提高采选图书的利用效率,需要扩展采访思路,多渠道进行采选。

2.2.1 通过图书进出口公司获取目录

通过图书进出口公司获取目录是重要的采选途径,其优点在于获取的图书目录较多、较全,但是缺点在于书目获取一般通过邮寄纸质书目的方式,时效性不强,并且纸质书目的质量参差不齐,很多书目信息不全且多有重复,因此,需要辅之以一些其他的采选方式。

2.2.2 通过出版社网站获取目录

通过网站获取目录也是采选途径之一,其优点在于获取目录的时效性较强,缺点在于网站的书目信息不全,不是所有出版社都建有网站,并且国内上外网也受到一定的限制。其中,重要出版社的网站网址有:

किताबघरप्रकाशन(Kitab Ghar Prakashan):www. kitabgharprakashan. com

प्रभात प्रकाशन(Prabhat Prakashan):www. prabhatbooks. com

भारतीय ज्ञानपीठ(Bharatiya Gyan Peeth):www. jnanpith. net

राजकमल प्रकाशन(Rajkamal Prakashan):www. rajkamalprakashan. com

राधाकृष्णप्रकाशन(Radhakrishna Prakashan):www. radhakrishnaprakashan. com

2.2.3 联合高校、科研机构一起采选

联合高校、科研机构一起采选的优点在于采选的针对性和专业性强,能有效提高所采选图书的利用效率,因此,应当适当开展。

2.2.4 通过国际书展等业务交流活动获取目录

通过国际书展等交流活动获取书目的优点在于时效性强。目前一年一次的北京国际书展基本每年都会有印度的公司参展,通过跟参展的印度书商交流可以获取一些图书目录。此外,印度也有一年一次的新德里国际书展(New Delhi World Book Fair)等,如果有条件的话,去国外参加书展,实地进行采访也能成为一条高效的采访途径。

3 避免重复采购

目前印地语采访中的主要注意事项是要避免重复,由于印地语书目信息往往存在信息不全的问题,大多不提供 ISBN 号和出版年份,因此,除了小部分新书目录,对于大多数的图书采选目录都应当通过题名、作者等信息进行全方位查重以避免重复。

参考文献:

[1] D. N. Malhotra. 50 years of Book Publishing in India since Independence[M]. New Delhi:Federation of Indian Publishers,1998

[2] Sukumar Das. The Book Industry in India[M]. New Delhi:The Federation of Indian Publishers' and Booksellers' Association in India,2004

[2] 刘安武. 印度印地语文学介绍[J]. 国外文学,1986(Z1)

[3] 姜景奎. 印度宗教的分期问题[J]. 南亚研究,2005(1)

[4] 姚卫群. 印度古代哲学发展的特点[J]. 南亚研究季刊,1986(3)
[5] 姚卫群. 印度近代哲学的发展及其主要特点[J]. 南亚研究,1990(4)
[6] 姜晓娟. 印度出版业发展状况[J]. 出版发行研究,2005(2)

浅析西文图书的发订工作

杨　琳

1　引言

西文发订的重点是把选书员所选的西文书目输入到计算机系统中生成发订数据,以供选书员和登书记到人员加以参考利用。选书员根据发订数据对新书目进行查重,登书人员利用发订数据对采购的新书进行登记验收。所以发订数据制作的质量会影响到上一道的选书工作,和下一道的登书工作。

目前,国家图书馆使用的计算机系统是以色列的 Ex Libris(艾利贝斯有限公司)开发的图书馆集成管理系统:Aleph500。西文发订工作就是在这个系统的书目库里创建和保存拟订文献的书目记录,生成发订数据,再在此系统的采访库里填写订购表单,生成发订订单。

在 Aleph500 系统下,创建发订数据的具体工作流程是在编目模块的 09 库里,用一组完整的字段建立一个书目记录。一般来说,发订数据应包括以下这些字段:020 字段,即书目的 ISBN 信息;040 字段,标注馆藏代码;100 字段,即书目的著者信息;245 字段为书名项;300 字段为书目的页码信息;260 字段是出版者、出版年信息;700 字段为编者信息;有丛书内容的还要加一个 440 字段;250 字段是版次信息,在订购再版书时需要这个字段。订购的会议类书目要加 111 字段,用以标注会议的时间、地点和会次。

建立发订数据的方法有多种。因为书目信息的来源不同,有些是可直接套录的电子数据,而有些书商只提供简略的纸本目录、卡片目录。目前主要使用的方式和来源有以下几种[1]:

①利用网络协议套用有关图书馆的采访书目记录(主要使用美国国会图书馆 LOC 网络数据,还有俄亥俄的 OhioLink 数据);

②书商提供的符合标准的采访书目记录(中图公司,教图公司等都提供电子版的书目数据可供下载);

③有关网站的下载数据,自编数据(像亚马逊图书网站的书目数据可直接转换利用);

④书商提供的新书目录;

⑤书商制作的供发订使用的卡片订单。

以上这些书目来源,其内容的信息含量并不相同。往往一个书目因数据的来源不同,像书名、著者、页数等这些重要信息也会有不同之处。所以,在创建发订数据时,要首先对不同来源的书目数据进行比较、辨别,找出一个最准确的书目信息,用以生成可靠的发订数据。大致上分,可以有以下 3 种情况来生成发订数据:

①直接套用的 LOC 数据;

②套用书商提供的电子数据;

③由发订人员自建的数据。

2　关于发订中的查重问题

"发订阶段的业务程序主要是查重,建立书目记录,创建订单,并在系统内填写订购表单。在系统正式建立书目记录前也需要查重过程,为的是进一步确保拟订文献不重复,保持系统数据记录的准确唯一"[2]。

在 Aleph500 系统中,西文发订的查重方法分为:

①查 020 字段的 ISBN 是否重(可用一个自定义的快捷键 F3 一键查重)。

②查 245 字段的书名是否重。

③如果书名相同,则查看 250 字段的版次项,是否为再版书,然后查看著者项、编者项是否相同(100 字段、700 字段也可用 F3 快捷键查重)。由于数据来源不同,书目信息常有报道不准确的情况,有时会缺失版次信息、编著者信息等,这会影响查重的准确性。遇到这种情况,最好上网查一些大的书商网站(如:亚马逊图书网站 http://www. amazon. com)来核实更详尽的书目信息。

Aleph500 系统在保存发订数据时,会有一个自动检测的窗口。若输入的数据是重复的,窗口中的提示会用红色来标记。所以,在做好发订数据存盘保存时,要多留意地看一看自动检测的窗口。

3　关于 LOC 数据的套录问题

LOC 数据是美国国会图书馆的采访数据。首先以此数据为标准,通过 Aleph500 系统的套录功能把 LOC 数据调入到我馆的系统中,生成西文发订数据,这是最便捷的一种建立发订数据的方法。LOC 数据的字段比较完整,调入到 Aleph500 的编目模块里,左边有中文显示的字段名称,右边的各个字段按顺序自上而下排列,发订人员只需把它保存到编目库即可。

不过,在用这种方法建立发订数据时,也需要根据订单情况和各馆的具体要求更改 LOC 数据的某些字段内容。在实际利用 LOC 数据时,要求更改的字段有如下几个:

①LOC 的 264 字段改为 260 字段。

②040 字段需要增加一个子字段"$d"用来标注我馆的馆藏代码:"CcBjTSG"。

③655 字段有电子书标注的要删除。因为 LOC 数据现在很多是电子书的数据,而国家图书馆现在订购的书还是以纸本书为主。

另外,在 Aleph500 系统中,调入的 LOC 数据有时会出现一些不符合系统规定的多余字段,如 SID 字段、049 字段、336 字段、337 字段、338 字段等。这些字段在 Aleph500 的编目模块里会标注为:"不在表中"。这种对建立的发订数据没有实际意义的字段也应该予以删除。

在法定工作实际操作中,会发现有时 LOC 数据的书名与书商提供的发订订单上的书名信息不相符的情况。这要分两种情况来处理:一种情况是书名信息相差不大,只是个别用词上不同,这种情况可以不改 LOC 数据;另一种情况是书名相差较大,含义明显不同,这种情况则要多留意,或是书商的订购信息有误,或是 LOC 数据确与订单不同,需要发订人员修改 LOC 数据。

近几年的 LOC 数据还有一些新的变化。由于电子书数据的增加,300 字段的页码项往往不予标注,而是另外增加一个 856 字段标注网站的电子书网址。而国家图书馆目前还是以纸本书的订购为主,纸本书大多都标有页码信息。在套用这样的 LOC 数据时,300 字段应加注订单上的页码信息。

由于书目信息来源的不同,有时,发订订单上有丛书信息,而 LOC 数据上并没有标注。这种情况,可能表明书商的订单信息比 LOC 数据的更详尽。所以,发订人员应给这样的 LOC 数据添加一个 440 字段,把订单上的丛书信息标注上。除此以外,像卷次、版本信息等书目内容,LOC 数据里也时有缺失。因此,在套用 LOC 数据时,也要同步参考一下书商提供的订单内容或网上的书目信息,必要时加以修改。例如,ISBN 为 9781433818042 的 LOC 数据上没有"2v. set"的卷次信息,而书商提供的订单卡片上则标有此信息,应该把订单上的这个卷次信息添加到 LOC 数据上。

由于出版商的出版时间不同,加之书商的购买习惯也不同,多卷集的订购,往往会按单册书分卷采购。而 LOC 数据中的多卷集的标注方式与国家图书馆对多卷集书目的发订要求并不一致。LOC 数据常常是把多卷集按整套书做成一个数据,从卷一到卷 N 的信息全都在这个数据里,而发订人员在做多卷集的发订时,则往往不能做成一个发订数据,而是要把多卷集的 LOC 数据改成单册书的数据。例如,ISBN 为 9781138793729 和 9781138793682 的两个书商订单,分别为一套多卷集的卷一和卷二。调出来的 LOC 数据是两卷合一的一个数据,两卷的 ISBN 都在这个 LOC 数据的 020 字段上。修改这个 LOC 数据时,就要把卷一的 ISBN 和卷二的 ISBN 分开,再重新建一个发订数据,生成两个单册书的数据。这是套用 LOC 的多卷集数据时需要注意的地方。

在发订数据中,LOC 数据的使用率占总发订数据的比例大概是,以近期处理的一批 Springer 数据为例,发订总数为 333 种,其中可套用的 LOC 数据为 78 种,剩下的就要套用书商的电子数据,或自建发订数据。其他小语种类的数据,能从 LOC 库调出的比例,以某书商的近期的一批小语种数据为例,发订德文书 30 种、法文书 85 种,其中从 LOC 套用的有德文数据 8 个、法文 22 个。造成 LOC 数据利用率不高的原因有如下几点:

①书商的新书目报到的时间早于 LOC 数据的收入,LOC 未及时更新数据;

②小语种数据在 LOC 数据中,所占比率较少;

③由于网络原因,Z39.5 网关长时间打不开,无法套取数据。

4 关于套用书商数据的问题

目前,很多书商都会把订单做成电子数据提供给发订人员下载套用。发订时,如果没有查到 LOC 数据,第二个选择就是利用书商提供的电子数据。书商的数据也是基本上按 Aleph 500 的格式做的,但由于各种原因,书商的数据往往问题很多,需要发订人员加以修改,实在不好修改的,就要放弃,不予套用,而由发订人员自己重新建立数据。这种数据的常见问题是:

①这种数据的 040 字段的馆藏代码常常缺失,需要加以补充。

②这种数据的大小写字母常常不符合规范。专有名词、人名、地名,该大写的字母往往没有大写。例如,某书商的一个电子数据(ISBN 为 9780806147987),其中的 245 字段的书名是“Elias boudinot cherokee and his America”,里面的“Boudinot Cherokee”是人名,首字母要大写。另一个书商的电子数据(ISBN 为 9783322982902),书名标注为“Der feudalismus im alten Iran:M? nnerbund Gefolgswesen Feudalismus in der iranischen Gesellschaft im Hinblick auf die indogermanischen Verh? ltnisse”,套用这个书名时,则既要修改字母的大小写,又要把像“?”这样的乱码修改过来。

③这种数据有时缺少必要的编著者信息。实际上,像亚马逊网站上大多可以查到编著者的信息。套用这种缺少编著者信息的书商数据时,可以参考网上的书目信息来加以补充。

④小语种数据有很多不规范之处(详见后面的“小语种书目的发订问题”)。

⑤这种数据的再版书数据,有时没有 250 字段的版次项标注,应加以补充。

⑥这种数据的丛书项往往标注不清或缺漏。发订数据里的丛书项是一个很重要的查重点,而书商的数据对此经常忽视。如果网上可以查到丛书名的,最好加以补充。

⑦多卷集数据里的卷册标注有时不规范。例如,某书商数据的一个电子数据(ISBN 为 9780199658114),其中 245 字段里标注卷次信息的子字段应该是“$n”,而不是“$b”。

⑧书商的会议类数据往往标注不规范,经常缺少 111 字段的会议信息。例如:某书商的一个 Springer 的电子数据(ISBN 为 9789812874283),其中的 245 字段标注是“Islamic perspectives relating to business,arts,culture and communication:proceedings of the 1st icibacc 2014”,这应该是一个会议名称,按照会议书目的标注方法,需要增加一个 111 字段,用“ICIBACC 2014”作为其会议名标注。

所以,在套用书商的数据时,发订人员需要小心地发现、处理以上这些问题,仔细地修改数据中的各种错误,使套用的书商数据更加准确、完善。

5 关于自建发订数据

当 LOC 数据不可用,也没有书商的电子数据的情况下,发订人员就需要根据书商提供的书目,按发订数据的字段规范,自建一个新的数据。发订人员主要参考的书目有:①书商制作的供发订用的订单卡片;②选书员选书用的新书目录。但这两种参考目录也往往会有书目信息报道不准确的情况。有时,一些关键的书目信息过于简略。在自建发订数据时,发订人员要根据具体情况分析、辨别出准确的信息,以生成发订数据。以某书商近期的一批 Springer 的订单卡片目录为例,其中一个 ISBN 为 9783319161204 的目录,丛书卷次标注在书名的后面,而不在丛书名的位置上。建立数据时,我们就不能按照卡片目录上的位置,把卷次标注在 245 字段上,而应该把丛书卷次标注在 440 字段上。遇到这种书目信息不清或错误的情况,可利用书商网站检索一下,核实书商提供的书目信息是否准确。

西文发订的科技类书目中,会有相当一部分的会议类目录,像 Springer 出版公司的会议类书目就很多。会议类数据要增加一个 111 字段的会议标注,用子字段“$a”标注会议名称,“$n”标注第几次的会议,“$d”标注开会的时间、地点。

在自建会议类的发订数据时,如果参考书目上的信息不全、不准,可先从 09 库里检索出这个会议名的前几期的编目数据。因为很多会议是每年或多届连续举办,图书馆采购的会议类书也是按年续订，Aleph500 的 09 库里大都会有前几期会议的编目数据。这样，在做会议类书目的发订时，利用 09 库原来的会议数据建新的发订数据，会方便很多。例如，ISBN 为 9783319161112 的一个会议书目的书商订单，它的会议名标注为"CompleNet 2015"。在建立这个发订数据时，可以先从 09 库里调出上一期会议的编目数据，即会议名是"CompleNet 2014"的数据（ISBN:9783319161112），按照这个数据的格式样子，建立新的数据，只改动某些日期和地址即可。

在自建连续出版的会议、丛书、年鉴的发订数据时，对连续出版的会议名、丛书名和年鉴名，可先做 09 库的题名检索，查出保存在库里的编目数据，按照保存数据的名称著录，在书名上与保存数据保持一致，这对以后的检索、查重都能提供方便。比如，某书商的一个订单书目（ISBN 为 9781569955338），丛书为"classical & medieval literature criticism v. 169"，若按"classical & medieval literature criticism"这个书名检索，就会找不到 09 库里保存的丛书数据。如果把其中的"&"换成"and"，就会找到了。做这个发订数据时，应该按照保存数据的书名著录。这种检索，有时需要反复尝试几次，才能找到正确的保存数据。虽然有些麻烦，却会给下次的查重环节提供便利。

6　关于小语种书目的发订问题

国家图书馆的西文书采购主要以英文、德文和法文书为主。另外，西班牙文和意大利文的新书每年也有小量订购。发订这类小语种书目时，需要注意一些语言方面的问题。

首先，因 Aleph500 系统的书名索引不排列首字母的冠词，这些冠词在作为 245 字段的首字母时，需要用不同的字段指示符加以区分标记。这就要求发订人员要能把各种语言的冠词区分出来，并给予正确的指示符标注。最常用的三个英文冠词是 A、An、The，所用的字段指示符分别是 02、03 和 04。以下为其他小语种的常用冠词，也应该熟练掌握。

法语的冠词有：Le，La，L'，Les，Un，Une.（L' 的指示符是 02）

德语冠词为：Der，Die，Das，Ein，Eine.

西班牙语的冠词有：El，La，Los，Las，Un，Uno，Una，Uans.

意大利语的冠词是：Il，La，Lo，I，Gli，Gl'，Le，L'，Un，Uno，Una.

如发订中，遇到某些不常用文种的冠词，可参考国家图书馆 20 世纪 80 年代早期出版的一本书——《目录组织规则》[3]。

对著者、编者的规范著录应是姓在前，名在后。但不同语言在人名姓氏上也有不同的特点。当建立发订数据的 100 字段和 700 字段时，要注意这些语言的姓氏特征。像法国人和西班牙人的姓氏是有复姓的。法文的字母"Van"和"Le"应放在姓的前面。西班牙人的姓名特点为姓名常有三、四节，前一、二节为本人名字，倒数第二节为父姓，最后一节为母姓。一般以父姓为自己的姓，但少数人也有用母姓为本人的姓。

一些常见的姓氏前缀有：De，Del，Des，Du，El，La，Le，Los，San，Ten，Van，Von，Zu，Zum，Zur，等[4]。例如，书商提供的订单上的著者是"Tanguy De Wilde d'Estmael"，在做发订数据时，100 字段的人名标注应为："D'Estmael，Tangy De Wilde"。

另外，有些语言的书目习惯使用某种固定的缩写词汇。例如，英文用"v. "表示卷次，法文表示卷次的缩写词是"T. "或"Tom. "，"Tom. xxxviii"是"第 38 卷"的意思。德文的卷次常用

"band"或"Bd"表示。法文表示版次的缩写常用"Aufl."。意大利语的书目有时会用单词缩写"aa. v. v."标注著者,意思是"various authurs"。做德文的发订数据,还需要注意名词的大写问题。

在套用书商提供的小语种数据时,需要加以修改的不符合规范问题不少。常见的情况有如下几种:

①由于数据格式不同,套录到 Aleph500 系统 09 库的小语种数据会有乱码现象。如一些带符号的字母"ä,ü,ö,ë",会变成像"?"这样的错误字符。在做发订数据时,这些乱码字符应按照原字母修改过来。

②245 字段的首冠词的指示符常常都没有标注。发订人员应按照首字母冠词的规范,修改书商的数据,标注其相应的指示符。

③书商提供的小语种数据的编、著者标注常常不符合规范。例如:某书商的一个法文数据(ISBN:9782247129928)的著者为:"Collectif"。"Collectif"这个单词在法语里是"集体著者"的意思,这种著者在查重时并没有实际的检索意义。在亚马逊网站上,可以查到这个书目的实际著者是"Christine Lazerges",套用时,应该按网上的著者修改书商数据。

除了以上所述问题,在西文图书的发订工作中还会遇到其他一些特殊情况,如发订自选目录时,会遇到一些不太熟悉的小语种国家的书目,像瑞典、捷克,甚至冰岛国家的书目。我们也会根据需要,采购一些老版、旧版的西文书,而这种老旧书的书目一般都没 ISBN 书号。这些特殊情况,需要发订人员在工作中仔细地分析、处理,通过不断积累经验,逐步提高西文图书的发订质量。

由于书目来源的不同,发订书目中一些不确定性因素的存在,目前,西文图书的发订工作还有不足之处。但如果与 20 世纪 90 年代前的发订工作比较起来,那时的发订人员都是用手工打字机做成一个个发订卡片,可供参考的书目信息十分有限,没有像现在如此发达的电脑网络,能够查到丰富的书目信息。随着图书馆信息技术的不断提高,将来的西文图书的发订工作还会有更大的进步,也许会使用新的计算机系统,也许会使用新的数据录入形式,还是做好现在,期盼未来吧!

参考文献:

[1-2] 朱硕峰,宋仁霞. 外文文献信息资源采访工作手册[M]. 国家图书馆出版社,2014

[3-4] 北京图书馆编目部. 目录组织规则[M]. 北京:书目文献出版社(今国家图书馆出版社),1984

网络环境下西文图书采访工作的现状与展望

陈　溦

图书采访业务是图书馆资源建设最重要的基础环节,通过采访购买的书籍占图书馆整体藏书的很大一部分。西文图书采访作为采访业务的重要组成部分,越来越受到业内重视,其现状与发展也成为有关人士研究的重点。

1 西文图书采访现状

当前正值互联网蓬勃发展的时代,西文图书采访工作也在经历了几世纪的发展后,由网络环境影响悄然发生着变化。

1.1 西文图书采访渠道多样化

西文图书采访可分为购入和非购入两种方式,购入方式包括现货购买与订购,非购入方式包括接受缴送、交换、受赠、征集、调拨等。对于西文图书来说,现货购买并非易事,只有在国际书展等活动中才能进行现场购买,而订购则是大型图书馆购买图书的重要方式。

早期订购只有选书员通过图书出版商、发行商提供的目录进行选择,局限性很大。如今信息高速发展,网络技术渗透到出版行业的各个环节,世界各地的出版信息都能通过网络第一时间获得,除了依靠目录,越来越多的选书员通过各种出版集团的网络平台进行西文图书的采访工作,强大的搜索引擎可以帮助选书员查找书目信息,而网络书店也能够提供图书的各类详细信息。

受到网络影响的不仅是购入方式,法定呈缴、出版物交换等非购入方式也在网络环境的影响下有了新的发展。我国在政策法规方面的呈缴制度,已经历了 80 多年的发展,逐步从传统的印刷型文献扩展到电子出版物和互联网资源的范畴。国际交换对于外文文献采访来说有着重要的意义与作用,网络的发展也使交换业务在联通方式、技术支持、访问权限等方面走进了数字时代。

1.2 国家图书馆西文图书采访概述

当前的西文图书采访业务已逐步趋于固定模式化,以国家图书馆西文图书采访工作为例,选书员根据书商提供目录选择图书,经审校人员确认后由发订人员制作订单,书商根据订单采购图书,到货图书由验收登记人员校验最后送交编目,已经形成一套完整的图书采访流程。

书商是订购外文图书最重要的信息来源之一,各家书商分别负责不同类别的出版社目录编制,如各类大学出版社、科研机构出版社、商业出版社等等,随着信息技术发展,一些大型书商开发了自己的网络平台供用户使用,目前国家图书馆在进行西文图书采访时也使用了 GOBI 网络平台;选书员按学科分类拿到月度目录后,要通过查询 ISBN、书名、著者等信息进行查重工作,同时还需要确认丛书、套书状态等,网络平台上丰富全面的信息资源可以在查重工作中为选书员提供帮助;审校人员确定书目符合馆藏要求后,采访工作进入发订阶段,目前发订的订单包含打印订单和电子格式订单,随着网络通信的发达,与国外书商的交流沟通都可以通过电子商务平台,实现网上传送订单、发票等;待订购图书到达即可进行验收登记、财务结算,最终完成采访工作程序将图书送编。

以上便是国家图书馆西文图书采访的大致流程,可以注意到的是,其中很多环节都依赖网络环境进行,可以说没有了网络的协助,采访工作将举步维艰,同时,日益发达的网络也能够使西文图书采访工作进行的更加高效和快捷。

1.3 采访人员知识与能力需求

图书采访在不了解的人看来是一项简单的重复性工作,实际上选书是智力劳动,不仅需要勤动脑,还要注重积累经验,并且随着时代飞速发展,还要在选书时将眼光放得长远,时刻注意知识的更新换代。网络环境中越来越多的信息和资源对采访人员的素质提出了更高的要求。

选书的基础在于知识,拥有全面、丰富的学识是采访人员应该具备的首要条件。信息高速发展,学科间的交叉联结更为紧密,所以不仅要精通相关专业学科知识,还要拓展知识面,掌握广博的综合知识。与图书紧密相连的还有出版行业,对于西文图书采访来说,了解世界各大出版社的动态,知悉国外著名作者的作品特点,明确全球业界的最新动向,都是西文图书采选人员提升职业能力的着眼点。

除了专业知识,采访人员还需要掌握多种能力,为采访工作保驾护航。当今社会,网络已经融入大众生活之中密不可分,图书采访业务的各个环节越来越多地依靠并依赖网络进行,尤其对于大部分信息都要通过网络获取的西文图书采访,只有掌握了计算机与网络技术才能顺利、高效地完成工作任务。与此同时,在查找西文图书资料时,采访人员往往面对的都是外语信息,良好的外语应用能力能够帮助采访人员利用网络信息选择合适的书目,方便与国外书商的沟通,并准确地了解国际学术和出版动态。

2 网络对西文图书采访影响的利弊分析

网络的高速发展无疑给西文图书采访工作带来了便利,但是众所周知网络也是一把双刃剑,有时会在某些方面给图书采访工作带来问题与困惑,其利与弊也需要采访人员与相关人员仔细斟酌,并予以妥善的处理。

2.1 网络资源的获取与筛选

正如上文中提到的,采访人员在进行西文图书采访时,除了依靠书商提供的纸质目录,绝大多数是依靠互联网获取有关书目的信息。一方面,网络的发达能够让采访人员在最短的时间内获取最丰富的信息资源,有效地提高选书员的工作效率,也能使整个采访流程进行得更加顺利;另一方面,网络也在一定程度上制约着采访工作的进行,通过日常工作总结,问题主要在获取信息的渠道和信息筛选方面。

选书最重要的一个环节是查重,查重涉及 ISBN、作者、书名、出版信息等,很多时候书商提供的信息并不完善,需要选书员自行上网查阅。目前主要使用网络数据库进行书目信息查询,例如美国的 Books in Print 和英国的 Nielsen BookData Online,此外还有大众熟悉的亚马逊网上书店等,如果网络连接发生故障或者网站本身出现问题,都将给采访工作带来困难,严重时甚至会使工作停滞继而影响整体利益。同时,这些网络平台对书目信息的更新可能会有延迟,导致采访人员无法获取最新的书目信息,会出现书名不一致、出版社变更等问题,也会加重采访人员的工作负担,影响选书效率。

除了专业的网站和数据库,采访人员也会利用强大的搜索引擎查找信息,然而经常性的问题是,面对网络中大量的检索结果,要逐一判断结果的相关性和准确性,无形中增加了工作量,影响了选书的效率。因此,培养采访人员的信息意识,提高信息检索能力,信息识别、评价能力和信息利用能力,能在应对纷繁的网络信息时起到重要作用。

2.2 大众评价的主观因素影响

国家图书馆文献采选总原则是"中文求全,外文求精";国内出版物求全,国外出版物求精;多品种,少副本。由于承担保存中国出版物的职责,国家图书馆要全面收藏中文文献,而针对外文资源则有具体的采选等级:全面采选、重点采选、适当采选、不宜入藏。对于全面采选、重点采选和不宜入藏的内容,一般情况下采访人员能够明确辨析,但对于适当采选的内容,作为第一手的把关人,采访人员必须要仔细斟酌,排除各种影响采选的因素。

网络中有关书目的信息可以说是应有尽有,除了一些基本的介绍之外,还有一项重要的信息就是书评,很多时候单看内容简介也许并不能确定是否最终选择某一书目入藏,这时采访人员就会查看一些针对书籍内容所做的书评。目前世界上最著名的三大书评是纽约书评(The New York Review of Books)、伦敦书评(London Review of Books)、泰晤士文学增刊(TLS),若经此三家书评评论过的图书,都可以选择购入。但是,并不是所有书籍都有机会获得如此之高的评价,这时采访人员就要在网络中查找其他评论信息,以亚马逊网上书店为例,很多读者在购买图书之后都会进行评价,但这些评论质量参差不齐,含有很多主观因素,有些人因为装帧质量问题而忽视书籍本身的内容价值;有些人则会以偏概全,放大书中的个别问题,进而否定整部作品;还有并未仔细阅读作品就随意评价的人,采访人员若不注意甄别,就会影响采访的质量,其实这也是培养和检验采访人员信息意识的一种途径。

3 展望西文图书采访的未来发展

互联网的飞速发展不仅给西文图书采访业务带来便利,也揭示了一些需要引起大家重视的问题,更重要的是对西文图书采访业务未来的发展提出了新的要求,带来新的启示,指引其向更加开阔的方向前进。

3.1 网络发展与馆藏资源建设

网络信息技术的发展给国家图书馆的文献资源建设带来了新的冲击与挑战,传统资源建设旨在入藏各类实体图书出版物,如今数字化资源、网络资源日益增多,这使得国家图书馆的资源建设有了新的内容与发展方向,电子资源和网络信息资源成为馆藏的重点关注对象。

出版业的各个环节都受到了网络发展的影响,电子出版物已经成为各大出版集团的重要组成部分,其中尤以电子书出版最为主要。与国内相比,国外各大出版集团拥有更为成熟、先进的电子出版物出版能力和环境,这对于国家图书馆西文图书采访业务来说意义非凡。各大出版集团建立了电子出版物网络服务平台,而网络书店也加大电子出版物的销售力度,西文图书采访不再拘泥于纸本图书,电子出版物的采访将更加普及,而相关采访流程和业务工作也会得到更好的完善与发展。不同于电子出版物,网络文献是借由计算机网络发布、传递和存储的文献,通称网络信息资源,国外许多知名大学的学者和研究人员在网络上发布具有学术价值和参考价值的信息,一些作家也通过网络发表自己的作品,发达的网络使得获取国外的网络信息资源不再困难重重，这对于丰富馆藏资源来说有着重要的意义。

虽然网络发展给馆藏资源建设带来了新的曙光与目标，但其中也包含了不少问题，如何协调电子资源与纸质图书的入藏、两方购买经费的配给、电子资源的保存与利用等都是发展道路上不容忽视的问题，制定有关信息资源入藏的政策是图书馆适应时代发展、保持图书馆活力、完善图书馆职能的重中之重。

3.2　注重采访人员素质提高

选书员在西文图书采访工作中担任着最重要的一环，其工作直接影响着馆藏质量与读者需求满意度，是考验综合素质的一个岗位。除了丰富的学识和高度的责任心，还应具备较高的外语水平和一定的前瞻性。当今世界处于信息飞速发展的时代，西文图书采访若要保持稳定的工作状态，必定要紧跟国际同行业发展脚步，因此及时了解全球的科研活动情况、出版社动态、学术发展水平是西文图书采访人员提高自身综合素质和能力的基石。

采访人员的个人主观因素有时会影响图书采访工作的进行。对某一学科领域的不了解、对个别作者及作品内容的好恶区分、外语能力运用不熟练都会影响选书质量与效率，制定针对采访人员能力需求的相关政策能够降低这些不利因素造成的影响，确保馆藏质量始终处于较高水平。

采访人员虽然看似不与读者进行接触，实则通过馆藏图书与读者紧密联系着。西文图书通常价格高昂，若得不到高效利用，价值就会大打折扣，及时倾听读者意见、满足读者需求，最大化的提高馆藏资源利用效率，是采访人员今后工作时必须考虑的问题。

互联网的快速发展还在继续，可以想象未来图书馆的各项业务在网络的影响下必将发生更大的变革，我们只有立足当下，抓住发展机遇，并时刻牢记自身职责与使命，才能使西文图书采访业务在发展的洪流中保持生机与活力，为图书馆的建设打好坚实的基础。

参考文献：

[1] 朱硕峰，宋仁霞. 外文文献信息资源采访工作手册[M]. 北京：国家图书馆出版社，2014

[2] 国家图书馆外文采编部. 新信息环境下图书馆资源建设的趋势与对策[M]. 北京：国家图书馆出版社，2009

国家图书馆联合国资料特藏采访工作的发展历程与思考①

张蕾累

20 世纪研究特藏的文献中通常将古籍、善本、手稿等现存数量极少甚或是孤本的文献界定为特藏。学术领域内对特色馆藏的传统研究最初主要是围绕善本馆藏以及高校档案馆中具

① 本文系“国家图书馆外文文献资源建设资料征集、整理与研究”科研项目中期成果之一。

有历史价值的文献库[1]。进入21世纪,随着信息技术在图书馆的广泛应用,图书馆员对特藏的研究范围逐渐转向提升各图书馆竞争力的具有本馆特色的馆藏资源。国家图书馆的特藏资源除广为人知的古籍和善本之外,根据联合国资料的下述特点将其划归特藏文献:出版机构的独特性;国内现收藏该类文献的图书馆数量少;入藏历史最为悠久;收藏最为全面。国家图书馆对该类特藏资源的建设和利用最为重视,无论从专业人员配置、经费预算,还是从馆藏空间、资源检索服务等方面,国家图书馆联合国资料特藏文献的采访工作都是国内其他图书馆无法匹敌的。

尽管国家图书馆对联合国资料特藏文献的采访历史悠久、规模可观,但面对数字时代的种种冲击和挑战,我们需要思考未来的特藏文献采访工作如何转变才能适应时代的变革和发展,需要哪些尝试和探索才能同时满足传统用户和数字化用户的需求,而这正是本文研究的出发点和落脚点。

1　联合国资料的采访历程

1.1　机构设置沿革

国家图书馆是联合国批准成立的"文献收藏馆"之一,与联合国的文献保存关系可以追溯到国家图书馆的前身——北平图书馆。早在1947年,北平图书馆就与联合国建立了文献保存关系,自1949年起开始获得联合国主动分发的资料,但数量有限,寄送时间也不稳定。国家图书馆于1961年成立了联合国资料组,专门负责联合国资料的收集整理工作[2]。该组成立之前的文献采访未成体系,主要是被动接收联合国分发的正式文件等资料。该组成立初期至1965年年底主要对1949年以来收到的资料进行登到、整理。"文化大革命"期间,该组曾一度被解散,直至1971年中国恢复联合国合法席位之后,国家图书馆作为联合国"文献收藏图书馆"的地位也被正式确认[3]。1973年国家图书馆恢复联合国资料组建制,并设立联合国资料阅览室及专藏书库,安排专人从事该类文献的采访、编目、读者服务工作。自此负责采访的工作人员开始主动搜寻设立托存图书馆项目的政府间国际组织,与相关机构书信往来。随着采访工作的积极开展,国家图书馆联合国资料组获得的文献也不再局限于联合国出版物。因此,1985年联合国资料组更名为国际组织与外国政府出版物组,该机构建制沿用至今。

1.2　采访途径

国家图书馆联合国资料的收藏途径最初为赠送和文献托存,主要由采访人员按照"文献保存图书馆入藏联合国资料章程(ST/LIB/13/Rev. 5)①"中列出的文献申请方式,向联合国及其下属机构提出申请,由联合国图书馆服务部统一分发。1958年和1982年国家图书馆分别开始通过国际交换的方式获取加拿大政府出版物和美国政府出版物。1974年开始通过订购方式获取美国兰德公司(Rand)出版物,1979年开始订购经济合作与发展组织(OECD)出版

① 联合国文件号ST/LIB/13/Rev. 5;文件名为Instructions for depository libraries receiving United Nations material(原文链接见http://daccess-dds-ny. un. org/doc/UNDOC/GEN/N95/069/74/IMG/N9506974. pdf? OpenElement)

物。随着入藏机构数量的增加,文献采访途径已由单一的被动接收免费分发的托存文献逐渐演变为现如今的文献托存、国际交换及订购多种途径相结合。

1.3 人员与经费

联合国资料组自成立至今,人员编制保持在8—10人,其中专职从事采访工作的仅有1—2人。由于涉及托存资格申请、出版目录跟踪及汇总、文献索补、购书经费管理等需要统筹安排的工作,联合国资料的采访业务大多由组长开展。

联合国资料出版物类型多样,包括纸本文献、缩微文献、数据库等,除托存文献免费收藏,其他有入藏价值的资源需要通过订购的方式获得,国家图书馆为联合国资料提供专门的采购经费。随着出版物售卖价格的上涨,尤其是缩微文献和数据库的年度涨幅较高,采购经费的年度预算已由2004年的40万元人民币涨至2015年的90万元人民币。

2 数字时代联合国资料特藏采访的变化

国际出版业自20世纪90年代开始发生了巨大变革,信息技术的发展带动出版业整个流程的计算机化和网络化,联合国资料的出版形势也随之发生了类似的变化,不少图书、期刊由纸质载体转向网络载体,对图书馆的传统采访模式产生了巨大的冲击。

2.1 特藏载体数字化

不同类型的文献载体都是为了保存和传递信息而存在的。数字化虚拟载体虽然对于传统的实体文献载体来说是一个很大的变革,但传统载体在简单直观、安全可靠和保存时间久远等方面仍具有自己的优点。虚拟载体并没有完全取代传统载体,而是呈现与传统载体互补的趋势。进入21世纪以来,多家国际组织为节约印刷出版和分发寄送的成本,陆续转向提供网络出版,即使同时提供实体印刷文献,也滞后于网络出版。这一趋势导致采访对象发生了转变,不仅包含传统的印刷型出版物、实体电子出版物、缩微文献,还新增了在线出版物、电子书刊等网络资源。而这些资源由于较为分散,且没有统一的载体或存储位置,采集难度比实体文献高。

2.2 资源目录电子化

传统的出版目录是季度或年度提供的印刷型目录,随着互联网技术的发展,国际货币基金组织(IMF)、联合国粮农组织(FAO)、世界银行(WB)等国际组织已通过订阅功能定期推送网络资源出版目录,提供新增资源简介及访问链接。电子化的目录便于采访人员及时获得出版资讯,及时采集并发布给用户,缩短了采访周期,大大提高了采访工作的效率。

2.3 采访政策因时而异

国家图书馆履行国内外图书文献收藏和保护的职责,肩负着保存、保护和传播人类知识的责任。虽然采集开放获取资源可以节约采购预算,但联合国资料的采访既要兼顾国家图书馆的国家总书库职能又要满足用户的数字化需求。因此,联合国资料特藏的采访政策需要与时俱进,根据联合国各机构的出版动态及时调整。对外交、政治、经济、法律、科技、标准、专题报告、统计等有参考价值和学术价值的资料要保证其完整性，对期刊或系列性资料，要保证其连续性[4]。同时还需根据各机构出版特点，采取不同的采访策略，以纸电结合的方式首先保证核心出版物、连续出版物的入藏；采购预算充足的情况下，根据用户群的研究需求选择性补藏。

2.4 采访人员信息素养提升

管理特藏需要对档案处理和数据库应用程序有全面的了解；具有特藏的专业知识和兴趣；对知识产权和版权有所了解；外联和宣传能力；最重要的是要有专业的程序设计员给予技术支持[5]。随着信息技术的发展，出版技术的变革，特藏资源采访人员不仅仅需要具备多个学科专业基础知识，还需要了解各种信息发布渠道，掌握各大新兴媒介终端的检索和使用方法，熟练掌握信息检索语言、检索方法等基本检索知识，能够运用丰富的检索经验对检索进行多种逻辑组合，大大提高检索的查准率。此外，联合国特藏文献的出版机构多为国际组织，这就需要采访人员兼具较高的信息敏锐度和外联沟通能力，及时获取出版信息，发掘用户需求度高的网络资源。

3 拓展联合国资料特藏资源建设

3.1 利用开放获取资源构建特藏资源库

开放获取的性质特点是：免费、及时、全文、在线获取的学术资源[6]。国家图书馆联合国资料组于2014年曾对联合国及其下属机构文献资源的开放获取程度做过较为全面的调研，结果显示其中开放获取资源所占比例较高。购置经费有限的条件下，以开放获取资源为主要采集对象满足用户对网络资源的需求将是未来采访工作的重点。考虑到开放获取资源的异构性和不稳定性，将开放获取资源进行本地化操作，构建独立的资源库将是一个有效解决途径。

3.2 借助国家数字图书馆工程构建全国“虚拟托存图书馆”系统

目前，国内获得联合国及其他国际组织文献托存资格的图书馆分散在多个省市，由于图书馆的性质和行政归属的差异，这些托存馆各自为政，缺乏沟通合作，造成采访工作重复进行。受传统文献难以共享的限制，国内托存图书馆之间无法形成合作联盟。虚拟载体概念的形成和其特异性质，使保存和使用传统文献载体的传统图书馆，以及沿用传统管理方法的初期的电子图书馆从观念和形态上都发生巨大的变化，从而产生了虚拟图书馆[7]。传统文献载体的形成和发展，以及传统载体的电子化和虚拟化，推动了图书馆的电子化和虚拟化的过程，构建全国“虚拟托存图书馆”系统具备了理论基础。

国家数字图书馆推广工程的目标是“实现全国数字图书馆资源的共知共建共享，建立数字资源共建共享机制，按照‘元数据集中，对象数据分散’的原则，建设分级分布式数字图书馆资源库群，在此基础上进行各级公共图书馆数字资源的统一登记、有序组织，加强整合和集中揭示，从而在全国范围内实现数字资源的共知共建共享”[8]。国家图书馆联合国资料作为独具特色的特藏文献资源，可以借助国家数字图书馆推广工程遍布全国大中城市的数字图书馆服务网络，与各级数字图书馆的原有网络和业务系统互联互通，实现全国用户对资源的统一搜索和主动获取,使特色资源和特色服务快速展现给全国用户。国家数字图书馆服务网络为构建"虚拟托存图书馆"提供了可行的实践平台。

国家图书馆联合国资料的采访工作历经五十多年,从被动接收文献到多途径资源采访,不断随着信息技术和时代的变革进行自我调整和完善,虽然在新兴的数字化环境中面临着严峻的挑战,但同时也面临着发展的大好机遇。如何发挥特藏文献采访的传统特有优势,在开放、吸取、交融的环境中全面地丰富自我,如何总结历史经验,探索新型采访模式,构建起新型的虚拟托存图书馆,将是我们未来的发展方向。

参考文献:

[1] Christopher J. Prom, Ellen D. Swain. College and University Archives: Readings in Theory and Practice[M]. Chicago: Society of American Archivists, 2008

[2-4] 张燕. 北京图书馆联合国资料的收藏管理与开发利用[J]. 情报资料工作(双月刊), 1997(1)

[5] Meredith R. Evans. Modern Special Collections: Embracing the FutureWhile Taking Care of the Past[J]. New Review of Academic Librarianship, 21:2, 116-128, DOI: 10.1080/13614533.2015.1040926

[6] 李锐. 中外开放获取资源现状比较研究[D]. 镇江:江苏大学, 2011

[7] 黄星亮. 虚拟文献载体与虚拟图书馆刍议[J]. 图书馆学刊, 2003(5)

[8] 魏大威. 以数字图书馆推广工程为抓手,构建覆盖全国的数字图书馆服务体系[J]. 国家图书馆学刊, 2012(5)

现代学术交流模式下的图书馆信息资源建设

尚小辉

1 现代学术交流模式的特点

随着网络化和数字化信息技术的飞速发展,学术交流模式已从以纸质文献为主要载体的传统学术交流模式(图1)发展到现在基于网络、数字化技术的电子版为主要载体的现代学术交流模式(图2)[1]。

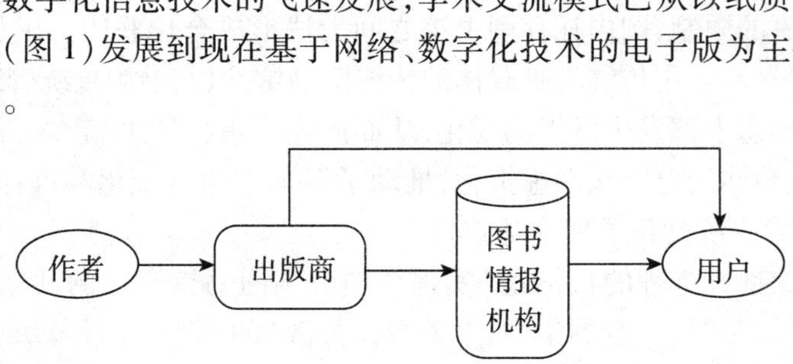

图1 传统学术交流模式

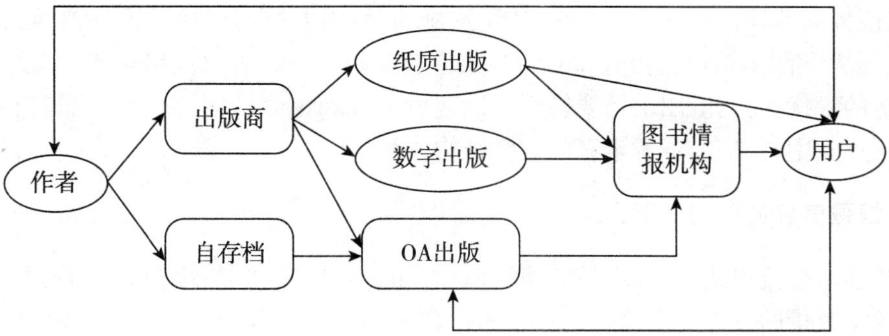

图2　现代学术交流模式

1.1　学术交流要素多元化

从图2可以看出,一方面,在现代学术交流模式中,传统的以印本文献为核心的学术交流模式仍将继续存在,以现代信息技术为媒介的数字出版、开放存取出版等已开始渗入到学术交流环节中,学术交流模式发展为多传播系统以及出版实践;另一方面,学术交流体系中代表商业利益的出版商、信息供应商以及图书馆等中介服务机构也在互相竞争,以期在现代学术交流模式中发挥更大的作用。

1.2　学术交流途径多样化

从图1中可以看出,单向、线性交流是传统学术交流模式的重要特征。图书馆在交流过程中起着枢纽的作用,通过对学术资源进行收集、整理、存储、组织管理,为用户提供信息的检索、传递和利用的服务,而用户在传统学术交流过程中对信息的控制力很有限。在新的学术交流环境中,网络载体成为学术信息交流体系的主要载体,用户可以在商业搜索引擎、开放存取资源、社会网络站点、wiki以及图书馆提供的图书资源和电子服务等途径之间任意选择满足自己需求的信息[2]。

1.3　学术交流效率高效化

网络技术环境下,基于印刷型载体的传统学术交流模式逐渐显现出交流不畅以及效率低下等弊端。在传统的纸质出版模式下,从作者提交稿件到编辑人员的初审、复审、终审、校稿、排版、印刷、发行,再到读者手中,整个出版周期需要花费很长的时间[3]。纸质出版的延滞不仅严重降低了科研成果的时效性,而且阻碍了科研成果社会价值的实现。而电子型的学术出版物在一定程度上有效克服了这些弊端,尤其开放存取出版模式的诞生,大大缩短了学术交流周期,提高了学术交流的效率。

2　现代学术交流模式对图书馆信息资源建设的影响

2.1　资源建设范式的转变

图书馆在现代学术交流体系中的作用及其所提供的服务已经发生了很大的变化,图书馆已不再是向用户提供学术信息的唯一中介,各种学术团体、出版商、发行商、文献索引商、数据库商、检索服务商等均已进入文献和知识服务领域[4]，图书馆在现代学术交流体系中面临极大的压力。《大学图书馆尸检报告，2050》一文[5]就反映出了作者对网络学术交流环境中图书馆未来命运的隐忧。为此，图书馆要转变资源建设模式和馆藏结构，充分体现其核心价值，创建一种以用户为中心、信息资源丰富的馆藏结构体系。

2.2 馆藏信息资源的丰富

在传统学术交流模式中，图书馆馆藏资源建设的形式主要是购买印刷型图书和期刊，这大大限制了馆藏数量的发展。馆藏资源数量和馆藏结构的不合理，对终端用户来说也是一种障碍。图书馆为维持其在现代学术交流模式中的地位，其馆藏结构必然要随之调整，由传统订购的单一方式扩展到订购、网络获取、免费的开放获取等多种资源建设方式并存。图书馆馆藏日益呈现多元化趋势，除了本馆通过购买等方式获得的印刷型实体资源和电子型实体资源外，通过网络获取的各种数字资源也被纳入了馆藏范围，构成了一种综合馆藏体系。

2.3 用户信息需求的改变

现代学术交流模式下，便利性、随时获取是用户信息检索与使用的主流需求。用户不再满足获取一些文献线索，而是要方便地获取最终文献，此外，随着用户需求的学科覆盖面不断拓宽，用户希望获取的资源是无缝集成、全面完整的。人们需要的是一种综合知识资源，而这种综合知识资源不仅包括正式出版的文献资源，还包括预印本库、机构知识库等开放存取资源。用户不仅要求能根据某个主题对各类信息资源进行综合发现和集成检索，而且要求根据信息内容的关系能够在不同类别资源之间进行无缝链接的检索。

3 现代学术交流模式下图书馆信息资源建设的策略

现代学术交流模式呈现出多元化、网络化和高效化的发展态势，学术传播的方式与途径也发生了很大的变化，尤其是随着开放存取的迅猛发展，开放存取的资源越来越多，读者获取资源的途径也越来越多，读者对图书馆的依赖程度不断降低，图书馆作为学术交流中介的地位受到挑战。因此，图书馆必须理清发展思路并重新进行角色定位，才能适应和融入新的学术环境，保持并提高其在现代学术交流系统中的地位。

3.1 加大数字资源建设，建立综合馆藏体系

目前，绝大多数重要出版商的科技期刊和主要国家的专利文献已完全实现数字化出版，数字信息已成为当前学术交流的基本形态，数字资源正逐渐成为研究型图书馆和用户利用的主流资源。图书馆要维持其在学术交流中的地位，就需要重新思考和安排馆藏资源的建设。面对数字资源迅猛发展的趋势，国外有很多图书馆已经制定了专门的数字馆藏发展政策，对数字馆藏发展有非常清晰的规划。我国图书馆应借鉴国外图书馆的先进经验，在分析自身馆藏结构和馆藏特色的基础上，进一步研究并制定适合的数字馆藏发展策略，指导图书馆建立科学、合理、实用的综合数字馆藏体系。

图书馆还有必要根据用户需求以及自身馆藏资源建设的要求，重新评价现有馆藏结构，并以多元化馆藏模式规划数字馆藏资源的建设。相比图书馆购买、引进和自建数字馆藏，开放存

取资源具有节省采购经费、快速扩充馆藏以及增强馆藏时效性等优势，是图书馆数字资源建设最为经济的途径。所以图书馆应在合理规划的基础上，加大对开放存取资源的采集和整理，提高数字资源中开放存取资源的比例，以最有效的方式增加馆藏数量、加快馆藏资源建设速度，从而实现馆藏资源的可持续发展。

3.2 整合馆藏资源，建立统一检索平台

现代图书馆信息资源种类繁多，而且每种资源的检索都有不同的用户界面、不同的使用方法、不同的身份认证、不同的资料属性以及数据格式，用户则需要花费大量的时间逐库检索才能获得各数据库的信息资源[6]。为了将不同类型和相对独立的资源组织形成统一整体，方便用户快捷地查找到所需要的信息资源，图书馆必须对购买的馆藏资源以及开放存取方式获得的资源进行有机整合，为用户提供一个统一的检索平台。通过对传统馆藏文献与数字资源的整合、馆藏数字化资源之间的整合以及馆藏数字化资源与网络信息资源的整合实现实体馆藏和虚拟馆藏一体化，为用户提供一站式服务。

随着开放存取资源在学术交流中重要性的增加，图书馆可以利用自己的人员和资源优势很好地进行资源开发、组织、揭示、有效重组和导航，将开放存取资源与图书馆其他资源进行整合，并在图书馆主页上建立链接，为用户了解和使用开放获取资源提供便利。此外，虽然开放存取资源的获取是免费的，但是整理和组织需要花费大量的人力成本，所以图书馆应将其馆藏资源以及加工整理后的开放存取资源与其他图书馆或信息机构共享，不仅为本馆用户服务，也为所有需要该信息资源的用户服务，实现开放存取资源的共建共享，构建一个可持续发展的资源保障体系进而促进学术交流和研究。

3.3 积极宣传开放存取，参与开放存取运动

开放存取提供了一种全新的学术信息交流模式[7]。图书馆一直是开放存取运动的重要推动力量。最初，学术期刊的价格危机迫使图书馆加入了开放获取运动。但是图书馆员们应该清醒地认识到，价格危机只是问题的表面现象，真正的症结是学术交流体系需要变革，开放获取代表着更有希望的未来。开放存取具有无法估量的发展潜力，参与开放获取出版是图书馆信息资源建设模式的一种变革，为图书馆提供了从信息供应链源头上介入学术交流与传播的契机[8]。截止到2015 年10 月4 日，据 DOAJ 网站数据显示，期刊种类增加达到了10583 种，文章数量达到2095076 篇[9]；DOAB 网站数据显示，开放获取图书种类增加到了3374 种[10]，而且这些数字还呈现逐年增加的趋势。如果将该资源纳入图书馆馆藏范围则不仅可以为图书馆缓解经费紧张，改善图书馆馆藏体系，而且可以增强图书馆信息资源的时效性。

图书馆应该抓住开放存取带来的机遇，充分发挥自身优势，大力宣传和推广开放存取出版模式，包括定期举办培训会，对研究人员和相关人员进行相关政策和业务的培训；宣传本馆开放存取的资源；制定开放存取资源的发展政策；提高相关人员在政策上支持开放存取、在思想上接受开放存取、在行动上参与开放存取的积极性，进而促进科研成果和学术信息的及时出版和自由交流。

3.4 创新资源建设模式，培养专门人才

现代学术交流环境对图书馆信息资源建设提出了新的要求。图书馆必须进行资源建设模

式的创新，其中包括观念创新、制度创新和技术创新等，通过创新资源建设模式，极大地丰富馆藏，使用户获得更大范围的满足。现代学术交流环境也对从事图书馆信息资源建设的相关人员提出了更高的要求，图书馆资源建设人员不仅要具有丰富的经验、对新知识、新信息的敏感性，能够及时捕捉到学科发展的前沿与趋势，更应该是能够利用各种传播载体，进行信息有效收集、有序管理和广泛传播的专家，同时还要具有对信息快速获取和分析以及数据信息挖掘能力。

网络技术和数字信息技术的飞速发展使学术交流的要素和途径发生了重大变革，图书馆信息资源建设的内容、模式以及用户需求等也发生了根本性的转变。我们必须清醒地认识到图书馆所面临的机遇与挑战，根据用户需求调整资源建设策略。只有创新资源建设模式，保障图书馆资源建设的前瞻性、灵活性和战略性，构建适应用户需求的综合馆藏体系，才能充分发挥图书馆在知识传播与交流中的作用，不断提升图书馆在新型学术交流体系中的地位。

参考文献：

[1] 张晓林. 网络化数字化基础上的新型学术信息交流体系及其影响[J]. 图书馆,2000(3)

[2] 曾庆霞. 学术交流体系的变化对图书馆资源建设的影响[J]. 图书馆学刊,2010(9)

[3] 郑文晖. 学术交流体系的变化及其对图书馆工作的影响[J]. 图书馆学刊,2008(4)

[4] 杨瑞仙. Web2.0 环境下知识交流的要素及影响因素分析[J]. 情报探索,2014(1)

[5] 图书馆尸检报告,2050[EB/OL]. [2015 - 09 - 18]. http://www.libspace.org/posts/20110107135649.html

[6] 王云娣. 网络开放存取的学术资源及其获取策略研究[J]. 中国图书馆学报,2006(2)

[7] 吴漂生,王锋. 开放存取:学术信息交流的新模式[J]. 图书馆学研究,2006(8)

[8] 2014 中国图书馆学会年会主题论坛:开放获取——图书馆的机遇与挑战[EB/OL]. [2015 - 10 - 11]. http://www.lsc.org.cn/c/cn/news/2014-10/24/news_7544.html

[9] DOAJ[EB/OL]. [2015 - 10 - 04]. https://doaj.org/

[10] DOAB[EB/OL]. [2015 - 10 - 04]. http://www.doabooks.org/

继承与创新

——新形势下国家图书馆外文文献采访工作者的素质思考

孟宪文

国家图书馆（后简称“国图”）是国家总书库，是国内最大的外文文献收藏单位。外文文献资源馆藏以数量多、品种全、馆藏体系完整著称于世。国图还是全国最大的公共图书馆，拥有广泛的读者群，从党、政、军到各类机构、再到普通大众，其信息需求的满足从很大程度上依赖于国图的文献资源建设。文献资源建设的首要环节就是采访工作。可以说，采访工作的质量直接关系到国图履行“传承文明、服务社会”宗旨的能力，直接关系到国图现代化建设的水平，直接关系到国图满足各类用户信息需求的程度，而采访工作者的素质又是采访工作质量的根基之所在。在信息化、网路化和国际化迅猛发展的今天，采访工作也遇到了前所未有的诸多挑战。采访工作属于经验性的工作,虽然传统,但不能滞后于社会的发展,采访工作者的素质也应与时俱进,力求培养适应新时代要求的从业者。笔者以国图外文文献采访工作为切入点,深刻探讨新形势下,采访工作者如何在尊重传统、沿袭传统的基础上,大胆创新采访模式,扩宽采访渠道,更积极主动地应对挑战,实现采访工作的新突破。

1 百年国图精神的传承

国图外文文献资源建设工作可以追溯到20世纪20年代,至今已近百年的历史。建馆初期(时称"国立北平图书馆"),许多文化名流或学界泰斗就担负起外文图书的采选工作。例如,被毛泽东称之为"国宝"的史学大家陈垣,文、史学大家傅斯年、陈寅恪,植物学家和教育家胡先骕,卓越的物理学家、教育家叶企孙都曾担任过当年的购书委员会的成员或领导,文献采访工作对图书馆建设的重要性由此可见一斑。在没有科学系统的采访工作程序的时期,专家采访不失为图书馆藏书建设的一大法宝。

为了推动采访工作的规范化和标准化,一些采访专家逐步总结,著书立说,出版了一系列的采访专著,使采访工作逐步走向"有章可循"的时代。例如,国图著名的外文采访专家邵文杰曾领衔编著了《外文图书采选工作》一书,这是国内第一部采访工作的专著。2004年,国图图书采编部组织业务骨干编写了更实用的《外文文献采访工作手册》,该书已成为培养采访员的重要教材。

在理论研究和实践探索的过程中,国图外文文献资源建设在"中文求全,外文求精"原则的基础上,逐步形成了三大特征:首先是综合性特征,即馆藏涵盖的知识门类、文献类型、语言文字、出版地区都十分广泛;其次是永恒性特征,即所采访文献资源有长期保存和利用的价值;再次是中国学特征,即重点采集国外论述中国和研究中国的所有文献。此外,采访工作还尽力体现文献的学术性和参考性。

百年的积淀使国图外文文献资源的采访工作形成了优良的传统,正如李致忠先生在国图百年之际总结的一样,采访就是要体现不遗余力的搜采精神和甘为人梯的奉献精神。方彰林是我国著名的美容医学专家,在他创建黄寺美容整形医院之初的20世纪80年代,我国的医疗美容事业刚刚起步,方教授急需美容医学方面的图书,得知日本相对比较发达就几乎天天"泡"在了日本出版物文库阅览室,当时阅览室归日文采访组管辖,图书以日文当年新书为主,开架阅览,分期分批摆放,自由读取,其实阅览室医学方面的图书还是很丰富的,方教授阅览半月有余,有一天问我有没有美容医学方面的图书,我没有在意,说医学方面的图书很多,并带他看了几处的医学图书,他说都已经看过了没有美容医学方面的,并说急需这方面的书以便开展工作,我让方教授写推荐书单,他说没有具体的图书名称,只希望能找到这类图书。经多方查找,仔细搜寻,翻阅了大量的图书目录,请教了许多专家后得知日本的"美容医学"是以"形成医学"冠名的,了解这些以后及时与方教授沟通并推荐了许多图书目录。不久方教授写出了在我国美容整形医学界具有指导意义的著作《美容外科应用解剖图谱》《美容外科学》,书中还在前言以感谢的方式对自己的工作加以肯定。在计算机刚刚兴起的20世纪80—90年代,中科院的一位老师到北图找有关计算机网络的图书,日文采访的工作人员在时任采访委员会副主任的金凤吉老师的带领下,多方查找目录,向日贩索取目录,帮助中科院的老师解决了工作中的问题。在以图书目录为选书的唯一依据时期,国图外采工作人员从选书、查重、发订到记到、验收、登录每一个工作环节都细致认真，精益求精。例如，日文采访的金凤吉先生在《选定日文图书需读的几种刊物》中，非常详细地介绍了为精选日文图书应该了解的几种日文图书目录资料，并逐一介绍了每种资料的具体内容、章节篇目、发行机构、特点时效，为国家图书馆的外文采访工作和藏书建设贡献了自己绵薄之力。

2 数字时代对采访工作的新挑战

随着计算机和网络技术的发展，文献采访工作所面临的环境发生了翻天覆地的变化，采选、发订、登到等各环节都从手工变为依赖计算机和网络化的操作，采访卡片目录早已不见了踪影。新型出版物形式越来越多样，选书工作也需要及时转型，如此种种都使采访工作面临着诸多挑战。

2.1 从“守株待兔”到“主动出击”

随着信息技术的飞速发展，计算机和网络技术在图书馆领域的广泛应用给国图外文采访工作带来了全新的机遇与挑战。在传统的采访工作模式下，采访员仅需要从书商处获得备选目录，采访员以“守株待兔”的方式就可以实现勾选。然而，随着各国出版情况越来越多样复杂，读者对外文文献资源的要求也与日俱增，仅靠书商提供的目录是远远不够的，采访员需要转换思维，变“守株待兔”为“主动出击”，大范围应用网络和全媒体时代的各种技术，想方设法获取更多的目录信息。

“主动出击”还表现在采访员要一改“足不出户”采访的局面，走出去进行采访。主要体现在海外采访工作的开展。海外采访是指，采访员不通过书商等代理机构，直接赴海外开展采访工作的一种模式。海外采访对于拓宽采访渠道，补充丰富馆藏具有重要意义。首先，通过海外采访可以获得当前国内主要商业进口渠道和一些传统方式不易获得的资源，例如古旧书籍。其次，现场采访还能提升对文献的价值判断，特别是一些古旧二手文献更需要现场观察品相，甚至是鉴别真伪。再次，海外图书出版发行相对国内更具有灵活性和随意性，许多有价值文献没有通过大众渠道进行销售，使得采访员无法得到相关信息，或者没有对亚洲地区进行销售，使得无法购进，这也需要采用海外采访的方式予以补充。

2.2 从“传统印刷型”到“新型文献”

随着出版事业的蓬勃发展，传统印刷型文献在馆藏中已不能独领风骚，电子资源、音像资源、缩微资源等新型文献蜂拥而至，越来越成为馆藏中的生力军。特别是电子资源，以其获取便利、阅读体验佳、携带便利等优势成为读者青睐的资源类型。因此，以电子资源为代表的资源逐渐成为采访工作关注的重点。此外，电子资源与传统资源往往存在等同关系，即同时有多个载体的版本，这些等同关系的资源在馆藏中如何定位采访方针，以及在实践中如何把握保存与利用的原则也需要采访员深入思考。此外，非正式出版物往往承载着大量特殊信息，因此也拥有大量的读者群，在采访过程中，也需要关注。总之，采访工作者在新时代的视角需要更开阔，不能再仅关注以往的传统工作领域，要与时俱进，把采访工作推进到全资源时代。

2.3 从“采访模块”到“采编一体模块”

2003 年，Aleph500 图书馆集成系统在国图正式上线。该系统整合了图书馆所有工作模块,将其汇成一体,采访与编目的关系更加紧密,上下两个环节的工作情况在集成系统中一目了然。在此形势下,采访工作者不仅要熟练掌握 Aleph500 采访模块的应用,还要对与采访紧密衔接的编目环节有所了解。与资源配套的书目数据是在采访环节创建的,后续的编目环节完成的是对采访数据的完善与修改。采访员创建的数据不再是简单的用于查重的采访数据,而是作为后续数据基础的书目记录。因此,采访员的工作已经从简单的采访环节无形之中延伸到了编目环节。对采访工作者全面技能的要求无疑是一个新挑战。

2.4 从“纸质目录”到“无纸化采访”

数字时代出版技术更加先进,按需印刷等新概念涌现。近几年,按需印刷市场增长迅速,以国图日文图书补藏工作为例,2015 年补藏的日文图书有 50 种以上是通过按需印刷方式获得的。随着古旧文献需求量的扩大,按需印刷的前景将更加广阔。除按需印刷先进技术之外,无纸化选书也成为近几年文献采访工作的热点,它将采访工作从过去的纸本目录勾选的传统模式中逐步解放出来,在选书系统中开展采访工作,不仅节约成本,更重要的是提高效率。例如,中国图书进出口(集团)总公司的海外采选系统(Promotion, Selection, Ordering, Platform,简称 PSOP)就是专门为图书馆设立、深入为用户服务的工作平台,它使外文图书采访产生较大变革。

2.5 从“独立工作”到“社会化趋势”

随着采访工作社会化趋势的加剧,不少书商在招投标中增加了增值服务,作为增加其竞争力的核心元素。例如,一些书商在代购资源的同时,还提供查重发订、验收登记、文献加工等环节的服务。业务外包降低了图书馆运作成本,节约了经费和人力。但是,外包人员的业务能力参差不齐,如果使其业务工作达到图书馆的工作标准,需投入一定的人力进行培训和管理,对于各种问题也要及时有人处理。因此,采访工作者除了自己的本职工作之外,在社会化过程中还要逐步承担起管理者的职能,对素质的要求更为综合与全面。

3 外文文献采访工作者在新时期的素质建设

面对数字化环境带来的各种挑战,国图的采访工作者队伍有待进一步加强素质建设,提升综合能力,以适合时代新发展的要求。

3.1 提升信息敏锐度

面对获取更多目录信息的挑战,采访工作者首先要提升信息的敏锐度,即捕捉信息、选择信息和获取信息的能力。以国图日文图书采访工作为例,2013 年日文图书出版 7791 万种,另外还有层出不穷的电子文献、网络文献,因特网每天发布 14 万件以上的新信息。这些数量已经足够大,每年却还在以惊人的速度在增长。面对如此庞大的采集信息源,信息敏锐度强烈与否对能否挖掘出有价值的信息、提高文献获取能力起着非常关键的作用。

采访工作者应积极学习计算机和网络知识,了解全媒体时代的特点,掌握信息获取方法和技巧,应善于利用广播、电视、音像、出版、报纸、杂志、网站等不同媒介,通过融合的广电网、电信网以及互联网获取各种与采访相关的书目信息。例如,通过新闻及时了解每年诺贝尔奖的获奖情况,及时补藏相关获奖者的重要文献。再如,通过微博、微信等交流平台掌握用户对各类文献的信息需求,及时对照馆藏体系补藏。

3.2 提升应对多种资源采访挑战的能力

面对多种新型资源的出版挑战,采访工作者应及时调整工作范围,关注以电子资源为代表的各类新型文献的出版情况,特别是根据馆藏政策加强对纸电协调采访的关注。以日文资源采访为例,目前国图的日文采访还是以传统纸质文献为主,对电子资源的采访力度不足。特别是对虚拟电子资源的采访更是空白。今后应强化对电子资源的采访,将有用的电子资源纳入馆藏体系。

3.3 提升全面掌握图书馆业务的能力

面对采编一体化的新挑战,采访工作者应加强编目环节的学习,适度掌握一定的编目知识和编目技能,同时加强对集成系统本身的学习,充分发挥系统本身的先进功能,随时掌控资源在系统中的流转情况。同时利用系统更全面地了解馆藏情况,例如,提升查重的效率和效能,确保"外文求精"原则的落实。

3.4 提升外联协调能力

面对采访工作社会化的挑战,采访工作者要改变过去封闭工作的态势,加强与出版社、书商等利益攸关者的沟通与协调,特别是对外包环节,要组建一支有经验的监管队伍,最大限度发挥社会化的力量,减少图书馆自身的人力投入。

此外,在开展海外采访中,采访工作者的外联协调能力也至关重要。例如,在开展海外采访之前,采访员需要搜集信誉好、有实力的古旧书店、二手书店和图书代理机构的相关信息,并通过各种渠道建立稳定的联系,通过他们获得货源信息。此外,采访员还需要搜集当地重要的图书馆东亚部、汉学研究中心、档案馆等机构的藏书书目,或借由海外文化中心收集当地和周边国家的出版和销售信息。到了海外现场采访环节,采访员需要拜访前期联系的古旧书商,现场对资源价值进行评估,或者拜访当地重要的公共图书馆、大学图书馆、档案馆等机构,搜集有价值的中国学文献。在这些调研工作的基础上,最后确定海外采购的书单。回国后还需要与国内主要进出口公司建立合作关系,在其协助下开展进口、审查、报关等后续工作,将资源顺利采访到馆。上述这些环节都要求采访工作者具备良好的沟通协调能力和外联常识。

3.5 提升外语应用能力

在日常工作中,采访工作者由于环境相对封闭等原因,往往疏于对外语的学习。但是,在获取出版国信息以及开展海外采访时,外语能力也是不可或缺的重要能力。采访工作者应在工作中坚持外语学习,掌握口语和文字表达的基本方法,特别是语言的实际应用能力,才能应对提升采访水平的挑战。

面对外界各类冲击和挑战,采访工作者要在继承为读者不断搜采精神的同时,尽快融入数字化的新环境,掌握数字时代的新技能,全面了解图书馆多个业务领域,加强跨业沟通与协调,以更加开放包容的心态做好文献采访工作。

参考文献：

李致忠.百年传承的国图精神[J].国家图书馆学刊,2008(2)

美国国会图书馆国际组织和政府出版物的资源建设与利用

罗 晨

本文中的国际组织侧重于政府间国际组织。政府间国际组织,是具有国际性行为特征的组织,是两个或两个以上国家为实现共同的政治经济目的,依据其缔结的条约或其他正式法律文件建立的有一定规章制度的常设性机构。国际组织分全球性国际组织和区域性国际组织。例如,在国际事务中影响最大,最具权威性,也是参加国家最多的国际组织当然是联合国。欧盟则是一个集政治实体和经济实体于一身,在世界上具有重要影响的区域一体化组织。广义的政府出版物(Government publications)的内涵是:经政府间组织或一个国家的中央政府或地方政府许可或授权,由政府出资出版并向政府各机构或社会公众发行的官方出版物[1]。可见广义的政府出版物包括了政府间国际组织的出版物和各国政府的出版物,而狭义的政府出版物不包括国际组织出版物,仅指一个国家的中央政府或地方政府的官方出版物。本文中的政府出版物采用狭义,而将政府间组织出版物称为国际组织出版物。

长期以来,在社会科学乃至自然科学领域,国际组织和各国政府出版物一直被公认为权威的、高质量的和稳定的信息来源,具有非常重要的参考价值。作为肩负着为本国政府部门服务职责的国家图书馆,有别于其他图书馆的重要标志之一,就是对国际组织和各国政府出版物资源的建设、组织与利用。美国作为世界上最发达的国家,其国家图书馆——国会图书馆的经验值得我们借鉴。美国国会图书馆的主要任务是为议会服务,同时担负美国国家图书馆的职能,是议会图书馆兼任国家图书馆的典型,同时它也是世界第一大图书馆。

1 国会图书馆概况

美国国会图书馆(Library of Congress,简称 LC)始建于1800年,是美国历史最悠久的联邦文化机构。其馆址设在华盛顿国会山,是世界上最大的国家图书馆。该馆的方针任务是利用馆藏为国会服务,同时也为其他政府部门、社会公众和学者服务,并通过馆际互借为各研究图书馆服务。目前该馆已成为国会、政府、学术界和一般读者的参考咨询中心、国际交换和国际互借中心,各国政府出版物和联合国资料收藏中心,国内外馆际协作中心和图书馆学研究中心。今天,该馆除农、医方面的书未收藏外,各知识门类的图书都已有收藏,已经成为世界上最大的知识宝库。坚持藏书求全原则是国会图书馆的使命之一,在对本国出版物的收藏尽力求全的基础上,对外国文献则是力求选其重要的文献进行采集。

2 国际组织和政府出版物的采选政策

2.1 馆藏政策声明概述

美国国会图书馆是美国联邦政府出版物的全国性保存机构，是各国政府出版物和联合国资料的收藏中心。国会图书馆于2008年10月修订了其《馆藏政策声明》(*Library of Congress Collections Policy Statements*)[2]。其中界定：政府出版物包括所有的在政府任何的立法机构、执行部门、司法部门、厅局、独立的办公室、法院、委员会或政府的官员授权下发行的出版物；政府间组织(IGOs)，包括国际组织、地区性组织及多边组织。政府间组织，指的是政府属于之、并派有官方代表的组织。根据规则，各国政府通过协议或条约加入政府间组织。该《馆藏政策声明》将采选(收藏)水平分为6个等级，从低到高分别为：①不予采选(Out-of-Scope)；②最低级(Minimal Level)；③基本信息级(Basic Information Level)；④教学支持级(Instructional Support Level)；⑤研究级(Research Level)；⑥全面级(或完全级)(Comprehensive Level)。

其馆藏政策的核心内容按照学科、专题、出版机构乃至载体形式等分类，明确规定了该馆收集各个学科、专题领域文献资源的范围和级别[3]。在馆藏政策的学科描述中，外国政府出版物(Government Publications-Foreign)、美国政府出版物(Government Publications-United States)、国际组织出版物(International Organization)各单列为一类，分别制订有专门的采选政策。

2.2 国际组织和政府出版物专门采选政策

2.2.1 国际组织出版物采选政策

对于国际组织出版物，如果美国是该组织的成员国，则馆藏水平至少为研究级，有时还要全面采集。如果美国不是其成员国，则采选水平至少为教学支持级。例如，美国不是石油输出国组织(OPEC)成员，但世界石油供应的重要性使该馆努力采集OPEC所有的重要出版物[4]。对国际组织出版物，规定采选的类别主要有：记述组织本身的历史和工作的各种类型的资料，包括章程和成立文件，议事规则，该组织和其重要的下属机构的年度报告，所有会议记录的摘要或全文、决议和决定、正式记录、书目及历史记录。此外，还采选法律、法规、标准制定、统计、经济及科技信息方面的文献[5]。

一般来说，国会图书馆不收藏只供内部使用的文件、蜉蝣文献、宣传册和新闻稿。

对采集政府间组织的出版物来说，国会图书馆各种载体形式的文献均遵循《联邦行政法典》中规定的“最优版本”标准，即“国会图书馆收藏已出版的、有版权的著作的最好版本”。

特别采选政策是针对以下有全球会员国的少数有代表性的政府间组织，以及对美国特别重要的两个地区组织。

(1)联合国总部出版物

国会图书馆在全面级水平上收集联合国资料。包括用英文发行的，用多语种发行的，或仅用一种非英语语种发行的。联合国各机构的Official Records(正式记录)，例如联合国大会、安理会、经社理事会及裁军委员会的记录以印刷形式保存并加入到永久馆藏中。无论以印本还是在线电子格式采集的刊头文件，只用于流通使用，添加到永久馆藏则以缩微品形式保存[6]。拉丁美洲经济委员会的出版物，根据可获得的语种，采选西班牙文，也采集英文。非洲经济委员会的出版物则采选法文或英文。

（2）联合国专门机构和相关机构出版物

联合国专门机构，是根据专门协议与联合国相关，但有自己的成员国、管理机构和出版物及文件的专业领域组织。15 个专门机构的英文简称是：FAO、IMO，IFC，IDA，ICAO，ILO，IMF，ITU，UNESCO，UNWTO，UPU，WB，WHO，WIPO，WMO。相关机构：WTO 和 IAEA。

国会图书馆全面采选联合国专门机构及相关机构出版物的所有适当载体形式，无论是用英语或多语种出版的，对于无法得到英语版本的出版物，则采集其他语种的。如果一些联合国专门机构和相关实体新成立，国会图书馆将根据采选政策在同样的采选级别上自动收藏其出版物。

（3）欧盟出版物

国会图书馆全面采集来自欧盟的所有合适格式的出版物，包括欧洲议会，欧盟理事会，欧盟委员会，欧洲法院，以及许多下属机构、研究所和地方代办处出版发行的资料。如果可填补收藏中的重要研究空白，那么欧盟之前各种经济共同体的出版物和许多回顾材料也会被采集。LC 收集的欧盟出版物的语种，优先选择英文或者多语种，若没有就采集另一种欧盟官方语言。

（4）美洲国家组织出版物

国会图书馆要采集至少一个单本的美洲国家组织的实质性出版物作为其永久馆藏，无论出版物是用英文、多语种发行或西班牙语发行。对采集到的正式的专著和丛书，如年度报告，法律、监管和统计材料，以其原来的载体形式进入永久馆藏。美洲国家组织的带标志文件（Symbol documents）只能以缩微形式[7]进入永久收藏。

（5）其他地区组织出版物

国会图书馆从地区性和有特殊兴趣的政府间组织包括开发银行采集出版物和文件。例如：非统组织（AU），亚太经合组织（APEC），东南亚国家联盟（ASEAN），非洲开发银行（AFDB），加勒比共同体，各国议会联盟，国际移民组织（IOM），北欧理事会，北大西洋公约组织（NATO），经济合作与发展组织（OECD），欧洲安全与合作组织（OSCE）及太平洋共同体等。

馆藏政策声明中规定的国际组织出版物采选等级见下表。

国会图书馆国际组织出版物采选等级表

组织名称	说明	采选水平
联合国、欧盟		全面级
联合国专门机构		全面级
美国是其成员的其他国际组织		全面级或按建议研究级
美国不是其成员的地区性和其他组织	从组织中选择性地采集以满足国会及其他图书馆机构的需要	研究级或教学支持级

2.2.2 政府出版物采选政策

(1)本国政府出版物

美国法典中对政府出版物的定义为:“作为一个单独的文件由政府出资或根据法律要求出版的信息资料。”美国的联邦政府和州政府每年都会出版大量的法律法规、年度报告、统计数据和连续出版物等政府文献。政府信息公开是美国的优良传统,并且有一系列的有关立法作为保障。早在18世纪50年代,美国国会通过了若干法案,奠定了政府文献的出版和保存制度。最早的美国政府出版物保存图书馆始于1857年。在以后的几十年中,联邦保存图书馆计划(Federal Depository Library Program)得到不断的发展和完善。FDLP的内容是:根据法律规定,美国政府出版局(Government Publishing Office,简称GPO)①将其部分出版物免费分发给全国1400余个政府出版物保存图书馆,保存图书馆则有义务向公众免费提供这些文献的阅览服务。

美国国会图书馆是美国联邦政府出版物的全国性保存机构。作为国会图书馆,其收藏的国会出版物尤为齐全。1979年国会馆成为政府出版物缴送图书馆,接收了全套的多种载体形式的美国政府出版物的缴存,作为一项单独的馆藏保存。

美国GPO向全世界近70个国家分发美国政府出版物的工作,也是由国会图书馆具体承担的。国会图书馆实施了国际交换项目,通过与各国国家图书馆签订文化协定的形式进行双边的政府出版物交换。

(2)外国政府出版物

对外国政府出版物,优先采选世界各国的国家级政府出版物,包括法规、政府公报、其他法定或规范性资料、立法和司法出版物、行政报告以及含有统计学、人口统计、社会经济和科学数据的出版物等。采访的主要对象是国家行政区(省、州、自治区)出版的且含有独家信息的出版物。由于加拿大和墨西哥与美国相邻,因此,国会馆采选这两个国家所有具有重要价值的省、州级出版物。对市级政府出版物,一般仅限首都城市,其他地区的出版物根据其内容视具体情况而讨论决定[8]。

3 国际组织和政府出版物的采集方式

国会图书馆通过交换、赠送,或托存协定采集大多数国际组织出版物。在托存制度下,指定的托存馆定期免费接收出版物,通常以向公众免费提供这些资料作为回报。与之有托存协议的组织包括:联合国、欧洲委员会、粮农组织、原子能机构、民航组织、海事组织、劳工组织、经合组织、欧洲安全与合作组织、美洲国家组织、教科文组织、世界银行、世卫组织、知识产权组织和世界贸易组织(原关贸组织)[9]。

如果不能用交换、赠送、托存或其他的免费方法获得,LC就购买这些材料。LC通过其海外办事处获得许多政府间组织的出版物,特别是那些总部设在发展中国家的组织的出版物。

大多数国际组织现在都有自己的全球网站,以电子形式出版相当多的材料。有时由于预算限制,其信息只以电子形式发布。LC也在考虑收割和采集各政府间组织的远程电子资源。

① Government Publishing Office 原称 Government Printing Office(政府印刷局),2014年10月改为现名。

如果出版物仅供流通服务使用而不加入永久收藏，LC 就会以访问在线电子资源来代替接收纸本印刷型。

国会图书馆对各国政府出版物的采集主要通过现有的交换协议，没有交换协议的采用购买的方式采集。国会图书馆在采集国家级（或联邦级）政府以下的各级地方政府出版物方面，也在试图与美国的其他图书馆建立合作关系。国会图书馆的政府出版物资料的采访计划范围遍及全世界，包括一万五千份与外国政府和研究机构的交换协议，包括捐赠、购买、版权登记缴存、由美国其他政府机构移交等多种采集方式[10]。

4 国际组织和政府信息网络资源建设

20 世纪 90 年代中期，计算机及其网络技术在世界范围内得到飞速发展。之后，各个国际组织和政府机构纷纷在互联网上建立自己的网站，越来越多的国际组织和政府机构信息直接通过网络发布。甚至由于预算的限制，其信息只以电子形式发布，而不再出版实体文献。这导致国际组织和各国政府出版的实体文献数量逐年下降。在新形势下，国会图书馆顺应时代的潮流，及时将自己的职能从传统文献的采集、编目、保存、服务，扩展到新兴数字资源的建设和服务。

现在，国会图书馆对那些仅供流通服务使用而不加入永久馆藏的信息资源，不再接收纸本印刷型，而以提供在线网络资源访问的形式代之。

国会图书馆正在考虑收割和采集各政府间组织的远程电子资源，为此启动了一系列的项目。

2000 年，国会图书馆为收集和保存原生网络资源启动了 Minerva 项目[11]。该项目由有关专业人士组成，开展评估、选择、采集、编目、提供检索和保存网络资源的研究与实践。它使用网络爬虫自动而有选择地收集与存取网络信息资源。作为项目的一部分，国会图书馆开发了专题网页存档，其中有两个属于政府信息资源，分别为“美国总统大选”和“9·11”事件专题[12]。

2003 年，国会图书馆、其他图书馆和互联网档案馆，就开展国际合作以保存互联网资源达成共识，之后建立了国际互联网保存联盟（IIPC）；濒危网络信息保存项目（Web-At-Risk Digital Preservation Project）则是“加州数字图书馆”的一个子项目，尝试保存那些有价值的政府 Web 信息并提供有效的服务，为各类政府网站建立一个稳定、持续的数字馆藏。国会图书馆还采集外国政府出版物的网络版。

此外，国会图书馆启动了“国家数字图书馆”工程，将大量本国政府信息，如文件、照片、声像资料等数字化，在国会图书馆馆网上提供，以便公众通过网络直接获取。

国会图书馆网页上提供了多个为联邦政府的网上信息所定制的搜索引擎，有助于查找常用的和难于查找的政府信息。如 usa. gov（http://www. usa. gov）为美国政府官方网页入口，提供了查找联邦政府信息的通道。Uncle Sam 是利用 Google 查找联邦政府信息的专用搜索引擎。国会图书馆还构建了专业的法律数据库 Thomas，提供美国历届国会法案和全部的联邦法和地方法。

5 对国际组织和政府出版物的保存管理与利用

在美国国会图书馆的馆藏公共服务机构中，由连续出版物和政府出版物服务部（Serial and Government Publications Division）负责国际组织和政府出版物的收藏和借阅。多数国际组织和政府出版物是连续出版物，它们在进行装订之前一般都保存在该部门的报纸和现刊阅览室（News Paper and Current Periodical Reading Room），并向公众开放[13]。该部门收藏了当代西方语言的美国联邦政府、州政府、地方政府以及外国和国际组织的连续性文献，自1979年以来该部门接收了全套的多种载体形式的美国政府出版物的缴存，作为一项单独的馆藏保存。该部门拥有美国政府出版局的美国政府出版物目录（Catalog of the United States government publications）的电子版。LC收藏的联合国文献始于1945年。和美国政府出版物一样，在LC的联机书目中联合国资料的目录并不能完全反映该馆收藏的全部。报纸和现刊阅览室中的参考资料提供了获取图书馆中所藏联合国资料的指南。无论是纸本印刷型或缩微型的联合国资料，都包括文件、联合国主要机构产生的正式记录及连续出版物。

该部门所负责的有关国际组织和政府出版物的工作还包括：参考咨询、采访、编目及阅览服务。

编目：连续出版物和政府出版物服务部负责制作和维护所采集和收藏的政府出版物的书目数据、索引和其他查找指南。

阅览服务：报纸和现刊阅览室每周一至周六全天开放（星期日和联邦政府假日闭馆）。阅览室中有参考图书馆员为读者提供咨询服务。为了方便读者检索以及为其提供指导，该部门在该阅览室的主页上制作了大量检索帮助。所藏文献的书目记录在网上也可以进行检索。网页上设有关于国会图书馆馆藏英国政府出版物和美国政府出版物的检索指南。

6 几点感想

总结起来，国会图书馆国际组织和政府出版物资源建设与利用，给人留下深刻印象的有以下几点：

①国会图书馆制定了规范、详尽的《馆藏政策声明》，并“定期优化文献采选和保存标准”。其中对国际组织和政府出版物有明确的定义。其采选政策非常具体、细致，可操作性强。相比之下，中国国家图书馆对国际组织和外国政府出版物的采选政策显得过于笼统，执行起来自由度太大。

②网络资源的采集与保存政策与时俱进，对国际组织和政府网络信息资源的开发处于世界图书馆界领先地位。

③为了节省馆藏空间，其国际组织和政府出版物印刷本大多只供阅览，而永久馆藏多采取缩微形式。

④也许是因为数量太多，国际组织和政府出版物竟然没有全部编目，不能在馆公共检索目录上完全查询。

⑤国会图书馆未为国际组织和政府出版物设立专门的阅览室，而是与其他社科文献混杂在一起。

参考文献:

[1] 罗晨. 国图收藏的美国政府出版物及其开发利用研究[J]. 江西图书馆学报,2005(4)

[2][4-7][9] LC. Library of Congress Collections Policy Statements[EB/OL]. [2015-10-07]. http://www.loc.gov/acq/devpol/intlorgs.pdf

[3][8][11] 高红,朱硕峰,张玮. 世界各国图书馆发展政策精要[M]. 北京:海洋出版社,2010

[10] 辜军. 国会图书馆政府出版物的收藏和利用情况[R]//国家图书馆馆级科研课题国际组织与外国政府出版物的研究,2004

[12-13] 敦文杰,梁蕙玮. 美国政府信息服务体系对我国公共图书馆的启示[J]. 图书馆研究,2011(12)

大英图书馆国际组织和政府出版物的收藏管理与公众服务

罗 晨

国际组织,是两个或两个以上国家为实现共同的政治经济目的,依据其缔结的条约或其他正式法律文件建立的有一定规章制度的常设性机构。随着全球一体化的推进,国际组织的数量迅速发展、功能日益强大,在国际政治、经济、军事、文化、科学技术、环境保护、维护和平和消除贫困等广泛的领域发挥了不可替代的作用,已成为左右世界局势和人类发展的重要力量。国际组织在条约和宗旨规定的范围内,享有参与国际事务活动的独立地位,具有直接承受国际法权利和义务的能力,而不受国家权力的管辖。政府是指国家的立法机关、行政机关和司法机关等公共机关的总和,代表着社会公共权力。政府行为一般以强制手段(国家暴力)为后盾,具有凌驾于其他一切社会组织之上的权威性和强制力。不难看出,国际组织与政府机构有着共同的特点:在各自的范围内,具有至高无上的权力和地位,对社会生活进行强制性的、广泛的和深度的控制与管理。难怪有人认为,国际组织,尤其是联合国,从某个方面来说可以被看作是"世界政府"。国际组织和政府机构出版物,是它们各自用以发布政令和体现其思想、意志、行为的记录载体和传播媒介,因此也就具有了很高的权威性和可信度。这就是为什么人们常常将国际组织出版物和政府出版物相提并论的原因。国际组织和政府出版物,一直被学界认为是权威的、稳定的和高质量的信息源。

各国国家图书馆作为一国之中最重要的图书馆,对国际组织和政府出版物的收藏自然责无旁贷。本文研究英国国家图书馆——大英图书馆在国际组织与政府出版物收藏管理与公众服务方面的经验,以期为中国国家图书馆提供参考。大英图书馆不仅是英国最大的图书馆,同时也是世界上最大的研究图书馆之一。

1 大英图书馆概况

大英图书馆(The British Library,亦译作不列颠图书馆)位于英国首都伦敦,在各国国家图书馆中是相对较年轻的。说它年轻是因为它正式成立于1973年,到现在仅有四十余年的历史。1972年,英国议会通过了《大英图书馆法》,决定在1973年7月1日建立一所英国国家图书馆——大英图书馆。该法案决定把大英博物馆的图书馆(Library of the British Museum)和与图书有关的其他部门从博物馆的建制中划分出来,而同原专利局图书馆(Patent Office Library)、全国科技出借图书馆(National Lending Library for Science and Technology)、国立中央图书馆(National Central Library),以及英国国家书目有限公司(British National Bibliography, Ltd.)和英国科技信息局(Office of Scientific and Technical Information)等机构一起,合并组建成新的大英图书馆[1]。1982年4月印度事务处图书馆(India Office Library and Records)与英国皇家文书局(Her Majesty's Stationery Office,简称HMSO),1983年国立有声资料馆也并入了大英图书馆。

大英图书馆又是一所历史悠久的、古老的图书馆。说它古老是因为其历史应该追溯到大英博物馆图书馆时期。大英博物馆成立于1753年,到现在已有260余年的历史,其藏品更是可以上溯到3000年前,并且来自世界各地。大英图书馆成立后,全部接管了大英博物馆自成立以来收藏的卷帙浩繁的图书和手稿。由于承接了几大组建图书机构的文献,大英图书馆的馆藏相当丰富。它不仅是英国国内唯一全面接受缴送本的国家图书馆,而且还藏有大量的海外文献。

大英图书馆成立之初没有自己独立的馆舍,除总部和大英博物馆在一起办公、营业外,还有多个部门分散在伦敦市区、郊区的十余个地点。由于馆舍不足和藏书分散,给图书馆的工作带来很大的困难,给读者的阅览带来极大的不便。1978年,英国政府批准大英图书馆另建独立的新馆。该馆随后在位于伦敦市北区的圣班库拉斯(St. Pancras)新建了一座现代化的图书馆大楼。建成后将原先分散在伦敦的各个部门大都搬迁到这一处(文献提供中心、报纸图书馆除外),圣班库拉斯新馆于1998年6月正式对外开放。

2 国际组织和政府出版物收藏范围

2.1 总的收藏

大英图书馆对官方出版物的界定是:官方出版物是由联邦、国家、省或市级政府和政府间组织发行的、供公众使用的资料。它们包括议会论文、辩论和会议录,政府部门、政府机构和研究机构关于任何主题的出版物。它们由政策文件、官方统计数据、研究和实践报告、发展计划,监管和指导材料和初级和二级立法组成[2]。显而易见,这里的官方出版物就是我们所说的国际组织和政府出版物。

需要注意的是:对联合王国本国来说,大英图书馆只收藏正式出版的文献,而仅供政府部门内部使用的资料则收藏在国家档案馆。

大英图书馆收藏的官方出版物共包括:

①收藏中世纪以来大量的英国中央政府和其他政府的资料。

②选择收藏英格兰和北爱尔兰地方政府出版物。

③英国大选登记,从1947年开始完全收藏,1832—1946年不完全收藏。

④18世纪晚期以来大量的外国国家政府出版物历史资料。然而,自20世纪90年代初以来这些已经选择采购。当前收集的重点是议会的材料、主要统计系列(包括人口普查)、发展规划(在适当的地方)和法律公报。

⑤大量收藏政府间组织的出版物，包括欧盟、联合国、经济合作与发展组织、世界卫生组织、联合国教科文组织、世界银行、国际货币基金组织、国际劳工组织的出版物。

⑥越来越多地收藏国家政府和政府间组织的全文电子资源馆藏，包括联合国官方文件系、SourceOECD、世界银行电子图书馆、美国国会 Congressional Serial Set 和美国在线论文，美国国会听证会数字馆藏(1823—1979)、美国解密文件参考系统议会卷中世纪的英国、英国下议院论文在线(1801—)和 18 世纪英国议会出版物等。

图书馆的英国和外国政府文件和政府间组织的出版物参考书馆藏占用书架长度达 43 公里之多。大多数这些资料是不在阅览室保存的，使用时必须提前预约。但英国立法和议会材料，包括官方报告(英国国会议事录)，下议院和上议院期刊和最近的下议院会期文件都在伦敦的社会科学阅览室的开架提供。大量的官方资料也收藏在在位于约克郡的大英图书馆文献提供中心。大英图书馆文献提供中心(British Library Document Supply Service)，位于伦敦以北 320 公里之远的西约克郡的波士顿斯帕(West Yorkshire Boston Spa)。该馆接受呈缴的出版物及主要参考用书，在这里编目后全部移送并收藏在伦敦新馆提供公众阅览，而官方经费采购的一份则放置在斯帕，一方面作为永久馆藏，一方面可提供远程文献服务之用。

2.2 文献提供中心的收藏

大英图书馆文献提供中心的馆藏很是强大，收藏有英国、美国联邦、政府间(包括欧盟)及全球的材料，特别是议会和各部门的材料。具体收藏有：

①英国官方出版物。

②政府间组织。政府间文件是由/或代表某个国际组织或代表某个国际组织单独资助或一个以上的国家政府投资的出版物。在 3000 个以上的政府间组织中，近 200 个出版相当数量资料，其中大多数收存于大英图书馆的馆藏中。由于英国是欧盟成员国，因此在大英图书馆的政府间国际组织馆藏中最多的是欧盟文献。该馆收藏欧盟从 1966 年起的所有资料，还收藏一些追溯到 20 世纪 50 年代 EEC(欧洲经济共同体)早期的资料。

③欧盟。收藏欧盟从 1966 年起的所有资料，还收藏一些追溯到 20 世纪 50 年代 EEC 早期的资料。

④美国联邦政府。美国政府印刷局(USGPO)是世界最大的政府资料出版者。除了文献提供中心自身的馆藏，它还可以进入伦敦圣班库拉斯新馆馆藏。如进入圣班库拉斯新馆的美国政府印刷局托存馆(USGPO depository collection)。这些资料可以在英国借阅供图书馆用，并可复制供全球使用。并能够提供美国政府文献的完整复印件[3]。

⑤世界范围。全球包括除英国、政府间及美国联邦政府的任何东西，包括来自美国各州、澳大利亚各州、加拿大各省的材料。多数的全球官方材料是按需求购买，或作为“特别关注”而接受捐赠或购买的。

3 大英图书馆政府出版物的采集方式

大英图书馆政府出版物的采集方式主要有以下几种：①接受缴送或根据特殊的托存协议接纳赠送；②接受捐赠和进行国际交换；③购买。

3.1 接受缴送或根据特殊的托存协议接纳托存

英国本国政府出版物的全面采集主要通过以下三种方式:接收文书局的大部分出版物、通过特殊的托存协议接收非文书局的政府出版物、从 Chadwyck Healey(查德威克希利)缩微品收集非文书局所出版的英国政府出版物。

与世界上其他许多国家的国家图书馆一样,大英图书馆是大量国际组织出版物和政府出版物的托存图书馆,特别是其早期的国际组织资料的收藏十分丰富。大英图书馆收藏国际组织出版物的历史并非始于联合国,甚至早于联合国的前身——国际联盟(The League of Nations)。在 19 世纪中期,随着诸如万国邮政联盟(The Universal Postal Union)、国际度量衡组织(The International Bureau of Weights and Measures)和国际卫生大会(The International Sanitary Conference)这样一些国际组织的产生,它们出版的档案记录和建议书等出版物也就被该图书馆收藏[4]。而后国际联盟和它的后继者联合国的大量出版物使图书馆所收集到的国际组织出版物数量极大地增加。国际联盟的出版物是从 1920 年开始被该图书馆接收,联合国的出版物的收藏也可以追溯到 1946 年联合国建立之初,还有大批 19 世纪的国际组织包括一些科学团体,如国际气象大会(the International Meteorological Conference)和国际地理大会(The International Geographical Congress)(均建立于 1870 年)等。

此外,具有托存关系的国际组织的出版物根据托存协议予以采集,如:欧盟自 1966 年以来的资料,欧洲自由贸易联盟 EFTA(European Free Trade Association)出版物,欧洲议会(Council-of European)出版物,经济合作与发展组织 OECD(Organization for Economic Co-operation and Development)出版物等。欧共体 EC(European Community)1989 年以后的出版物,美洲国家组织 OAS(Organization of American States)出版物,联合国出版物,世界银行出版物,粮农组织出版物。

3.2 国际交换和接受捐赠

自 19 世纪 80 年代开始,当时的大英博物馆图书馆就与许多国家和地区政府或国家性的图书馆、博物馆、大学、学会等建立了政府出版物交换关系。由英国皇家文书局(HMSO)根据交换协议将其出版的文献发送到有交换关系的机构,大英博物馆付账。相应地大英博物馆图书馆也接收对方的政府出版物。如,奥地利的政府出版物就主要是通过国际交换得来的。到 1972 年,大英博物馆图书馆已有 350 个交换伙伴,有些是较完全的交换,有些是部分交换,但包括了所有重要的政府出版物。这些政府出版物的内容包括政府文件、议会出版物及会议录、立法报告等。但自 1990 年以来国际政府出版物的交换已大为减少。

还有些外国政府的出版物是通过捐赠方式得来。

3.3 购买

对世界上许多国家的政府出版物,很多是根据需要或者因其有特别重要的意义而采取购买的方式进行采集。如大部分的美国联邦政府印刷局的出版物是根据需要购买,其缩微版和纸版均有入藏;瑞士的政府出版物也通常是购买而来,一些有特殊意义的政府出版物也已通过购买方式予以收藏。

4 国际组织和政府出版物的馆藏利用与公众服务

4.1 圣班库拉斯社会科学阅览室

大英图书馆的国际组织和政府出版物在20世纪90年代前是由专门的政府出版物文库收藏管理并提供阅览服务的，而目前国际组织和政府出版物与社会科学的图书、期刊和研究报告文献一起，在圣班库拉斯的社会科学阅览室提供读者服务。该阅览室位于圣班库拉斯新馆二层，开放时间为每周一至周六全天(周日和英国公共节假日休息)[5]。

社会科学阅览室提供的服务有：①现场开架阅览；②从闭架书库索取后在阅览室阅览；③网上数据库和电子期刊阅览。由于空间限制，大多数社会科学图书、期刊和报告未能存放在阅览室中，而是被保存在地下室或其他贮藏书库。这些闭架文献需要读者发出预约请求才被从存储库中提取出来[6]。

开架阅览的出版物有：①参考书；②书和期刊；③英国官方出版物；④统计资料；⑤出生、婚姻、死亡索引；⑥欧洲文献中心；⑦法律资源[7]。其中英国官方出版物，包括完整的英国中央政府出版物，如：①Cobbett议会历史；②英国议会议事录(1803—)；③常务委员会辩论(1919—)；④上院和下院记录；⑤18世纪下院报告[8]。

闭架文献包括：①英国政府出版物(除上述开架阅览外的)和其他官方出版物；②其他国家和国际组织出版物；③联合国出版物；④欧盟出版物；⑤英国大选登记[9]。国际组织出版物包括：联合国、经合组织、世界卫生组织、教科文组织和世界银行；外国政府出版物(包括1982年以来的美国联邦政府馆藏)。

网上数据库和电子期刊(http://www.bl.uk/eresources/main.shtml)提供大约800个数据库。社会科学阅览室还提供联合国许多重要资源的电子格式。

阅览室内配备有参考咨询台提供检索帮助，也有一系列印刷型和电子型的免费指南，向读者详细说明政府出版物馆藏情况及使用方法。文献只能在阅览室内阅览而不允许携出室外。

大英图书馆收藏有这些出版物的一个印刷本(保存本)，一个代替品(如，印本的缩影卡片或缩微平片)，由联合国通过基于订阅的光盘系统(从1993年开始文档)提供的全文文件在线收藏。所有这些收藏都在社会科学阅览室。

2007年7月4日，大英图书馆启动了名为"Explore the British Library(探索大英图书馆)"的网上查询系统。该系统是基于社会科学阅览室的收藏而建立的。通过"Explore the British Library"，可以找到图书、报告、期刊、报纸、地图和更多的图书馆收藏信息[10]。然而，查询官方文件较为复杂，大英图书馆的绝大多数国际组织和政府出版物没有被单独编目，因此它们没有被收录在该馆的网上公共目录中，必须用一些专用的索引和指南进行检索。为了帮助读者在馆藏中和网络上找到官方文献，图书馆的网站上列出了带链接的指南，这些指南有西欧各国家政府、联合国、美国、欧洲官方公告等。通过该网站还可以直接链接到各国和各个组织的主要官方网站和世界各地的政府。大量政府出版物的光盘和网络数据库可以在该阅览室联网检索和阅览，并可根据需要进行下载。

4.2 波士顿斯帕阅览室

2014年，大英图书馆改变了读者进入波士顿斯帕阅览室和利用藏书的方式。

首先,实行了更为严格的安保措施。文献提供中心的馆藏中有许多独一无二的单本书,为了保障馆藏安全,波士顿斯帕阅览室采取了与圣班库拉斯的阅览室相同的读者登记和安全措施,即读者进入阅览室或预约藏书都需要有一个完整的、带照片的大英图书馆读者证,否则不能进入阅览室。其次,为了使读者更广泛、更快捷地获取图书馆的藏书,还大大改进了预约程序。以前读者预约图书需要手工填写纸质索书条,现在代之以通过“Explore the British Library”目录在网上预约。读者在网上请求自己想看的馆藏单册,预约48小时后方可到馆阅览[11]。为了节约读者的时间、方便读者,大英图书馆向公众提供“完整读者卡”的远程网上预先注册和馆外网上发送预约请求服务。读者完全可以不到馆而完成注册和预约,到馆后可立即阅览所需文献。这些措施大大节约了读者的时间。波士顿帕斯文献提供中心还可以接入圣潘克拉斯新馆馆藏,为英国读者提供外借服务和为全球读者提供复印件。

圣班库拉斯新馆在1998年6月开放时,其外尚有两处馆舍:一个是前面提到的坐落在约克郡的文献提供中心,另一个是位于伦敦靠北郊的科林达道(Colindale Avenue)的报纸图书馆(Newspaper Library)。后来,大英图书馆在波士顿斯帕新建了一座报纸收藏楼。2013年11月关闭了科林达报纸图书馆,将其迁入波士顿斯帕新址。2014年4月,报纸的缩微平片和电子版在新址开放阅览。同年11月,报纸楼正式开放,全部纸本报纸提供给公众阅览。

值得一提的是,在大英图书馆的网页上有许多途径可以为每个想利用国际组织和政府出版物馆藏的读者提供导航,无论是办证、馆舍地点、收藏内容和范围、服务方式,还是如何检索、预约等都有非常清楚和详细的说明,任何需要了解大英图书馆官方出版物馆藏的读者都可以从它的网页中得到所希望的帮助,这是非常值得我们学习和借鉴的。

5 结语

总结起来,大英图书馆的国际组织和政府出版物资源收藏与利用,给人留下深刻印象的有以下几点:

大英图书馆对官方出版物有非常清楚的界定;

大英图书馆收藏国际组织和政府出版物的历史非常悠久,较多地收藏了早期的国际组织文献和英国政府官方文件,收藏涉及的国际组织和政府机构多,品种和数量多,非常全;

也许是因为数量太多,大英图书馆绝大多数国际组织和政府出版物竟然没有进行单独编目,不能在馆公共目录上查询;

大英图书馆网页制作得非常方便读者,为读者提供了各种导航,检索非常便捷,对读者的需求等都有非常清楚和详细的说明,并且直接链接到读者需要的步骤或馆藏,读者使用起来非常便利;

大英图书馆一馆多址,提供国际组织和政府出版物服务的阅览室未集中在一处,而是分散在圣班库拉斯、波士顿斯帕等处,读者查阅有关文献需要多地奔走。

参考文献:

[1] 陈尧光. 大英图书馆一瞥[J]. 国外社会科学,1980(8)

[2] National and international government publications [EB/OL]. [2014 - 11 - 12]. http://www.bl.uk/reshelp/findhelpsubject/socsci/offpub/officialpublications.html
[3] Official publications [EB/OL]. [2014 - 11 - 12]. http://www.bl.uk/reshelp/atyourdesk/docsupply/collection/official/
[4] 辜军. 大英图书馆政府出版物的收藏和利用情况[R] // 国家图书馆馆级科研课题国际组织与外国政府出版物的研究与开发利用,2004
[5] St Pancras opening times-Including free Entrance Hall exhibitions [EB/OL]. [2014 - 11 - 14]. http://www.bl.uk/aboutus/quickinfo/loc/stp/opening/index.html
[6 - 8] Social Science items available on the open access shelves [EB/OL]. [2014 - 11 - 14]. http://www.bl.uk/reshelp/inrrooms/stp/rrbysubj/socscirr/open/socsciopenaccess.html
[9] Social Science items held in closed access [EB/OL]. [2014 - 11 - 14]. http://www.bl.uk/reshelp/inrrooms/stp/rrbysubj/socscirr/closed/closedaccess.html
[10] Explore the British Library [EB/OL]. [2014 - 11 - 14]. http://explore.bl.uk/--2014.11.14
[11] Major changes for Readers using the Boston Spa Reading Room [EB/OL]. [2014 - 11 - 12]. http://www.bl.uk/notices/boston_spa_readingroom.html

浅析国家图书馆外文电子资源特色馆藏建设

苗璐珺

国家图书馆是我国的国家总书库,在“外文求精”的文献建设原则指导下,在历代采访人的努力下,建成了国内规模最大、语种最全、品种最丰富的外文书刊馆藏。这其中,既包含历史悠久的印本文献馆藏,也包括方兴未艾、蓬勃发展中的电子资源馆藏。

根据《国家图书馆文献采选条例》规定,在进行外文电子资源采选工作时,应综合考虑资源内容、类型、服务等因素,有原则、有侧重地进行采选。在内容上,重点采选有关中国的外文数据库、我国重点发展的支柱产业所需文献的外文数据库和学术价值较高的外文数据库;在类型上,以全文数据库为主,辅助采选著名的二次文献数据库;在语种选择上,以英文数据为主,其他语种适当采选。在《国家图书馆文献采选条例》的指导思想下,经过近二十年的发展建设,国家图书馆现已形成以全文类资源为馆藏建设基础、人文社科类资源为馆藏建设重点、中国学、法律和多语种数据库等为馆藏特色的电子资源建设成果和发展方向。

1 外文电子资源基本建设情况

1.1 采访工作基本流程

国家图书馆电子资源的采购工作可以分为两种类型:一是新增资源的引进工作,二是已有资源的续订工作。

新增资源引进工作的开展环节多,周期长。采访人员根据经费和馆藏重点选择合适的资源,一方面开展资源调研分析,并与现有馆藏、其他同类资源等进行横向比对,对资源学术价值进行评估,另一方面对积极组织资源试用,听取馆内专家和来自读者的反馈意见,了解需求,最终形成资源评估报告提交资源建设委员会专家讨论。经资源建设委员会讨论同意购买,并经商务谈判确认价格、服务条款等细节后,方可正式引进。

已有资源的续订工作要在年度资源使用分析的基础上完成。根据数据库年度使用统计、订购价格、厂商服务等要素进行数据库绩效评估,并完成数据年度使用分析报告,提交资源建设委员会专家讨论,确定是否继续订购。经讨论通过继续订购的数据库,由采访人员继续完成后续商务谈判,如遇数据库价格涨幅超标,需再经上级主管批准后方可订购。

1.2 馆藏资源构成

截止到2014年12月底,国家图书馆以许可授权、购买、获赠、交换等方式共引进各类外文电子数据库150个。根据《图书馆数字资源统计标准和应用指南》[1]的分类标准划分,其中全文型数据库88个(占比58.7%),所占比重最大,包括来自Elsevier、Springer、Ebsco等知名的国外出版社和厂商的期刊数据库、电子书、档案文件、报纸全文等;文摘索引型数据库25个(占比16.7%),主要收录了来自Thomson Reuters等出版社的二次文献产品;数值事实型数据库25个(占比16.7%),包括Wiley出版社参考工具书、HeinOnline法律数据库等在内的各种工具书和其他数值事实型数据库;复合型数据库11个(占比7.3%);工具型数据库1个(占比0.6%)。

在资源建设过程中,一方面不断加强人文社科类资源的补充,增加人文社科类电子书早期文献、历史资料数据库的引进,强调人文社科资源的馆藏建设;另一方面,扩大服务范围,先后购买Emerald回溯数据库、SAGE期刊回溯数据库、剑桥期刊电子回溯库三个全国授权数据库,为全国非营利性机构免费开通服务(注:SAGE期刊回溯数据库对非订购客户收取平台费),同时增加远程访问数据库开通数量,方便读者在家随时免费查阅文献。经历了长期的资源规划和建设,国家图书馆的外文电子资源现已具备了一定的规模,在资源种类、学科覆盖上也已经较为完备,并初步形成了具有本馆特色的建设成果。

2 特色馆藏建设

2.1 有关中国的数据库

为了更好地了解"世界眼中的中国",国家图书馆的外文文献采选工作一直非常重视海外中国学、与中国相关文献档案的收集与入藏,随着电子资源建设的日益发展和兴起,对海外中国学文献的收藏途径也从传统的纸质文献领域延伸到了电子数据库领域。不断收集出版信息,丰富与中国有关数据库内容建设是国家图书馆外文数字资源建设过程中最重要的任务,也是国图外文数字资源馆藏最具特色的部分。国家图书馆收录的有关中国的外文电子资源涵盖各种类型,既有以中国学为研究重点的电子期刊,也有海外华人撰写的优秀论文,更有收录了大量原始资料的数据库,为致力于海外中国学的学者和研究人员提供了内容丰富的资料库和便捷使用工具。

表1 国家图书馆藏部分与中国有关的外文数据库

数据库名称	资源类型	来源
ProQuest Historical Newspapers:Chinese Newspapers Collection (ProQuest 历史报纸:近现代中国英文报纸库)	报纸全文	ProQuest
The Chinese Students' Monthly (中国留美学生月报)	期刊全文	Cinfo
China:Culture and Society,The Wason Pamphlet Collection (中国,文化与社会,华生中国收藏)	档案全文	Cinfo
China:Trade,Politics and Culture (中国:贸易、政治与文化,1793—1980)	档案全文	Cinfo
Foreign Office Files China,1919—1980 (英国外交部档案:中国,1919—1980)	档案全文	Cinfo
Archives Unbound Asia (珍稀原始典藏档案合集:亚洲)	档案全文	Cengage Learning
World Trials Library (世界审判文库)	数值事实	Wells

表1中列举了国家图书馆外文数字资源中目前收录的最为重要,同时也是最受学者关注的有关中国的数据库,以各类早期文献和历史档案数据库为主。如"ProQuest 历史报纸:近现代中国英文报纸库"中收录了1832—1953年间在中国出版的12份英文报纸,包括《北华捷报》《密勒氏英文报》等当时中国出版的最为重要的英文报纸,这些报纸对中国当时的政治和社会生活进行了视角独特的报道,具有非常重要的史料价值。有些资源尽管名称中未含中国两字,但其中收录的资源却是非常重要的中国学文献,国家图书馆在资源建设过程中对这部分资源也进行了深度的挖掘。如馆藏的"珍稀原始典藏档案合集:亚洲"就是从Cengage Learning出版社的100余个子库中精选出的;"世界审判文库"收录的3600余个重要审判判例中就收录了"东京审判"的庭审记录和相关研究。

尽管这些资源多是一次性付费购买的,国家图书馆在资源建设过程中还是不断追踪资源发展动态,确保在第一时间收录更新的重要资源。例如,早在2009年国家图书馆就购买了"英国外交部档案:中国,1919—1949",这是最早引进的相关资源之一,2013年从出版社网站获悉该库有扩充计划后立即与代理商索要详细信息、联系试用,经过专家论证和评估,在2014年出版社正式推出新增资源后立即购入了1949—1980年部分,第一时间完善了馆藏。未来,国家图书馆的电子资源建设工作仍会以此为馆藏重点,全面收集世界范围内出版的中国学相关资源。

2.2 法律类数据库

国家图书馆作为国家级综合性研究型图书馆的一项重要职能就是为国家立法和政府决策服务。丰富的馆藏信息资源,特别是完整、全面、独具特色的法律文献,是国家图书馆馆藏文献资源的重要组成部分,也是履行国家图书馆职能、为中央国家领导机关提供立法决策服务的重要文献基础[2]。在外文电子资源建设过程中,各类法律数据库是国家图书馆的重点采选对象,这既是为了保障国家立法决策相关工作,也是为了满足教育科研单位和社会公众对法律文献的需求。

表2 国家图书馆订购的主要法律数据库

所属法系	数据库名称	来源
普通法系	Lexis. com	Lexis Nexis
	Hein Online	Wells
	Kluwer Law	威科
	The Making of Modern Law	Cengage Learning
大陆法系	Beck Online	中科公司
	Westlaw Japan	Thomson Reuters

国家图书馆目前收录的外文法律数据库资源类型品种丰富,时间跨度长,覆盖范围广泛,文献层次多样,信息来源权威。从法律体系上来看,目前收录的数据库既涵盖了来源于以美国为代表的普通法系国家的法律数据库,如 Lexis,也涵盖了来源于以德国为代表的大陆法系国家的数据库,如 Beck Online,在体系覆盖上较为全面。从资源类型上来看,既收录了 West law International 这类整合了多国法律法规、案例和法学研究期刊等资源类型的综合性大型法律数据库,也有专注于某一法律领域的资源,如单独引进的 Hein Online 的子库"破产史:美国财税和经济改革立法史文献数据库"。从语言分布来看,除了最主流的英语库外,国家图书馆法律库集合中还收录了德语库 Beck Online 和日语库 West law Japan,为研究德、日法律的读者提供了便利。

有研究者在分析对国内知名法学专业学校收录重点外文法律数据库覆盖情况时,选取了9个数据库作为比较对象[3],其中只有 BNA、Juris Classeur 和 World Trade Lawg 未被国家图书馆引进,其余包括 Lexis. com、Hein Online、Westlaw International 三大法律库在内的6个产品均已收录,重点法律数据库覆盖情况优于研究中所列的大部分法学院校。

2.3 多语种数据库

当前的世界出版格局呈现出英语文献出版多、非通用语种文献资源出版少的现状。据统计,全世界每年出版图书总量中约有25%以英语出版,法语出版图书约占7%,汉语约占15%,西班牙语约占5%,其他非通用语种所占份额更少[4]。而在目前出版的电子资源中,英语资源所占的份额则更大,国内引进的各种非英语数据库数量屈指可数。国家图书馆在实际资源建设过程中逐步形成了多语种数据库的馆藏特色,其原因是多方面的:一是随着电子资源的发展,非英语研究人员也希望可以利用便捷的数据库信息服务,而国内强烈的读者需求无法在其本机构获得支持和满足;二是英语资源并不能充分反映世界各国特别是中国周边国家当前的发展情况,国家图书馆有必要建设非英语资源,支持国内学者的研究。

目前,国家图书馆订购的非英语数据库涵盖了俄语、法语、日语、德语、朝鲜语、韩语和阿拉伯语7种语言共9个数据库产品,其中除俄语库订购了3个外,其余各语种各有一个数据库在订,如下表3所示。

表 3　国家图书馆订购的非英语数据库

数据库名称	语种	资源类型	来源
Pravda Digital Archive(真理报数字化过刊)	俄语	报纸全文	Cinfo
Izvestiia Digital Archive(消息报数字化过刊)	俄语	报纸全文	Cinfo
East View Universal Database(俄罗斯大全数据库)	俄语	复合型	Cinfo
Cairn(法语数据库)	法语	复合型	Cinfo
Westlaw Japan(日本法律数据库)	日语	数字事实	Thomson Reuters
Beck Online(德国法学数据库)	德语	数值事实	中科
Kotobarabia Arabic E-Library(阿拉伯语电子书)	阿拉伯语	图书全文	Cinfo
KPM(朝鲜报刊数据库)	朝鲜语	报纸全文	Cinfo
Koreanstudies Information Service System(韩国研究信息服务系统,KISS)	韩语	期刊全文	iGroup

目前国家图书馆订购的非英语数据库资源从来源上以中国周边国家为主,如俄罗斯、朝鲜、韩国等,这反映了对中国周边国家文化了解的诉求和重视程度;从资源类型上看,以报纸、期刊为主(俄罗斯大全、Cairn 这一类复合型数据库中收录的主要内容也是期刊全文);从订阅方式上看,除真理报、消息报是以一次性买断方式引进的回溯数据库,其他各库均是按年订阅、定期更新的产品。

3　存在的问题与应对

3.1　采访渠道较少,形式单一

从前文分析中可以看出,国家图书馆目前订购的中国学、法律和小语种电子资源,多通过中小代理商购买并由代理商提供后续服务支持。造成这种情况的主要原因是此类资源市场规模较小,没有直接在国内设立代表处的必要,出版社也无力负担管理和经营成本。

尽管采访人员通过各种渠道了解业界出版动态,但此类特色资源最主要的信息获取方式仍然是被动地由各代理机构推送获得。尽管由销售人员进行信息过滤后可以大大减少采访人员的信息冗余,减轻工作强度,但也可能遗漏一些重要信息,对于建立特色馆藏这点尤为重要。此外,通过代理商订购在省去与外商直接沟通的诸多不便的同时,也直接影响了服务质量和效率。

采访人员需要积极地向外扩展信息获取点,与国内外同行建立直接联系,多自主进行海外信息收集,才能做到拓宽眼界,开阔思路。图书馆也应为采访人员提供走出去的机会交流学习。

3.2　特色馆藏揭示差,使用情况不佳

中国学数据库、法律数据库、多语种数据库无疑是目前国家图书馆收录的最具特色的电子资源馆藏,但遗憾的是,这些数据库的使用情况并不尽如人意。其中一部分原因自然

是此类数据库内容相对专业，受众范围窄，但资源揭示力度不够也是造成资源使用率不足的重要原因。

目前，这些特色的数据库并没有形成特色集合集中揭示，而是按照资源类型零散地分布在二级页面，且无序排列，非常不利于读者的查找、发现和使用。如果将特色馆藏做成专题形式在图书馆首页进行揭示，一方面能更好地体现图书馆在资源建设方面取得的成果，更重要的是，读者可以很容易地找到自己需要的资源，并可以通过专题发掘出自己尚不了解的资源，更好地利用图书馆资源，实现资源价值的最大化。

参考文献：

[1] 吕淑萍，罗云川. 图书馆数字资源统计标准和应用指南[M]. 北京：国家图书馆出版社，2010

[2] 翟建雄，白云峰. 中国国家图书馆的法律文献收藏及其立法决策服务[J]. 法律文献信息与服务，2009(2)

[3] 徐洁. 国内外高校引进法律数据库的比较与分析——基于法学专业排名前20的高校数据库资源数据[J]. 图书馆学研究，2014(15)

[4] 严丹，胡礼忠. 外语院校多语种电子资源体系构建与文献保障绩效评价研究[J]. 图书馆建设，2013(7)

西文图书验收登记存在的问题分析

贺　佳

国家图书馆2002年10月启用了Aleph500自动化集成系统以后，提高了工作效率，减少了工作差错。采访和编目合为一体，共同在09库（外文库）中完成文献的著录、检索与查重。采访查重的工作效率得到了提高，进一步规范化，采访工作水平从整体上大大提高。图书馆自动化、网络化的进程使采编过程和内容也随之产生了变化。

文献资源的采访和编目存在不少交叉组合，沟通协作。由于工作流程的设定，人力资源的配置，业务外包的影响，造成实际工作中两者关系不畅。在网络环境下，采编工作面临诸多机遇和挑战：信息资源采集、整合的多元化，资源共享倡导下的统采联编，新的机构重组和业务重组的可能，都要求采编工作更进一步协作、创新。书目数据质量直接影响到西文文献检索和使用。

文献采访工作是图书馆业务中最基础、最重要的部分。其中采访和编目的关系最直接、最重要。编目作为采访的下游流程，与采访工作有着密切的关系。也可以说采访和编目就是一个整体，是一个完整工作流程的不同环节。

采访人员要将在网上套录或自建的详尽准确的采访书目数据传送给编目人员，完成验收登记，并清点图书册数送到编目科组完成编目，使图书尽快进入流通。采访人员应该加深对机读格式、多卷书集中与分散著录规则的理解。采访数据质量提高了，采访流程走顺了，有助于维护编目数据质量和编目流程的顺畅。同时编目人员参与订单工作既能促进业务水平的提高，又能保障前期数据上到一个新档次，对整个编目流程是有益的。

编目的任务是对馆藏文献进行整序,向读者揭示馆藏文献的信息,提供检索途径。新系统赋予编目模块许多新特点,带给编目工作各个环节新的变化。编目环节提高工作效率,减少不必要的重复劳动,从而提高采编的整体水平,缩短文献采编加工的时间,加快与读者的见面速度。

编目工作其实是对西采组验收登记这个工作环节的一个审核。编目注重的是规范、标准的著录、标引规则。读者最关心的是如何能用最简单的查询方法更大的范围内查到所需文献检索的途径多方法简便效率高,我们要永远遵循读者第一的原则。

1 引进 Aleph500 对采访工作带来的变化

采访验收登到工作在引进 Aleph500 新系统之后,由于采访编目模块被赋予了许多新特点,文献著录工作的各个环节也随之发生新的变化。

1.1 收验新书

新系统切换前,西采组目录卡片查重,用手动打字机逐条打到记录簿上记到。送书时无任何数据信息,验收只是清点数量,根本无法控制记录簿上财产号与图书的对应情况。而在Aleph500系统工作环境下,新书拆包后,采访科组须将发票和随附清单与包内新书逐一核对清点,并在系统里建立书目记录,建立发票,扫条码,状态为记到处理中,如无误,转入编目组。

当新书送至编目组时,通过单册模块使书目记录由订单处理中状态改为编目状态,并逐个对每一单册进行条形码扫描,进行确认。虽然较以前手工操作复杂了一些,但新系统充分考虑了验收工作的细节,其结果清晰,准确无误。

1.2 查重

Aleph500 系统启用前,查重工作在目录中进行。因卡片目录查重强调检索的唯一性,故检准率较高而检全率较低。新系统是一个多语种、多种资料类型以及各种级别的数据(采访、详细、完全级)共享的一个集成系统,检索机制有其独到之处,检索点变得更加丰富,如题名检索点囊括了各种题名(包括书名、刊名、丛编名及各种变异题名、相关题名和分析题名)。就检索功能而言,新系统的检全率和检准率较高,符合查重所要求的功能,这无疑给编目工作提出了新的挑战,即对数据的规范描述和相关检索点的科学确立要求越来越高。

1.3 支持 Z39150 协议

新系统遵循国际公认的各种网络和数据传输协议,如 TCP/ IP 协议、Z39150 协议等。系统的“记录转入”功能使任何外部记录可以 2709 标准文件格式转入新系统,满足了西文编目充分利用外来数据源的需求。

2 引进 Aleph500 对编目工作带来的变化

随着计算机技术尤其是网络技术和通信技术的进一步发展,套录编目已成为编目中的主要工作方式,给我们工作带来了诸多便利。

2.1 加快编目速度

编目效率得到了改善,编目的速度大大提高,缩短了信息资源从采集验收登记加工编目到流通的加工周期,因此能为用户提供更加快捷的信息服务。

2.2 提高书目数据质量

来自于权威书目数据中心的外来书目数据,质量更有保证。

2.3 提高编目水平

采访科组和编目科组的相关工作人员通过外来数据中学科专家或语言人才的编目成果以提高自身的编目水平。

目前实际工作中主要用的分系统内部数据源和外部数据源。系统内部数据源有我馆NLC09库的相关数据,不同的文种、不同的版本的文献也可以作为编目的数据源,还有LOC、Ohiolink等公认的权威数据库,数据显示MARC格式,这两个书目数据可以直接导入我馆的Aleph系统的编辑界面。外部数据源主要使用的是WorldCat,它是世界最大的书目数据库,数据量大,数据源丰富,可链接到全球合作的图书馆数据库。这些数据库从许多方面给世界上众多图书馆带来便利,大大减少了原本必须做的原始编目数量,数据的规范化、标准化程度也得到进一步提高。

2.4 采访及编目的审校

通过直接索引(如ISBN或条形码等)可检查记录是否重复,在一定程度上对数据质量进行了控制,将大大提高编目工作质量和数据管理的水平。

2.5 高度的整合性

Aleph500采用高度集成的模块结构,数据结构关系紧密,信息传递全面迅速,在一个模块中输入的任何信息可即时传递到其他模块,为所有应用程序共享。也就是说一本书从采访到编目再到流通,包括初订、发订、记到、发票、编目、上架、借出、预约、催还等全部动态信息均可实时揭示。这样一个良好的开放系统,大大满足了读者的检索需求,同时给编目工作带来巨大压力,由此加快了图书加工的节奏。

3 编目科组返回的复本书问题及解决办法

3.1 复本书问题

3.1.1 复本书产生原因

实际工作中复本书产生的原因较为复杂,可具体分为版本原因,装帧方式和ISBN号管理不严格等。

版本不同,即同一种书有修订版、重印版等多种版本。

装帧方式不同,又分为平装本和精装本、单卷本和多卷本等不同情况。因为西方出版物因出版年代悠久,且产生众多的版本、文本和不同的媒介形式。一种著作常常有两个或多个国家先后出版,具有国际性多样性。所以有的图书的源记录数据与所编文献不一致的现象屡见不鲜,差异很大。

外文图书中内容相同的一本书可能会对应多个 ISBN 号。同一种书,因版本、装帧(精简装)、出版地的不同,ISBN 号也不同。同一本书在不同国家、不同出版社出版,ISBN 号是的不同。在多卷集中每一卷的 ISBN 号都需用卷号标识加以限定,总卷用“set”加以限制,各分卷分别用圆括号内的限定语说明,如(v. 1),(v. 2)等。

ISBN 号应该是一书一号,但目前它作为书刊的唯一标识还不十分严格,尤其是丛书,多书一号的情况较为常见,是同一出版者或不是同一种版本的图书,即使像 and 和 & 这样微小的差别查重时也绝不能忽略。

例如:245 10$a Engineering geology for society and territory. 此套书 8 卷已到,又分别订购各分卷,造成复本问题。

3.1.2 解决办法

(1)多 ISBN 问题

①做书目数据时要把 ISBN 号全部打上,包括精简装。不同丛书,多卷集的出现,有些书可能有 3 个书号,总书号,丛书号,分卷书号。有多少卷就有多少个书号。这样可以方便查重。

②多卷书按成套及各分卷图书的 ISBN 号全部打上。

③ISBN 号并不是查重的唯一标准。要用题名及著者联合查重。尤其是“China”等高频词。2014 年西文图书采访组已经实行题名查重,这样已经大大降低了复本率,但目前还是没有完全杜绝。

④出版社提供的目录,有的按总书名报道的,也有的用各个分卷书名各自报道的,这样就会出现副本。要仔细的全面的查重以避免副本的出现。

(2)版本不同

不同版本不能续在同一个书目数据上,注意区分修订版本(revised edition)、重印版等不同版本。特别是在套录一些历史较久的文学类文献时更不能疏忽。

3.2 多卷书的集中著录与分散著录

多卷集的著录在刚开始采用新系统时是个难点,当时退回修改的大批图书都是此类问题。

3.2.1 分析原因

2002 年引进 Aleph500 系统时,采用的方法是,不管是不是多卷书,全部是一本一做,一本一个数据。当时外文库 09 库数据有限,回溯工作也刚刚开始不久,分散著录的优点不断体现出来,编目员认识容易统一,著录格式容易趋于一致。然而,文献的著录是一门实践性非常强的工作,在著录文献时,一定要根据文献的具体情况具体分析,决不能因为有了集中著录与分散著录的大原则而一味地集中著录,也不能盲目采用分散著录。无论是连续出版的图书,还是多卷书或丛书都有集中著录的可能,也都有分散著录的可能,关键是要用客观地标准去著录每一本书。

这十年来西文图书采访组的验收登记人员及发订人员结构不稳,人员流动不断涌现。为了方便选书人员的查重,发订的订单一条一做,所以发订人员始终没有接触此知识点,对工作产生了很大影响。

2010年根据招投标采购环境的变化,科组与中图公司签订了招标合同。合作前期代理商验收登记人员过度地追求速度,不注重质量,导致操作的不规范。究其原因,这些外包人员没用经过严格的图书馆编目业务培训,计算机操作和网上检索能力不强,外语水平一般。2014年招标以后,西文图书的中标商已经增加到6家。目前科组已经做了多期的培训,经过这一年多的培训与监管,问题书情况已经大大地下降。

国家图书馆遵循的一般原则是多卷书的集中著录。其优点是最大限度地使多卷书集中,便于读者检索使用,另一个方面可以最大限度地节省数据库资源空间,而不是虚增机读目录条数。

3.2.2 解决方法

(1)牢记著录原则,灵活使用著录规则

在涉及的多卷书著录编目时,应该站在馆藏建设的高度上,遵照用户至上的原则,灵活的使用集中著录或者分散著录。不论是采取集中著录还是分散著录,都是对图书的整体和各个组成部分进行充分的揭示,其目的就是为了方便用户检索和利用,因此,在编制目录时,应考虑到文献的整体和各个组成部分之间的物理逻辑关系,做到书目数据层次清晰。

由于各个编目员的观点不同,会出现不同的处理方法。有时会出现一套丛书,有的集中著录,有的分散著录;有些有单独分卷题名且分卷题名有独立意义的多卷书,有的按总题名,有的按分卷题名分类。因此要从ISBN、题名、责任者、丛书名等多途径进行检索,遵循本馆的归类原则进行分类,避免出现同一类书分类号前后不统一的问题,保持数据处理的一致性。

下面笔者就把最近审校的图书作为实例。把分散著录与集中著录举例说明。

分散著录的概念:无论有无分卷标识,只要有分卷题名,且各分卷题名能够独立地表达一个主题概念,即具备独立检索意义。多卷书的 index,suppl 等特殊形式,与对应多卷书不整套著录,而建立单独的记录。

例如:

①24500$aG protein coupled receptors modeling and simulation.

4901#0$aAdvances in experimental medicine and biology,

$x0065-2598;

$vVol. 796

②丛书以各分卷题名分别做数据,不能续入丛书中,要分散著录。

24500$a As primeiras rainhas.

24500$a A rainha, as infantas e a aia.

虽然是同一丛书 490 $a Rainhas de Portugal 但是有各自的分卷题名要分散著录。

③多卷书 index 要单独建记录。

Biography and genealogy master index.

适于集中编目的多卷书的概念:

有分卷标识,无分卷题名的图书;有分卷题名,但分卷题名不具备独立检索意义如 v. 1:A-L, v. 2:L-Q, v. 1:Spring, v. 2:Autumn, v. 1:1950-1956, v. 2:1957-1960.

虽然分卷题名能够独立地表达一个主题概念,但各分卷的内容主题相似,且只有一个总的ISBN号。

①24500 $a Constitutionnel 2014-2015。

24500 $a Israel yearbook on human rights. 300##$a v. 2-12/(1972-82),17-25/(1987-95),31/(2001),36/(2006),38/(2008)

②有分卷标识,无分卷题名

245 00 $a Advances in computers. 300##$a v. 12-45,47,49,52-54,58-62,65-90,92-95;

验收人员不仅要认真仔细而且要保持头脑灵活,要有发散性思维!

例 1. 书名:The yearbook of European environmental law. 要续在题名 Yearbook of European environmental law. 数据上。

此书名是 Encyclopaedia Britannica book of the year,在数据上为变异题名,要续在题名与副题名及编者完全相同,丛书不同。不能续在同一个数据,要分别做数据。

例 2. 24500 $a Recusancy and conformity in early modern England: manuscript and printed sources in translation

4901#$aMonumenta historica Societatis Iesu; $v v. 7

4901#$a Studies and texts, $v 170

检索点选取的不同,造成编目数据的不完整,有的卷次析出重新建数据,应该续入。例如:

```
245 00 a Advances in econometrics :
       b a research annual.
       k monograph
260 __ a Greenwich, Conn. :
       b JAI Press,
       c c1982-
300 __ a v. 1/(1982)-4/(1985), 6/(1987), 7/(1988), 8/(1990), 9/(1991), 10/(1994), 11/(1996)/pt.A-B,
         17/(2003), 18/(2004), 29/(2012), 30/(2012), 33/(2014) ;
       c 24 cm.
```

```
245 00 a Modelling and evaluating treatment effects in econometrics /
       c edited by Daniel L. Millimet, Jeffrey A. Smith, Edward J. Vytlacil.
       k monograph
260 __ a Amsterdam ;
       a Oxford :
       b JAI,
       c 2008.
300 __ a xvi, 428 p. ;
       c 24 cm.
440 _0 a Advances in econometrics ;
       v 21
```

(2)理顺采访和编目关系,合作协商著录标准

随着国家图书馆采编工作自动化程度的不断提高,采访与编目工作更加紧密。2002 年,国家图书馆 Aleph500 系统的启用使得在一个系统中实现采编工作的统一管理,并实现多语言多文种的编目信息处理。自从实现了计算机编目,集中著录与分散著录这个问题就显得更加突出,文献采用集中著录还是分散著录不仅仅是编目工作的问题,而且还涉及采访的工作。

采访和编目共用一个书目数据库使得采访人员和编目人员在数据制作过程中有一定的工作重叠,这就需要采访人员也要了解编目工作,也要学习著录格式和编目规则。采访和编目需要采用共同的著录标准。由于采访人员在开始就是负责创建简单的书目记录,有一些具体的规则需要采访人员和编目人员协商解决。例如多卷集是分散著录还是集中著录,如果在采访科组没有解决好,编目科组就需要花费很多时间去修改、合并记录。

(3)从读者利用角度,力求著录标准化,规范化,简约化

文献著录的质量直接影响到读者的检索效率,尤其是在当今编目工作网络化的条件下,还关系到书目数据的规范化、标准化等问题。在制定编目规则的时候,一方面从便于读者检索角度考虑,著录尽量标准化、规范化,力求一致性,减少争议;另一方面从提高编目工作效率、降低编目成本的角度考虑,在不违背编目规则的情况下,尽量简化编目规则,只有宜于掌握的规则才能指导具体的编目实践。

(4)提高著录人员业务素质,维护数据库质量

编目数据库的质量存在于数据生产的每一个环节,贯穿于整个数据库建设的始终,每个编目员对自己的原编数据负责,并把数据质量的高低作为馆员评定职称的重要依据之一。编目员不仅要有过硬的专业知识,而且要有相关的学科知识和计算机、外语及网络知识。只有既精通 MARC 格式又熟悉文献著录规则并且具有丰富实践经验的编目人员,才能发现和改正别人著录中犯下的错误,确保机读书目数据库的质量。

3.3 续错数据问题

3.3.1 联合国资料

例如,西采图书续在联合国组资料的数据上。政府出版物,根据联合国教科文组织的规定"根据国家机关的命令并由国家负担经费而出版的一切记录,图书,刊物等,均称政府出版物。"此类出版物要转给国际组织与外国出版物组,不能直接续在该组的数据上。国际组织与外国出版物组有自己的编目数据,其中 own 字段的是 UNCNV,分类是 GPUS。

3.3.2 地图

地图要转给善本部舆图组,要区分地图与图书中的插图。

3.3.3 长期订单

长期订单续错的问题比较复杂。一个是业务不熟找不到 09 库中的准确数据,二是因为书名的改变找不到 09 库中正确的位置。

3.3.4 不可续入的数据

(1)own 字段有 WWHSxxx 字样的数据

这是回溯数据,要单建记录。

(2)有老国会书号的数据

老国会的号重新单独建数据。例如,17 层的数据 R\PD3640\M19. 同一册书也不能续入,要重新建数据。

(3)巴金专藏库数据

巴金赠书的专藏有自己的子库,是独立的,即使是同一本书,也不可以续入,一定要单建,重新做数据。单册—分馆 ZC-BJ,专藏—巴金子库,馆藏地—J18S(专藏巴金 18 层南),单册状态 14(保存本)。

3.4 个性化、历史遗留问题

西文编目工作是一项技术性很强的业务工作,对于图书的集中著录、分散著录国家图书馆有一套原则的。但是编目员对所分编的图书有自己的理解与看法。因此,按照不同的时间段,同样的题名在 09 库中分开两至三段。还有一些书前 20 卷是集中著录,后来经过分析认为每

卷图书又各自有独立检索的意义，分散著录更加合理，后 20 卷则采用分散著录。类似这样的情况就给验收登记人员极大的考验。

4 几点思考

4.1 明确职能，加强沟通

西文图书采访组与西文图书编目组同在一个部门，不同的科组，编目和采访在 Aleph 系统里是不同的模块，编目就是编目模块，而西采用的是采访与连续出版物模块，西编是修改不了采访模块的。因此，有西采同志续错数据的，只能西编返回图书，让西采同志修改。2014 年，西编组实现的数据迁移的新功能，具备了新的权限，这样西采有问题的图书就不用返回。优点是省去了两科组之间运书的重复劳动。缺点是西采人员没用学到续卷的一些知识，下次有可能还是犯错。两组之间需要加强沟通，采访验收登到人员加强学习与思考，避免问题继续发生。

各自的权限不要逾越，西采组工作人员不要擅自修改。比如，008 字段描述文献整体和特有的书目特征，用于限制性检索和数据管理，关于 008 采访组工作人员只知道皮毛，不熟悉具体的知识点，因此最好不要改 008 字段，以免画蛇添足，给下一个编目环节增添麻烦与误会。

因此，有必要明确各个科组、本科组间的各个岗位的工作职责，分工明确，明确重点，最大程度发挥各个科组及各个岗位的优势及特长，取长补短，避免重复劳动。西采组和西编组的工作一环套一环，上下联系非常紧密，相辅相成。下一环的同志永远是上一环同志的校对者，例如发订岗位的工作重点就是查重，所以暂时就没有考虑让他们把多卷的书目数据续到 09 库里正确的位置，续到的同时，还要删除发订人员的数据。这样可以控制贴错的数据，验收人员只能重复劳动，并做他们的校对者，对下一步工作提供更加有效的适合的数据。

4.2 规范要求，废旧陈新

09 库中的重复数据需要清理删除，一些垃圾数据也需要清除。关于这项工作，通过 2014 年删除数据的实际工作来看，情况比较复杂，要仔细甄别处理。一种原因是验收等到人员意识到了续卷，没有及时删除发订记录。另一种原因就是西编组查出要续卷返回修改的图书，续卷后没有及时删除。个别的数据由于已经经过西编编目员的状态更改，即使返回西采也是没有权限删除的。

另外还有多卷集的发订，由于是按各分册分别做发订的目录，书还没有到，这样不能轻易删书目记录。登到人员在登书续到时，一定再回去删了那条分卷著录的发订数据。也就是说登到人员要有维护数据的强烈意识。

西文采编工作是一项非常细致的工作，疑难问题屡见不鲜，要付出许多艰苦劳动。采编人员要有敬业精神，具有不怕苦、不怕累、认真负责、一丝不苟的态度。我们的工作一环套一环，下一个工作环节永远是上一个工作环节的校验者，而采编人员的付出全部写在数据上。我们要在实践中要不断探索，积累经验，总结经验，认真做好采编工作的每个环节，使整个采编工作规范、标准，确保文献采访、加工的整体质量。另外，我们应提倡 Work-based Learning（在工作岗位上学习），定期培训，定期举办专家答疑及业务交流等，使采编人员知识结构和专业素质适应新技术环境的要求。

英国图书馆专家哈里森说:“即使是世界一流的图书馆,如果没有能够充分挖掘馆藏优势、效率高、训练有素的工作人员,也难以提供广泛有效的读者服务。”

参考文献:

[1] 高红,吴晓静,罗翀.西文编目实用手册[M].北京图书馆出版社(今国家图书馆出版社),2004

[2] 顾犇.外文文献采访工作手册[M].北京:北京图书馆出版社(今国家图书馆出版社),2004

[3] 赵亚虹.藏与用视角下的集中著录与分散著录比较研究[J].现代情报,2011(12)

[4] 李祝华,雍维雁.如何选择多卷书的集中著录与分散著录[J].图书馆学研究,2006(2)

日本呈缴本制度浅析

赵　燕

1　日本呈缴本制度的历史沿革及内容

1.1　呈缴本制度的概念界定

呈缴也称缴送。它是为了保证国家文化遗产的完整性,由国家或地方颁布法规或法令,规定全国各出版社每出版一种新的出版物必须按规定的数量,无偿赠送给指定的图书馆收藏的做法。一个国家或地区为完整地收集和保存本国或本地区的全部出版物,往往通过立法或建立法规的形式,要求所有出版者或机构给指定的图书馆或出版主管机关呈送一定份数的最新出版物的制度称为出版物呈缴制度,而这些出版物称为呈缴本或缴送本[1]。

日本现行的呈缴本制度是依据1948年制定的《国立国会图书馆法》第24条和第25条设立的,主要内容是规定日本国内出版物的发行方要依法将出版物呈缴给国立国会图书馆。作为呈缴对象的出版物包括:图书、杂志、报纸、CD-ROM、DVD、乐谱、地图、小册子、录音带等。

1.2　日本呈缴本制度的具体内容及呈缴方式

日本的呈缴本制度根据出版方不同有不同的规定。国家、地方公共团体各机构以及独立行政法人的出版物,为供国际交换及公共使用,须在出版物出版时直接将法定册数(具体册数见表1)呈缴给国立国会图书馆(《国立国会图书馆法》第24条)。对民间出版物(出版方为出版社、唱片公司、自费出版者等)要求在发行日30天内将一部完整的最优版本呈缴给国立国会图书馆(《国立国会图书馆法》第25条)。对民间出版物来讲,在呈缴方提出要求的情况下通常作为补偿金付给呈缴方出版及呈缴过程中产生的费用。对于无正常理由不呈缴的,处以相当于该出版物零售价五倍金额以下罚款。

表1　日本各机关、法人等的出版物呈缴册数

机关・法人	呈缴册数
各国家机关	5—30
独立行政法人	5
国立大学法人	5
特殊法人以及其他认可法人	5
都道府县各机关	5
市各机关	3
町村各机关	2
都道府县设立的法人、都道府县与市町村共同设立的法人	4
市町村设立的法人	2
地方赛马全国协会、地方公共团体金融机构、日本下水道事业团	4

具体呈缴方式如下：

(1)政府出版物(即国家、地方公共团体各机构以及独立行政法人出版物)

国家各机构的出版物的呈缴主要是在行政司法各部门支部图书馆的协调下，由国立国会图书馆运营的送书车运至馆内，地方公共团体及独立行政法人的出版物由发行者自行呈缴至国立国会图书馆。设置有行政信息中心等机关的地方公共团体(北海道、埼玉县、熊本县等)的出版物由相关机关汇总后呈缴。

(2)民间出版物

民间出版的图书主要通过日本出版取次协会呈缴("取次"是指从出版社到书店之间的流通环节，"日本出版取次协会"的主要业务就是将各类出版物从出版社手中分销到日本全国的书刊零售网点，起着发行网络的作用)。一些地方出版物、自费出版物、团体出版物等不属于日本出版取次协会管理范围内的出版物由发行者直接呈缴。另外还有以下几种途径，比如：通过地方的小出版流通中心呈缴，教科书及教师指导用书通过教科书协会呈缴，还可以根据读者、其他图书馆以及其他方式获得的出版信息由国会馆自行收集等。

(3)其他出版物

连续出版物以及实体电子资源(CD-ROM、DVD-ROM、软磁盘、硬磁盘等)大部分由发行方直接呈缴。DVD等影像资料主要由加入日本映像软件协会的各公司提供，CD等音乐资料则是由日本唱片协会各入会公司呈缴。

1.3　日本呈缴本制度的发展历程

日本的呈缴本制度是1948年通过的《国立国会图书馆法》中规定的。但是实施初期正值战后困难时期，存在纸张不足等困难，不仅如此，当时出版方还要向GHQ[第二次世界大战结束，为执行美国政府"单独占领日本"的政策，麦克阿瑟将军以"驻日盟军总司令"名义在日本东京都建立盟军最高司令官总司令部(General Headquarters)，在日本通称为"GHQ"]呈缴一定数量的出版物，向国立国会图书馆的呈缴加重了出版方的负担。另外，战前的出版法中也规定了呈缴本制度，其目的是检查出版物的内容，进行出版管制，出版方对此颇有微词，这对新的呈缴本制度的实施产生了不好的影响。为改变这种状况,1949 年 6 月对《国立国会图书馆法》进行了部分修订,规定了针对呈缴方的补偿金制度,这与美国、英国等很多其他国家的无偿呈缴有很大的不同。新修订的《国立国会图书馆法》明确指出呈缴本制度的目的是文化财产的积累和利用,并且新设了地方公共团体出版物的呈缴本制度,这构成了现行呈缴本制度的主要内容。之后随着社会的不断发展,日本的呈缴本制度也逐步增加新的内容,不断完善。具体内容参照表 2。

表 2　日本呈缴本制度的内容变迁及完善

时间	内容
1948 年 2 月 9 日	《国立国会图书馆法》制定,是现行呈缴本制度的开始
1948 年 5 月 25 日	开始呈缴本制度的具体实施
1948 年 6 月 5 日	国立国会图书馆开馆
1949 年 6 月 6 日	《国立国会图书馆法》修订,新增了支付补偿金制度,新设了地方公共团体出版物呈缴本制度
1951 年 4 月 1 日	开始实行由出版物取次亲和会(现在的日本出版物取次协会)统一呈缴的方法
1979 年 8 月 1 日	指定一些地方小出版流通中心作为呈缴代行机关
2000 年 4 月 7 日	《国立国会图书馆法》修订,将实体电子资源(CD、DVD 等物理载体上的高密度出版物)纳入呈缴对象范围
2002 年 4 月 25 日	指定教科书协会作为教材类图书的呈缴代行机关
2004 年 12 月 1 日	《国立国会图书馆法》修订,规定独立行政法人有执行呈缴本制度的义务
2008 年 1 月 30 日	将每年的 5 月 25 日定为"呈缴本制度日"

2　日本国立国会图书馆接收呈缴本概况

2.1　国立国会图书馆接收呈缴本的规模

近年来,随着呈缴本制度的有序执行,呈缴本成为国立国会图书馆国内文献采访的主要来源,构成了国会馆藏书的基础。据国立国会图书馆统计资料显示,2010 年国会馆共完成 94 万册文献资料的入藏,其中呈缴本约占 6 成,与其他采访方式相比占绝对优势。具体比例见图 1。呈缴的文献资料主要用于以下几个方面:用于国际交换;服务于国会,为国政审议提供资料信息;通过行政司法各部门的支部图书馆为政策制定、立案及审判提供参考资料;为到馆读者提供阅览、复印服务等。据国立国会图书馆的统计,2006 年到 2010 年呈缴本数量(包括图书、杂志、报纸、非书资料等的合计)分别是 618284、603373、605499、598545、567740 件。2013 年呈缴本占总收集文献的比例达到了 65%,呈缴文献总件数达到 70 万件左右[2]。由此可见,呈缴本制度的实施每年都能保证一定数量的文献资料的入藏。

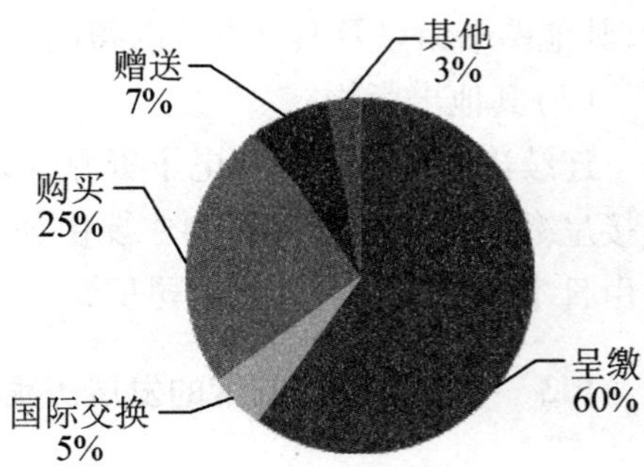

国立国会图书馆 2010 年各采访方式获得文献资料比例图

2.2 日本国内出版物呈缴率

各个国家的呈缴本制度规定有所不同,其呈缴率也是各国家馆关心的问题。日本的呈缴本制度是有偿的,尤其针对民间出版物,这在一定程度上保证了较高的呈缴率。日本国立国会图书馆对各种出版物的呈缴状况做了调查,调查结果如下:

民间出版物(图书):2013 年以 2012 年出版的民间出版物为对象做了调查,其中图书的呈缴率达到了 98.9%。

政府出版物(图书):首先是国家机关的情况,《政府资料摘要》记载了所有不用来出售的国家机关出版物的情况,国立国会图书馆以《政府资料摘要》2011 年 3、6、9、12 月号记载的数据为基数,调查了国会馆的收藏状况,得出了呈缴率为 56.7% 的结果,这与 2007 年的调查结果 46% 相比上升了 10 个百分点。其次是地方公共团体的情况,以 2012 年各都道府县等的出版物为调查对象,得出呈缴率为 67.1%[3]。

连续出版物:以 2013 年版的《杂志报纸总目录》为基础进行了调查,结果显示呈缴率达到 86%,处于较高的水平。

国立国会图书馆在抓紧抓严本馆呈缴本制度有序实施的同时,还致力于呈缴本制度的知识普及,向地方公共团体、出版社、唱片公司等寄送呈缴本制度宣传册,还派人到青森县等较偏远的地方宣传呈缴本制度,以促进呈缴本制度更大规模的实施,目标是图书呈缴率维持在 99% 以上,连续出版物维持在 86% 以上。

3 数字化背景下日本呈缴本制度的新动向

3.1 数字化背景下出版业的新动向

众所周知,日本是经济大国也是出版强国,在战后经济高速发展期日本的出版业曾出现一片繁荣景象,以周刊为主的期刊迅速发展,销售额迅速增长,从 1950 年销售额的 5 亿日元增长到 1975 年的 1496.3 亿日元,25 年增长了 293.9 倍,年均增长 26.77%。图书方面,文学全集、百科全书、文库等的出版出现热潮,销售量也大大增加,从 1955 年到 1975 年的 20 年里,日本的图书销售额从 248 亿日元增长到 4889 亿日元,增长了近 20 倍[4]。以杂志和图书为主的出版业呈现出很强的发展势头。

但是随着日本泡沫经济的破灭和科学技术的迅猛发展,日本的传统出版业开始走下坡路,出版社和实体书店数量不断减少,在数字化不断发展的背景下,电子出版物作为一种新的出版产品存在着很大的利润空间,被出版界视为转型契机和新的利润增长点。根据 Impress 综合研究所的调查,从 2002 年开始日本电子出版市场呈快速增长趋势,2010 年以前牵引市场增长的是面向手机的电子书市场,之后随着其他专业阅读器的不断发展完善面向手机的份额逐步减少,由其他新型阅读终端牵引整个电子书市场的规模的扩大。2013 年电子书市场规模为 936 亿日元,加上电子杂志,日本电子出版市场规模超过 1000 亿日元,预计到 2018 年电子书市场规模将达到 2790 亿日元,是 2013 年的 2.9 倍。同时,随着阅读终端不断向高精细方向发展以及通信公司上网收费制度的放开,电子杂志市场也将不断扩大,预计到 2018 年将达到 550 亿日元,整个电子出版市场规模在 2018 年将达到 3340 亿日元[5]。

3.2 日本呈缴本制度的新变化

由上述内容可知,数字化背景下日本的传统纸质出版受到挑战,电子出版(电子书、电子杂志等)呈现出不可阻挡的发展势头。日本国立国会图书馆也紧随步伐对电子出版物的呈缴本制度进行了探讨,并于2013年7月1日开始实施修订版的《国立国会图书馆法》,规定2013年7月1日以后出版的符合呈缴规定的电子出版物都要向国立国会图书馆进行呈缴。具体内容如下:

呈缴对象:首先将电子出版物中免费的、无数字版权的部分纳入了呈缴对象。包括在网上发布的年鉴、要览、调查报告书、机关志、事业报告书、学术论文、纪要、小说、儿童书等。

呈缴方法:2013年7月1日起开设呈缴页面,有三种呈缴方式,包括出版发行方主动登录呈缴页面输入题名、责任者、URL等信息;通过专门的上传系统上传;寄送DVD-R[6]。

由于国立国会图书馆面向社会提供文献资料,这样与以贩卖电子出版物为生的民间出版机构产生了利益冲突,所以最初有偿的、有数字版权保护的电子出版物没有被列入呈缴范围。但是国立国会图书馆一直在探讨如何调整与出版方的利益关系以实现所有电子出版物的呈缴。前国立国会图书馆馆长长尾真曾经在日本全国图书馆大会上表示:为实现“文化财产的积累及利用”这一目的,国立国会图书馆有必要对所有的电子出版物进行收集、保存和传承,可以想办法解决与出版商之间的利益矛盾,比如读者可以在国立国会图书馆网站购买电子出版物,所得资金归出版商所有等。

国立国会图书馆设立了呈缴本制度审议会,主要任务是研究电子呈缴本制度的完善及呈缴文献资料的使用等。比如现行的电子呈缴本制度就是在呈缴本制度审议会2010年6月的答辩材料《关于线上资源收集制度》以及2012年3月的《关于线上资料收集制度中的补偿金问题》的基础上,于2012年6月对《国立国会图书馆法》进行了修订后次年开始实施的。随着电子出版业的不断发展,国立国会图书馆呈缴本制度审议会将会与时俱进、不断考察探讨,日本的呈缴本制度也将会不断完善。

参考文献:

[1] 顾犇. 外文文献采访工作手册[M]. 北京:北京图书馆出版社(今国家图书馆出版社),2004

[2] 国立国会图书馆. よくわかる納本制度[EB/OL]. [2015-11-20]. http://www.ndl.go.jp/jp/aboutus/deposit/about.html

[3] 国立国会图书馆. 国内出版物の納入率調査の結果[EB/OL]. [2015-11-20]. http://www.ndl.go.jp/jp/aboutus/deposit/survey.html

[4] 孙洪军. 日本出版产业论[M]. 北京:中国传媒大学出版社,2009

[5] Impress 综合研究所. 電子書籍ビジネス調査報告書 2014[EB/OL]. [2015-11-20]. https://r.impressrd.jp/iil/ebook2014

[6] 国立国会图书馆总务部. 国立国会图书馆年报平成25年度[M]. 东京:国立国会图书馆,2014

论 RDA 在地图资源著录中的应用策略

王志君

1　导语

地图作为一种特殊资源，在图书馆特色馆藏建设中一直占有重要的地位。以国家图书馆为例，自 1909 年建馆时所藏《福建舆图》等百余件珍贵地图资源开始，直至今日仍不断进行地图资源馆藏建设，目前馆藏中文外文地图资源已近 20 万件，是国家图书馆文献资源建设中不可或缺的生力军。

地图不同于普通文献，地图编目时会涉及大量的测绘学、天文学、地球物理学等学科词汇和术语，专业性极强，因此做好地图资源编目对于编目员来说是一项极具挑战性的工作。

地图资源又称测绘资源，是依据一定的数学法则，使用制图语言，通过制图综合在一定的载体上，表达地球（或其他天体）上各种事物的空间分布、联系及时间中的发展变化状态绘制的图形[1]。

地图资源一般可包括平面地图、立体地图、航空图、航海图、天体图、球仪、地图集等类型。RDA 中关于地图资源的描述（著录）依元素（著录单元）的不同层次分散于整个文本中，对于地图资源的描述和识别主要集中在第 3 章和第 7 章，相关元素所对应的 RDA 条款号以及 MARC21 书目数据格式字段如下表[2]所示：

相关元素与 RDA 条款号以及 MARC21 书目数据格式字段对应表

RDA 元素	RDA 条款号	MARC21 书目记录对应字段
地图等尺寸	3.5.2	300 载体形态 $c 尺寸 340 物理媒介 $b 尺寸
地图图像的版面设计	3.11.2	300 载体形态 $b 其他形态特性 340 物理媒介 $k 版面设计
地图内容的数字化呈现	3.19.8	352 数字图形标识
地图内容的坐标	7.4	
经纬度	7.4.2	255 制图数学数据 $c 坐标说明

续表

RDA 元素	RDA 条款号	MARC21 书目记录对应字段
坐标对串	7.4.3	255 制图数学数据 $f 外部 G 型环坐标对 $g G 型环以外的坐标对
赤经和赤纬	7.4.4	255 制图数学数据 $d 天体图分区说明
二分点	7.5	255 制图数学数据 $e 二分点说明
历元	7.6	255 制图数学数据 $e 二分点说明
比例尺	7.25	255 制图数学数据 $a 比例尺说明
地图内容的投影	7.26	255 制图数学数据 $b 投影说明
地图内容的其他细节	7.27	342 地理空间参照数据 343 平面坐标数据

地图资源的主要文献类型特征体现在文献特殊细节项和载体形态项。其中，文献特殊细节项属于内容层，主要包括比例尺、坐标、投影等；载体形态项属于载体层，主要包括数量、尺寸以及附件等。

2　文献特殊形态项

2.1　比例尺

当描述地图的内容表达时，比例尺需作为核心元素，至少要包括水平比例尺、垂直比例尺两个附加元素。其中水平比例尺作为核心元素要予以记录（例 1），当在地图资源中可以确定垂直比例尺时也要予以记录。

对于比例尺的著录，RDA 规定要以比率（XX ∶ XX）的数字分数来表示，如果资源中的比例尺说明不是数字比例尺，则需要将该比例尺记录为数字型比例尺。目前美国国会图书馆的做法是还需要在比例尺比率前添加“Scale”术语，对于未标注比例尺且无法从任何来源获得比例尺信息的地图资源则需要著录“Scale not given”（例 2）。

如果在资源或其他来源中没有找到比例尺数据，需要根据图解或者坐标来估算数字比例尺。以往表示估算比例尺的缩写词“ca.”改为“approximately”[3]（例 3）。

如资源中有多个比例尺数据，RDA 规定要给出范围，范围记录之间要用连字符连接，或者记录“Scale differ”；另外根据交替用法，针对需要准确记录时可以分别记录每个比例尺（例 4）。

作为核心元素，RDA 对比例尺的规定是“即使正题名部分或其他题名信息中已经记录，仍需记录比例尺"(例5)。

例1

255##$aScale 1∶32,500,000.(平面地图,记录地图的水平比例尺)

例2

255##$aScale not given.(未能获得任何比例尺信息)

例3

255##$a approximately 1∶2,000.(未能获得任何比例尺信息)

例4

255##$a 1∶15,000-1∶25,000.(多个比例尺给出区间范围)

255##$a Scale differ.(比例尺不同)

例5

24500$a1∶250,000 scale topographic maps of Australia.

255##$a1∶250,000.(对于题名信息中出现的比例尺,除作为题名记录以外,还需单独予以记录)

2.2 投影

地图资源的投影是指用于在平面上表示地球或天球表面的方法或系统。其信息源取自资源内的任何来源。如果在资源的容器、盒子或辅助材料中出现投影说明则应予以转录。投影"projection"一词不再使用缩略形式。地图内容的投影记录在255$b(例6)。

例6

255##$aScale 1∶32,500,000;$bConic equidistant projection.

2.3 坐标

地图资源的坐标是指一种用于识别资源的地图内容所覆盖区域的数学体系。坐标可以通过行星表面的经纬度来体现,对于天体图内容也可通过赤经和赤纬来体现。

2.3.1 经度与纬度

经度和纬度是指地图资源所覆盖范围的标识体系,采用经度标识最西和最东的边界,采用纬度来标识最北和最南的边界。其中,经度是指从行星或卫星的基准子午线向东或向西测得的到行星或卫星上一个点的距离;纬度是指从行星或卫星的赤道向北和向南到行星或卫星上一个点的距离。

对于地球的地图内容,按照下列顺序记录坐标:覆盖区域的最西范围(经度),覆盖区域的最东范围(经度),覆盖区域的最北范围(纬度),覆盖区域的最南范围(纬度)。

RDA 规定,根据格林威治本初子午线,用六十进制的度(°)、分(′)、秒(″)来表示坐标信息。坐标前置以 W、E、N、S。两组经纬度之间用连字符分隔,前后均不空格[4](例7)。

例7

255##$aScale 1∶32,500,000$c(W74°50′-W74°40′/N45°5′-N45°00′)

2.3.2 坐标对串

坐标对串是指用多边形最高点坐标识别地图资源内容所覆盖精确面积的系统。当需要更精确地指示地理范围时,可启用坐标对串,用以描述每个闭合多边形,其中每个坐标对代表多边形的一个顶点。

记录坐标对串时，需从多边形的最东南顶点开始，按照顺时针方向排列坐标对。在每组坐标对中，先记录经度，再记录纬度，并根据所描述面积的大小用度、分、秒来表示。坐标对内的经纬度之间用斜线分隔，坐标对串中各坐标对用空格、分号和空格表示。多边形没有相交的边线，因此第一个坐标对和最后一个坐标对是相同的。此类型坐标对串记录于255$f(例8)。

例8

255##$aScale 1：32,500,000$f(W114°/N32°；W117°/N33°；W121°/N35°；W125°/N43°；W120°/N42°；W120°/N39°；W115°/N34°；W114°/N32°)

如需记录已知多边形中某一个或多个排除在外的区域时，则需按照逆时针顺序排列需要排除区域的坐标对，此类型坐标对串记录于255$g。

2.3.3　赤经和赤纬

赤经和赤纬是指赤经和赤纬的角度标识在资源的地图内容覆盖的天空中某天体所处位置的系统。其中，赤经是指天体赤道上从春分点到时圈向东度量的角距离，从0到24小时；赤纬是指从天球赤道沿天体时圈通过90度向北或向南度量的角距离。

记录赤经和赤纬时，通常是将天体图内容中的赤经或者其整体覆盖范围内最西和最东的赤经、中心赤纬或其整体覆盖范围内最北和最南的赤纬作为坐标予以记录。

一般用"Right ascension"指代赤经，其后随以24小时制的时，必要时加分和秒。依据RDA附录B的规定，时间单位的术语需要缩写。用"Declination"指代赤纬，其后随以六十进制(360°圆周)的度数，必要时加分和秒，用"+"号表示北半天球，"-"号表示南半天球[5]。

赤经和赤纬之间用斜线分隔，前后均不空格。有两个赤经时，两者均需著录，之间用to分隔；有两个赤纬时，两者也均需著录，之间也需用to分隔(例9)。

如果地图内容是以极点为中心，则需记录赤纬的极限(例10)。

对于赤纬地带的地图集或天体图内容集，需记录每个地带的赤纬极限，省略赤经的说明。如果地带很多，则记录前几个地带的赤纬极限，之后随以省略号"…"，并记录最后一个地带的赤纬极限(例11)。

赤经和赤纬记录于255$d。

例9

255##$d(Right aecension 16 hr. 30 min. to 19 hr. 30 min. /Declination -16° to -49°;$eeq. 1980).

例10

255##$d(Centered at South Pole/Declination limit -60;$eeq. 1980).

例11

255##$aScales 1：2,500,000$$d(Zones +90° to +81° to 63°, -81° to 98°;$eeq. 1950).

2.3.4　二分点和历元

当记录赤经赤纬时，还应记录二分点。二分点是指当太阳赤纬角度为0时，黄道和天球赤道的两个交叉点。

二分点的表示为年。

二分点说明记录于255$e。在记录天体图内容的二分点时，如果历元说明与二分点不同，则需要记录历元说明。历元是指测量物体位置或运行轨道方位时作为参照的任意时刻。历年说明记录也记录于255$e。

3 载体形态项

3.1 数量

对于地图资源来说,仅当资源完整或者总数量已知时,数量才是资源的核心元素。记录数量时,要以适当的单复数形式记录术语,术语采用 RDA3.4.2.2 条款中所陈列的术语列表,主要包括 atlas(地图)、diagram(线图)、globe(球仪)、map(地图)、model(模型)、profile(剖面图)、remote-sensing image(遥感图)、section(截面图)、view(视图)等。数量记录在 300$a(例 12)。

例 12

300##$a1 map

300##$a3 diagrams

对于数量单元不易确定时,需给出估算数量,前置以"approximately"。

如果 RDA3.4.2.2 中的术语均不适用,则可选择记录静态图像的术语(RDA3.4.4.2)和记录三维形式的术语(RDA3.4.6.2)(例 13)。

例 13

300##$aapproximately 800 maps

300##$aapproximately 7 wall charts

如果资源由在一张或多张上的多个地图单元组成,且地图单元数量不同于张数,则记录地图单元数,并随后指明张数(例 14)。

例 14

300##$a6 maps on 1 sheet

如果地图单元为多个分切图共同呈现,需将分切图拼合成完整,并记录完整的地图单元数量,其后随以"in"及分切数(例 15)。

例 15

300##$a1 section in 4 segments

如果分切图不在一张纸上,则记录完整的地图单元数量,其后随以"on"及张数(例 16)。

例 16

300##$a1 map on 4 sheets

地图册,需同时指明地图册的册数和页数,页数置于圆括号内(例 17)。

例 17

300##$a1 atlas(3 volumes)

3.2 尺寸

如果地图由一张或多张组成,则应记录每一张的尺寸,此处尺寸是按照内廓(地图本身)测量的正面测度,酌情记录高度×宽度或直径,记录直径时需注明。地图资源的尺寸记录于 300$c,也可同时记录于 340$b(例 18)。

例 18

300##$c25 ×35 cm

300##$c30 cm in diameter

如果地图的形状不规则或者没有内廓抑或是边缘已然超出开本，则需记录地图本身较大或最大的尺寸。如果难以确定内廓的尺寸，则记录张的高度和宽度，前置以“sheet”（例 19）。

例 19

300##$c sheet 45 ×41 cm

如果在一张或多张上的地图等分切成多个部分，拼接后形成一张地图，则需记录完成的地图尺寸，其后随以张的尺寸，并用逗号分隔。除非在 300$a 数量方面已经记录了张数，否则还需要在尺寸 300$c 张的尺寸前面置以“on sheets”（在张上）或“in sheets”（在张里）（例 20）。

例 20

300##$c10 ×41 cm，on sheet 25 ×35 cm

300##$c264 ×375 cm，sheets 96 ×142 cm（数量记录为：300$a1 map on 9 sheets）

如果分切部分已经被拼接到了一起，则只需单独记录整张地图的尺寸即可（例 21）。

例 21

300##$c120 ×276 cm（由多个分切部分拼接而成的地图）

对于分切状态的地图如果难以确定测量点或难以拼接完整以供测量时，则仅需记录张的高度 × 宽度即可。（例 22）

例 22

300##$csheet 220 ×240 cm

地图在两种以上尺寸的张上时，则需记录最大宽度并随后以“or smaller”记录（例 23）。

例 23

300##$csheets 70 ×90 cm or smaller

如果地图尺寸小于张尺寸的一般，或者张上有实质性的附加内容（如文本等），则记录地图的尺寸，其后随以张的尺寸，并用逗号分隔，张的尺寸前置以“on sheet”（例 24）。

例 24

300##$c 20 ×30 cm，on sheet 70 ×90 cm

对于折叠的地图，需先记录地图的尺寸，随以折叠形式的印张的尺寸，并前置以逗号（例 25）。

例 25

300##$c 80 ×57 cm，folded to 21 ×10 cm

对于双面呈现的地图，若比例尺一致，则需先记录地图的整体尺寸以及张的尺寸，并用逗号分隔，前置以“on sheet”。如果难以测量该地图，则只需记录张的尺寸即可（例 26）。

例 26

300##$c45 ×80 cm，on sheet 50 ×44 cm

3.3 地图图像的版面设计

地图图像的版面设计是指包含在一张或多张地图的资源中对一个或多个地图图像的安排。版面设计元素记录在 300$b 或 340$k。

对于非地图册的地图资源，如果图像在张的另一面以相同的比例尺进行延伸，抑或是多幅地图图像的总体描述位于张的双面，需记录为“both sides”（双面）（例 27）。

例 27

300##$a1 map:$bboth sides color;$c103 ×57 cm,on sheet 54 ×67 cm

340##$kboth sides$2rda

如果相同图像以多种语言呈现于张的两面,则记录为“back to back”(双向编排)(例 28)。

例 28

300##$a2 maps:$bback to back color;$c103 ×57cm,on sheet 54 ×67 cm

340##$kback to back$2rda

如果需要用于识别或选择,则将地图图像版面设计的细节记录于附注。

3.4 地图内容的数字化呈现

地图内容的数字化呈现是指与地图资源中地理空间信息的编码有关的一套技术细节。电子地图、地图内容的数字化呈现记录于 352 字段,其中 $a 记录数据类型、$b 记录对象类型、$d 记录行数、$e 记录列数、$q 记录图像格式。

如果易于确定且对识别或选择重要,则记录数字编码地图内容的下列信息:

①数据类型:raster(光栅)、vector(矢量)或 point(点)。

②对象类型:point(点)、line(线)、polygon(多边形)、pixel(像素)。

③表示空间信息的对象数量。

如果地图内容数字化呈现的细节对于识别选择也有一定的重要性的话,也需记录(如拓扑层面、压缩)(例 29)。

例 29

352##$aRaster:$bpixel$d(5,000 x$e5,000);$qTIFF.[6]

4 其他著录项

4.1 头标区及控制字段

地图资源对应头标区 LDR/06 字符位代码为“e”(测绘制图资料)或者“f”(手稿型测绘制图资料)。008 字段模式采用“地图”模式。

根据地图资源是否具备复合资料类型的特征,确定是否启用 006 字段予以描述,如果只是印刷行地图则无须启用 006 字段,如是电子地图,因其具备电子资源的次要特征,需启用 006 字段。

地图资源属于非书资料,因此需启用 007 字段。

4.2 题名

RDA 条款中对地图资源的题名部分的说明主要集中在 RDA2. 3. 2. 11. 2 和 RDA2. 3. 4. 5 中。

对于无法从任何来源获得题名信息的地图资源,编目员可以自行拟定题名,自拟题名中需要包括资源所覆盖区域的名称或一个识别标识,如适用,还应包括描述的主题,即地图的性质或类型。同时,还应编制一个附注,用以说明此题名非资源中获取,而是来自于编目员自拟(例 30)。

例 30

24500$a[Nautical chart of the coast of Maine from Cape Elizabeth to Monhegan Island].

588##$aTitle devised by cataloguer.

如果地图资源的正题名中包含有关比例尺的说明，则需要作为正题名的一部分予以著录。

如果地图资源的题名中没有说明所覆盖的区域和/或所描述的主题，则需提供一个说明所覆盖区域的词或短语作为其他题名信息，如适用，还可提供所描述的主题。将这些信息置于方括号内，用以表示该信息取自资源本身以外的来源（例 31）。

例 31

24500$aVegetation：$b[in Bostwana].

参考文献：

[1] 百度词条—地图[EB/OL].[2015-09-20]http://baike.baidu.com/subview/30267/6853646.htm

[2][4] 罗翀.RDA 全视角解读[M].北京：国家图书馆出版社，2015

[3] 吴碧华.RDA 测绘制图资源 MARC21 编目变化研究[J].图书馆论坛：2014(11)

[5] RDA 发展联合指导委员会.资源描述与检索(RDA)[M].北京：国家图书馆出版社，2014

[6] 352-Digital Graphic Representation(R)[EB/OL].[2015-09-20]http://www.loc.gov/marc/bibliographic/bd352.html

国家图书馆东方小语种文献编目工作的历史发展与建设研究

王　薇　韩　惠

1　国家图书馆东方小语种文献收藏概况

国家图书馆外文文献的业务格局分为西文文献、俄文文献和东文文献，其中东文文献指亚非国家和地区的出版物，具体包括日文、阿拉伯文、印地文、越南文、蒙文、泰文、印尼文、马来文、缅甸文、波斯文、乌尔都文、梵文、巴利文、尼泊尔文、孟加拉文、信德文、马拉提文、比哈尔文、菲律宾文、柬埔寨文等 30 多种文字的文献。由于日文文献的建设已形成相当的规模和独立的体系，在国家图书馆，东方小语种文献即为除日文文献之外的亚非国家和地区出版发行的外文文献。

截至 2015 年 9 月，国家图书馆共收藏东方小语种文献 12 万多种，语言种类涵盖了阿拉伯文、印地文、韩文、越南文、印尼文、泰文、蒙文、缅甸文、波斯文、马来文、梵文、乌尔都文、孟加拉文、泰米尔文、尼泊尔文、老挝文、巴利文、僧伽罗文、希伯来文、柬埔寨文、豪萨文、马来雅冷文、普什图文、泰鲁古文、旁遮普文等 25 个文种。国家图书馆的东方小语种文献已形成特色文献群，规模和质量均处于领先水平，但在国内其他公共图书馆和高校图书馆，因种种条件限制，东方小语种文献语种不全、文献数量少、文献建设难成规模。因此,东方小语种文献的建设对外文文献建设整体水平的提升有着举足轻重的作用。

2 组织规模的发展历程

国家图书馆东方小语种文献编目工作最早可以追溯到新中国成立之初,距今已有60余年的历史。1958年,国家图书馆的前身北京图书馆编目部下设了东文编目组,包括日文、朝鲜文、阿拉伯文、缅甸文、印尼文和越南文6个语种,东方小语种文献编目工作迎来了第一个兴盛期。国家图书馆制定了具体的编目做法,决定了著录语言和文字,制作了格式统一、排列准确的卡片目录,为日后工作的开展奠定了坚实的基础。

十一届三中全会之后,因历史原因停滞了10年的东方小语种文献编目工作得到恢复并获得蓬勃发展,这个时期的工作重点是在编目业务数量和编目语种数量上的开拓。目录卡片数量快速增长,编目语种在恢复原有规模的基础上有大幅度增加,语种数量增加到阿拉伯文、朝鲜文、蒙文、缅甸文、泰文、印地文、印尼文和越南文8个语种。

2001年9月20日,国家图书馆与以色列艾利贝斯(ExLibris)软件公司正式签约,引进该公司开发的Aleph500图书馆自动化集成管理软件系统,并于2002年10月正式启用,机读目录逐渐取代了卡片目录。Aleph500系统完全支持Unicode码,东方小语种文字在系统内的输入和正确显示成为可能,2003年起开始计算机编目工作。东编组聘请了高校师生进行东文图书编目,但由于工作时间不稳定、工作效率低等原因,成效不太显著。通过大力引进小语种专业人才,东方小语种文献编目工作实现了全面推进,目前,可处理10个东方小语种的文献编目工作。新技术与新的外语专业人才高效配合,东方小语种文献在编目数量上实现了重大突破,通过外包形式完成了韩文、越南文、阿文、马来文等14个语种共54194种卡片目录的回溯数据制作工作。

表1 东文小文种图书回溯完成情况

文献类型	回溯数据(条)	文献类型	回溯数据(条)
韩文	13506	印地文	19401
越南文	9630	乌尔都文	809
阿文	14419	梵文	1603
马来文	1275	孟加拉文	368
印尼文	5995	尼泊尔文	232
波斯文	1401	巴利文	231
泰文	4260	合计	54194
蒙文	4200		

3 文献目录形式的发展历程

3.1 卡片式目录时代

国家图书馆入藏的东方小语种文献中,9.4 万余种配有格式统一的卡片式目录,是国家图书馆东方小语种文献目录的重要构成,也是揭示东方小语种文献馆藏、服务读者的重要检索工具。

3.1.1 统一性强的卡片式目录

国家图书馆东方小语种文献的卡片式目录具有编制历史跨度长、语言种类多、数量庞大、统一性高的特点。首先,目录组织具有统一性,无论是手写卡片,还是油墨刻印卡片、打印卡片,均按统一的规则有序排列,目录连续性和整体性完好。其次,目录规格具有统一性,均采用 7.5cm×12.5cm 的国际标准规格,既方便内部管理,也方便读者利用。第三,记录格式具有统一性,各个语种各个时期的卡片目录均采用分段式著录格式,严格统一。

3.1.2 严谨周密的目录组织

目录组织是编目的重要环节,直接关系到检索结果的查全率和查准率。为满足不同检索需求和保证目录完整,国家图书馆东方小语种文献编制了 7 套卡片目录,即供读者使用的分类目录、书名目录、著者目录和供工作人员使用的内部分类目录、内部书名目录和内部著者目录,以及供书库、阅览室排架使用的分类目录。

为满足不同使用人群的检索需求,首先编制了读者目录和公务目录。读者目录也称为公共目录或公用目录,是供读者使用的目录,放置于目录检索区,方便读者随时使用。公务目录也称为工作目录、勤务目录或事务目录,是供国家图书馆工作人员参考使用的目录,同时也是对读者目录的补充,放置在内部办公区域,不对外开放。

为满足不同检索途径的要求,又在读者目录和公务目录内部根据文献的特征分别编制了分类目录、书名目录和著者目录,提供多渠道的检索途径。卡片右下角盖有区分卡片功能的小章。不同用途的目录各司其职,保障了基础业务、读者服务等各项工作的顺利展开。

3.1.3 完整度较高的编目方法

文献编目工作包括文献著录、分类标引、主题标引、目录组织等工作内容,明确编目方法是组织和管理文献编目工作的前提和关键。编目方法大致可分为以下 3 种类型:

①对文献进行著录,按字顺组织题名目录、责任者目录,不作分类标引和主题标引,不组织分类目录和主题目录;

②对文献进行著录和分类标引,组织题名目录、责任者目录、分类目录,不进行主题标引,不组织主题目录;

③对文献进行著录,作分类标引、主题标引,同时分别组织题名目录、责任者目录、分类目录、主题目录。

卡片目录时代的东方小语种文献采用的是第 2 种编目方法,题名目录和责任者目录按照各文种的字母顺序排列,分类目录按分类法排列,目录内容和检索途径的完整度较高。

3.1.4 国家级著录

①著录项目完整。除了文献特殊细节项不予著录之外,题名与责任说明项、版本项、出版发行项、载体形态项、丛编项、附注项、标准号与获得方式项均予以著录,著录项目完整。

②著录信息源规范。首选信息源是题名页，没有题名页时，则采用封面、正文前书页、版权页、逐页题名和书脊等代题名页，首选信息和规定信息源均符合编目规则、著录规则的规定，操作规范。

③采用文献原文语言著录。东方小语种文献著录时所有著录项目均采用文献本身所用语言文字，在大小写等书写规则方面遵循该语言文字的惯常做法，如著录阿拉伯文、波斯文时遵循从右向左的书写规则，确保了记录在著录语言文字上的统一，既能够体现文献特点，又能保证编目数据的文字一致性，方便读者使用。

④段落式著录格式。第一段著录题名项，第二段著录责任说明项，第三段著录出版发行项，第四段著录载体形态项，第五段著录丛编项，第六段著录标准编号与获得方式项，采用详细著录级次，全面揭示文献信息，最大限度满足读者的信息需求。

⑤合理采用分散著录与集中著录。由多个部分组成的文献，如多卷书等，原则上一般应采用集中著录的方法，只有在特殊情况下才采用分散著录，如文献各个组成部分所涉学科相去较远时。

3.1.5　索取号和业务标记

卡片目录的索取号由文种区分号（又称为文种代码、语种代码）、分类号、种次号构成，依据《中图法》进行分类标引。各东方小语种的文种区分号各不相同，由国家图书馆自行规定，例如韩文为51、越南文为52、阿拉伯文为54。针对每个文种的各分类号，在目录卡片之外，再编制一张种次号卡片，以避免种次号的重复和遗漏。种次号除了区分之外，还能起到统计作用。

目录卡片上除著录文献信息外，还有两项业务标记，即索取号和财产登记号，索取号位于卡片左上角，财产登记号位于卡片左下角。

3.2　机读目录时代

3.2.1　支持 Unicode 的 Aleph500 软件系统

截止到2015年9月底，国家图书馆利用 Aleph500 系统编制的东方小语种文献数据达到10万5584条，语言种类为15种。Aleph500 系统完全支持 Unicode 编码，理论上能够支持任何语言文字的编目工作。在 Aleph500 系统中，外文文献数据集中在09库中。

表2　东文小文种图书制作完成情况

文献类型	数据累计制作量（条）	文献类型	数据累计制作量（条）
韩文	20488	希伯来文	18
越南文	12334	印地文	21355
阿文	23754	乌尔都文	811
马来文	1763	梵文	1603
印尼文	7181	孟加拉文	368
波斯文	1922	尼泊尔文	232
泰文	6902	巴利文	231
蒙文	6602	合计	105564

如要检索某一个东方小语种的书目数据,目前有三种途径:一是在"作品语言"检索项通过该语种在"世界语种代码表"中的语种代码检索;二是在"索取号"检索项通过国家图书馆自定的文种代码检索;三是在"文献类型"检索项通过该语种中表述文献类型的单词检索。

3.2.2 采用 MARC21 格式的国际标准化著录

东方小语种文献机读目录采用完全级,即完整的 MARC 记录,并且在编制记录时核对编目实体。拉丁(罗马)字母、阿拉伯字母、汉字系统的韩文等文字均采用 MARC21 格式,格式标准与国际接轨。采用 MARC21 格式编制书目记录,可以输出多种目录格式,如目录卡片格式、MARC 标识符格式、名称标识符格式、ISBD 格式、引文格式等。

东方小语种文献编制机读目录时采用《国际标准书目著录》的符号系统,规定了各著录项目、著录单元的前置符。标准化的标识符既能被计算机识别,也有利于书目信息的国际交流和共享。所有东方小语种的书目记录均包含的基本字段有:头标区、001、005、008、020、040、041、1××、245、246、250、260、300、490、5××、7××,以及记录编目员编号的 OWN 字段和本地规定的索取号字段 090、096,部分启用 653 非控主题词字段。在题名与责任说明项增加了一般文献类型标识,在载体形态项增加了揭示文献插图、色彩等的其他形态细节单元以及揭示文献尺寸的单元,附注项等其他各个著录项目也比卡片目录时代更加丰富充实。

3.2.3 细化到年份的索取号

采用机读目录后,索取号的格式统一为"文种区分号—编目年/分类号/种次号",例如,越南文文献的索书号"52 - 2012/I313.45/14"。在索取号中加入编目年,增加了检索的控制条件,有利于在庞大的数据系统中快速定位所需的检索结果。索取号中的种次号由系统自动生成,节省了卡片目录编制种次号记录片的环节,准确率也更有保证。

由于受语言文字和编目人才等诸多因素的影响,东方小语种文献编目工作情况复杂、文种特殊性强、统一性差,文献编目发展水平也相对滞后。大部分文献的信息组织停留在卡片目录阶段,部分文献甚至没有进行任何形式的编目,采用了计算机编目的文献在数据规范程度上也存在欠缺,这都对馆藏资源的揭示形成了限制,影响到读者利用。国家图书馆的东方小语种文献在编目数量上实现了重大突破,在编目质量上也日趋向国际标准化和规范化方向迈进,下一步将在规范控制方面寻求突破,与国际接轨,以便更好地组织和揭示资源,提高文献的开发利用价值。

参考文献:

[1] 李致忠.中国国家图书馆馆史(1909—2009)[M].北京:国家图书馆出版社,2009

[2] 国家图书馆"十二五"规划纲要[EB/OL].[2015-09-30].http://www.nlc.gov.cn/dsb_footer/gygt/ghgy/

[3] 中国国家图书馆科研支撑平台[EB/OL].[2015-09-30].http://keyan.nlc.gov.cn/

[4] 顾犇.国家图书馆外文图书采编工作自动化的历史和展望[J].国家图书馆学刊,2002(2)

[5] 高红,顾犇.MARC21 书目数据格式使用手册[M].北京:北京图书馆出版社(今国家图书馆出版社),2005

[6] 李致忠.中国国家图书馆百年纪事(1909—2009)[M].北京:国家图书馆出版社,2009

VIAF及其对中文名称规范文档建设的启示

刘　丹

1　名称规范文档的共建共享

规范控制是编目的核心环节，是为确保文献信息资源检索点的唯一性和一致性而建立、维护、使用和评估规范记录和规范文档的工作过程。图书馆数据库中积累了大量的书目记录，通过对书目记录中各个检索点的规范控制能够有效地组织、管理和使用如此庞大的数据信息，实现图书馆的目录功能。可见，规范控制的对象是书目记录，具体为书目记录中的各个检索点，包括统一题名、连续出版物题名、主题词、人名、地名、会议和机构名称等。其中对个人名称、团体名称、地名等名称的规范控制称为名称规范控制，其基础是名称规范记录，也称名称规范文档。名称规范文档中记录的内容有：书目记录中名称检索点的规范形式；名称规范形式与相关的不同形式之间的参照关系；确定其参照关系的依据及其他有关信息（包括建档日期等）。各个名称规范记录中的规范形式必须保证唯一性和区分性，才能实现对受控检索点和书目记录的集中和区分的功能。

在图书馆编目初期，各个国家的国家图书馆或其他编目机构负责编制名称规范记录，建设名称规范文档。由于各国在语言和文化上的差异，不同的国际编目机构确立的名称规范形式经常是不同的，同样，他们也可能用同样的名称形式表示不同的个人名称等。在国际编目趋于一体化，数据共享和交换日益频繁的今天，名称规范文档的共建共享已成必然。

国外在名称规范文档的共建共享方面起步较早，已经有相当成熟的经验。美国国会图书馆（LC）于1977年推出的“名称规范合作计划”（Name Authority Cooperative Program，NACO）是其著名的“合作编目项目”（The Program for Cooperative Cataloging atPCC）的4个子项之一，采用的是联合规范文档模式。NACO最早源于LC和美国政府出版品印刷局协议透过一个共同的资料库分享规范记录，之后世界各地对规范数据建设感兴趣的机构也被邀请加入其中。通过该项目，成员馆向NACO规范档贡献个人、团体和地理名称、统一题名和连续出版物题名。虽然加入该项目的门槛较低，但参与机构所贡献的记录需先经过LC的指导和监督，以保证标目的一致性和准确性。NACO是一个国家级的共享名称规范档，不仅增加了数据库的记录数量，还保证了记录的质量，更重要的是分担了规范控制的成本。由欧洲委员会经费支持、欧洲多个国家参与的“连接和探索规范文档计划”[1]（Linking and Exploring Authority Files，LEAF）起始于2001年3月，旨在发展一个能将分散各地的名称规范记录以系统自动比对搜集的方式建立整合型资料库，并且能够与原馆藏建立连接[2]。该项目也是采用联合规范文档模式。2003年，美国国会图书馆、德国国家图书馆（DNB）和OCLC在这一年一致同意开发一个个人名称的“虚拟国际规范文档”（Virtual International Authority File，

VIAF)。时至今日,VIAF 已发展成囊括地名、团体名称、题名、家族、事件等的规范文档。不同于前两项计划,VIAF 采用的是虚拟联合规范文档模式,运用文档虚拟集中、实则连接的方式。

2 VIAF 项目的进展和工作流程

2.1 VIAF 的背景和进展

VIAF 是一项国际性服务,旨在提供对世界主要名称规范文档的便捷访问。其创建者将 VIAF 设想为构建语义网的基础,使得 Web 用户可将人名显示形式转换成首选的语言和文字。VIAF 的概念由 LC、DNB 和 OCLC 在 2003 年柏林国际图联世界图书馆和信息大会上提出。项目的主要内容是连接 LC 的个人名称数据库 LCNAF(Name Authority File)和 DNB 的个人名称数据库 PND(Personennormdatei)中的名称规范记录,形成一个统一的虚拟名称规范文档,并证明自动连接来自各个不同的国家规范文档记录的可行性。OCLC 在项目中承担开发软件,用以匹配两个规范文档之间的个人名称规范记录的任务。随着 2005 年法国国家图书馆作为项目负责人之一加入,陆续有其他国家图书馆及相关机构作为参与者加入其中。各参与机构的职责分配也日渐明确。OCLC 于 2012 年正式接管 VIAF,将其纳入可访问服务之一。其他参与机构提供规范和书目数据。截至 2015 年 10 月,VIAF 的贡献者包括来自 29 个国家的 34 个机构,其中有 24 个贡献者是国家图书馆,另外有 11 个国家图书馆通过 NACO 或其他计划向 VIAF 提供数据[3]。

大部分大型图书馆保有个人、企业、会议和地理名称、控制作品和其他实体的列表。这些列表也称为规范文档,由世界各地不同的图书馆社区以不同的方式开发和维护。由于很多社区的图书馆数据均结合在 OCLC 的 Worldcat 数据库的共享目录中,因此在处理这项工作中所显现的差异就越发明显。VIAF 有助于降低维护图书馆规范文档所需的成本,并使其在图书馆领域内外更加有用。为此,VIAF 匹配和连接国家图书馆的规范文档,归类特定实体的所有规范记录,合并为一个“超级”规范记录,以便将同一实体的不同名称集合起来。通过连接相同个人或组织的不同名称,VIAF 为图书馆和其他机构的更广泛社区提供了便捷方式,以便对服务于不同语言社区的图书馆制作的书目数据进行重新编排。具体来说,VIAF:连接国家级和地区级规范记录,为每一个名称建立一串记录;允许国家级和地区级不同的规范形式共存,并支持对首选语言、文字和拼写的不同形式的需求,以此扩展通用书目控制的概念;在新兴的语义网中发挥作用[4]。

2.2 VIAF 的数据和工作流程

经过 10 年的发展建设,VIAF 的数据量已经达到一定规模,根据 OCLC 向 VIAF 委员会提交的 2014 年度报告[5]显示,其输入的规范记录已接近 4500 万条,在处理这些来源数据后至少输出 4300 万记录集(见表 1):

表 1　VIAF 输入数据与输出数据汇总

	输入数据（来源规范记录）	输出数据（VIAF 记录集）
个人名称	3510 万条	35163929 条
团体名称	540 万条（包括会议名称）	5425304 条
地理名称	40 万条	416316 条
统一题名	390 万条	
表达		287211 条（截至 2013 年 6 月）
作品		1685745 条（截至 2013 年 6 月）

对于如此庞大的来源数据，VIAF 有完善的数据处理流程。以个人名称为例，首先为每一条书目记录中 100 字段或 700 字段记录的个人创建一条衍生规范记录。除个人名称外，衍生规范记录从书目记录中获取另外两种信息：一是特定某部作品的相关信息，例如题名和 LC 控制号等，二是适用于该著者多部作品的信息。后者在具体题名无法匹配的情况下有助于匹配著者。针对具体某一个人的全部衍生规范记录与该个人的原始规范记录集中在一起，生成增强规范记录。之后 VIAF 数据流中包括的多个图书馆的增强规范记录通过匹配算法进行匹配，经过去重和消除歧义处理，产生一条 VIAF 规范记录，并分配一个唯一标识符[6]。

由于各国使用语言和编目习惯的差异，同一名称出现在各编目机构规范记录中的形式不尽相同，因此在对不同来源的增强规范记录进行匹配的过程中，仅仅通过名称形式就能完全匹配的情况很少。所以，必须使用除了个人名称以外的其他个人信息来辅助匹配，才能保证匹配的可靠性。在个人名称规范记录包含的信息中，个人的生卒日期一般足以用来区分同名个人，因此是用来匹配名称的首选搭配。此外，作品题名、ISBN、合著者等信息也是用来匹配的重要参考。甚至出版社、责任方式、语言等信息也可为匹配提供参考依据，但作用甚微。

表 2　MARC21 格式的 VIAF 记录样例①

000 nz n
001viaf92872056
005$0000000066557267$12011-10-10 16:07:35$aassigned$c50
008 150311n||azznnabbn##########|a#aaa####|#
040$aVIAF$cVIAF
400 ##$aFarrell,Jacqueline Proulx$Imarried name$2BNF
400 1#$aFarrell,Jacqueline Proulx$2VIAF$2DNB
400 1#$aFarrell,Jacqueline Proulx$2VIAF$2SUDOC
700 ##$aFarrell,Jackie$3public$2BNF$013486650

① http://viaf.org/viaf/92872056/。

续表

700 1#$aFarrell,Jackie$3public$2VIAF$2SUDOC$0060554614
700 1#$aFarrell,Jacqueline Proulx$3public$2VIAF$2LC$0no2008024427
700 1#$aProulx Farrell,Jacqueline$3public$2VIAF$2DNB$01067604065
700 1#$aFarrell,Jacqueline Proulx$2BOWKER
901 ##$a9781565921153$2VIAF$2SUDOC
910 ##$a@ Pthreads programming,c1996:$2VIAF$2DNB
910 ##$a@ Pthreads programming,c1996:$2VIAF$2SUDOC
910 ##$a@ Pthreads programming,c1996:$2VIAF$2LC
941 ##$aaut$2BOWKER
944 ##aam2BNF
944 ##aam2VIAF$2SUDOC
944 ##$aText$2BOWKER
950 ##$aNichols,Bradford$2VIAF$2SUDOC
950 ##$aButtlar,Dick$2VIAF$2SUDOC

表2是MARC21格式的VIAF记录样例。VIAF的规范记录与各图书馆的原始规范记录差异还是很大的。首先VIAF的主要目的是连接各编目机构的规范记录,将同一名称不同来源的规范形式集中起来,而不是确定其中某一规范形式的唯一性,因此记录中并没有100字段。如果通过匹配算法确定不同来源的规范记录相互匹配,则对应的名称形式自动加入VIAF记录的700字段。除此之外,记录中还包含大量9××本地字段,这些都是从不同来源的衍生规范记录集中起来的,用于记录与个人名称相关的补充信息,为判断匹配与否提供依据。例如本例中的901字段用于记录从书目记录中获取的ISBN号,910字段记录245中的题名,941字段记录著者的角色,即责任方式,944字段记录格式,950字段记录合著者。

2.3 VIAF客户端的使用

OCLC提供了专门的VIAF网站供用户使用,网址是http://www.viaf.org/。自2012年5月起,任何用户均可从VIAF网站上免费下载VIAF数据集。VIAF的主页即为搜索界面,用户可在标目类型和贡献者类型下拉列表中选取检索条件,在输入框中输入检索词。例如,以“个人名称”“全部VIAF”和“Jackson,Michael”为检索条件,检索结果显示72个标题词。选定标题词,进入个人名称页面。页面中包含的信息有VIAF ID、永久链接和ISNI号(国际标准名称标识符),还有不同来源图书馆的名称规范形式,以各参与国的国旗代表该国提供的规范形式,通过点击名称可链接到对应图书馆的增强规范记录。

3 我国中文名称规范建设

3.1 中文名称规范建设的发展现状

国内在名称规范文档的共建共享方面起步较晚,目前还处于探索阶段。中国国家图书馆

(NLC)在基本职能和社会职能上发挥着与其他国家的国家图书馆同等重要的引领和示范作用,在国内名称规范文档的建设事业上不遗余力。NLC 对名称规范的理论研究肇始于 20 世纪 80 年代,先后制定用于编制规范记录的内容规则和格式规则,并于 1995 年成立专门的组织机构“名称规范组”,致力于名称规范的标准研究和独立建库工作。直到 2003 年 Aleph 500 系统上线,规范控制工作摆脱了图书馆自动化系统的限制,规范库和书目库在同一系统中得以实时对接,真正实现了将规范控制纳入到编目工作中,名称规范工作开始迅猛发展。与此同时,两岸其他数据机构的名称规范控制工作也在按部就班地进行。中国高等教育文献保障系统(CALIS)的一些高校成员馆在 20 世纪末建立了联机规范记录。CALIS 则在 2003 年 9 月正式启动“联机规范系统项目”,其特点是可对同一实体的不同语种标目形式进行统一揭示。香港几所大学图书馆于 1999 年联合成立了“香港中文名称规范工作小组”(HKCAN),致力于联合建立一个统一的中文名称规范数据库。该工作组 2001 年正式加入香港地区大学图书馆协作咨询委员会(JULAC)的联馆合作计划。台湾汉学研究中心(CCS)和台湾大学图书馆联合成立了“中文规范参考数据库建置小组”,合作建设和共享两馆中文名称规范资源。

2003 年,NLC 联合 CALIS 和 JULAC 成立中文名称规范联合协调委员会(CCCNA),使中文名称规范控制工作的推动摆脱了区域和机构的限制,实现了跨区域、跨系统的合作共享。随着次年 CCS 的加入,中国内地、台港澳地区和海外华文图书馆名称规范工作的共建共享正式揭开了序幕。CCCNA 自成立以来,每年召开一次会议,探讨中文名称规范控制工作,在标准的确立和数据库的建立方面取得了实质性进展。在委员会的推动下,中文名称共享数据库开始建设,其一站式查询系统①也由 HKCAN 负责开发完成,可提供其成员馆及 LC 等中文名称规范数据库的检索。2008 年委员会第六次会议上决定建立中文名称共享数据库②。系统的检索页面,用户可通过选择标目类型和限定数据来源进行检索,系统返回的检索结果指明记录来源,并可提供多种 MARC 格式显示和记录批量下载功能。

3.2　中文名称规范建设与 VIAF

国内在区域性名称规范文档的共建共享方面取得了一定的进展,但在与国际文档接轨和融合方面仍有许多实际困难阻碍发展。首先,不同机构规范文档的共享关键在于双方的数据是否能够正确匹配,而不同机构在编目规则、编目格式和编目理念上的差异直接影响数据匹配的结果。例如,国内中文名称标目主要遵循《中文文献编目规则》,与 LC 等多数西方国家遵循的 AACR2 或 RDA 在细节上有差异;两者所采用的格式标准差异性更大,分别为 CNMARC 和 MARC21。其次,国内中文名称规范文档的建设还不完善,不同机构对同一名称规定的规范形式存在差异。此外,国内学者通过对中文名称规范文档与 VIAF 数据的匹配实验得出结果,有超过一半的作为实验数据的中文名称规范记录在 VIAF 中并无记录,国际编目界在中文名称规范文档建设方面也不完善[7]。

为促进中文名称规范文档在世界范围内的共建共享,上述阻碍中文名称规范建设与国际接轨的问题亟待解决。首先,必须规范国内名称规范记录,标准化中文和汉语拼音的使用,进

① http://www.hkcan.net/MultinameAuthority/。

② http://cnass.cccna.org/jsp/index.jsp。

而推动国际编目对中文名称标目的规范化与标准化，改善国内外对同一名称描述形式多样化的现状。其次，丰富国内名称规范记录中包含的信息，同时确保名称相关信息的准确性和标准性，为数据之间的匹配提供更多参考依据。第三，进一步深化区域合作，逐步协调规则，减少国内编目机构之间的差异，探索中国加入国际虚拟名称规范文档建设的可行性。第四，效仿国内应对新的编目规则的方式，采取“外文先行”的对策，向国际规范文档提供中文名称罗马化的规范形式和记录，为中文名称规范加入国家规范文档抛砖铺路。据悉，国家图书馆在2015年CCCNA第十三次会议上指出，其加入VIAF的事宜正处于进程之中，这也是我国中文名称规范控制工作的愿景和未来。

VIAF起源于图书馆领域，但随着越来越多其他行业寻求与其合作，它已逐渐超越图书馆界的范畴，并与维基百科、ISNI等项目构成了关联数据环境，成为语义网重要的组成部分[8]。世界名称规范文档的建设亟待中国的参与，需要中文名称规范记录的补充，但国内名称规范文档的建设还处于初级阶段，存在许多不足。因此，要借鉴国外名称规范文档建设的成熟经验，加强国内不同机构之间的协同合作，构建规范有效的国内名称规范文档，探索构建我国的虚拟中文名称规范文档，促使国家图书馆成为VIAF的贡献者成员，将更多的中文名称规范记录开放为关联数据。

参考文献：

[1] LEAF Project[EB/OL].[2015-09-10]. http://www.leaf-eu.org/

[2] Rick Bennett，顾犇编译. 虚拟国际规范文档——连接德国国家图书馆和美国国会图书馆的规范文档[J]. 国家图书馆学刊，2006(4)

[3-4] VIAF [EB/OL].[2015-09-10]. http://www.oclc.org/viaf.en.html

[5] 2014 Annual Report to VIAF Council.[2015-09-15]. http://www.oclc.org/content/dam/oclc/viaf/OCLC-2014-VIAF-Annual-Report-to-VIAF-Council.pdf

[6] Hickey T. The virtual international authority file [EB/OL].[2015-09-25]. http://www.oclc.org/content/dam/research/presentations/hickey/ala-2009-cdg-wess.ppt

[7] 贾君枝，石燕青. 中文名称规范文档与虚拟国际规范文档的共享问题研究[J]. 中国图书馆学报，2004(6)

[8] 崔春，毕强. 虚拟国际规范文档(VIAF)项目进展[J]. 图书情报工作，2014(6)

基于编目实践对RDA特征的双面性分析

刘玉绵

随着时代的进步、科技的发展，编目工作从手工编目发展为计算机编目，资源类型也从纸质资源扩展到数字网络资源，为了适应新的编目环境，从20世纪末期开始，掀起了修订编目规则的热潮。FRBR、FRAD、ICP、ISBD统一版等先后问世，在编目概念模型、编目原则、著录标准方面都有了新的规则，但编目工作的内容标准还停留在基于卡片时代、编目对象主要为实体资源的AACR2，尽管AACR2也在持续地修订与完善，但仍难以适应数字资源、网络环境的资源描述。因此,基于 AACR2,以 FRBR/FRAD 为理论基础,遵循《国际编目原则声明》,体现国际编目界的最新进展,以成为全球性的资源描述与检索的内容标准为目标的新编目规则——RDA 应运而生[1]。

RDA 编制时所期许达到的目标是:以数字资源为重点;建立在原则基础上;世界范围内使用;易于使用与说明;能在联机、基于网络的环境里应用;适合所有类型的媒介;与其他资源描述标准相兼容;应用范围拓展至图书馆领域外[2]。回首 RDA 从诞生至今 5 年多的历程,这些目标有的已成功实现,有的正向目标大步迈进,而有的目标因未能很好实现而仍然备受争议。RDA 许多崭新的特点充分体现了其作为新时代编目规则的优势,但结合编目实际,这些特点又难免存在一些局限性,令编目员困惑不解,这正是事物的双面性所在。本文中笔者将从 RDA 一些显著特征的双面性入手,剖析 RDA 的优势和不足,并为今后 RDA 在本地化实施中扬长避短提出有益的建议。

1 双面性分析

1.1 继承 vs 创新

RDA 是以最大限度地"为目录用户提供便利"为指导思想,在 AACR2 基础上,以《国际编目原则声明》为宗旨,按照 FRBR、FRAD 模型之实体、属性、关系的结构进行编排和组织,不仅可以适用于已经出现的各种内容和各种载体的资源的描述与检索,同时具有可扩展性,可以随资源类型的不断复杂进一步扩展[3],显示出 RDA 是一部包容性强、有可持续性发展的规则。RDA 不但在资源上能满足所有内容类型以及所有媒介类型,而且在应用上也希望能突破地域限制,走向世界,并能应用于图书馆以外的领域,使之成为真正国际性的、满足数字环境下资源描述与检索的标准。另外,RDA 还充分展现了其目标和思想,即"为目录用户提供便利""轻松高效的利用""书目信息共享""书目数据是为了用的""提高编目效率"等理念或宗旨[4],充分体现了编目思想和理念的进化、发展与创新。

然而,虽然 RDA 采用了 FR 家族的概念模型及术语,颠覆了 AACR 的传统模样,但从 RDA 的总体框架和描述内容上看,还是能看到 AACR 的踪影。RDA 除第 0 项的 10 个主体部分中,1—4 部分,为资源、责任者和主题三组实体属性的描述性规则,类似于 AACR2 第 1 部分描述各类型文献的著录规则;5—10 部分,记录实体之间的关系,类似于 AACR2 第 2 部分标目、统一题名和参照,关于标目与检索点的选择和形式规范的规则,由此看来,RDA 仍然是从 AACR2 脱胎而来[5],因此也有学者认为,RDA 的革命还不够彻底,有的甚至将 RDA 视为"20 世纪的编目规则"[6]。

同时,RDA 规则似乎也体现了经典编目思想的继承与回归,如卡特在一百多年前就提出了"用户至上"的思想及"灵活性原则",认为在条例的编制和使用中,用户的便利是第一位的,编目员的经验和判断是至关重要的,应该给编目人员以较大的自由度,这些思想贯穿了 RDA 的始终。而另一位编目巨匠柳别斯基创立的"作品"的概念也在 RDA 中得到了充分的体现。另外,RDA 中某些细节如著者"三原则"的取消,是否可以理解为西方编目思想一直崇尚的重视"著者"的人文主义思想的再现呢?

1.2 易于理解 vs 难以理解

RDA 是按照 FR 家族的模型建立,为用户提供查找、识别、选择和获取的功能,但 FR 家族本身就是一个概念模型,对于电脑终端用户的编目员来说缺乏一定的直观性。而从 RDA 的结构上看,由于所有的著录事项都被安排在相关实体的属性之下,并且不分著录与标目,集描述性编目和主题编目于一体,对编目人员理解和查找都带来一定的困扰[7]。在编目工作中,如要查找某一著录项目,需要了解该著录项目与载体表现、内容表达、单件中的哪个元素对应,方能查找到相关的内容,因此,有业界人士批评 RDA 结构混乱。

另外,从规则细节上看,如 RDA2.2.3 规定,并列题名是指“另一种语言和/或文字的正题名”,取自资源内的任何来源,而不局限于首选信息源,即不一定与正题名在同一信息源;2.3.4 规定,其他题名信息是指“与资源正题名一同出现并附属于正题名的信息”,信息来源与正题名相同,编目人员在著录题名信息时可能需要随时转换概念,在判断上是否会出现混乱呢?

尽管 RDA 的目标之一是“规则应利于理解和使用”,但实际上在一段时期内做到充分理解和使用可能还是困难重重。要想深刻理解 RDA,除了 RDA 本身外,还需要学习 FR 家族的相关概念、深入理解“实体—关系—属性”的 ER 分析技术等,把握资源的内容实质,挖掘资源、实体间的各种可能存在的关系,这些均对信息描述人员的能力提出很大挑战[8]。

1.3 数字资源 vs 传统资源

科学技术的发展,带来了资源类型的变革,电子资源、数字资源层出不穷,产生于卡片时代、为印刷资源设计的 AACR2 已无法满足新生资源的编目,RDA 弥补了 AACR 在对实体资源以外资源描述上的不足,无疑对描述数字资源提供了可遵循的依据。RDA 第 0 篇导言主要特征指出:RDA 提供了一个灵活且可扩展的框架,在描述利用数字技术制作和传播的资源的同时还能满足对非数字格式制作的资源进行组织的需要。不难看出,RDA 是把数字资源的描述作为重点进行考量的。

数字资源在便利性、共享性、时效性、高容量性等方面有着传统资源不可比拟的优势,但在某些方面的特性却给编目带来了一定的困难,比如,数字资源的时效性、可更新性、信息源的不规范、书目信息分散等。而 RDA 顺应了数字资源的特点,如针对信息源做了很大的调整,不但在名称上有所改变,比如把“主要信息源”变成了“首选信息源”,而且放宽了信息源的范围,将很多元素的信息源由 AACR2 的规定信息源扩大到了整个资源本身,使 AACR2 规则下数字资源编目难以判断的信息源等问题得到了有效的解决。再如,取消了“GMD”,取而代之的是内容类型、媒体类型、载体类型,避免了 AACR2 对资源类型混淆不清的描述,也更有利于数字资源的编目工作。

然而,图书馆的编目工作在资源上走向多样化的道路,突破了纸本图书、手头文献,走向数字资源、网络资源的同时,传统的实体资源在图书馆馆藏中仍占有非常重要的地位,实体资源的信息组织仍是图书馆重要的业务工作。传统的实体资源有着读取方便、不受时空限制等特点,并且其资源内容固化,不会随时间的流逝而产生变化,因此同一作品不同内容表达间某些细小的差异往往作为辨别版本的依据,对这些差异的描述对某些资源如多版本图书等的著录显得格外重要。编目人员一般是通过对比书目记录中客观描述的内容,比如题名页信息、封面信息、书脊信息等的如实著录的画面感进行比对判断版本信息,因为图书馆的实体资源通过编目加工后,均进入专门的阅览室、书库等,难以实现通过翻看资源本身进行对比判定版本间的差异。但由于 RDA 对信息源的扩大,特别是首选信息源以外信息描述的灵活性,在实体资源的客观描述方面存在一定的不确定性，从长远看在版本判定、特征识别上可能产生一定的困扰。

RDA 的这些改变便于网络环境下数字资源的著录，但对于图书馆的传统资源的著录是否更为有利还有待实践的进一步检验。

1.4 标准化 vs 灵活性

编目工作的规范化与标准化是实现书目数据交换与共享的前提和基础。AACR2 在规则的灵活性方面与 RDA 相比虽显得比较刻板，但在编目的规范化与一致性上贡献非凡。由于 AACR2 规则较少的灵活性和可选性，使得各书目机构的书目数据标准也趋于一致，便于书目数据交换与共享，使以套录编目为主的西文编目在 AACR2 时代套录数据方便、高效。

但由于 RDA 给予了编目机构和编目员一定的灵活性，因此书目数据的描述内容与质量将与编目机构的政策和编目员的认知、对规则的理解程度挂钩，各书目机构间的书目数据必将存在各种各样的差异。套录编目时，编目人员可能会游走在有一定差异的数据源之间，即使是比较优质的数据源，由于对规则理解、掌握程度的个体差异及与数据源的契合度，将可能导致数据共享成本增加，以及编目质量难于控制。

1.5 用户利益 vs 编目成本

RDA 为了目录的“用户利益”，针对 AACR2 中的不利于理解和表达的内容作了较大的调整，如“所见即所得”、题名错误不必订正、取消缩写等，不但便于用户理解，也消除了由于编目人员判断产生的差异。另外，RDA 针对 AACR2 的“三原则”也作了比较大的改变，由于 AACR2 时代受卡片容量的限制，责任者众多时无法一一著录，只能进行取舍，因此有了“三原则”。如今，著录项目、著录内容已不再受卡片制约，RDA 不但取消了“三原则”，而且在责任说明中的责任者称谓、所属机构等可一并如实照录，这些改变能使书目数据变得更加丰富，关系更加明确，也可使责任者地位的公平性得到充分体现。

但在方便理解和表达的同时，必将带来编目成本的增加。如，取消缩写、取消“三原则”，必然导致编目员录入信息和规范控制数量的增加。因此，在目前的技术及工作效率要求的条件下，无论是手工录入还是校对数据都增加了编目工作的工作量，难以实现单位时间内对书目数据质量的控制，而正确、客观的描述又是规则所要求的，这就产生了理论与实际工作之间的差距与矛盾。

在套录已有 RDA 数据进行编目时，一些新的著录方法实践起来也存在一定的困扰，如①责任者数量：在套录编目中，由于创建记录的编目员有灵活判断的权利，因此在责任者数量超过三个时，有些书目数据把四个责任者的后三个省略著录为[and three others]，有些即使是四个或更多的责任者却一一著录，而没有采用省略著录。在著录检索点时，有些数据为每一个责任者做名称规范检索点，而有些数据是有选择的做第一个或前三个。②责任说明标识符：由于责任者与责任者称谓、所属机构等混杂在一起，可能是在断句或识别上的考虑，LC 的 RDA 数据中相同责任的前一责任者所属机构与后一责任者名称之间经常使用“;”，似有违背 ISBD 相同责任之间连接符号为“,”之嫌；还有把责任者所属机构置于资源本身并不存在的圆括号中的情形。③索取号的连续性：由于取消了“三原则”，无论作者的数量，首位作者均作为主要检索点著录。多著者、多版次、年代跨度大的图书，如责任者发生变化，索取号的连续性难以实现。④插图的著录:现有 LC 的 RDA 记录中,存在大量资源中有插图而书目数据缺少 300 $b 的情况,可能原因是插图在 RDA 中为非核心元素。⑤700"Container of(work)"的著录:某些数据中为目次中的已出版或大型或重要篇名等添加 700 分析规范检索点。类似以上这些著录方式的变化,对于刚刚起步学习 RDA 规则的编目人员似有无所适从的感觉,在套录编目时是照搬拿来还是进行修改,在本地化规则还未明确的时期只能由编目人员自行判断,也是编目成本增加的因素。

然而,编目机构不得不考虑编目成本,在美国 RDA 测试协调委员会 2011 年 6 月提交的报告《美国 RDA 测试协调委员会实施报告和建议》中显示,创建 RDA 记录平均时间是 31 分钟,创建前 10 条数据所用的时间明显超过之后数据所用的时间[9],由此可见,随着时间的推移,对规则的掌握,以及工具的熟练使用,编目时间成本有希望能变得可控。

2 应对策略

2.1 培训

RDA 的顺利实施,需要编目机构的认可和编目人员对标准的掌握。编目机构要制定有效的培训计划,编制培训资料,对编目相关人员及技术实施人员进行定期和不定期的培训,这方面 LC 已有相关的经验,可以作为各机构 RDA 培训的基础指南。国内以国家图书馆为引领从 2012 开始即邀请国内外编目专家开办了 RDA 的培训班和研讨会,起到了积极的作用。笔者认为,RDA 的培训还要以 FR 家族的培训做起,FRBR 和 FRAD 虽然发布已有 10 多年,也得到了广泛的关注和讨论,但由于 FR 家族是个概念模型,理解上的困难难以消除,此次 RDA 采用了 FR 模型和术语,使 FR 的概念走到了前台,编目人员必须直接面对,因此要掌握 RDA,要先学习 FR 家族的实体—属性—关系的相关概念,如此,方能深入领会 RDA 的精髓。

2.2 本地政策制定

RDA 是资源描述与检索的指导性原则,而不是必须遵守的准则,用户可根据自己的需求进行选择、取舍,依据 RDA 制定适合本地的细则将是编目机构实施 RDA 编目的基础。AACR 时代,根据国情为中、西文编目工作分别制定了《中国文献编目规则》和《西文文献著录条例》。RDA 的编制在这方面已有所考虑,其在一般性规则外,增加了"交替""可选""例外"以及"由数据创建机构决定或由编目员判断"[10],为编目机构根据需要制定适合本地需求、易于理解、便于操作的"规则"或"条例"提供了空间与便利。编目机构需要成立一个具有长效机制的 RDA 政策研究机构,除制定本地政策、规则外,还要提供后续的修订及编目员的咨询工作。在具体的政策制定上,受 LC-PCC PSs 对 1801 年前出版的书籍和 19 世纪早期的资源不采用 RDA 的启发,本地规则是否也可以在普通图书与古旧资源、实体资源与数字资源、专著与集成性资源等之间根据资源特征加以区别对待,找到更适合本地的应对政策。

2.3 编目技术环境的提升

RDA 作为新环境下的资源描述与检索的规则,为了方便网络环境下编目人员使用与查找,在发行纸本的同时,还发行了功能强大的 RDA Toolkit,该即时更新的工具套件方便网络用户查找、使用 RDA。如果本地化后的 RDA Toolkit 能够灌入所应用的编目系统,将能更大地方便编目人员使用而减少外部网络环境的影响。另外,如果编目系统能引进扫描、抓取技术,将更有利于"take what you see"照录原则的实现。而就目前的编目系统而言,以国图为例,Aleph系统还停留在20版升级时的状态,MARC21近几年的更新均未能实时跟进,因此如果要顺利实施RDA编目,编目系统的技术提升应该也是重要的基础。另外,RDA是为网络环境所设计,网络环境对编目技术的实现至关重要,网络管理部门需与编目部门建立良好的沟通与协作,在网络环境技术方面对RDA的实施提供保障。

RDA以其全新的理念、强大的功能和目标为编目工作开辟了一个新的时代,尽管从规则本身的理解到编目技术的提升还需要编目人员和编目机构进行相当长的摸索,但这个过程也正是推动RDA前行的基础。在人们对文化信息产品的需求日益增长的环境下,编目工作应以RDA为契机,迎接挑战,使编目工作和编目技术再上新台阶。

参考文献:

[1][7] 王松林. 中文编目与RDA[M]. 北京:海洋出版社,2008

[2] 杨莉萍. 美国国会图书馆RDA服务实践所感[J]. 现代情报,2011(11)

[3][5] 张秀兰. RDA对其它国际编目标准的继承与发展[J]. 图书馆论坛,2011(12)

[4] 周德明. RDA:从理论到实践[M]. 北京:海洋出版社,2014

[6] 胡小菁.《资源描述与检索》的酝酿、编制与实施[J]. 国家图书馆学刊,2011(2)

[8] 徐静."资源描述与检索"内容框架演变的历程分析[J]. 图书与情报,2011(5)

[9] 罗翀. RDA全视角解读[M]. 北京:国家图书馆出版社,2015

[10] 胡小菁. RDA的国际化设计与本地化实施[J]. 大学图书馆学报,2013(1)

LCSH 中主题复分的类型解析

朱 虹

1 《美国国会图书馆主题标目》及《主题标目手册》

以文献论述的事物、对象和问题为依据,直接采用自然语言或规范化的自然语言作为主题的标识符号,编排、组织和查找图书馆资料的检索方法,即主题标引。目前,国内西文文献的主题标引一般采用《美国国会图书馆主题标目》(LCSH),同时辅助以《主题标目手册》(SHM)。

《美国国会图书馆主题标目》(Library of Congress Subject Headings)。作为目前世界上使用时间最长、范围最广、影响最大的一部综合性主题词表,它的产生可以追溯到19世纪末,随着当时图书出版事业的繁荣,图书馆的文献资源馆藏数量不断攀升。为了满足读者查询的需求,LCSH应运而生。1909年7月,美国图书馆协会宣布开始出版LCSH,直至1914年,第一版出版完成。此后,经过不断的更新和完善,到2013年,已经出版至第35版。

《主题标目手册》。于1984年首次出版,当时名称为《主题编目手册:主题标引》,其后经过多次修订和再版,目前使用的2008年版更名为《主题标目手册》。该手册最初是美国国会图书馆为本馆编目人员制定的内部工作手册,随着那些希望以美国国会图书馆方式进行编目的图书馆的加入,馆外的用户越来越多。它方便了大家对美国国会图书馆政策信息的获取,满足了对主题编目政策标准化和实践操作一致性的需求。

2 复分

复分是国会图书馆主题标目体系中的基本要素,在主题标引过程中与主标题搭配使用,因此也称子标题或副标题。复分所体现的是与主标题内容相关的次要内容,通常表现为主标题的不同方面,当仅使用单一的主标题不能很好地揭示作品内容时,就需要进一步复分。复分用于将一个主题的多个方面组合为一个主题串(标目)或是用于进一步排列一个大的文档。是否进行复分主要基于作品的需要,同时也取决于标引人员对复分的认识。若某一主题的作品数量较多,则启用复分做进一步排列;若作品涉及主题的某些具体方面,则使用复分进一步细分。

按照不同的标准,复分可以划分为多种类型,各种类型之间也存在着重合和交叉。通常情况下,LCSH 按照内容将复分划分为四个类型,即论题复分、形式复分、年代复分、地理复分。另外,从 LCSH 对复分的处理来看,复分又可以划分为非自由浮动和自由浮动两种复分类型。在 LCSH 中,复分前均使用“-”进行标识,无法直接区分是哪种复分类型,而在 MARC21 的书目记录格式中,不同类型的复分则分别被记录在 6×× 字段的 \$x、\$v、\$y、\$z 子字段。

2.1 论题复分

论题复分是用于将主标题或上位子标题所表达的概念限定到专指方面的子标题,通常表示上位标题的属性、概念、行为、方法或方面,如:-Psychological aspects,-Research,-Statistical methods 等复分,就经常出现在比较常见的领域里,用于众多的标题。

论题复分在 MARC21 中以 \$x 子字段的形式出现。当一个主标题有多个论题复分时,每个复分进一步完善了主标题所表达的概念,使其更加具体,如:

LCSH 中:

Construction industry-Management

Construction industry-Management-Employee participation

MARC21 书目记录中:

650#0 \$a Construction industry \$x Management

650#0 \$a Construction industry \$x Management \$x Employee participation

论题复分的使用比较广泛,可以在所有类型的主题标目下使用,有一些论题复分还可以根据 LCSH 中的注释说明和一般参照以及《主题标题手册》的相关规则,采用自由浮动的方式进行组配。

2.2 形式复分

形式复分用于明确作品主标题的形式特征,*Subject headings: a practical guide* 的作者 Haykin 对形式复分是这样阐述的:“形式复分是基于作品主题的表达形式或编排而对主标题的延伸。即它表示的是这本书是什么,而不表示这本书所讲的内容,作品的主旨是通过主标题而非形式复分来表达。”由此可见,形式复分表明该作品是什么,而不是关于什么。

形式复分可以和所有类型的主标题及其他复分一起使用,一般位于标题串的最后一级。经常用到的形式复分有:-Bibliography,-Juvenile literature,-Periodicals,-Encyclopedias,-Maps 等。有些复分既可以用作论题复分,也可以用作形式复分,以-Periodicals 为例:

Medicine-Periodicals

Medicine-Periodicals-History

第一例归为一种普通的医学期刊,第二例归为一本有关医学期刊历史的专著。

之前,MARC21 中的子字段代码 $x 同时用于论题复分和形式复分。为了方便区分这两种复分,1999 年 2 月起,美国国会图书馆经 MARC21 核准开始使用新的子字段代码$v。当形式复分表示编目的作品“是什么”时,使用 $v 子字段,例如:

Title:Words you need to know to pass admissions & standardized tests.

650#0 $a Vocabulary tests $v Study guides.

650#0 $a Vocabulary $v Problems, exercises, etc.

当形式复分表示作品是“关于什么”时,使用 $x 子字段。这种情况经常出现在一个形式复分后面紧接着另一个形式复分。例:

Title:Metals handbook comprehensive index.

650#0 $a Metals $x Handbooks, manuals, etc. $v Indexes.

-Handbooks, manuals, etc. 一般作为形式复分使用 $v 子字段,在本例中启用 $x 子字段,是因为作品本身不是手册,而是手册的一个索引。

依照国会图书馆的惯例,当有合适的形式复分存在时,主题标目串中应该包含一个形式复分。一般情况下,一条书目数据中所有主题标目的形式复分是相同的,只有两个例外,一是某些特定类型的标目下,形式复分未被授权使用,二是形式复分仅代表了编目作品的一部分,这部分由单独的标题标注。

2.3 年代复分

年代复分表明作品内容所在的时间点或时间段,用以限定主标题或上位子标题的时间。年代复分可以直接跟在主标题之后,也可以与其他几种复分结合使用。通常年代复分与国家或地区的政治、经济、文化、艺术、历史等因素有关,随着某些国家或地区在这些领域的重大变革,与之相应的年代复分也往往会发生变化,因此 LCSH 也在不断更新。年代复分表示的时间一般都依据所属领域内已经达成共识的时间或是固有存在的时间。在 MARC21 中年代复分以 $y 子字段的形式出现。

年代复分的表达有多种形式,选用哪种形式取决于时间上的特定要求。在这里,我们根据不同情况大致分为 4 种形式。

(1)时间明确的复分。这种复分指明了具体的日期或有具体起止日期的时间段。例如:

650#0 $a Jews $x History $y 1789-1945(指明具体时间段)

650#0 $a Solar eclipses $y 1854(指明具体日期)

(2)时间不明确的复分。这种复分是指并未详细指明开始日期或结束日期,或是起止日期都不明确(该情况只发生在地质时代)。例如:

650#0 $a Libraries $x History $y To 400(未指明开始日期)

650#0 $a World politics $y 1989-(未指明结束日期)

650#0 $a Geology, Stratigraphic $y Devonian(起止日期不明确)

(3)用世纪名称作为复分。这种复分是指在主标题或上位子标题之后可以跟随世纪的名称作为复分。例如:

650#0 $a Wood-engraving $y 17th century(具体世纪)

651#0 $a Sicily(Italy) $x History $y 15th-18th centuries(多个世纪)

(4)带有说明语的复分。这种复分是指主标题或上位子标题之后跟随的日期都有文字说明,如历史时期、历史事件或君主名称。例如:

650#0 $a Christian art and symbolism $y Renaissance, 1450-1600(说明历史时期)

650#0 $a Panama $x History $y American Invasion, 1989(说明历史事件)

650#0 $a Great Britain $x History $y George V, 1910-1936(君主名称)

另外,年代复分是用来反映作品内容的时间,而不是出版时间,但在某些学术领域需要区分作品出版的时间是早期还是近期,于是年代复分就有了一个固定的形式——Early works to [date],用于表达作品出版的时期。例如:

650#0 $a Aeronautics $y Early works to 1900

650#0 $a Geometry $y Early works to 1800

2.4 地理复分

地理复分指明主标题的起源及地理位置,即它可以标识事物来自哪里或是位于哪里,从而限定主标题或其上位子标题的地理区域。跟在标题之后的标识语(May SubdGeog),表示标注了该标识的标题均可进行地理复分,在主题规范记录中,它与 008 字段 06 字符位值“i”共同使用。

地理复分有两种类型:直接复分和间接复分。直接复分是指将地理复分直接置于主标题或论题复分之后,通常是国家或超越国家的更大范围区域的名称;间接复分是指在主标题或论题复分之后、本地名称之前,插入一个范围更大的地点名称,通常是前面提到的可以作为直接复分的地名,这种与本地地点结合使用的形式,使本地名称含义更明确。无论是直接复分还是间接复分,在 MARC 中都记录在 6×× 字段的 $z 子字段。一般情况下,更大范围的地理名称记录在 $z 子字段,后面跟着另一个 $z 子字段记录更加具体的地点名称。例如:

650#0 $a Right to labor $z India $z Bihar

地理复分比较复杂,针对不同情况制定了很多规则,这里我们就地理复分的一般规则及个别例外做个简单介绍。

(1)一般规则

①有(May SubdGeog)标识的标题均可进行地理复分,可以直接复分的有各大洲的名称、大于国家的区域名称、国家名称、加拿大的省、英国的一级行政区、美国的州。完全隶属于国家的地理实体之前要插入该国家的名称,这些地理实体包括:省、区县、城镇等下属行政区;历史上的王国、公国等;山脉、水体、湖泊、流域、分水岭、都市地区等地理特征和地区;位于争议疆域的岛屿。这些地理实体是间接复分。

②完全处于现存行政管辖区的历史王国、前行政管辖区、已消失的城市等用现存行政管辖

区来复分。

③城镇以下级别的地点不再进行复分，而是用附加的标题来说明城镇内的地理实体或特征，如遗址、公园、街道、城市各部分等。

④地理名称复分时，要使用最新的名称形式，而不要考虑作品中提到的名称形式和时间段。现存地区或行政区域在历史上曾受不同政权统治，只要其目前完全属于一个国家，则以其当前国家名称为准，不用考虑编目作品描述的过去政权统治情况。即使作品涉及的是早期时代，作为地理复分仍要使用现在领土主权的地点名称。

⑤为了避免冗长，删除与上一级地理复分名称一致的下一级地理复分的限定词。

⑥有些主标题的一部分是由地名或是地名的形容词形式组成，如 Indians of Mexico、Coins, Greek，这种情况一般不用标题里的地名来复分主题。

⑦除了主题规范文档中已经规范的天体之外，一般不使用天体名称作为地理复分。

(2)个别例外

①作为直接地理复分的地点是国家或更高一级地区，但是有三个需要特别处理的国家，即加拿大、英国和美国，这三个国家下的一级区划可以直接复分。如有需要，用国家、城市或其他直属单位的名称做进一步复分。需注意的是，当使用州或省的名称时，要使用名称规范文档中的形式。

②与城市相连的地区作地理复分时，通过该城市所属的上级行政管辖区进行间接复分，只有以下三个例外：Jerusalem Metropolitan Area、New York Metropolitan Area 和 Washington Metropolitan Area，与这三个城市相连的地区可直接复分。

③可以直接置于主标题之后的城市有华盛顿城和耶路撒冷城，另外梵蒂冈城之前也不插入其他元素。

2.5 自由浮动复分

除了上述 4 种主要类型外，LCSH 在处理复分时，还可以划分为自由浮动和非自由浮动两种复分类型。自由浮动复分被定义为“经过审核建立的可用于特定主题之下的形式或论题复分，因此没有为每条可能用到的主标题/复分组合建立规范记录”。自由浮动复分没有既定的论旨—复分标题可用，需要根据每个复分的应用范围及注释进行自主搭配。自由浮动复分的使用体现了 LCSH 从基础的列举式体系向分析—合成体系的发展，这也要求编目员在应用中要适时考虑其适用性及相关规则。而非自由浮动复分，顾名思义则是与自由浮动复分对应的，词表中已有的各主标目下所收录的复分。

使用任何自由浮动复分前，首先要确定使用方法遵循了主题编目的相关政策。在 *Subject Cataloging Manual* 中，关于自由浮动复分的列表位于 H1095 至 H1200。在 MARC21 的主题规范记录中，自由浮动复分出现在复分规范记录中的 18× 字段，识别它们的控制说明列表代码出现在 073 字段，使用声明和说明出现在 680 和 667 字段；范围注释在主题标目规范记录的 680 字段；一般另见参考在通用标目规范记录的 360 字段查看；当不存在通用标目时，一般参考在参考记录的 260 字段查看。另外，在 *Free-floating subdivisions: An Alphabetical Index* 中，可以查找自由浮动复分具体说明的年代指南；*LC Subject Headings Weekly List*, *Summary of Decisions* 中有新的自由浮动复分及现有复分相关变化的最新公告。

自由浮动复分分为 5 种类型，即一般应用的形式和论题复分；人物和种族下面使用的复分;单独的团体、个人和家族名称下面使用的复分;地理名称下面使用的复分;模式标目控制的复分。

2.5.1 一般应用的形式和论题复分

一般应用的形式和论题复分是常用的自由浮动复分,LCSH 和 SHM 中都列出了通用的自由浮动复分列表,表中列举的形式子标题和论题子标题都可用于复分,并且对于复分的使用范围在各子标题下均已注明。例如:

LCSH 自由浮动复分表:

-Abbreviations

H 1095

Use as a topical subdivision under topicalheadings for works about abbreviations pertaining to those topics.

NT-Acronyms

SHM 自由浮动复分表:

$x Abbreviations

Use under topical headings for works about abbreviations pertaining to those topics.

See also-Acronyms

LCSH 中的通用自由浮动复分表中除了使用范围,还列出了 SHM 中的相关章节,以供查阅。SHM 中的通用自由浮动复分表使用 MARC21 的相应子字段编码,如 $x, $v,更为直观。通用自由浮动复分表中的许多子标题下还可以进一步复分,复分表中符号"-"的数量表示可进一步复分的层级。

2.5.2 人物和种族下的复分

在自由浮动的基础上可以酌情在人物类别的主题词之下使用下列复分,包括年龄和性别群体;社会、经济和政治人群;困苦的人群;特定的宗教成员;员工和职业群体等,如,Youth;Women;Poor;Political prisoners;Hare Krishnas;High technology industries-Employees。该类别不包括社会阶层的标目以及种族和民族的标目,如,Peasantry;Nobility;Hispanic Americans;French。而由种族或民族的形容词限定的人物类别的标目,则包括在该类别中,如,African American dentists;French students。

在自由浮动的基础上可以酌情在种族主题标目之下使用下列复分,包括文字出现前的群组,已不存在的历史人物,种族,美国的人种群,如,Berbers;French-Canadians;Aboriginal Australians;Turkic peoples;Minoans;Blacks。此外还包括关于民族的标目(当复分用来指定那些本土以外的国家或地区的民族或居民时),如 Danish,Asians 和 Ukrainians。该类别同时还包括西半球土著民族的标目:Indians;印第安人五个主要区域组群的标目:Indians of Central America;Indians of Mexico;Indians of North America;Indians of South America 和 Indians of the West Indies;以及部落群和个别部落建立的主题标目,如,Aleuts;Eskimos;Navajo Indians;Spokane Indians 等。

2.5.3 单独的团体、个人和家族名称下的复分

在主题词表使用说明的限定范围内,下列复分可以用作个别团体名称的自由浮动复分,这些团体名称是作为名称规范文档中的标目建立的。该类别包括商业与企业、非营利机构、自愿组织、文化事业单位、宗教组织、政党、互助团体、劳工组织、专业团体、社团、国际机构、政府各

级机构等,但是不包括个别会议、大会或集会的名称以及行政管辖区的名称。

过去,个人名称标目的形式和论题复分主要包括几大类人:统治者与政治家、音乐家、哲学家、宗教创始人以及文学作者。这些复分排列在《美国国会图书馆主题标目》中典型的个人名称标目模式下。如今为了减少和保持《美国国会图书馆主题标目》中最低限度的个人名称数量,每个类别已发布了独立的复分列表并予以维护。

一般情况下,为一个人的生平分派一个非复分的个人名称标目,包括自传,或对该人物的生活和工作的一般评价或考证。根据需要,在自由浮动的基础上通过词表中适合的形式和论题复分进一步细分个人名称标目。对于拥有多重职业的个人,一般根据手头作品的重点来进行处理。例如,如果 Luce, Clare Boothe, 1903—1987 是作为外交官和政治家来讨论的,则从词表中分配适合使用的复分;如果按照她的另一职业——剧作家来对待,则从词表中分配专门指定用于文学作者的复分。一旦确定某人在一个特定领域更加广为人知,则在个人之后分配一个适合该领域的复分。

2.5.4　地理名称下的复分

在主题词表使用说明的限制范围内,用作地理名称标目的自由浮动复分包括:大陆、地区、群岛、国家、州、省及等效辖区、郡县及其他大于城市的行政辖区,以及大都市区域、近郊区域和基于城市名称的区域的标目。除非另外注明,它们也可以用于以下名称:作为有效的 AACR2 名称标目建立的城市名称,作为主题标目建立的不复存在的城市名称,城市部分地段、区或驻地的名称。另外,适当的复分也可以用于地理特征和指定区域的标目,包括公园、自然保护区、园林、街道和道路、难民营等。但是,地理名称的列表中不包含天体和其他天文特征的名称。

2.5.5　模式标目控制的自由浮动复分

受模式标目控制的自由浮动复分的原则于 1974 年正式纳入《美国国会图书馆主题标目》。发展标准化的论题和形式复分集,使其用于主题标目或用作主题的名称标目的特定类型。为避免在所有可能的标目下重复这些复分,在主题规范文档中,每种类型仅建立一个或几个有代表性的标目以及一组适用于该类的标目复分。这种标目被称为它们各自类别的模式标目。任何建立在模式标目之下的复分,都可以作为属于这个类别的任何其他标目的自由浮动复分。例如,一组关于人和动物躯体的器官和部位的标目的复分。两种模式标目被指定用来表示这一类别:Hear,作为内部器官;Foot,作为外部器官。在两种模式标目中的任意一种之下建立的复分,可以用作任何其他身体部分的标目的自由浮动复分。如,-Biopsy 建在模式标目 Heart 之后,并且列于身体器官与部位的模式标目列表中,即使主题规范文档中没有针对 Joints-Biopsy 组合的特定规范记录存在,它也可以作为复分用在 Joints 之后。

以上比较浅显地对 LCSH 中的复分进行了分析,只有在工作中不断地摸索,才能使其得到更好的应用。目前,国家图书馆对于 LCSH 和 SHM 的使用还只停留在初期的套录阶段,并没有建立自己的主题规范词库,编目员要想熟练、准确地标引主题,还需要深入地学习和积累大量的经验。

参考文献:

[1] 张彭. 试论美国《国会图书馆主题表》的功能[J]. 上海师范大学学报,1990(3)

[2-3] Broughton V. Essential Library of Congress Subject Headings[M]. Neal-Schuman Publishers Inc,2008

[4] Lois Mai Chan. Library of Congress Subject Headings: Principles and Application[M]. 4th edition. Libraries Unlimited Inc,2005

[5] “跨文化语境下的主题标引模式对比研究”青年科研课题组. 跨文化语境下的主题标引模式对比研究报告[R/OL]. [2015-10-08] http://keyan.nlc.gov.cn/web/ProjectItem.aspx? Menu=29&Id=631

[6] CALIS联机合作编目中心 CALIS西文文献主题标引原则[EB/OL]. [2015-10-08] http://project.calis.edu.cn/CALIS/lhml/lhml.asp? fid=FA0320&class=2

国家图书馆俄文书目数据名称规范控制实践与思考

陈玉玉

“规范控制,又称权威控制,是为确保文献信息资源检索点的唯一性和一致性,而建立、维护、使用和评估规范记录和规范文档的工作过程”[1]。规范控制是编目工作的重要环节,是提高编目工作质量的重要途径。规范控制的目标是确保目录体系中检索点的集中和区分,提高目录检索的查全率和查准率。首先,规范控制能确定统一的检索点形式,汇集质同形异的检索点,从而提高检索的查全率,实现集中功能(例如:同一责任者拥有多个笔名;团体名称的变更;同一作品的不同版本拥有多个题名形式等);其次,规范控制能确定唯一的检索点形式,区别形同质异的检索点,从而提高检索的查准率,实现区分功能;第三,规范控制能在相关检索点形式之间建立一种逻辑关系,通过参照系统予以揭示,从而将用户从检索点的非规范形式指引到规范形式或相关检索点,实现参照功能,起到导航作用[2]。正因为规范控制在编目工作中的上述重要作用,国家图书馆才在20世纪80和90年代分别启动了西文和中文书目数据的名称与主题规范控制工作。经过几十年的不断探索和发展,尤其是2003年国家图书馆引进以色列Aleph500图书馆集成管理系统之后,西文、中文规范控制工作得到迅猛发展。目前,国家图书馆西文、中文本地规范数据库均已建成、系统内规范档与书目档实现了自动连接功能、规范数据库更新无障碍,据此,国家图书馆在西文、中文规范控制实施的过程中积累了大量的宝贵经验之后着手启动对俄文等其他文种书目数据的规范控制工作。

1 国家图书馆俄文书目数据个人名称规范引进始末

1.1 国家图书馆俄文图书馆藏及书目数据概况

俄文图书是国家图书馆外文藏书的重要组成部分之一。自20世纪50年代至2015年9月底,共入藏俄文及其他基里尔字母文字图书676939册(件)。这些图书的出版国家包括:12个独联体国家(包括已退出的土库曼斯坦和格鲁吉亚及启动退出独联体程序的乌克兰)、波罗的海三国,以及保加利亚、塞尔维亚、马其顿和我国共19个国家,语言共计46种。

2003年,国家图书馆俄文图书采编工作开始应用Aleph500自动化集成系统(以色列),数据格式采用MARC21格式。数据制作方式采取自建或通过Z39.50协议下载俄罗斯国立图书馆的数据(2003—2009年国家图书馆下载俄罗斯国立图书馆俄文书目数据按年计费,600美元/年。根据两馆数据交换协议自2010年起此项数据下载停止付费)。至2015年9月底俄文图书的书目数据制作总量达到549549条,且2009年9月底国家图书馆馆藏俄文图书卡片目录已全部回溯完毕,为馆内俄文图书读者服务工作奠定了坚实的基础。然而,随着国家图书馆馆藏俄文图书书目数据全部实现可机读,另一个重要的问题随着时间的推移而变得更加迫切。这就是如何最大限度地发挥俄文机读书目数据的作用,提高俄文文献的查全率和查准率,从而更好地揭示馆藏和为读者服务。在这个领域,一个最有效的解决办法就是对文献检索点进行规范控制。显而易见,文献一般有多个检索点,但有研究表明,从责任者入手进行的资料检索是读者最常用的检索方式,因此个人名称是一个非常重要的检索入口。但是,在编目实践中我们发现,不同文献资料所提供的可用于编目的信息并不完全相同,而责任者尤其如此。此外,各历史时期编目规则的差异、不同编目员对信息源选择的差异等因素,都造成了书目数据中同一个个人名称有多种标目形式的情况。例如,在国家图书馆外文书目数据库NLC09库的俄文书目记录中,普希金(Пушкин, Александр Сергеевич)的标目形式就有以下7种:Пушкин, Пушкин, А., Пушкин, А. С., Пушкин, Александр., Пушкин, Александр. С., Пушкин, Александр Сергеевич, Пушкин, Александр Сергеевич, 1799—1837。这种情况显然:①极大影响了文献的查全率和查准率,降低了文献检索的效率,影响了国家图书馆读者服务的质量;②不利于俄文书目数据库整体质量的提升。书目数据库的建设和维护是图书馆提供服务的基础,也是对其进行绩效评价的重要指标。作为"国内首馆"并致力于成为"国际强馆"的中国国家图书馆,在中文、西文书目数据相继进行了名称规范并成功提升了各自的数据库质量之后,其成功经验值得借鉴和应用,从这个角度来说,对俄文书目数据个人名称进行规范控制的外部条件已经具备。俄文作为国家图书馆仅次于中文、英文、日文的第四大语种,其书目数据量相当可观,科学整合海量数据,切实提升俄文书目数据整体质量,则成为对俄文书目数据中的个人名称实施规范控制的内在动因。

1.2 国家图书馆俄文个人名称规范数据引进调研

国家图书馆自2009年正式启动对俄文个人名称规范数据引进的专项调研。调研的重点包括数据来源、本地规范文档的建库模式、更新方式、价格等。俄罗斯联邦的名称规范工作始于20世纪90年代,按当时的分工国家出版物登记局负责俄罗斯个人名称规范的建立,俄罗斯国立图书馆负责《俄罗斯图书馆图书分类法》词表划分和特殊个人名称规范,俄罗斯国家图书馆负责主题标引。2001年,俄罗斯国家联合图书信息中心成立,中心确定俄罗斯国立图书馆主要负责个人名称规范,而俄罗斯国家图书馆则负责团体名称及主题规范数据的建设。

俄罗斯国立图书馆的名称规范工作始于10年以前,但当时主要用于图书馆自己的目录,数据库的建设起步较晚,但速度较快。到2012年年底该馆已有多语种的个人名称规范数据(包括著者、编辑、历史人物等)约10万条。数据内容包括19—21世纪俄罗斯著者及历史人物的俄语和其他语种形式的规范数据,以及外国著者原文及俄语形式的规范数据(其中含中国人名)。规范记录与书目记录能够实现自动连接。该馆规范数据采用MARC21规范数据格式、国际编目原则、GARR(规范数据手册)、俄罗斯国家标准《书目记录. 标目》(ГОСТ 7.80—2000)及《俄罗斯编目条例》。俄罗斯国立图书馆对除期刊和标准外的所有类型文献进行名称规范控制。下列几例该馆个人名称规范数据以作直观参考:

例1:普希金

1001 L$$aПушкин, Александр Сергеевич$$d1799-1837

4001 L$$aPuskin, Alekszandr Szergejevics$$d1799-1837

4001 L$$aПушкин, Александар Сергејевич$$d1799-1837

4001 L$$aPouchkine, Alexandre Sergueïevitch$$d1799-1837

4001 L$$aPushkin, Alexander$$d1799-1837

4001 L$$aPouchkine, Alexandre S. $$d1799-1837

4001 L$$aPuškinas, Aleksandras$$d1799-1837

4001 L$$aPuškin, Aleksandar$$d1799-1837

4001 L$$aPuškin, Aleksandr$$d1799-1837

4001 L$$aPusjkin, Aleksandr Sergejevitj$$d1799-1837

4001 L$$aPuškin, Alexandr Sergejevič$$d1799-1837

4001 L$$aPushkin, Alexandr Serguéyevich$$d1799-1837

4001 L$$aPuşkin, Aleksandr Sergeevici$$d1799-1837

4001 L$$aPuschkin, Alexander Sergejewitsch$$d1799-1837

4001 L$$aPoesjkin, Alexander$$d1799-1837

4001 L$$aPuşchin, Alexandru Sergheievici$$d1799-1837

4001 L$$aPuskin, Aleksandr Sergeevic$$d1799-1837

4001 L$$aПушкин, Александър Сергеевич$$d1799-1837

4001 L$$aПушкiн, Олександр Сергiйович

667 L$$a(RuMoRGB)000009295

667 L$$aRU\NLR\AUTH\77386

670 L$$aИз кн. :Пушкин в русской философской критике. Конец XIX-XX век /,1999

670 L$$aИздавался также под 38 псевдонимами(И. Ф. Масанов. Словарь псевдонимов. М. ,1956)

670 L$$aКраткая литературная энциклопедия. -М. ,1964-1978.

6780 L$$aРусский поэт и писатель, родоначальник новой русской литературы, создатель русского литературного языка.

例2:莎士比亚

1001 L$$aShakespeare, William$$d1564-1616

5001 L$$aШекспир, Уильям$$d1564-1616

663 L$$aПроизведения этого авт. на рус. языке см. под именем: $$bШекспир, Уильям (1564-1616)

667 L$$a(RuMoRGB)000007427

670 L$$aИз кн. :Гамлет, принц датский, 1980

6780 L$$aАнглийский драматург, поэт и актёр, один из самых знаменитых драматургов мира. Жизнь Шекспира мало известна. Существуют противоположные точки зрения на его личность и биографию. Некоторые исследователи отрицают авторство Шекспира и считают что "Уильям Шекспир"-это псевдоним, под которым скрывается иное лицо или группа лиц. Согласно другим, традиционным взглядам, Шекспир родился в городке Статфорд-на-Эйвоне в семье состоятельного ремесленника. Затем учился в статфордской "грамматической школе", где изучал латинский язык и словестность. Был женат, имел детей и состоял в лондонской актерской труппе Бебеджа.

例3:毛泽东

1001　L$$aMao Цзедун$$d1893-1976

4001　L$$aMao Цзэ-дун$$d1893-1976

4001　L$$aMao Цзэдун$$d1893-1976

4001　L$$aMao Цзэ-Дун$$d1893-1976

5001　L$$aMao Zedong$$d1893-1976

663　L$$aПроизведения этого авт. на иностр. вропейских языках см. под именем: $$bMao Zedong(1893-1976)

667　L$$a(RuMoRGB)000013459

670　L$$aИз кн. :Революция и строительство в Китае,2002

由例可见,俄罗斯国立图书馆所建之个人名称规范除已确立规范标目外,还对其非规范形式在400字段进行著录,以作为判断该标目与文献吻合与否的依据,同时对于每条标目的信息源均在670字段给予说明。值得一提的是,该馆对外国人名除确立其俄文形式的规范标目外,同时将其规范形式的拉丁化名称著录在500字段作相关参照根查,并在663字段对拉丁化名称加以说明(如例3毛泽东,100$aMao,Цзедун为俄文形式的个人名称规范,400字段著录其非规范形式名称,500$aMao,Zedong则为规范的拉丁化个人名称,663字段说明:该著者其他西文著作见Mao,Zedong名下)。

2　国家图书馆俄文书目数据名称规范控制实践现状与问题

2.1　现状

2012年10月《中国国家图书馆订购俄罗斯国立图书馆个人名称规范数据服务合同》正式签署,国家图书馆俄文个人名称规范数据引进调研阶段结束,新建俄文书目数据个人名称规范控制实施阶段正式开始,同时自2013年起对非规范形式俄文个人名称标目的专项维护工作启动,标志着国家图书馆俄文图书编目工作又迈上了一个新的台阶,实现了质的突破。

2.2　问题

俄文个人名称规范控制的实施极大地提升了国家图书馆俄文图书编目工作的水平,但实践过程过程中我们也遇到了各种各样的难题。

2.2.1　俄文规范文档规模较小

受俄罗斯名称规范文档规模、建设模式等因素制约,在俄文图书编目时经常会遇到所编数据中的个人名称在规范库中找不到相应的规范形式的情况,而只能照信息源著录,造成大量检索点无法受控,致规范控制的集中功能不能充分发挥,一定程度上影响了文献的查全率。

2.2.2　俄文规范文档内容笼统

俄罗斯规范数据内容相对简单，对待规范个人的判定性信息（如主要作品、事迹等）介绍较少，使得编目员在将书目数据与规范数据进行关联时缺乏判断依据，为核实某一名称往往需花费大量精力通过网络、百科词典等进行多次检索，影响了工作效率的提高。

2.2.3　书目档与规范档更新不同步

国家图书馆俄文书目数据库未启用将个人名称标目与规范标目同步更新功能，使得我们的个人名称规范控制具有一定的实效性，即当规范库内目标标目内容发生更新时，书目数据库内控制过的标目又成为非规范标目，需重新对其进行标目维护和更新，由此造成一定程度上的劳动重复。

2.2.4　俄、西文规范文档分立

国家图书馆俄文与西文规范文档分立，未能将规范控制的作用最大化。尽管建立多语种统一规范控制平台，有利于提高国家图书馆外文文献组织水平，协调各语种文献信息组织建设的步伐，有利于全面提高书目数据库标准化和规范化水平，但由于国家图书馆外文书目数据同处一库（NLC09），而各文种的个人名称标目都是使用本国文字，因此如果俄文规范文档与西文规范文档采用集成式建库，势必会造成书目数据中个人名称标目的混乱，如莎士比亚的俄文规范形式为Шекспир，Уильям，1564—1616，而西文规范形式为 Shakespeare，William，1564—1616，那么不管将 09 库内的莎士比亚统一规范为哪种形式都会造成另一文种书目数据的混乱，故俄文规范库建库之初就已选定分立建库。然而，分立建库在规避书目数据混乱的同时却也限制了规范控制强大功能的发挥，未来多语种形式规范标目之间如何相互连接随之成为更大的难题。

3　国家图书馆俄文名称规范控制发展预想

3.1　利用 5 年左右的时间完成对旧标目的维护

经过前期测试和比对目前国家图书馆采取的标目维护方式是从标目的规范形式反查其在书目数据库内的非规范形式，一定程度上提高了检到率。截止到 2015 年 9 月底为止我们共完成个人名称标目维护 122500 条。预计到 2017 年完成对书目数据库内全部俄文旧标目的维护工作。

3.2　团体名称规范控制工作的开展

团体名称作为书目数据中除个人名称外的又一重要检索点其作用一直不容小视，但目前国家图书馆通过 Z39.50 协议下载的俄罗斯国立图书馆的书目数据对团体名称的著录标准不十分清晰，而国家图书馆尚未启动对俄文团体名称的规范控制，不同编目员对同一团体名称的著录方式亦不尽相同，给后期的目录检索和利用带来障碍，因此笔者认为可以参照个人名称标目规范文档的引进模式考虑对新建俄文书目数据内的团体名称进行规范控制，增加书目数据的受控检索点数量，提高检索效率。然而，国家图书馆俄文图书编目历史久远，不同时期编目规则不尽相同，对团体名称的著录方式也千差万别，加之因苏联解体等因素造成的团体解散或频繁更名，因此对旧的团体名称进行标目维护操作难度大，必要性有待进一步评估。

参考文献：

[1] 黄俊贵. 规范控制概说[J]. 高校图书馆工作，1999(3)

[2] 罗翀. 国家图书馆外文书目规范控制的实践探索[J]. 图书馆学研究，2011(8)

试论新形势下国家图书馆外文书目数据质量控制面临的新挑战与对策

张丽娟

书目数据建设是图书馆整个文献服务体系建设的核心,数据质量控制是各项业务工作的基础。网络环境下,图书馆各项业务工作多以书目数据为基础,如文献外借、资源检索、参考咨询等,若没有高质量的书目数据为保证,则可谓"皮之不存,毛将焉附"! 因此,书目数据质量的高低直接关系图书馆用户对资源的检索与利用,关系到图书馆馆藏资源效能的发挥。书目数据质量的控制由于涉及分编、校对、流通、维护等多个环节,且面临着诸多新挑战,应对挑战制定对策,保证数据质量成为当今编目人员必须思考的新课题。

1 书目数据质量控制面临的新挑战

1.1 编目对象多元化

随着信息载体的变化和电子网络服务的兴起,音像制品、缩微资料等以光、磁和电等为介质的非纸质文献越来越多,虚拟介质的网络信息资源也大量涌现,并越来越多地进入图书馆,图书馆编目对象也由此从单一的纸质文献扩展到电子文献、多媒体文献、网络信息等各种数字资源,呈现出多元化的趋势。数字资源馆藏的增长速度大有超越纸本文献馆藏的趋势,成为馆藏中的生力军。

国家图书馆是国内最大的外文图书收藏馆,除此之外,还收藏了丰富的缩微制品、音像制品,并拥有大量的数字资源,截至 2013 年年底,数字资源总量 874.5TB,其中自建数字资源总量 737.9TB,提供使用的中外文数据库达 273 个[1]。对数字资源的有效揭示及其与不同载体资源之间的连接成为编目人员和用户共同关心的问题。

1.2 编目规则的新变化

编目遵循的规则可分为两类,即内容规则和格式规则,国家图书馆外文编目在内容规则上遵循 AACR2、ISBD,在格式规则上遵循 MARC21。近些年,这些编目规则变化不断,各类编目模型、政策层出不穷,无论从理论上,还是从实践上,都为编目界带来了一系列重要变革。

1998 年随着机读目录的兴起,用户对书目记录有了新的功能需求,《书目记录的功能需求》(简称 FRBR)模型应运而生,其建立了涵盖书目记录中实体、属性、关系的模型,在评估实体及其属性对实现用户任务的价值的基础上,推荐国家级书目记录的基本级功能[2]。

2007 年 ISBD(统一版)预备版出版,2011 年 ISBD(统一版)正式版面世,从各分则到总则,再到统一版,ISBD(统一版)体现了一体化的特色,旨在使其适用于所有资料类型文献的著录,第 0 项"内容形式和媒介类型项"的正式启用可谓其最显著变化[3]。

2009 年《国际编目原则声明》(ICP)正式版出版,其在范围上极大地拓展了巴黎《原则声明》,重新梳理了指导编目规则制定的九大纲领性原则,纳入了 FR 家族所定义的实体、属性和关系的内容,拓展了目录功能等,ICP 的发布成为研制新编目规则的重要背景,使编目规则具有了纲领性的指导原则[4]。

2010 年 6 月,新的编目规则 RDA 历经艰辛,最终以联机版工具套件形式正式发布。RDA 虽然最初缘起于 AACR2 的修订,但最终却以 FR 模型为基础,以 ICP 为指导,在继承 AACR2 的基础上以全新的结构框架和术语正式发布,于 2013 年 3 月底在各编制国正式开始实施。RDA 作为新的国际编目规则,具有以下特点:是为适应数字环境发展而制定的元数据内容标准,以满足数字环境下资源著录与检索的新要求,同时为数字资源编目提供指南;RDA 以 ICP 的“用户便利性”为最高原则,注重面向用户而非编目员的表达性,例如如实转录,取消缩写,不限制检索点数量等,均体现了其“所见即所得”及方便用户理解的原则;RDA 以联机版工具套件形式发布,更便于编目机构查询利用及规则的维护,节省了成本,是其适应数字时代的又一体现[5]。

可见,遵循不同编目规则下编制的书目数据标准不一,为新阶段数据维护工作带来了困扰,是否采用新规则,采用到何种程度,是否有本地标准,对历史数据如何维护等问题不可避免地置于编目员面前。

1.3 数据源质量参差不齐

套录编目可以较快地提高编目质量及工作效率,是数据共享大环境下的主流编目方式。套录编目在西文编目中占据了相当大的比例,因此数据源数据质量的优劣对套录编目的质量而言至关重要,好的数据源能保证书目质量,提高数据库整体质量水平。目前国家图书馆西文编目套录编目主要在美国国会图书馆、俄亥俄联合编目中心(Ohio-Link)和联机计算机图书馆中心(OCLC)等机构的书目数据库进行检索。对于非英语的西文资源,各国国家图书馆也成为套录编目的重要数据源,此外,还常会用到香港的高校图书馆来查找中国学等特定文献的数据。工作中,编目员们发现由于各编目机构使用的编目规则、著录条例、本地规定等不尽相同,导致数据源的数据质量往往会出现较大的参差,即使采用相同的编目规则,也存在执行内容和执行程度的差异,而造成数据质量的不同。再加之各编目机构编目员的素质参差不齐,例如语言的掌握程度、工作态度等都可以在数据记录中找到“痕迹”,而影响数据质量的高低。面对规则各异,质量参差的数据,编目员们能否都按本地标准进行修改和完善?如果不能,则将为数据维护人员带来不小的困难。

1.4 编目社会化对质量控制的挑战

编目业务外包的优势是显而易见的,节约人力,降低成本,在很快的时间内减轻库存积压并加快文献揭示,提高文献利用率。编目员在从事外包数据的校对审核工作中发现经常出现的问题,归纳总结,反馈给数据公司,既处理了问题数据,又促进了编目员自身的成长进步。将编目流程中简单、重复性的工作外包,让更多的编目员从事文献目次、内容简介、部分内容及作者介绍等深层次揭示信息的工作,增强文献的识别能力,提高文献检索的查准率,以满足用户在飞速发展的信息时代快速获取信息资源的需求。

以国家图书馆为例,自 2007 年开始外文书目数据回溯外包项目,至今已近 10 年,得益于编目业务外包的优势，近150万种文献的书目数据得以在计算机编目系统中完成。但不可否认，其中也存在许多问题，最大的问题就是数据的质量问题。首先，回溯数量巨大，时间紧迫和高质量数据本身就是一对矛盾，不可避免地存在这样或那样的质量问题；其次，外包人员素质不高，流动性大，给管理和培训带来难题，其工作态度和编目技术直接影响了数据质量，如未查重或不认真查重造成多头数据，多卷书分散各处，分类标引差强人意等；再次，由于是回溯编目，为加快进度，对质量要求本身不高，如不要求进行规范控制，与新书编目形成不同的标准，为后期进一步数据维护带来了遗留问题；最后，编目合同到期或编目项目完成后，数据公司员工随即撤离，无法及时处理后续出现的数据问题等，这些都关系到整个书目数据的规范、完整和一致，影响着文献资源共享效果以及图书的有效利用率，也在很大程度上影响着图书馆书目数据整体的质量。

2 影响数据库质量的主要问题

2.1 历史数据复杂，数据维护标准不一

任何数据维护工作都是在历史数据的基础上进行的，国家图书馆外文书目数据数量巨大，情况复杂，给数据维护工作带来了不小的问题。主要体现在：①数据库分段建设，随着编目规则及技术的不断发展，不同阶段编制的书目数据自然遵循的标准有所差异，呈现的数据质量不一；②多头数据大量存在，这主要是由于不同阶段的编目政策的不同，例如多卷书著录的集中与分散问题，按目前的编目规则，提倡集中著录，而在历史数据中经常可以看到部分集中、部分分散的情形，让编目员无所适从；③编目业务格局分散，编目机构的设置明显受文献资料类型的制约，且几经变迁，以外文为例，除外文采编部负责编目业务外，还有善本部负责外文舆图、外文善本的编目，即便在外文采编部部门内部，还有按文献发行机构不同而集中编目的科组，外文实体电子资源的编目原属于报刊资料部，近几年才被划分至外文采编部，另外，在使用Aleph系统初期，为了实现外文文献的快速上架流通，典藏阅览部也曾编制了一批快速编目书目数据等。复杂的业务格局、多层次的编目工作者、详简不一的编目级别势必造成数据重复建设、同书异号、多头数据等多种影响数据质量问题的产生，增加数据库的问题数据量，造成数据库的记录混乱不一致，令用户在获取信息时无所适从，直接影响到用户对图书馆资源的利用，及国家图书馆外文书目数据质量在业界的口碑。如何以当今标准评判历史数据，以及如何维护这些数据成为数据维护工作人员首要思考的问题之一。

2.2 国际编目规则更新，而本地化规则缺乏

国家图书馆西文编目的规则基本上与国际编目规则保持一致，内容标准遵循AACR2经本地化修订后制定的《西文文献著录条例》，格式规则一直遵循MARC21书目格式标准。随着2010年，新一代编目规则RDA的正式发布，以及2013年3月31日美国国会图书馆RDA规则的全面启用，在日常工作中也套录到越来越多的RDA记录，其中一些机构已经采用完全RDA化的记录，一些机构则是部分RDA化的记录。在RDA Toolkit中已经发布了5个机构的本地化政策声明，而我馆尚未出台，接踵而来的RDA记录出现在套录到的数据中，在进行书目数据本地化的编制时，是仍然保留RDA记录，还是按照本地现行规则进行修改，是目前编目工作中，令编目员困惑和纠结的问题。在本地化政策声明出台实施前的这段“空档期”，由于无本

地指南和规定，部分编目员进行了修改，部分编目员保留了记录RDA化的特征，造成了很多既非AACR2规则又非RDA规则的书目记录存在，势必给以后国际规则实施后的数据处理造成许多麻烦，而影响数据库建设的整体质量。

2.3 编目员素质和经验参差

强烈的责任心和积极的工作态度是编制优质数据的前提和保障。隐居后台的编目工作不光鲜、不易出彩，甚至不为很多用户所知晓，但编目工作却能直接影响到用户的检索需求，影响到整个数据的质量。如果编目员缺乏强烈的责任心、积极的工作态度，对自己的要求不高，很容易将编目工作流于形式，造成信息、数据的混乱，影响用户获取。近几年，我馆新招聘的编目员比较多，没有经过多年的编目实践积累，经验不足，不熟悉文献编目各种编目规则、流程，很难全面了解本馆的馆藏建设。另外，以往编目员是书目数据的唯一生产者，现今数据公司、书商等越来越多的社会力量开始从事编目工作。数据公司、书商以盈利为目的，他们在招聘编目人员时，出于控制成本考虑，通常只进行简单的培训就安排直接上岗工作，员工对编目规则和图书分类了解甚少，由于缺乏必要的信息素养，所做的数据质量参差不齐，同一类数据的处理也不能做到统一，而且人员变动频繁，给监管工作带来许多难题。

2.4 数据维护工作不受重视，维护不及时等

数据维护是图书编目工作中不可或缺的环节，要求数据维护人员要有较高的业务素质和职业敏感度，认真、细致、有责任心，对数据库的整体结构非常清楚，对文献的复杂情况的分析要求很高。此外，数据维护还需要与图书馆业务流程中其他部门相互配合，需要数据维护人员具备较强的有效沟通能力。数据维护工作难度大、耗时耗精力。然而，国内图书馆数据维护工作多是在保证正常编目数据量的前提下进行，维护的数据量，跟不上日常数据量的增长。与将大量积压的文献上架流通，保证用户及时获取而编制的文献数据量相比，被发现有问题的文献数据数量显得微不足道，所以维护工作与数据编制相比较，维护工作不受图书馆有关部门的重视。另外，维护书目数据涉及流通、采选等许多科组，只有这些相关部门科组相互协调，共同维护，才能保证书目数据的质量。流通中常会出现用户发现问题数据，但因为多个信息不能及时反馈到编目科组，或维护人员工作安排等原因造成数据维护不及时，而影响了用户借阅获取等情况。

3 提高数据质量控制的措施

3.1 制定统一的、完善的编目细则

统一规范的标准是保持书目数据前后一致性、连续性的基础，是保障数据库正常运行的基础，也是编目工作实现网络化、提高资源共享程度及利用率的基础条件。如果不建立统一的编目标准，不编制详尽的工作细则，书目数据就不能相互交换，资源共享也就失去了意义。统一标准制定出详细的标引、著录、规范控制、数据审核等编目工作细则，如著录的详简级次、著录使用字段、审核机制等，并随时更新，使编目工作有规则和统一的标准可循，以保证书目数据的统一。

2012年11月，为了将RDA的理论研究推向深入，由国家图书馆外文采编部申报的《RDA

在国家图书馆的实施方向及应用策略研究》馆级重点科研项目获得批准立项。项目取得了丰硕的研究成果:《RDA》中译本、《RDA 全视角解读》两部著作先后出版,该项目对国家图书馆未来实施 RDA 的策略进行了研究,提出了"外文先行,中文参照"的实施思路,并对外文编目实施 RDA 需要进行的各项准备工作进行了梳理,计划了实施进程表,设计了外文实施 RDA 的本地化政策声明的样式和测试方案。该课题使我馆对 RDA 有了全方位、立体化的深刻认识,并进一步将研究从理论领域向实践领域推进。由国家图书馆外文采编部申报的国家图书馆科研项目《国家图书馆外文文献资源 RDA 本地政策声明暨书目记录操作细则编制研究》2014 年 12 月立项,旨在落实"外文先行"的 RDA 实施策略,制定可操作的编目细则用于编目实践,目前已基本完成初稿,讨论、测试、修改也如火如荼地按期进行,预计将于 2016 年出台详细的国家图书馆外文文献资源 RDA 本地政策声明。

3.2 建设高素质的编目人员队伍

编目员是整条数据的编制者,在书目数据编制过程中,编目员的业务水准、工作态度及综合素质直接影响到数据质量。在编目实践中,强调编目人员的一点点疏忽,如多一个字符或少一个字符都会降低书目数据的准确率,加强编目员职业道德教育,提升编目员的责任感和事业心是十分必要的。我馆重视提高编目人员的素质,力争建设一支高质量的编目人才队伍保证编目数据质量。举办不定期的培训班、经验交流会提高编目员的业务能力,呼吁编目员学习图书馆学、目录学、分类学等相关专业知识,还重视对计算机应用技术、网络检索技术等的研究,此外还号召大家在工作中更多从用户的角度出发,了解用户的需求。现在是信息与知识的时代,编目员的工作从文献实体深入到其中包含的各种知识单元的描述,因此编目员的工作也不再仅是简单的分类和著录,还包括主题标引、建立规范文档、编写摘要等提升品质的工作。这些工作需要编目员付出更多精力、更复杂劳动,我馆倡导编目员在工作和科研中注意积累宽泛的文献知识、锻炼高度的概括能力、提高文字水平。让每位编目员逐渐意识到自己的工作职责将发生变革,逐渐向原始编目处理、套录数据或编目外包数据质量控制、规范数据质量控制、专题科研项目参与、编目规则维护和更新及非编目专业人员的培训等方向转移[6],从心理、知识储备、工作技能等方面为即将到来的职责变化做好准备。

3.3 建立数据质量的信息反馈机制

在采编、流通等各个环节建立起有效的数据维护机制,使数据维护日常化。用户检索、查询书目及图书馆的用户服务工作是书目质量控制的重要手段之一。数据中的某些细微错误往往在编目、校对过程中被忽略,如题名著录字段中的拼写错的单词等,而在用户检索环节和流通服务工作中却很容易被发现。因此,用户及我馆流通部门发现问题并及时将相关的书目信息反馈给我馆编目部门及科组,编目部门及科组安排编目员定期到流通部门收集、整理错误数据,及时修改。通过用户发现问题,流通部门按用户需求反馈到采编部门,采编部门及时修改的流程,保证流通中发现问题第一时间修改,进而提高书目数据质量。编目部门及科组后期将修改的书目数据进行问题归纳汇总,通过业务交流讨论会,业务通报等形式,将易错点反馈给编目员,为编目员编制高质量的数据提供参考。这种"双重"信息反馈的机制既能有效减少已流通数据的错误量,又减少了我馆编目员在以后的工作中编制错误数据的数量。

3.4 加强对数据维护工作的重视，做好日常书目数据的维护工作

书目数据编制工作的结束，意味着数据维护工作的开始。我馆外文采编部设立编目管理综合岗，明确其数据维护的岗位职责。工作中，维护人员除进行个别问题发现一条修改一条，重复数据及时删除的日常数据维护外，还定期对书目数据进行检查，对存在一定共性的数据，与信息技术部门沟通，对数据进行批处理，既减轻维护人员的工作量，又避免了数据逐条修改中人为造成的错误。另外，通过扩大 Aleph 系统中维护人员账号在各模块的权限，使维护人员不用到其他科组就能在系统上直接完成问题数据上游订单等的修改和变动。部门之间、科组之间相互合作，协同作战都为数据维护工作高效高质完成提供了保障。

伴随着出版类型的多样化发展，文献形式也日趋呈现出多样性的特点，编目理念，编目规则也在悄然酝酿着变革，编目工作必将会出现许多新情况。在这个过程中，对数据的质量起了决定性作用的编目员们，在工作中要善于思考和研究，客观准确反映文献的特点，应对出版类型变化，仔细分析，灵活处理，提高书目数据质量；在熟悉《西文文献著录条例》、MARC21 格式、LCSH 标引规则、AACR2 和 ISBD 等的相关规则规定的基础上，认识新规则——RDA，适应新规则，引领新规则。

参考文献：

[1] 国图概况. 中国国家图书馆官网[EB/OL]. [2015 - 12 - 21]. http://www.nlc.cn/dsb_footer/gygt/lsyg/index_2.htm

[2][4] 罗翀. RDA 全视角解读[M]. 北京：国家图书馆出版社，2015

[3] 王松林. 从一般资料标识到内容形式和媒介类型——ISBD 统一版的新特点[J]. 中国图书馆学报，2012，38(201)

[5] 蔡丹、朱虹. RDA 与 AACR2 著录规则变化之详解[J]. 图书馆杂志，2014，133(5)

[6] 张群. 从 RDA 的内容分析新环境下编目员职责[J]. 农业图书情报学刊，2014，26(4)

RDA 规则下乐谱资源编目要点解析

汪珊珊

乐谱是一种狭义的音乐资源。从广义上讲，音乐资源指一切记录有音乐知识与信息的载体，它是根据资源内容所反映的学科性质而划分出来的一种特殊资源类型，而其中最具特色的资源类型当数乐谱资源，即以音符形式表达的，旨在通过视觉感知的内容，包括所有类型的音符形式。乐谱资源在一般图书馆中并不多见，而多见于专门的音乐图书馆，但由于其丰富的资料价值和特殊的内容类型，有着重要的编目意义。首先，它运用记谱法，对音乐的音高、音强、音长、节奏和演唱、演奏方式等多方面进行系统的记录，是音乐艺术传承和交流最重要的物质载体；其次，乐谱具有国际通用的音乐语言、多文种的信息表现和大量隐含的信息等特点，编目

员可以对其进行编目与标引、规范控制以及信息检索等实践操作。

国家图书馆馆藏宏富，以西文为例，文献资源书目数据总量已达到150万，而其中印刷型乐谱资源书目数据量仅为150余种，此外还有缩微型乐谱约4000种，但也仅为音乐CD资源的五分之一。虽然乐谱资源馆藏数量不大，但是涵盖内容十分广泛，包括西方名家经典作品、乐器演奏曲、宗教音乐和中国民乐等。这些资源均为世界知名出版社搜集、整理出版发行，对音乐爱好者及研究者而言，具有重要的参考价值。

2010年正式发布的新的国际编目规则RDA旨在对各种类型的资源进行描述与检索，包括乐谱资源，然而，新规则下，对乐谱资源的编目仍非易事，存在以下困难：一是专业性强，对编目人员素质要求较高，其不仅要熟知编目规则，更需具备一定的音乐知识，才能做到正确应用规则，准确揭示资源；二是RDA按实体、属性和关系的概念模型组织结构，关于某类特殊资源的条款分散，而涉及乐谱资源的规则更是不多，不利于编目人员使用；三是在一般的编目实践中，乐谱资源为数不多，编目员实践机会少，难以积累经验形成成熟的编目方法。此外，无论对何种资源的编目，在RDA规则下，本地化规则的缺失都必将给编目实践带来影响。因此，本文在解析RDA规则下乐谱资源编目规则的基础上，结合国家图书馆编目实践，以期对乐谱这类特殊资源的揭示与利用提供一点帮助。

1 乐谱资源 RDA 编目要点

RDA涵盖了各种类型资源的编目规则，下面就从中将与乐谱资源相关的规则予以集中阐释，对所有资源适用的规则此处不再赘述，如出版、发行、制作说明等。同时，为表述清晰，在举例时采用MARC21书目数据格式。

1.1 头标区及控制字段

在头标区及控制字段方面，需要编目员注意的是几个字符位代码的选择。

首先，乐谱资源对应LDR/06字符位代码“c”（普通乐谱）或“d”（手稿型乐谱）。LDR/07根据资源发行方式选择合适的代码。008字段采用“音乐”模式。

其次，根据乐谱资源是否具有双重特征，确定是否启用006字段予以描述。例如，印刷型乐谱无须启用006字段；而电子版乐谱由于具备电子资源的次要特征，则需启用006字段。

最后，乐谱资源由于是非书资源，因此，需启用007字段，007/00代码“q”表示乐谱，此时，007字段字符位数为2（00—01）。

1.2 著录元素

1.2.1 内容形式和媒介类型

RDA规定了内容类型、媒介类型和载体类型三个元素来全方位描述资源的形式和类型，并分别列出了相应的术语表，对应新增的三个著录元素，MARC21书目记录格式增加了336、337和338字段。对乐谱资源而言，常用到的内容类型术语为“notated music”（乐谱）、“tactile notated music”（触摸乐谱）（RDA6.9.1.3）；常用到的媒介类型为“unmediated”（无媒介，通常指印刷型）、“microform”（缩微）（RDA3.2.1.3）；常用到的载体类型术语为“volume”（卷/册，通常指印刷型）、“microfiche”（缩微平片）等（RDA3.3.1.3）。

例：

336##$anotated music$2rdacontent

337##$aunmediated$2rdamedia

338##$avolume$2rdacarrier

该例中编目资源为印刷型乐谱，其中 $2 表示类型术语的选取来源为 RDA 术语表。

1.2.2 题名

如前文所述，乐谱是一种特殊的音乐资源，因此，RDA 中关于音乐资源“题名”的规则同样适用于乐谱资源。

（1）作为正题名记录的其他元素。如果乐谱资源的题名很长，不仅包含了作曲类型，还包含了表演媒介、调、作曲日期、编号等其他信息，则将这些信息全部作为正题名处理（按其在信息源上出现的顺序）。

例：

24510$aSymphony no. 2, B minor, op. 37.

（题名中含有作曲类型、调和编号）

24510$aSinfonia II（1912）

（题名中含有音乐作品的创作日期）

（2）其他题名信息。如果（1）中提到的表演媒介、调、作曲日期、编号等其他信息未出现在题名中，但在资源的其他位置可以找到，则将其作为其他题名信息记录。

例：

24510$aSinfonia mazedonia：$bNr. 3 f3 f ff$bNrOrchester.

（作品编号未在题名中出现，而在信息源其他处可获得，则记录于 245$b，无需加方括号）

（3）自拟题名。当资源本身没有题名，且从其他信息源都无法获知时，可由编目员自拟题名。对乐谱资源的题名进行自拟时需要包含一些特定的信息，包括表演媒介、数字标识、调和/或其他区别特征。同时应在 500 字段说明题名为自拟。

例：

24500$a[Collection of Chinese folk songs].

500##$aCataloger supplied title.

1.2.3 版本说明

乐谱的版本说明与通常意义上的版本说明有所区别，主要记录的是乐谱格式。RDA2.5.2.1 规定将指示“乐谱的特定音域或格式”的说明作为版本说明的依据，主要是指所编乐谱资源与同一音乐作品的其他版本不同的形式。

该元素记录于 MARC21 的 254 字段，所使用的术语在 RDA7.20 中列出，主要包括如下：

表 1　乐谱版本说明术语表

score	乐谱	score	乐谱
condensed score	缩写谱	piano score	钢琴总谱
study score	研习总谱	chorus score	合唱总谱
piano conductor part	钢琴指挥分谱	part	分谱
violin conductor part	小提琴指挥分谱	choir book	唱诗班乐谱
vocal score	声乐缩编谱	table book	桌谱

若列表中的术语不够专指,还可记录乐谱格式的细节。

例:

254##$aFull score.

(该乐谱格式为大总谱,用以区别同一音乐作品的其他版本形式)

1.2.4　载体形态

(1)数量

①记录印刷型或手稿型乐谱资源的数量时,应当记录单元数和适用的乐谱格式术语(见上述 1.2.3),如果资源由多个单元类型组成,则依据术语表列出的顺序记录每个适用类型的数量,使用适当的单复数形式。在指示乐谱格式的术语后面应同时记录册和/或页、叶或栏数,并置于圆括号内。

例:

300##$a1 score(36 leaves)

(由 36 叶组成的一本乐谱)

300##$a1 choir book(xii,108 pages)

(乐谱格式为唱诗班乐谱,文本页数记录于乐谱格式之后)

300##$a1 choir book(3 volumes)

(乐谱格式为研习总谱,文本由 3 册组成)

②记录缩微型乐谱资源的数量时,应当记录单元数和适用的表示缩微这种载体类型的术语(RDA3.3.1.3),同时后面添置圆括号,在其中应用乐谱的数量说明指明子单元数(RDA3.4.1.7.4)。

例:

300##$a3 microfiches(1 score(58 pages))

(该乐谱为 3 个缩微平片,共计 58 页)

另外,RDA 提供"例外"规定(RDA3.4.3.2):

• 资源由一套分谱组成,省略分谱相应的子单元信息,如:1 score(viii,278 pages),24 parts;

• 资源由一总谱和若干分谱组成,则记录为"1 总谱和 X 分谱",并在后面加上子单元,如:1 score and 3 parts(19 pages)。

根据 RDA3.4.3 规定,只有当资源完整或总数量已知时,数量为乐谱资源的核心元素。换言之,当数量无法确定时,不予以记录。

(2)版面设计

该元素仅针对触摸乐谱或含有触摸乐谱的乐谱资源。触摸乐谱标记法的版面设计,指的是"资源中对触摸乐谱标记法的安排"。用 RDA3.11.3.3 列出的一个或多个适用的术语,记录包含触摸乐谱标记法的资源的版面设计。

该元素记录于 300$b,也可同时记录于 340$k。

常用触摸乐谱标记法的版面设计术语,如下表所示:

表2 版面设计术语表

bar by bar	左右小节式	bar by bar	左右小节式
bar over bar	上下小节式	paragraph	段落式
line by line	逐行式	section by section	逐节式
line over line	上下线式	short form scoring	短式记谱
melody by melody	旋律和弦系统	single line	单部格式
open score	开式总谱	vertical score	纵式
outline	概括式		

例:

300##$bbar by bar

340##$kbar by bar$2rda

(触摸乐谱标记法采用的版面设计,左右小节式)

300##$bshort form scoring

340##$kshort form scoring$2rda

(触摸乐谱标记法采用的版面设计,短式记谱)

1.2.5 附注

(1)乐谱形式

乐谱形式是指"用于表达资源音乐内容的一套字符和/或符号"。该元素记录于546$b字段,依据RDA7.13.3.3列出的术语(如下表所示)记录乐谱形式:

表3 乐谱形式术语表

graphic notation	图示标记法	graphic notation	图示标记法
letter notation	字母记谱法	solmization	唱名法
mensural notation	有量记谱法	staff notation	谱表记谱法
neumatic notation	纽姆记谱法	tablature	符号谱
number notation	数字记谱法	tonic sol-fa	首调唱名法

例:

546##$bstaff notation.

(乐谱形式为谱表记谱法)

546##$bletter notation.

(乐谱形式为字母记谱法)

(2)音乐内容的表演媒介

音乐内容的表演媒介是指"音乐内容表演所用的(或计划使用的)一个或多个乐器、一个或多个人声等"。如果音乐内容适用于独奏乐器,则记录全部乐器;如果作品适用于管弦乐队、管乐队等,则不列出所涉及的乐器。另外,依据RDA附录B(B.5.6)所列的说明,缩写人声。

该元素记录于500字段,一般性附注字段。

例：

500##$aFor unaccompanied child's voice.

500##$aReduction for clarinet and piano.

500##$aSA.

1.2.6　乐谱出版者编号与乐谱版号

乐谱出版者编号与乐谱版号实为乐谱资源的载体表现标识符，是出版商分配给资源的编号标识，对识别和选择乐谱资源有重要作用。乐谱资源通常会记录版号，有时记录出版者编号，信息源取自任何来源。该元素记录于028字段，其中第1指示符取“3”时，028$a记录的是出版者编号，取“2”为版号。

例：

02832$aBV 21358$bNippon Crown

（第1指示符取“3”，表示028$a记录的是出版者编号，$b说明版号的分配机构）

02822$aCF12$bDecca

（第1指示符取“2”，表示028$a记录的是版号，$b说明版号的分配机构）

02822$aNo. 1002$bRCA Red seal

02832$aNo. 547$bRCA Red seal

（同时记录了作品的出版者编号和版号，分配机构为同一个）

1.3　检索点设置

在编目乐谱资源时，需要记录代表作品或内容表达的规范检索点。在书目记录中设置规范检索点，通常通过规范控制完成，即编目人员无须自建规范检索点，而仅需在规范数据库中选择规范形式即可。然而，由于乐谱资源所含专业信息较多，编目人员在选择代表手头编目资源的规范检索点时需要注意识别各种附加属性，仍有一定难度。关于音乐作品规范检索点的构建属于规范文档建设内容，不在本文讨论范围，此处仅对其构成进行简要介绍以便于编目人员识别、选择正确的规范形式。

1.3.1　音乐作品的首选题名

RDA规定，通常选择作曲者所用语言呈现的原题名作为音乐作品的首选题名，但有3种例外情况：选择同一语言中更知名的题名作为首选题名；选择在参考源中通常用以识别作品的简短题名或自拟简短题名作为首选题名；如果某一作曲者所有作品的题名均含有同一种作曲类型名称，例如交响曲，且作为该作曲类型的一种编号序列引用，例如第三交响曲，则将该作曲类型名称作为首选题名。

1.3.2　表演媒介、音乐作品的数字标识、调

表演媒介、作品数字标识和调是音乐作品特有的元素，当需要区分具有相同首选题名的不同作品时，均为核心元素。其中对同一音乐作品的表演媒介的数量没有限制。

1.3.3　音乐作品内容表达的其他区别特征

音乐作品内容表达的其他区别特征是指：用以将音乐作品的一个内容表达与同一作品的另一内容表达相区分的特征（如，改编“arranged”、草稿“Sketches”、声乐缩编谱“Vocal scores”等），信息可取自任何来源。对乐谱而言，常会用到。当需要与同一作品的不同内容表达作区分时，内容表达的其他区别特征是核心元素。

1.3.4　代表音乐作品和内容表达的规范检索点

代表音乐作品和内容表达的规范检索点的构成包括：作曲者的规范检索点附加作品的首选题名，再附加其他识别属性，如表演媒介、音乐作品的数字标识、调以及内容表达的其他区别特征等。

例：

1001#$aMozart, Wolfgang Amadeus, $d1756-1791.

24010$aConcertos, $moboe, orchestra, $nK. 314, $rC major

MARC21 为适应 RDA 的规则，新增了 382、383 和 384 字段，分别用于记录表演媒介、音乐作品的数字标识和调。表演媒介和调既可作为独立元素记录于独立字段，也可作为附加成分记录于首选题名字段的子字段，或者二者兼做；数字标识则通常作为独立元素记录于独立字段。因此，上例又可记录为：

1001#$aMozart, Wolfgang Amadeus, $d1756-1791.

24010$aConcertos, $moboe, orchestra, $nK. 314, $rC major

382##$aoboe$aorchestra,

383##$cK. 314

3841#$aC major

2　RDA 与 AACR2 在记录乐谱上的主要区别

2.1　内容形式和媒介类型项

该项是 ISBD(2011 年统一版)新增的著录项目，替代了原题名与责任说明项中的一般资料标识(GMD)，可更为准确、全面地反映编目的资源类型。RDA 取消了 AACR2 中的一般资料标识(GMD)，用内容类型、媒介类型和载体类型取而代之，并分别列出了相应的术语表。对应上述 RDA 新增的三个著录元素，MARC21 书目记录格式相应增加了 336、337 和 338 字段。

例：

336$anotated music$2rdacontent

337$aunmediated$2rdamedia

338$avolume$2rdacarrier

该例中编目资源为印刷型乐谱资源，其中 $2 表示类型术语的选取来源为 RDA 术语表。

换言之，在 MARC21 书目记录格式中，RDA 取消了 AACR2 在 245 字段添加 $h"[music]"的做法，换之以 336、337、338 字段分别表示乐谱的内容类型、媒介类型和载体类型。

2.2　资料或资源类型特殊项

根据 ISBD(2011 年统一版)，该著录项目只涉及地图资源、乐谱和连续出版物三种资源类型。其中，对于乐谱而言，RDA 规定将乐谱格式作为版本标识记录于版本说明项而非原来的资源类型特殊项；同时调整了使用的术语，例如 AACR2 中的"Close score"(密集总谱)和"Miniature scores"(袖珍总谱)在 RDA 中均用"Study score"代替，具体可见 RDA7.20.1.3。

2.3 载体形态项

记录数量时,若表示乐谱格式的术语不适用时,AACR2 规定可用 v. of music,p. of music 或 leaves of music,而 RDA 中,这些情况均用 score 表示。

2.4 附注项

AACR2 规定,若作品用于独奏乐器且不超过 11 种乐器,则全部著录。而 RDA 则没有这种限制,规定音乐内容若适用于独奏乐器,则记录全部乐器;若适用于管弦乐队、管乐队等,则不再列出所涉及乐器。

2.5 音乐作品及内容表达的区别特征

RDA 取消了 AACR2 中关于缩写某些术语的规范,因此也涉及音乐作品。例如,对于改编,RDA 记录为"arranged"而非"非""ng";对于伴奏,RDA 记录为"accompaniment",而非"而非""pa"。

3 结语

乐谱是音乐资源的重要组成部分,由于它的专业性极强,使用范围多限于学习和研究音乐的读者,而它的收藏和开发整理也因此受限于专业院校和艺术团体。在编目过程中,要做好乐谱的分类、著录及深度开发等工作,就要求编目员既要有扎实的图书馆学编目知识,又要懂得丰富的音乐专业知识。

因此,一方面,编目员需要加强培训学习,努力提高业务素质。西文乐谱编目人员不仅要熟悉传统的编目规则,掌握西文编目的基本知识与技能,更要洞悉和了解国际编目领域最新的编目规则和研究成果。为适应 21 世纪数字资源著录和信息描述的需要,基于《书目记录的功能需求》和《规范数据的功能需求》两个概念模型,用以替代 AACR2 而制定的元数据内容新标准《资源描述与检索》(RDA)是当下编目员需要重点学习和掌握的概念和理论。只有这样,才能按照国际通行的标准进行编目,做到与时俱进。

另一方面,由于乐谱经常涉及多个语种,出现在标题、附注和说明中多语种并存的形式经常可见,因此需要编目人员知晓常用外语的基本词汇。并且,多学习音乐专业知识,具备一定的音乐理论基础知识,才能正确地对乐谱资源进行著录和标引。平时,多与使用者保持沟通与交流,了解他们对音乐资源在馆藏方面的意见和建议,以及在使用上的需求等,满足使用者的需求与完善使用功能,这样才能更好地为读者服务。

参考文献:

[1] 蔡丹,朱虹. RDA 与 AACR2 著录规则变化之详解[J]. 图书馆杂志,2014(5)

[2] 高红,吴晓静,罗翀. 西文编目实用手册[M]. 北京:北京图书馆出版社(今国家图书馆出版社),2004

[3] 郭林. 论音乐文献学[J]. 音乐探索,1990(3)

[4] 郭小林,胡扬吉. 音乐文献学与音乐文献检索[M]. 成都:四川文艺出版社,2002

[5] 李朝晖. 浅谈西文乐谱编目的特点[J]. 吉林省教育学院学报,2010(26)

[6] 李健刚. 西文乐谱资源编目与管理的实践与探索[J]. 天津音乐学院学报,2013(3)
[7] 胡小菁.《中国文献编目规则》与 RDA 乐谱规则的对比分析[J]. 上海高校图书情报工作研究,2013(4)
[8] 罗翀. RDA 全视角解读[M]. 北京:国家图书馆出版社,2015
[9] 罗翀等. 电子资源 MARC21 组织法[M]. 北京:国家图书馆出版社,2013
[10] 邱丹红. 乐谱的历史演变及其形式特征[J]. 交响—西安音乐学院学报,2002(6)
[11] RDA 发展联合指导委员会主编. 资源描述与检索(RDA)[M]. 北京:国家图书馆出版社,2014
[12] RDA Toolkit[EB/OL]. [2015 - 08 - 22]. http://access. rdatoolkit. org/

国际规范控制项目的影响及本地参与的可行性研究

杨恩毅

1 国际规范控制项目的形成及影响

1973 年,IFLA 提出的"国际书目控制计划"(Universal Bibliographic Control)明确将"世界范围内书目控制的组织、协调与合作"列为其主要内容之一,根本目的就是实现"一本书只编目一次"的目标[1]。今天,合作编目已成为图书馆界十分通行的做法,合作编目组织与项目层出不穷。在合作编目的逐步形成与发展中,美国国会图书馆(Library of Congress, LC)发挥了领军作用,其从 1901 年开始向美国各地的图书馆提供卡片目录就可视为合作编目项目的开端。此后,由 LC 主导的编目合作计划日益发展壮大。1966 年,LC 开始实施国家采访与编目计划(National Program for Acquisitions and Cataloging, NPAC);1972 年,在线连续出版物合作项目(Cooperative Online Serials Program, CONSER)付诸实施;1988 年,BIBCO 的前身,国家合作编目计划(National Coordinated Cataloging Program, NCCP)启动[2-4]。

在合作编目项目逐渐壮大成长的过程中,图书馆界也将目光从单纯的书目记录拓展到规范控制领域。规范控制是编目工作中的核心环节,是实现目录功能的主要途径之一[5]。在资源数量激增、本地维护规范控制系统的成本昂贵的条件下,建立合作共享的规范控制系统也是大势所趋。正是在这样的大环境下,NACO 和 SACO 应运而生。

名称规范合作项目(Name Authority Cooperative Program, NACO)和主题规范合作项目(Subject Authority Cooperative Program, SACO)是 LC 倡导的合作编目项目(Program for Cooperative Cataloging, PCC)的两个与规范控制相关的子项目。参与 NACO 的成员馆向 LC/NACO 名称规范文档(NACO Authority File, NAF)提交新的个人、团体和行政区划名称、统一题名和丛编名称,并对现有的记录进行修改,从而对 NAF 进行更新和维护[6];而 SACO 成员馆则向 LC 提交增加或修改主题和国会图书馆分类号(Library of Congress Classification, LCC)的建议,由 LC 审核后统一在美国国会图书馆主题词表(Library of Congress Subject Headings)主题规范文档(Subject Authority File, SAF)中操作[7]。

NACO 起源于 1977 年国会图书馆与美国政府印刷办公室(U. S. Government Printing Office, GPO)达成的共同维护名称规范文档的一项协议。共享名称规范文档的初衷是 LC 能在美国政府出版物月度目录(Monthly Catalog of United States Government Publications)中直接使用GPO编制的美国联邦出版物的书目记录,而无须再进行编目[8]。而达到这样的目标,前提是两家机构须使用相同的名称规范文档对书目记录中的个人、团体等名称进行规范控制。名称规范文档的共建共享项目NACO由此萌芽。

进入20世纪80年代后,英国图书馆开始重视名称规范控制工作,NACO项目在这期间取得长足的发展。1994年,大英图书馆作为第一家美国以外的机构加入NACO项目,标志着NACO已经迈向国际,也昭示了NACO项目国际化大发展的趋势。从1993到2014的20年间,NACO的成员馆数量从55家发展到710家,以平均每年33家的数量递增,由NACO项目成员馆提交的NAF记录数量达到420多万条,占到整个NAF记录的一半[9]。

1981年,澳大利亚图书馆寄信给LC编目部,要求在LCSH中增加澳大利亚主题词表关于动植物的部分,而当时的LCSH仅包含LC馆藏文献的主题标目。由此产生了对LCSH进行合作编目的想法,这就是SACO的萌芽[10]。随着LC在合作编目项目上的经验越来越丰富,加之技术的发展,SACO项目逐渐成形。1991年,SACO规定成员馆可根据LCSH指南建立主题规范记录,并提交给LC审核通过后,加入到LCSH中[11]。

SACO的发展历程与NACO类似,也经历了从蹒跚起步到发展壮大,再到逐渐稳定的过程。目前,SACO的成员馆一共有179家,近几年的增长速度保持在1至2家,目前由SACO成员馆提交的LCSH数量已累计超过6万条[12]。

2 参与NACO和SACO项目的可行性分析

随着NACO和SACO的建设与完善,成员馆遍布世界各地。借助两个合作编目项目的平台,各馆互通有无,促进交流,大大提高了自身在国际上的影响力。但与此同时,不少图书馆由于国情、馆情等各方面因素的制约,并未加入到合作编目项目中,有的仅是通过购买等方式利用合作编目项目的成果,而不能参与其中的建设,这在一定程度上制约了本地规范控制工作的发展。

编目国际化合作的趋势不可逆转,各图书馆加入NACO和SACO等项目,各书目机构在充分享受合作编目带来的便利的同时,也积极参与到规范文档的建设之中,规范控制工作的组织和管理能力也随之不断提升。这与独自建立本地规范数据库相比,更有利于成员机构完善本地规范控制系统、加强国际合作。作为国际化合作编目项目,NACO和SACO也为各馆的加入提供了便捷宽广的平台,使加入国际合作编目成为可能。

2.1 降低门槛,合作共赢

大规模和多样化的参与度是NACO和SACO项目最为直观的特点。NACO和SACO之所以能够广泛吸引各类型图书馆参与其中,很大一部分原因就在于参与的门槛低。自诞生以来,NACO和SACO就不断优化参与流程,尽可能扫清图书馆参与的障碍。NACO项目仅要求成员馆成为某一联机编目机构的成员,并提交一定数量的规范记录。SACO项目的成员馆更无须参加任何联机编目机构,直接向LC提交新建或修改主题规范记录的建议即可。

在保障低门槛的同时,NACO和SACO更为成员机构提供了一个合作共赢的环境。在

NACO 和 SACO 诞生前，名称规范和主题规范的创建和维护工作均由 LC 一家机构承担，其中的工作量无疑是巨大的。通过合作项目，LC 可以大大减轻自己的工作量，使巧力办大事。而对于其他成员机构，参与 NACO 和 SACO 的好处则更为明显：除了共享规模庞大的 NAF 和 SAF 以外，参与全球性的规范记录的创建和维护，能让编目员跳出编目工作本身，以更开阔的视野来思考编目活动，并参与到可能影响国际编目趋势的决策中来。这对于编目员和所在图书馆的长期发展进步是十分难能可贵的。NACO 和 SACO 项目的低门槛和高收益为各类图书馆的参与奠定了很好的基础。

2.2 机制完善，分工明确

NACO 和 SACO 经过 30 多年的发展，建立了一套行之有效的合作机制，维持成员机构的良性循环。在 LC 的总协调和领导下，根据两个项目的不同特点和质量控制要求，均有着完善的工作机制，各成员机构之间的分工合作体系明确。

NACO 项目的工作机制是，成员机构在遵循 NACO 编目标准，即 RDA、MARC21 规范数据格式、美国国会图书馆规则释义（LCRIs）、美国国会图书馆主题编目手册（SCM）等标准的前提下，向联机图书馆中心（Online Computer Library Center，OCLC）或研究图书馆信息网络（Research Libraries Information Network，RLIN）提交规范记录。对于 SACO 项目，其成员无须参加 OCLC 或 RLIN 联机合作编目机构，而是向 LC 提交增加或修改主题的建议，由 LC 审核后统一在 LCSH 主题规范文档中操作[13]。

NACO 和 SACO 项目都要求成员机构每年提交相当数量的规范记录，而一些小型图书馆很难达到这一要求。考虑到这一点，NACO 和 SACO 成立了多个“漏斗项目”（Funnel Project），即多家机构联合起来向 NACO 规范档提交记录或向 LC 提交主题规范记录的建议。这些机构一般是以相同主题、语言，或地理区域为单位进行组织。除了让小型图书馆也能参与 NACO 和 SACO 以外，“漏斗项目”更为具有相同兴趣的图书馆搭建交流平台[14]。

除常规项目外，NACO 和 SACO 通过“漏斗项目”，还设立了众多的独立项目，各自负责特定地理位置或特定主题相关的名称和主题规范记录更新。如 SACO 下设的“非洲主题漏斗项目”（Africana Subject Funnel Project）即以非洲相关的主题规范的创建和更新为其核心工作。该项目于 2012 年至 2013 年间，共提交了 55 个新主题，修改了 6 个已有主题[15]。多样化的项目组织让本地图书馆能很快找到自身在项目中的位置，有所作为。

2.3 培训到位，指导有力

为了保证 NACO 和 SACO 项目的质量，使新加入的成员馆尽快适应 NACO 和 SACO 的要求和工作流程，LC 和 PCC 为成员机构提供多项相关的培训课程。NACO 项目的培训课程为“按需提供”，即在有新机构加入 NACO 项目时，PCC 将提供一次为期 5 天的培训，培训的内容包括 NACO 基础、识别个人、识别家族和团体、识别地点、识别作品和内容表达，以及修改现有规范记录[16]。而 SACO 的培训项目既包括构建和提交新主题规范记录等基础性的内容，也包括针对特定内容的高级课程[17]。这些培训教学项目既保证了项目的质量，也促进了成员机构的不断成长进步，为其提供了交流沟通的平台。

在培训之外，一个合作项目必须有一个能担当的核心机构作为领导，LC 无疑在 NACO 和 SACO 项目中起到了中流砥柱的作用。

NACO 和 SACO 的基础是 LC 建立和维护的 NAF 和 LCSH，遵循的数据交换格式也是 LC 主导开发的 MARC21。在项目开展起来后，LC 又成为制定规则、组织培训和质量控制的中坚力量，在项目合作中起到了非常好的奠基者和领路人的作用。正是 LC 不懈努力，为 NACO 和 SACO 的合作创造了一个积极良好的环境。完善的培训体系和 LC 坚实的领导，解除了图书馆参与其中的后顾之忧。

2.4 技术保障，平台便利

统一的平台是编目合作项目的技术基础，能够简化工序，降低成本，提高效率。AACR2（如今为 RDA）为 NACO 和 SACO 提供了共同的内容标准，MARC 机读格式则为二者提供了同一的格式标准。1976 年，国会图书馆 MARC 发展办公室发布了规范记录的 MARC 格式（Authorities，A MARC Format），为规范格式文档的在线协同合作设定了格式标准[18]。SACO 由于提交方式与 NACO 的差异，其发展则更多地获益于互联网技术的进步。从最初的信件方式到 20 世纪 90 年代初的电子邮件方式，再到 90 年代末的网络方式，LC 不断利用新技术，为成员机构提供便利，降低规范控制系统维护的时间成本和人力成本。目前大多数图书馆在外文编目方面均采用 AACR2 和 MARC21，可以实现与 NACO 和 SACO 项目的无缝衔接。

3 对我国加入国际合作编目项目的一点思考

国际合作编目项目的发展正如火如荼，而我国在参与国际规范控制共建共享方面仍是一片未开垦的处女地。积极投身国际合作项目能更充分地享有更多的编目成果，为解决自身人力资源不足的问题开辟新的途径，全面提升我国规范控制工作的水平。此外，通过参与国际合作项目除了能享受优厚的培训条件，培养更多国际化的编目人才之外，更重要的是，能够发挥我国编目机构自身的优势，提高在国际编目界的影响力，获得更多的话语权。因此，加入国际规范控制项目可谓是意义重大，并且具有一定的可行性。

首先，随着文献数量的增长，我国的规范控制工作也从无到有逐步发展起来，现处于中外文分立、各自控制的状况。在外文规范控制方面，大部分图书馆遵循国际通用标准，采用 NAF 和 SAF 规范文档进行控制。外文规范控制加入国际合作编目项目可以说具备了良好的基础。中文规范控制的核心理念与国外规范控制也大同小异，如果加入合作项目，可以提高编目工作和书目数据的标准化程度，为中文规范控制提供更多的宝贵经验，从而为进一步优化中文规范控制系统提供可能。

其次，加入国际规范控制项目能扩大外文规范控制的范围。规范控制的建设基于各馆馆藏，因此在当前我国外文规范控制中，由于馆藏差异，NACO 和 SACO 所建设的规范记录并不能覆盖所有的文献检索点，这就使得我国相当数量的外文文献无法得到有效的规范控制，影响资源的有效揭示。另一方面，NACO 所建设的 NAF 名称规范数据库中加强对中文名称信息揭示的趋势日益明显，虽然中文名称规范形式仍采用汉语拼音，但是在中文名称规范记录中增加了大量的中文参照形式，即 4×× 字段，以便更好地获得中文名称的区分信息。而我国对于中文名称信息的提供具有明显的优势，在优化中文名称规范记录的质量方面我国编目界也是大有可为。因此，参与国际规范控制合作项目无论对于我国自身的外文规范控制工作,还是对于国际规范数据库的建设,都是十分必要的。

再次,RDA的实施将规范控制的重要性提到了一个前所未有的高度,一个完整的编目工作必须涵盖规范控制的环节,而掌握建立规范控制记录对编目员来说将成为不可或缺的重要技能。我国编目重书目记录,轻规范控制的传统由来已久,编目员规范控制的能力仅停留在识别记录,而无法建立记录。为培养面向新时代的具有全面技能的编目员,加入国际合作编目项目无疑是一个较佳的选择。通过加入NACO和SACO项目,我们的编目员能最大限度地开阔视野,通过LC等先进机构的培训,掌握建设规范数据库的基本技能,并能较快应用于实践。

参与国际规范控制合作项目,对于我国建设高层次编目队伍、促进编目工作标准化发展、提高我国在国际编目界的话语权都大有裨益。目前,加入项目的各项基础已经具备,国内主干图书馆可适时研究参与NACO和SACO的具体步骤和措施,切实参与到国际编目合作中去,以示范作用带动全国图书馆外文规范控制工作的发展。

参考文献:

[1] 倪莉.国际书目控制:历史和未来的分析[J].四川图书馆学报,2000(2)

[2] 吴立坤,殷洁.文献编目理论研究[M].北京:中央编译出版社,2013

[3][8] Judith G. Fenly, Sarah D. Irvine. The Name Authority Co-op(NACO) Project at the Library of Congress[J]. Cataloging, Classification Quarterly, 1986, 7(2)

[4] Sarah E. Thomas. The Core Bibliographic Record and the Program for Cooperative Cataloging[J], Cataloging & Classification Quarterly, 1996, 21(3)

[5][7][13] 罗翀.国家图书馆外文书目规范控制的实践探索[J].图书馆学研究,2011(16)

[6] About NACO. Program for Cooperative Cataloging[EB/OL].[2015-09-30]. http://www.loc.gov/aba/pcc/naco/about.html.

[9][12] Program for Cooperative Cataloging Statistics: BIBCO/CONSER/NACO/SACO Annual Compilation FY2014 [EB/OL].[2015-09-30]. http://www.loc.gov/aba/pcc/stats/At-a-Glance.pdf

[10-11] Ana L. Cristán. SACO and Subject Gateways[J]. Cataloging, Classification Quarterly, 2004, 39(1-2)

[14] John D. Byrum Jr. NACO: A Cooperative Model for Building and Maintaining a Shared Name Authority Database [J]. Cataloging, Classification Quarterly, 2004, 38(3-4)

[15] Africana Subject Funnel Annual Report. ALC Cataloging Committee[EB/OL].[2015-09-30]. https://upenn.app.box.com/s/l5kk1nducp6zw9flhsf2

[16] Five-day NACO Training Outline. Program for Cooperative Cataloging[EB/OL].[2015-09-30]. http://www.loc.gov/aba/pcc/naco/outline.html

[17] About the SACO Workshops[OL]. Program for Cooperative Cataloging [2015-09-30]. http://loc.gov/aba/pcc/saco/sacowkshops.html

[18] John J. Riemer, Karen Morgenroth. Hang Together or Hang Separately: the Cooperative Authority Work Component of NACO[J]. Cataloging, Classification Quarterly, 1994, 17(3-4)

浅析德国国家图书馆编目工作国际化

李　菡

随着时代的进步与发展,新技术的投入应用,世界各国国家图书馆之间的联系日益紧密。为了适应新时代的发展要求,紧密追随国际编目规则的发展变化,更好地满足读者需求,各国国家图书馆纷纷改革调整各自的业务,积极参与国际图书馆界事务,致力于推动图书馆业务国际化。其中,德国国家图书馆(Deutsche National Bibliothek,简称 DNB)对其编目工作的改革在图书馆国际化趋势中显得尤为突出与重要。

1　世界两大编目体系的形成与分歧

文献资源编目工作并不是自产生之日起就走上了国际统一的标准化道路。姑且不论中西方对于文献编目迥然相异的思想理念,仅在西方编目思想史上就曾出现过两大编目体系——以英美两国为代表的英美编目体系和以德国为首的普鲁士编目体系——长达半个多世纪的对峙。

1.1　两大编目体系的形成与发展

1841 年,潘尼兹(Antonio Panizzi)编写的《九十一条》(*The ninety-one rules*)作为第一部编目学界公认的完整编目条例正式出版,标志着英美编目体系开始走上标准化的道路[1]。但直到 19 世纪末 20 世纪初,英美两国在编目条例上仍是各自为政,差异较大。而缺乏统一化和标准化的编目条例将无法实现全世界英语地区编目活动的统一及书目资源的共享[2]。在美国图书馆学家杜威(Melvil Dewey)的倡导下,1908 年,由英美两国图书馆协会联合编制的第一本跨国编目条例《编目条例:著者和题名款目》(*Catalog rules: author and title entries*),通称《AA 条例》或《AA 1908》正式问世。伴随着《AA 1908》修订版的陆续诞生,即《ALA 1941》草案(《著者、书名款目编目条例》*ALA catalog rules, author and title entries*)和《ALA 1949》(《著者和题名款目编目规则(第二版)》*ALA catalog rule for author and title entries, 2nd edition*),英美编目体系日趋成熟,影响着包括英美两国在内的英语国家以及亚洲国家,标志着文献编目在国际化的道路上迈出了重要一步,完成了区域化的统一及标准化。

英美编目体系形式发展的同时,以德国编目体系为源头的普鲁士编目体系也在逐步形成。在此过程中,德国图书馆学家、古典语文学家,德国学术图书馆事业的开拓者齐亚茨科(Karl Franz Otto Dziatzko)发挥了举足轻重的作用。1874 年,他编写出版的《布雷斯劳皇家图书馆兼大学图书馆字顺卡片目录编目规则》(*Instruktion für die Ordnung der Titel in alphabetischen Zettelkatalog der Konigl, und Universitätsbibliothek zu Breslau*)[3]作为《普鲁士规则》的前身,奠定了普鲁士编目体系的基础。

1890年,普鲁士皇家图书馆对齐亚茨科规则进行修订和补编,颁布了《字顺目录卡片著录规则》;1899年,在进一步补充、完善的基础上,再次公布了《普鲁士图书馆字顺目录与普鲁士联合目录编目规则》(*Instruktion für die alphabetischen Katalog der preussischen Bibliotheken und für den preussischen Gesamtkatalog*),简称《普鲁士规则》;1908年,第二版出版,标志着普鲁士编目体系的正式确立,并在未来的几十年内影响了包括意大利、奥地利瑞典、荷兰等大部分欧洲国家。

1.2 两大编目体系的主要矛盾

英美编目体系和普鲁士编目体系最大的分歧体现在著者概念上。英美编目体系认为,著者、译者、编者等均可列入"个人著者";团体也是著者概念中不可或缺的一分子。与之相反,普鲁士编目体系只承认作品的原著者是"个人著者",否认团体为著者,无团体著者标目这一概念[4]。可以说,相对于英美编目体系中常以著者作为标目,普鲁士编目体系中更为多见的是以题名作为标目,其大部分规则也是关于题名的处理。

其次,二者的款目形式与详简程度不同。英美体系除了做一张主要款目外,还有若干张附加款目和必要的参照,且款目比较详细。普鲁士体系则只有一张较为简单的主要款目,其他全部为参照[5]。

再次,在款目排列方面,英美体系严格按照字顺排列,除首冠词外,其余逐词、逐字母比较排列。普鲁士体系则依据题名中的实词,即独立的、能真正反映文献具体内容的名词或名词的衍生词,组织书目款目[6]。

最后,侧重于公共图书馆目录编制的英美体系主要影响英美及亚洲与英联邦国家和地区,主要影响范围集中在欧洲的普鲁士编目体系则侧重于研究型图书馆目录的编制。

两大编目体系的长期对峙,如实反映了当时国际编目思想、理论的发展水平,以及编目环境的现状,同时也是时代局限的产物。但是,"分久必合",长期的分治明显不适应国际编目一体化的需求,特别是在《资源描述与检索》(Resource Description and Access,简称RDA)的浪潮下,改革已是刻不容缓。德国国家图书馆作为普鲁士编目体系的领军人物,再次迈出了引领性的一步。

2 德国国家图书馆迈向国际化的原动力

2.1 德国国家图书馆国际化的背景

一直以来,与以美国国会图书馆(Library of Congress,简称LC)为首的英美国家图书馆编目体系采用机读目录格式(Machine Readable Catalogue,简称MARC)和《英美编目条例》(*Anglo-American Cataloguing Rules*,简称AACR)不同,德国国家图书馆编目将机读目录交换格式(Maschinelles Austauschformat für Bibliotheken,简称MAB)作为其机读编目格式,著录和主题标引则分别依据字顺式编目规则(Regeln für die alphabetische Katalogisierung,简称RAK)和主题标引规则(Regeln für den Schlagwortkatalog,简称RSWK)。但对于英美编目规则和本国编目规则之间的对比研究一直在进行中。

早在20世纪70年代,德国研究协会(Die Deutsche Forschungsgemeinschaft,简称DFG)就对美国国会图书馆的书目数据和本国依据RAK规则编目的书目数据分别从个人名称、团体名称、题名三方面进行了对比研究。最后结果表明,总体上两组书目数据间一致性高达72.2%[7]。但当时出于各种原因,这一结果并未引起德国图书馆界的关注,两种编目格式和规则间是否转换的问题就此搁置。同时,随后几十年中,AACR和RSW各自发展,其差异性日益明显。90年代,随着MAB格式面临改进的需求日益迫切,德国图书馆编目规则是否应与国际规则接轨的问题再次提上日程。1995年,德国国家图书馆机读编目格式从MAB向改进版MAB2过渡的过程中,面临一个极具争议的问题:是否有必要从MAB格式转换为UNIMARC或是USMARC格式。遗憾的是,德国国家图书馆最终仍然决定放弃向国际标准的转换,而采用MAB的改进版MAB2。但是,改善加强国际编目协调性,努力创造书目数据国际化应用环境的理念随着时间的推移不断强化。

2.2 德国国家图书馆国际化的原因

图书馆编目工作是否有必要进行改革,编目工作中各国图书馆究竟应该采用各自的标准,还是应该遵循国际准则,不仅需要从编目工作本身的这一微观角度分析,更需要从世界领域的宏观角度出发。

当前,各国间信息、知识的联系日益紧密,信息全球化、联网化的态势已十分明显。面对这种形势,图书馆编目工作采用国际标准不仅有益于使用者,更符合图书馆的自身利益。德国国家图书馆的这次改革顺应了形势的发展与要求。

从使用者方面来看,随着互联网技术的发展与普及,如今一国图书馆的使用者不再局限于该馆所在地、所在国,而已经打破地域、疆界、文化、种族、身份等各种限制,遍布全世界。为满足不同国家、文化、语种的使用者的需求,方便其简单、快捷、充分利用图书馆资源,采用国际统一的规则与格式对各类文献资源进行编目势必成为各国图书馆最终的唯一选择。通过此次改革,各国使用者可以清楚明了地了解德国国家图书馆的馆藏,方便快捷地寻找相关资料。

从图书馆自身发展建设来看,采用国际编目规则及格式更是有百利而无一害。首先,采用国际标准使得德国图书馆的书目数据在全球范围内可见,方便他国使用者的查找、利用,有利于本国知识文化的展示与传播,同时间接促进了德国与其他各国人民间的文化交流。其次,有利于德国与他国图书馆间馆藏内容的交流,优化不同来源书目数据的整合,吸收英美编目体系的经验与优势,提高本国图书馆的编目水平。再次,从经济利益出发,采用国际编目规则与格式可以减少开发、维护本国编目系统的费用,同时还能参与对MARC21和AACR的共同开发,发挥本国图书馆编目工作的经验,提升本国图书馆在国际图书馆界的地位与作用。

由此可见,对于德国国家图书馆来说,用国际编目格式MARC21及规则AACR2代替本国的机读编目格式MAB2和描述性著录规则RAK已成为必然趋势。根据德国国家图书馆向德国研究协会提交的申请书,德国国家图书馆改用AACR2和MARC21最根本的目的在于加强国际信息系统的互连性,实现无阻碍的数据交换,自由选择数据库系统[8]。改革完成后,不论是普通的独立使用者,还是图书馆馆员都能从中获益。

3 德国国家图书馆国际化的进程

3.1 从 MAB2 到 MARC21

1997 年,德国国家图书馆与一些地方图书馆联合提出设立"一致项目"的建议,核心思想为"编目规则应确保他国书目数据能毫无障碍地应用于德国图书馆数据库,同时德国书目数据也应适用于他国系统;且编目规则不应妨碍德国图书馆使用国际通用的软件系统"[9]。

2001 年 12 月,图书馆标准委员会经过激烈、深入的讨论,最终决定"致力于推动德国编目规则和格式向国际规则及格式 AACR 和 MARC 转换"[10],并于 2002 年开始进行对实施 AACR2 和 MARC21 可行性的研究与分析。2004 年 12 月做出决定,用 MARC21 代替 MAB2。

自 2004 年 12 月图书馆标准委员会决定采用 MARC21 代替 MAB2 开始,从 2005 年 8 月到 2009 年 6 月短短四年间,德国国家图书馆通过两个项目完成了转换工作,包含 MARC21 规则德语版翻译等一系列工作[11]。此次转换工作,也为 RDA 在德国国家图书馆,乃至德语国家地区所有相关机构的顺利实施奠定了良好的基础。

3.2 国际上推动并参与 RDA 的编制

如果说,采用 MARC21 只是德国国家图书馆在图书馆编目工作国际化进程中的初次尝试,那么随着 RDA 浪潮以席卷全球之势扑面而来,它其中展现出的积极性和主动性极大地改变了人们对这个国家古板的固有印象。

自 RDA 诞生之日起,德国就对其怀抱着极大的兴趣。与顾虑重重的近邻法国相比,德国表现出了浓厚的兴趣,不仅密切关注对 RDA 的开发和实施,并且积极参与其中。2006 年,RDA 第一部分草案再次公布时,德国国家图书馆就提供了 15 页的意见[12]。除此之外,德国还联合其他欧洲国家,如英国、西班牙、芬兰等,大力推动在欧洲成立研究 RDA 的相关团体。2011 年 9 月 27 日,英国、德国、西班牙和瑞典四国国家图书馆的馆长在哥本哈根签署合作协议,宣告欧洲 RDA 兴趣小组(European RDA Interest Group,简称 EURIG)正式成立。2012 年,根据 EURIG 对其 30 个成员机构进行的关于 RDA 实施的调查结果,德国作为 4 个明确规划实施时间表的国家之一,计划于 2013 年中正式启用 RDA;次年,在第二次调查中,在提交反馈的 24 个机构中,德国国家图书馆再次明确了其采用 RDA 的时间表,但推后至 2015 年[13]。

德国国家图书馆不仅在欧洲积极发挥其影响力,推动 RDA 在欧洲生根开花结果。另一方面,德国也致力于加强和 RDA 编制机构,即"RDA 发展联合指导委员会"(The Joint Steering Committee for Development of RDA,简称 JSC)的联系,期望加入编制国队伍,掌握更大的话语权,发挥更重要的作用,为 RDA 的开发建言献策。2012 年 1 月,德国国家图书馆图书馆标准办公室负责人 Christine Frodl 加入 JSC,打破了 JSC 内英语国家一统天下的局面,成为第一个非英语国家代表[14]。次年,鉴于德国国家图书馆在促进现有编目规则向 RDA 转换过程中扮演的先驱角色,JSC 邀请德国国家图书馆加入全面负责 RDA 研制的最高机构"负责人委员会"(Committee of Principals of RDA,简称 CoP)[15]。

3.3 国内积极实施 RDA

德语国家地区负责 RDA 实施准备工作的是图书馆标准委员会,其分支机构德国国家图书馆的图书馆标准办公室负责一应具体准备工作,成立了 RDA 项目组,从事数据分析、RDA 德语版翻译、应用规则、注册词表、测试、培训及实施等相关工作[16]。“工欲善其事,必先利其器”,2013 年 5 月 14 日,RDA 德语翻译工作顺利完成,并发布在 RDA 工具套件(RDA-Toolkit)上[17],奠定了德语国家地区 RDA 顺利实施的基础。同时,依据图书馆标准委员会制定的 RDA 在德、奥及瑞士德语区实施的时间表,制定德语国家地区政策声明、测试工作、规范数据、技术执行、培训及相关机构的切换六个方面的准备工作分别开始[18]:2012 年 10 月,政策声明(Anwendungsrichtlinien für den deutschsprachigen Raum,简称 D-A-CH AWR)开始编制,2014 年 6 月正式完成,8 月更新于 RDA 工具套件;测试工作从 2013 年 7 月开始,持续到 2015 年 12 月;规范数据切换工作从 2012 年 11 月开始,2014 年 10 月 15 日完成;技术执行则从 2013 年 10 月到 2015 年 12 月;培训工作也于 2013 年 10 月启动,分为六大模块,涵盖《书目记录的功能需求》(*Functional Requirements for Bibliographic Records*,简称 FRBR)和 RDA 两大部分,从结构、理论、实践等方面入手,帮助图书馆馆员掌握采用 RDA 对独立单元发行的资源、连续性资源、特殊资源等编目。整体培训持续到 2015 年 12 月。其中,有两大时间节点非常重要,一是 2014 年年底完成规范数据的切换工作,二是 2015 年完成编目工作的切换。

2015 年 10 月 1 日,德国国家图书馆正式采用 RDA 编目,标志着德国、奥地利和瑞士德语区三个国家切换到 RDA 的开始。第一条采用 RDA 编制的书目数据是美国小说家乔纳森·弗兰岑(Jonathan Franzen)小说 *Purity* 的德译本 *Unschuld*。与该小说内容跨越六十年、三个大陆相似,德语国家地区的 RDA 项目也涉及了三个国家,在花费近三年的时间后顺利完成[19]。三个德语国家的所有相关机构将于 2015 年年底完成全部切换工作。

4 德国国家图书馆国际化的启示

德国国家图书馆此次对其编目格式及规则的改革充分体现了进入 21 世纪以来,随着科学技术的进步,信息沟通日益紧密,图书馆业务国际化的趋势,满足了整合各国图书馆编目标准的需求,推动了国际编目标准全球化。

一方面,此次改革满足了新形势下世界范围内使用者对德国国家图书馆馆藏文献资料利用的要求,符合图书馆“服务大众”的理念。另一方面,此次改革也为德国国家图书馆在 21 世纪的发展创造了良好的机遇。使用国际编目标准,吸收他国丰富的经验,参与对国际规则的开发、修订,充分发挥在国际图书馆事务中的积极作用,提升自身在国际图书馆界的影响力与地位。同时,也打破了以往由语言及其他技术手段造成的壁垒,方便德语文献资料在全世界范围内的共享与交流。

与德国相似,我国也有着独特的编目实践传统,中外文文献的编目遵循不同的标准体系。外文文献编目遵循《西文文献著录条例》,该条例是 AACR2R 的中国本地化版本;中文文献编目遵循《中国文献编目规则》,该规则虽然遵循 ISBD 和参考 AACR2,但根据中文文献特点做了大量个性化的规定,与西文文献编目规则存在很大的差异,特别是在标引规则方面[20]。这种分立式目录的建设模式与德国所采用的一体化目录的模式相比,在国际化的进程中势必会遭遇更大的困难。但从德国国家图书馆如此快速的国际化进程中，我们仍可借鉴以下经验：

首先，德国国家图书馆在此次改革中采取了稳扎稳打，国际标准与本国国情相结合的方式。虽然这次改革获得了德国国内大多数图书馆的支持，但改革委员会仍提出了“第三种道路”的改革模式，以确保最终可以实现德国编目规则与格式到国际编目标准的转换。鉴于我国的国情，想借 RDA 契机在短期内就将中文文献编目完全纳入“国际化”的轨道，完全融合中外文编目，是不科学，不现实的。因此，应效仿德国，步步为营，先从与国际规则接轨较好的外文文献入手，在外文文献编目开展 RDA 实践的基础上，再开展中文文献编目规则的 RDA 化。

其次，德国国家图书馆乃至整个德语地区编目工作国际化进程能顺利实施，与其成立了负责全地区工作的图书馆标准委员会这一机构密不可分。该机构统领全局，各分支机构负责具体准备工作，例如数据分析、RDA 德语版翻译、测试、培训等。目前，我国图书馆界也是体系林立，在改革进程中必然会出现各自为政，措施难以付诸实践的局面。成立一个专门负责改革的权威机构或委员会，主导国内编目领域国际化进程的事务，可以统筹资源，有的放矢，确保措施顺利、有效执行。

“路漫漫其修远兮”，德国国家图书馆编目工作国际化的进程充分说明，改革充满了痛苦与波折，但不破不立，只要以破釜沉舟的勇气，脚踏实地，步骤清晰，就能取得良好的成果。

参考文献：

[1 -6] 高红. 编目思想史[M]. 北京:北京图书馆出版社(今国家图书馆出版社),2008

[7][9 - 10] Abschlussbericht, Projekt Umstieg auf internationale Formate und Regelwerke (MARC21, AACR2) [EB/OL]. [2009 -04 -28]. http://www.d-nb.de/standardisierung/pdf/dfg_abschlussbericht.pdf

[8] Projektbericht, Projekt Umstieg auf internationale Formate und Regelwerke (MARC21, AACR2) [EB/OL]. [2009 -04 -28]. http://www.d-nb.de/standardisierung/pdf/projektbericht.pdf

[11] Projekt Umstieg auf MARC21 [EB/OL]. [2015 - 09 - 01]. http://www.dnb.de/DE/Standardisierung/Formate/MARC21/formatumstieg.html

[12] 高红,胡小菁. 欧洲 RDA 兴趣小组的工作及其启示[J]. 图书情报工作,2012,56(23)

[13][16] 罗翀. RDA 全视角解读[M]. 北京:国家图书馆出版社,2015

[14] “New”JSC Members[EB/OL]. [2015 -09 -10]. http://www.rda-jsc.org/content/new-jsc-members

[15][17] Aktuelles aus dem RDA-Projekt-April bis August 2013 [EB/OL]. [2015 -01 -12]. https://wiki.dnb.de/display/RDAINFO/Neues + aus + dem + RDA-Projekt

[18] Gemeinsamer Zeitplan der AG RDA zum Umstieg (Februar 2014) [EB/OL]. [2015 -01 -12]. https://wiki.dnb.de/pages/viewpage.action? pageId = 94676208

[19] Erschließung nach RDA in der Deutschen Nationalbibliothek am 1. Oktober 2015 gestartet [EB/OL]. [2015 - 10 -08]. https://wiki.dnb.de/display/RDAINFO/RDA-Info

[20] 罗翀,蔡丹. 试论国家图书馆外文文献资源 RDA 本地政策声明设计思路[J]. 国家图书馆学刊,2015,3(52)

探讨外文期刊在出版中的变化及编目数据的维护

李雪雯

连续出版物(serials),指具有统一题名、印有编号或年月顺序号、定期或不定期在无限期内连续出版、发行的出版物,而期刊就是连续出版物的一种重要形式,其特点之一就是出版的连续性。在期刊的出版过程中,多则百余年,少则数月。在这或短或长的时段内,由于市场需求的改变,科学发展的变化,新兴学科、交叉学科的出现等诸多因素影响,期刊信息发生变化的可能性极大,概率极高。因此,在图书馆日常工作中,对于期刊的编目数据的及时有效的维护更新,就显得意义重大。

随着信息技术的快速发展,图书馆界自20世纪90年代起通过机读目录对本馆的文献进行组织管理。中国国家图书馆在文献组织管理工作中,对中文文献用中国机读目录格式组织,而外文文献在格式标准上遵循《MARC21机读目录格式》。本人长期在西文编目岗位工作,积累了期刊在出版过程中ISSN号、刊名、频率等发生诸多变化时给书目数据维护带来的必要工作。

本文就外文期刊出版过程中发生信息变化时,编目数据所应做出的维护与更新进行探讨,与同仁共享相关经验。

1 ISSN的变化

ISSN(国际标准连续出版物编号,International Standard Serial Number)其目的是使世界上每一种不同题名、不同版本的连续出版物都有一个国际性的唯一代码标识。因此ISSN具有很强的识别性和检索意义,原则上一种期刊只有唯一的一个ISSN号,期刊和ISSN号是一一对应的,不重复,不共享。在连续出版物出版过程中,ISSN号的使用是具有延续性和稳定性的。但具体出版过程中,各种因素的影响下,ISSN号的变更变得频繁。由于ISSN号的唯一性,使得ISSN号成为图书馆用来对连续出版物进行检索书目数据、识别题名、采访、编目、流通等工作的一个非常直接有效的方法,所以针对ISSN号的变更,及时对连续出版物的编目数据做出更新维护是非常必要的。

1.1 连续出版物题名变化,ISSN号随之变更

题名变更后的连续出版物,需要作为一种新的刊物,重新编目,以022 $a著录新的ISSN号。

例如:Jurnal of policy reform,ISSN号是1384-1289,在2007年题名变更为Journal of economic policy reform,ISSN号也变更为1748-7870。著录方式:

先前款目:022　$a1384-1289

24500$aJurnal of policy reform.

后续款目:022　$a1748-7870

24500$aJournal of economic policy reform.

1.2　期刊不更名的情况下 ISSN 号有所变化

有些期刊虽然题名没有变更,但会在出版一段时间之后,作废原来的 ISSN 号而重新申请到新的 ISSN 号。

例如:IEEE transactions on visualization and computer graphics(CD-ROM),第一期使用的是 IEEE transactions on visualization and computer graphics(print)的 ISSN 号 1077-2626,之后 ISSN 号变更为 2160-9306。著录方式是在原刊款目的 022 字段中增加 $y 子字段,记录旧的 ISSN 号,以说明 ISSN 号的变化:

022　$a2160-9306

$y1077-2626

24500$aIEEE transactions on visualization and computer graphics.

$h[electronic resource]

这种情况也偶尔发生在国内出版的外文期刊中。在某种国内外文期刊出版的最初阶段,会先采用它的中文版 ISSN 号,同时等待新的 ISSN 号的审批,待新的 ISSN 号审批下来,就会作废旧的 ISSN 号而开始使用新的 ISSN 号。对于这种情况,编目员必须要密切关注期刊网站中出版信息的更新,同时与采访、记到人员沟通合作,必要时也可与中国 ISSN 中心沟通,获取 ISSN 号的审批与变更情况,及时对编目数据进行科学客观的更新维护。

1.3　载体变化的 ISSN 号

随着经济的发展,科技的进步,网络环境的不断成熟,越来越多的连续出版物会选择由单独出版纸本期刊过度为纸本期刊和电子版一起出版,或者停止纸本期刊只出版电子版,这就需要在纸本期刊编目数据的 022 字段中使用 $a 著录纸本 ISSN 号即 pISSN,同时增加 $L 子字段,记录电子版的 ISSN 号 即 eISSN。

例如:The Journal of American-East Asian relations 纸版刊物的 ISSN 是 1058-3947,Journal of American-East Asian relations 电子版刊物 ISSN 是 1876-5610。著录方式:

022　$a1058-3947

$L1876-5610

24500$aJournal of American-East Asian relations.

2　题名的变化

连续性是期刊的特点,在连续出版过程中,期刊题名的变化并不少见,更有一些期刊题名变化多次,比如美国出版的 The Journal of criminal law & criminology(Mar. 1973)前后变更题名 4 次:

①Journal of the American Institute of Criminal Law and Criminology.(May 1910-Feb. 1941)

②Journal of criminal law and criminology.(May 1941-Mar. -Apr. 1951)

③The journal of criminal law, criminology, and police science. (May-June 1951-Dec. 1972)

④The Journal of criminal law & criminology. (Mar. 1973)

连续出版物的题名呈现出多样性特点。期刊封面、刊名页、书脊都各有不同的题名或者是同种期刊不同期数有不同的题名。根据编目规则,要求依据期刊的正题名进行著录。正题名是指连续出版物的主要题名,这一题名不包括并列题名和副题名。《连续出版物著录规则》中,期刊正题名的主要信息源依次为题名页或代题名页(版权页及封面页),正题名应完全按照题名页或代题名页上的原样如实照录。但从近年的出版情况来看,实际上西文期刊有题名页的只是少数期刊。鉴于出版的格式在国际上尚未标准化,世界各国连续出版物的出版格式五花八门,因此在确定主要信息源时并不简单,还存在一定的灵活性,需要依靠工作人员的经验来判定[1]。根据编目规则,依据连续出版物的正题名的实质性改变而判定题名变化。当编目员确定了题名改变后,需要对改名后的期刊做新刊处理,重新著录新的书目数据,以780字段和785字段做连接项,用以连接变化前后期刊的编目数据,揭示变化期刊间的联系关系,并可辅以580字段作为说明项形成有关出版物的引文或信息附注。

期刊题名变化,常见的形式包括下列情况。

2.1 继承关系

继承指目标文献的题名继承先前出版物的题名,无论编号是否延续。即期刊刊名发生变化,但内容大致延续原刊,且卷期标示也延续原刊。

例如:2013年Journal of China ordnance变名为Defence technology。著录方式:

先前款目:24500$aJournal of China ordnance.

78500tDefence technology

后续款目:24500$aJDefence technology.

78000$tJournal of China ordnance

2.2 替代关系

替代指目标文献的题名替代先前出版物题名。即期刊刊名发生变化,内容大致延续原刊,但卷期标示独立于原刊。

例如:2001年EURASIP journal on applied signal processing替代了Applied signal processing,著录方式:

先前款目:

24500$aApplied signal processing.

78502$tEURASIP journal on applied signal processing

后续款目:

24500$aEURASIP journal on applied signal processing.

78002$tApplied signal processing

2.3 吸收关系

吸收指目标文献吸收另一种先前的出版物,题名不变。即期刊A吸收了期刊B后继续出版,而期刊B在并入了期刊A后停止出版。

例如:Architecture 于 1986 年 10 月吸收了 Architectural technology,于 1996 年 1 月吸收了 Progressive architecture,反过来说 Architectural technology 于 1986 年 10 月并入了 Architecture, Progressive architecture 于 1996 年 1 月并入 Architecture。著录方式:

先前款目 1:

24500$aArchitectural technology.

78504$tArchitecture

先前款目 2:

24500$aProgressive architecture.

78504$tArchitecture

$gJan. 1996

后续款目:

24500$aArchitecture.

78005$tArchitectural technology

$gOct. 1986

78005$tProgressive architecture

$gJan. 1996

2.4 合并关系

合并指目标文献由两种或两种以上先前出版物合并而成。即某种期刊由几种期刊合并而成。

例如:Applied scientific research 就是由 Applied scientific research. Series A 和 Applied scientific research. Series B 合并而成的,著录方式:

先前款目 1:

24500$aApplied scientific research.

$nSeries A.

$pMechanics, heat, chemical engineering, mathematical methods.

78517$tApplied scientific research. B. Electrophysics, acoustics, optics, mathematical methods

78517$tApplied scientific research

先前款目 2:

24500$aApplied scientific research.

$nSeries B,

$pElectrophysics, acoustics, optics, mathematical methods.

580 $aMerged with: Applied scientific research. Series A, Mechanics, heat, chemical engineering, mathematical methods, to form: Applied scientific research.

78000$tApplied scientific research. B, Electrophysics, acoustics, optics

78517$tApplied scientific research. Series A, Mechanics, heat, chemical engineering, mathematical methods

78517$tApplied scientific research

后续款目：

24500$aApplied scientific research.

580 $aMerger of: Applied scientific research. Series A, Mechanics, heat, chemical engineering, mathematical methods, and: Applied scientific research. B, Electrophysics, acoustics, optics, mathematical methods.

78014$tApplied scientific research. Series A, Mechanics, heat, chemical engineering, mathematical methods

78014$tApplied scientific research. B, Electrophysics, acoustics, optics, mathematical methods

2.5 分成关系

分成指目标文献分成两种或多种出版物。即某种期刊分成几个部分，各自以新刊的形式单独出版。

例如：Physical review 于 1970 年分成了 Physical review. A, Physical review. B, Physical review. C, Physical review. D。著录方式：

24500$aPhysical review.

580 $aSplit into: Physical review. A, General physics; Physical Review. B, Solid state; Physical review. C, Nuclear physics; Physical review. D, Particles and fields.

78516$tPhysical review. A, General physics

78516$tPhysical review. B, Solid state

78516$tPhysical review. C, Nuclear physics

78516$tPhysical review. D, Particles and fields

2.6 特例

有些期刊，虽然刊名有所不同，但不作为变名处理。连续出版物是否重新编目，首先关注该连续出版物的正题名是否发生变化（注意：这里强调的是正题名，其他题名信息变化或增减并列题名不属此类）；其次注意负责该连续出版物的团体或个人是否发生变化。至于正题名变化的界定，AACR2R 的 21.2A1 条款规定："总的来说，除冠词、介词或连接词的增、删或改变外，如果头五个词（若题名以冠词开头则为头六个词）有改变，便认为正题名已改变。"考虑到西文文字的特点及其他因素，AACR2R 的 21.2A1 条款还列举了尽管题名变化但不作正题名改变的情况，即"a）词形改变（如缩写词或符号改换拼写形式，单数形式改换复数形式，一种拼法改换另一种拼法）；b）头五个词（若题名以冠词开头则是头六个词）以后词的增、删、改，并非改变题名的含义或表示不同的主题；c）唯一改变的是在题名末尾的编辑、发行团体名称（以及任何语法连接）的增删；d）唯一改变的是标点的增、删、改"。另据 AACR2R 的规定，如果合适，上述不作为正题名改变的情况可著录在附注项；当然，编目员若对上述不作为正题名改变的情况难以把握，也可作为正题名已改变的情况处理[2]。

例如：Metal bulletin（ISSN 0026-0533），2013 年刊名变化为 Metal bulletin magazine，但 ISSN 号没变，依据西文期刊编目规则和实际工作，正题名中尾部的 journal、bulletin、magazine 等，在期刊正题名中并不发挥实质作用，且 ISSN 号没有该变，因此不认定为改名，在编目数据中只于 246 字段做其他题名处理，以揭示题名的微小变化情况。著录方式：

24500$aMetal bulletin

24613$aMetal bulletin magazine

3 频率的变化

连续出版物在出版频率上呈现出多样化的特点，从每年一期到每日一期的频率类型都客观存在。依据学科的发展，社会的需求，连续出版物的编审能力，稿件来源、数量、质量、发行量、经费等诸多方面，以及读者对信息的不同层次、不同阶段、不同成熟度的需求，决定了期刊出版频率和读者需求必须保持平行发展，及时科学客观的更改出版频率[3]。

因此期刊在连续出版过程中，频率发生变化比较普遍，有些连续出版物从出版频率高更改为出版频率低的，也有些从出版频率低更改为出版频率高，还有从规律出版更改为不规律出版的。出版频率的变化，在编目数据中以 310 字段表示现在的出版频率，321 字段表示以前曾经的出版频率。若多次发生频率改变，则按顺序依次重复 321 字段。著录方式：

24510$aJournal of law, economics, & organization.

310 $aBimonthly,
$b2013-

321 $aSemiannual,
$b-1998

321 $a3 times a year,
$b1999

321 $aSemiannual,
$b2000-2006.

321 $a3 times a year,
$b2007-2011.

321 $a4 issues a year,
$b2012

以上就是以外文期刊为例，介绍期刊的一些主要变化和编目数据相应的维护更新。当然，期刊的变化不止这些，还有诸如停刊出版，中途休刊，期刊出版标示，期刊开本，出版地和出版者的变化等等，情况多种多样。在书目数据中以 500—59× 字段著录包含有关书目文献的附注，以做一般信息的附注。其中一般性附注记录在 500 字段，专指性附注记录在 501—586 字段中。

例 1：African archaeological review. ,1995 年休刊，著录方式：

24500$aAfrican archaeological review.

515 $aNone published 1995.

例 2：United States banker 在出版过程中卷期标示曾经发生错乱，著录方式：

24500$aUnited States banker.

515 $aVol. 97, no. 11-v. 98, no. 12 repeated in numbering of issues for Nov. 1988-Dec. 1989; v. 99 was then skipped when numbering resumed with v. 100 in Jan. 1990.

例 3：Communications in algebra 出版者和出版地变化，著录方式：

24500$aCommunications in algebra.

260 $aNew York，NY.：

$bM. Dekker.

500 $aPublished：Philadelphia，PA：Taylor & Francis，<2005- >

综上所述，只要某种连续出版物一旦出版，不管是出版中还是已经停止出版，在其出版过程中任何变化都有可能发生，对其编目数据的维护更新就不能停止。这就要求编目人员要有高度的责任感和一定的工作能力和工作经验，时刻关注期刊的各种变化，与采访、记到人员沟通，与书商、出版商建立联系，经常关注国外图书馆的编目数据，如 LOC（Library of Congress 美国国会图书馆）、OCLC（Online Computer Library Center，Inc.，即联机计算机图书馆中心）、美国俄亥俄州立大学图书馆等，及时获取期刊的变化信息，并在编目数据中做客观著录，准确地反映期刊的连续性和变化性。

参考文献：

[1] 陈惠文. 怎样判定外文期刊的正题名[J]. 医学图书馆通讯，1994(3)

[2] 王松林. 论连续出版物题名变化对编目条例和规则的影响[J]. 图书馆工作与研究，2001(1)

[3] 曹明，许进. 出版频率对期刊管理工作的影响[J]. 当代图书馆，1994(3)

ICP 的原则与精神在 RDA 中的体现

张蔷蔷

1 ICP 的发展历程

从英美编目体系和普鲁士编目体系的对立纷争，到由英美编目条例 AACR1 到 AACR2“英国版”“北美版”的初步统一，再到通用性极佳的国际化编目规则 RDA 的席卷而来，编目条例的统一、发展，离不开原则声明的指导，原则声明可谓为构建统一的编目规则奠定了重要的思想基础[1]。

1961 年国际编目原则会议上通过的“巴黎原则”率先奠定了编目国际标准化的基础[2]。几十年间，编目世界发生了革命性的变化，卡片目录已载入历史尘封，跨入机读目录、联机公共检索目录（OPAC）时代成为计算机技术发展的必然结果。原则声明亟待修订、更新，以适应编目世界的飞速发展。

2003 年在德国国家图书馆召开的第一届国际编目条例专家会议上产生的“国际编目原则声明”草案，开启了 ICP 的研究序幕。最终在 2009 年，ICP 由 IFLA 牵头正式出版，相较于“巴黎原则”，ICP 2009 版本[3]适应各种文献资源类型，涉及的不仅是书目数据更涵盖规范数据，大大扩展了范围；摒弃卡片时代的“主要款目”“标目”概念，以“检索点”“受控检索点”“非受控检索点”代之；明确指出并扩展目录的功能为查找、识别、选择、获取/存取、浏览，以彰显OPAC的优势。ICP以其突出的优势，成为一部真正可以用以指导编目规则制订工作的最高纲领，吸引了广大编目规则研究工作者的密切关注。RDA也作为ICP的最先践行者，在编制过程中全面采用了ICP的新概念，充分贯彻了ICP的精神。

2015年，由IFLA编目组国际编目原则声明工作组最新发布的ICP 2015更新版本（草案）[4]，再次推动了这一原则声明的前行，相较于“巴黎原则”和ICP 2009版本的差别，这次的修订并未大刀阔斧。ICP 2015版本篇幅更长，语句更为清晰翔实，章节顺序稍有改变。该版本“考虑了新的用户类别，开放获取问题，数据的互操作性和可访问性，以及发现工具特性”，这主要体现在由2009版本的9个总原则变为2015版本的13个总原则，增加了互操作性、开放性、可访问性以及合理性原则，其中“合理性”原则在2009版本中是作为说明部分，并未编号。此外，2009版本的概念、事物、事件实体则被2010年由IFLA核准的主题规范数据的功能需求（FRSAD）概念模型中的主题（Thema）和主题表述（Nomen）实体所取代[5]。

2 ICP是RDA的指导纲领

回顾ICP的发展沿革，一次次更新，一次次改变，原则声明绝非一成不变，它是与时共进，逐步适应新的编目环境，因而得以在很长时间保持先进性，占据“最高纲领”的地位。翻开编目发展的大事年表，不难发现，ICP与RDA几乎同步发展，保持步调一致，并与RDA有很多的共通之处。

从2003年、2005年ICP和RDA修订工作的先后开启，到2009年、2010年ICP与RDA的前后问世出版，无论是编写还是发布，ICP和RDA的发展几乎呈现了并驾齐驱的态势。RDA发展联合指导委员会（JSC）在其中发挥了重要的作用，敏锐地洞察了ICP的发展，使得RDA与ICP的原则步调一致[6]。如同英美编目条例AACR的编制得益于“巴黎原则”的基础的奠定，而RDA再次成功借鉴ICP这一IFLA的重要研究成果[7]，将ICP作为最高纲领，用以指导RDA编目规则的制订。RDA 0.4.1用一句话精确地阐明了ICP与RDA之间的关系：“IFLA的《国际编目原则声明》提出了贯彻于RDA始终的编目原则。”[8]与ICP相比较，RDA虽在措辞和编排上有一些不同，但几乎没有与ICP相冲突的地方，这也在一定程度表现了ICP思想的“贯彻始终”。

与此同时，ICP与RDA均受书目记录的功能需求（FRBR）与规范数据的功能需求（FRAD）概念模型的影响，FRBR（1998年出版）先于RDA的面世，FRAD（2009年出版）与ICP和RDA的发展几乎与时并进。这使得RDA得以很好地将FRBR和FRAD的实体—关系模式融入其编目规则之中[9]，并且ICP也可以同时兼顾FRBR和FRAD提出的概念模型，而伴随着ICP 2015版本的更新，更是将晚于RDA编制完成后问世的FRSAD模型考虑其中。

RDA建立在FRBR和FRAD基础之上，并从中成功借鉴了实体与识别实体的属性，包括描述资源的“核心元素”，关系以及用户任务[10]。当用RDA来创建描述资源的数据，可用于帮助用户执行有关目录的基本任务，这也是FRBR的用户任务，即查找、识别、选择、获取（RDA 0.0）[11-12]，而ICP在这四个功能基础上，又增加了“浏览”功能，用以浏览目录和目录以外的其他领域，这是RDA未提及的。

正因为 ICP 和 RDA 的同步发展，相互共通，才得以将 ICP 的原则和精神及时在 RDA 中予以体现，充分贯彻。

3 ICP 的原则和精神在 RDA 中的具体体现

ICP 2015 版本的 13 个总原则与 RDA 的 4 个目标 8 个原则基本上是相重叠的，虽然有些原则在措辞上稍有不同，但表达的含义是一致的。限于篇幅，本文将着重介绍六个典型原则，阐述它们在 RDA 中如何具体化。

3.1 “用户的便利性”原则——“用户至上”思想，一脉相承

美国著名图书馆学家卡特在其 1876 年首次发表的《字典式目录规则》中以“方便用户”作为指导思想，明确了“用户至上”的编目原则[13]。目录是为读者编制而成，编目员应将一切核心转向读者。这一重要的思想可谓编目思想史上浓墨重彩的一笔，影响着日后编目规则的制订、编目工作的开展。

ICP 和 RDA 将“用户至上”思想渗透始终，充分吸取思想精髓。ICP 倡导的“用户的便利性”原则牢牢占据着总原则的第一位置，强调在对书目著录和受控检索点做出抉择时应充分考虑用户[14]。而 RDA 中，充分体现着对用户第一原则的践行，对 ICP 原则的执行，资源描述与检索的首要目标就是“响应用户需求”（RDA 0.4.2.1）[15]，对“用户至上”思想的应用更是在 RDA 全文随处可见。相较于 AACR2 时代，RDA 对书目著录中不利于用户判断、模糊的信息予以摒弃，大大方便读者的理解。如在 300 字段载体形态项记录数量时，RDA 带来的变化就十分显著。当资源以“页”呈现，用术语 pages（页）记录数量，取代原先 p. 的缩写形式；对含未编号页的单册，取消方括号，根据数量是否易于确定，以诸如“90 unnumbered pages”“approximately 700 pages”“1 volume（unpaged）”按不同情况予以著录；当存在错误编号，记录错误编号随以 that is（实为）和正确的编号，取代原先的做法用拉丁缩写[i. e.]（即）记录；若是对不完整单册，则需考虑册的最后部分缺失还是首末均丢失的情形，以诸如“记录最后编号的页等，后加（incomplete）（（不完整））”或“记录页的首末编号，前置以适用的术语”的形式按不同情形予以著录，有效避免了在以 AACR2 记录时可能出现的模糊情形。此外，在 RDA 通篇频繁出现“如果对识别或选择重要”，这给了编目员足够的自主性，可根据自身的判断，以确定是否对用户的检索、选择有用，只要能有益于用户的识别、选择，就要予以记录，时刻强调用户的核心地位；而 RDA 中所强调的关系，以“关系说明语”等方式记录，帮助用户了解责任者与作品的关系，作品与作品之间的关系等，大大方便了用户的发现与识别。有关的实例，不胜枚举。

RDA 可谓将“用户至上”根植于其内核，无论是著录还是检索点的选取，方方面面的设置编排旨在为用户带来便利，与 ICP“用户的便利性”第一原则一脉相承，相得益彰。

3.2 “表达性”原则——“如实著录”思想，所见即所得

相较于 AACR2，“表达性”原则可谓 RDA 的一大飞跃，在 RDA 时代的编目工作中是重中之重的原则，是 ICP 和 RDA 所共同倡导并强调的原则。描述一个资源的数据，应该是如实、原原本本反映资源本身的表达，即编目员所熟稔的“Take what you see”思想。按信息源如实著录

的优点很多,可以方便读者的识别和获取,对于用户来讲也更为直观。试想若用户想要获取的文献资源所包含的信息与编目员的著录的书目之间存在天壤之别,这无疑会增加用户与资源之间的鸿沟,使得“路漫漫其修远兮”。

依据RDA规则,遵循ICP纲领,应尽可能如实转录,小到题名中的标点符号、缩写,大到责任说明、版本说明等。例如,在转录题名中的标点符号“…”或“[ ]”时,AACR2用“—”和“( )”替代的情形已不复存在,RDA更强调按来源上出现形式转录每一个标点符号。依信息源出现形式转录责任说明则会为用户提供更多的信息,打破“三原则”,照实转录责任者,再无数量的限制,可著录更多责任者,方便读者及时检索熟悉的责任者;可以转录头衔,甚至责任者的工作单位,帮助检索、识别作品,为区分重名责任者提供有力的证据。转录版本说明,无须依据附录转录版本说明中的缩写和数字,而是要对版本说明的信息源中的缩写、数字所见即所得照实转录,而不经编目员后期的任何转化或加工,如在对信息源中“2nd ed.”转录时,依RDA规则应转录为“2nd ed..”,前后两个句点分别为缩写符号和字段结束符,二者互不影响,这充分展现了“如实著录”思想。

“如实著录”思想蕴含在“表达性”原则之中,标志着RDA的极大进步,是ICP“表达性”原则的具体体现,“如实著录”易于促进用户的理解,避免了可能产生的歧义和不解。

3.3 “准确性”原则——“实事求是”思想,修订错误

ICP的“准确性”原则,即如实描述被著录的实体。RDA给出了进一步的解释,对于来自于资源本身的信息源上的一些不明确或难以理解、容易误解的表达,应提供补充信息以澄清或更正[16]。特别是对资源上的一些差错,应予以修订,避免使用[sic]或i. e. 等读者不易直接理解的拉丁缩写。例如,对转录正题名有差错的情形(除连续出版物之外),RDA明确要求如实转录有差错或拼写错误的正题名,在246字段为正确的题名提供变异题名检索点,这对于识别或检索很重要,不同于AACR2用“[i. e. 正确的形式]直接在245字段做出修改”“在差错后直接加[sic]”等做法。

“准确性”原则强调了一种“实事求是”思想,在资源的描述过程中,既要如实反映错误,又要及时在合适的字段纠正差错,尽可能满足用户对作品的识别和检索。

3.4 “经济性”原则——“可选择的省略”思想,点到为止

不同于AACR2的相对呆板,RDA的规则无疑给出了更大的弹性空间,提供了交替规则、可选择的附加、可选择的省略、依编目员自身判断、由创建机构自行决定等充分的选择余地。其中“可选择的省略”,保证了ICP的“经济性”原则的实现,有利于促成RDA的“费用效益”目标。对一条RDA书目记录的完善,不仅要易于用户的理解,同时也要尽可能考虑数据能以“成本经济合算”的方式来满足并支持用户任务的功能要求[17],即力求高效而合理的创建记录时间,不能是无休止的增时,面面俱到在实际编目中是不切实际的,这也是广大编目员所共同关注的问题。比起AACR2记录,RDA记录包含更多的数据元素[18],这无疑为编目工作增加了一定的工作量,但一些情形下,“可选择的省略”为节省工作量提供了可能和切口。例如,上文提及的“三原则”,既可以在无数量限制的情况下,照实转录全部责任者,体现“准确性”原则,也可以选择性的省略第一个以外的名称,并采用著录机构首选的语言及文字阐明所做的省略,如根据美国国会图书馆(LC)实践,若省略其他四个创作者,

则在第一创作者之后随以[and four others],后者体现的即 ICP 的“经济性”原则。此外,如转录冗长的题名、记录分丛编的 ISSN 同时存在主丛编的 ISSN、单位的数量不易确定等情形,RDA 也给出了“可选择的省略”,帮助编目员在一些对检索或识别并不重要的情况下,能够通过一定的省略提高工作效率。但是随之而来的“统一”问题也是不可忽视的,试想在编目过程中,同一机构的不同编目员在执行“可选择的省略”上不能达成统一的处理做法,将会是何其混乱的局面。因而,各馆应尽快制定本地政策,及时做出决定,给出判断,以达到表达上的统一,也能进一步促进“经济性”原则的落实,避免编目员因无所适从而降低工作效率[19]。

“经济性”原则立足编目员的切身,也体现了 RDA 的先进性,在一些问题的处理上不再刻板地强制要求编目策略,而是给予了编目机构及编目员更多的主动性,从而促进编目工作的顺利开展。

3.5 “互操作性”和“开放性”原则——“共享”思想,展现走出图书馆界的决心

作为 ICP 2015 草案的新增原则,“互操作性”和“开放性”原则,无不彰显“共享”思想,必将促进书目数据和规范数据的共享。这恰恰体现,RDA 不再仅仅是内容标准,而真正成为“元数据标准”。未来是数据共享的时代,是关联数据的时代,在互联网的环境下,将书目资料转换为关联数据,为各个图书馆所用甚至应用到图书馆之外的领域,这也充分展现了 RDA 走出图书馆界的决心。目前 RDA 元素集和取值词表已经完成了注册和发表[20],真正为数据的关联做准备。

通过以上实例分析可以看出 RDA 条款制订的思想根源和基础所在。RDA 成功地将 ICP 原则和精神发扬光大,贯彻始终,吸纳了 ICP 的思想精髓,并将其应用到具体的 RDA 编目实践之中。

RDA 如今作为通用性、适用性俱佳的国际化编目规则,已不可逆转地呈现席卷全球之势,世界各国均对 RDA 的制订、实施做出了深刻的思考与讨论,以期将其尽快应用到本国的编目实践之中,编制适应于本国编目的本地化政策声明。国际编目原则声明 ICP 与 RDA 与时共进,步调一致,作为编目规则制订的最高纲领,对 RDA 有着重要的指导作用。RDA 紧扣 ICP 思想精髓,条款编写有据可循,字里行间体现其强大的优越性。了解 ICP 的漫漫发展沿革,剖析 ICP 的原则与精神在 RDA 中的具体体现,有利于帮助探寻 ICP 与 RDA 的紧密内在联系,理解 RDA 条款制定的根基所在,追根溯源,加深对 RDA 的理解,进而用以指导我国编目实践。

参考文献:

[1][18] 罗翀. RDA 全视角解读[M]. 北京:国家图书馆出版社,2015

[2] ICCP. Statement of principles adopted by The International Conference on Cataloguing Principles, Paris [EB/OL]. [2015-10-09]. http://www.nl.go.kr/icc/paper/20.pdf

[3] IFLA. Statement of International Cataloguing Principles (ICP) [EB/OL]. [2015-10-09]. http://www.ifla.org/files/assets/cataloguing/icp/icp_2009-en.pdf

[4][11][14] IFLA. Statement of International Cataloguing Principles (ICP) [EB/OL]. [2015-10-09]. http://www.ifla.org/files/assets/cataloguing/icp/icp_2015_worldwide_review.pdf

[5] IFLA. Functional Requirements for Subject Authority Data(FRSAD): a conceptual model [EB/OL]. [2015-10-09]. http://www. ifla. org/files/assets/classification-and-indexing/functional-require ments-for-subject-authority-data/frsad-final-report. pdf
[6] Oliver, Chris. Introducing RDA: a guide to the basics[M]. Chicago: ALA, 2010
[7] 胡晓菁. RDA 的国际化设计与本地化实施[J]. 大学图书馆学报, 2013(1)
[8][12][15-17] RDA Toolkit. [EB/OL]. [2015-10-09]. http://access. rdatoolkit. org
[9] 牛惠曼, 简秀娟. 各国因应 RDA 相关措施之探讨[J]. 图书与信息学刊, 2014, 6(1)
[10] Tillett B. B. RDA 与中国: 编目的国际化[J]. 中国图书馆学报, 2012, 38(6)
[11][13] Cutter C. A. Rules for a Dictionary Catalog, (4th ed.) [M]. Washington, DC: Government Printing Offce, 1904
[12][19] 罗翀, 蔡丹. 试论国家图书馆外文文献资源 RDA 本地政策声明设计思路[J]. 信息组织 2015(3)
[13][20] JSC. RDA registry [EB/OL]. [2014-10-09] http://www. rdaregistry. info/

RDA 背景下国家图书馆外文资源 GMD 的整合研究

张 璇

GMD(General Material Designations,一般资料标识)是指图书馆目录款目中位于正题名之后、置于方括号内、概括表示文献类型的术语,如电子资源、录音资料、缩微品、乐谱等,其基本作用是显示和说明编目文献所属的资料类别[1]。伴随着信息资源的数字化和网络化,图书馆资源的载体形式和文献类型日趋丰富多样,GMD 的重要性也越来越被人们所认知。近年来国际编目理论的最新发展都涉及 GMD 的问题,例如 ISBD(统一版)(International Standard Bibliographic Description)将其列为最高著录项目,RDA(Resource Description and Access,资源描述与检索)也对 GMD 进行拆分和重组,这一切都说明 GMD 的问题已经越来越被重视,尤其对于实现 FRBR 化的目录显示具有重要意义。但在我国的编目实践中,GMD 的应用存在一个逐步被认识的过程,目前国内图书馆对 GMD 的著录标准不统一、本地化特色突出,不少机构对 GMD 重视程度不够。面对书目世界发展的新形势,图书馆的信息组织工作必须适应新的编目理论的变化和实践的要求,GMD 的整合势在必行。

1 GMD 的历史变革

1.1 GMD 的产生

GMD 的概念于 1977 年在 IFLA 颁布的 ISBD(G)(General International Standard Bibliographic Description)和 ISBD(NBM)(International Standard Bibliographic Description for Non-Book Materials)中被首次提出,最初是应非印刷型文献的编目需要而产生的。

随着信息时代的到来,GMD 在编目实践中的局限性表现得越来越突出。首先,具有多种载体形式的出版物数量迅猛增长,GMD 的使用范围不断扩大,现有的 GMD 术语已无法满足标识的复杂性和多样性;其次,GMD 术语包含文献的内容形式、媒介形式和载体形式等多个层面,概念相互混杂,并且与 SMD(Specific material designation,特定资料标识)之间的关系模糊不清,使编目员在术语选择与理解上无所适从;再次,国际编目规则中有关 GMD 的著录位置的规定相对灵活,GMD 专用术语的标准也有所不同,导致编目机构在著录 GMD 时本地化特色非常突出,主要表现在以下三个方面:① 由于 GMD 的著录被规定为可选项,编目机构在是否启用 GMD 的问题上做法不一;②面对日益丰富的资源类型,各机构对于如何选择合适的 GMD 术语进行著录存在差异;③语言差异使得文献资料类型在各地区的命名不同,同一种资料类型的文献在不同国家和地区的编目机构中常被赋予不同的 GMD 术语。

1.2 GMD 的规范化

IFLA 于 1998 年提出的 FRBR(Functional Requirements for Bibliographic Records,书目记录的功能需求)概念模型,打破了传统书目记录概念的单一性和平面性,以立体的思维重新阐释了书目元素之间的复杂关系[2]。基于这一思想,未来图书馆的目录将以"基于这一树"的形式展现在用户面前,以满足其查找、识别、选择、获取实体的需求,即实现目录显示的 FRBR 化。FRBR 概念模型为编目界注入了强大的思想活力,也使人们开始重新审视 GMD 在信息资源组织方面的特殊作用,对其重要性和必要性给予了新的定位。在新思想的影响下,在解决诸多实践问题的压力下,国际编目界要求解决 GMD 适应性问题的呼声越来越高。加拿大编目专家 Tom Delsey 曾精辟地指出:"GMD 术语把物理格式、资料类型、载体形式和标记符号等混在一起令人费解,而且 GMD 直接置于正题名之下,打断了题名信息的逻辑顺序。"[3]

随着国际上对 GMD 的研究不断深化,作为国际书目著录标准的 ISBD 也在修订过程中开始重新考虑有关 GMD 的问题。2011 年,ISBD(统一版)取消了以往把 GMD 作为著录第 1 项(题名与责任说明项)的一个子项加以著录的处理方法,而是将 GMD 提升为独立的著录项目,并命名为第 0 项"内容形式和媒介类型项",著录地位高于其他著录项目[4]。第 0 项的确立标志着在信息资源组织领域统治长达 30 余年之久的用于表示文献类型的专有概念 GMD 将退出历史舞台,沿用了半个世纪的"著录八大项"也将被"著录九大项"所取代。

RDA 是以 FRBR 为思想基础编制的适应数字环境的全新标准。为实现目录显示的 FRBR 化,RDA 做出了诸多努力,对 GMD(General Material Designations,一般资料标识)的规范化就是当中颇具代表性的革新之一。根据 ISBD(统一版)关于第 0 项的最新规则,RDA 对 GMD 的处理进行了新的规定:将 GMD 拆分为三个数据元素——内容类型(content type)、媒介类型(media type)和载体类型(carrier type),并分别于 3.2(media type)、3.3(carrier type)和 6.9(content type)条款予以详细描述,其中,内容类型和载体类型是核心元素,为书目记录所必备。

2009 年,RDA/MARC21 工作组为配合 RDA 新增的内容类型、媒介类型和载体类型这三个数据元素的描述,为 MARC21 书目数据格式相应地新增了 336(内容类型)、337(媒介类型)和 338(载体类型)三个字段来分别记录上述三个元素,同时取消使用 245$h 子字段著录 GMD。规范化的 GMD,将分别记录资源的内容类型、媒介类型和载体类型,通过三个字段的术语组合,清晰合理地划分出不同的资料类型,从而使同一作品的不同载体表现得以全面汇集,是实现目录显示 FRBR 化的重要保障。

2 国家图书馆现行的外文资料 GMD 体系

2.1 使用情况

我国图书馆外文资料的 GMD 著录一直以来缺乏统一的标准,总体情况较为混乱。受资料本身语种的影响,同种资料类型的 GMD 术语往往具有多个不同语种的表达方式。除此之外,为了便于管理书目记录,各图书馆还会在编目中对 GMD 采取不同的本地化处理方式,例如国家图书馆对于国际组织和外国政府出版的缩微平片、电子光盘、乐谱等文献采用 MARC21 的 245$h 和 $k 子字段组配的方式进行文献标识。

国家图书馆开始关注 GMD 的著录问题源自 2003 年 Aleph500 图书馆集成系统的启用。Aleph500 系统强大的数据管理功能为全馆各类数据的整合提供了硬件支持和保证。使用 MARC21 的外文书目数据集成到 NLC09 库。为了对相同数据库中的不同数据群进行管理,Aleph500系统在 NLC09 库中定义了若干个逻辑库。通过机读格式定义的 GMD 子字段和本地定义的子字段来区分不同资料类型的书目数据。

经过十余年的实际操作,国家图书馆外文资料目录中的 GMD 使用情况较为混乱,详见下表:

表 1 国家图书馆外文资料目前的 GMD 使用情况

<table>
<tr><th>一级分类</th><th>二级分类</th><th>GMD</th></tr>
<tr><td>外文图书</td><td>西文图书</td><td>245$kmonograph</td></tr>
<tr><td>外文图书</td><td>日文图书</td><td>245$k 図書</td></tr>
<tr><td>外文图书</td><td>韩文图书</td><td>245$k도서</td></tr>
<tr><td>外文图书</td><td>越南文图书</td><td>245$kSách</td></tr>
<tr><td>外文图书</td><td>阿拉伯文图书</td><td rowspan="4">245$kكتاب</td></tr>
<tr><td>外文图书</td><td>波斯文图书</td></tr>
<tr><td>外文图书</td><td>乌尔都文图书</td></tr>
<tr><td>外文图书</td><td>希伯来文图书</td></tr>
<tr><td>外文图书</td><td>马来文图书</td><td rowspan="2">245$kbuku</td></tr>
<tr><td>外文图书</td><td>印尼文图书</td></tr>
<tr><td>外文图书</td><td>孟加拉文图书</td><td>245$kवइ</td></tr>
<tr><td>外文图书</td><td>印地文图书</td><td rowspan="4">245$kकिताब</td></tr>
<tr><td>外文图书</td><td>梵文图书</td></tr>
<tr><td>外文图书</td><td>尼泊尔文图书</td></tr>
<tr><td>外文图书</td><td>巴利文图书</td></tr>
<tr><td>外文图书</td><td>泰文图书</td><td>245$kหนังสือ</td></tr>
<tr><td>外文图书</td><td>蒙文图书</td><td>245$kном</td></tr>
</table>

续表

一级分类	二级分类	GMD
外文图书	俄文图书(俄语及其他基里尔语)	245$kМонография
外文图书	俄文图书(白俄罗斯语)	245$kМанаграфія
外文图书	俄文图书(乌克兰语)	245$kМонографія
外文图书	俄文图书(马其顿语及塞尔维亚语)	245$kМонографија
外文连续出版物	西文期刊	245$kperiodical
外文连续出版物	日文期刊	245$k 雑誌
外文连续出版物	俄文期刊	245$kЖурнал
外文连续出版物	朝文期刊	245$k잡지
外文连续出版物	西文报纸	245$knewspaper
外文善本古籍	西文善本图书	245$kancient book
外文特藏专藏	国际组织和外国政府出版物	245$kforeign government document
外文特藏专藏	西文乐谱	245$h[music]
外文特藏专藏	西文地图	245$h[map]
外文特藏专藏	西文测绘资料	245$h[cartographic material]
外文特藏专藏	日文地图	245$地図
外文特藏专藏	西文手稿	245$kmanuscript
外文缩微文献	西文缩微制品	245$h[microform]
外文音像电子资源	电子资源	245$h[electronic resource]
外文音像电子资源	音像制品	245$h[sound recording]
外文音像电子资源	录像制品	245$h[Videorecording]

2.2 问题分析

如表 1 所示,目前国家图书馆外文资料的 GMD 体系中所使用的资料标识包括图书、期刊、报纸、善本图书、国际组织和外国政府出版物、乐谱、地图、手稿、西文缩微制品、电子资源、音像制品、录像制品共计 12 种(不考虑语种),最突出的问题表现在 GMD 并非每种资料类型必备、GMD 的著录位置不一致、不同语种但同种资料类型的 GMD 术语不统一等方面,如果继续沿用现行做法,将使上述问题更加严重,并与国际上将 GMD 使用规范化、统一化的趋势相悖,难以实现目录的 FRBR 化。

另外,国家图书馆的外文资料套录编目所占比例较高,目前国图西文编目的主要常用数据源如美国国会图书馆 LC(Library of Congress)、联机计算机图书馆中心 OCLC(Online Computer Library Center)和俄亥俄图书馆等机构都已采用 RDA 进行编目,对于套录的数据源,如果再添加 GMD 子字段,将与记录中的 336、337 和 338 字段发生冲突,更不利于国图与国际图书馆界的数据交流与共享。

3 国家图书馆外文资料 GMD 规范化体系的构建设想

3.1 RDA 对 GMD 规范化体系构建的启示

根据 RDA 中有关内容类型、媒介类型和载体类型的规定，上述各种传统编目所使用的 GMD 可以进一步归类和重组（见表 2）：

表 2 国家图书馆外文资料的现有 GMD 与记录中 336、337、338 字段的映射关系

资源类型	GMD（英文）	336	337	338
图书	monograph	$a text $2 rdacontent	$a unmediated $2 rdamedia	$a volume $2 rdacarrier
期刊	periodical			
善本	newspaper			
联合国印刷型资料	foreign government document			
手稿	manuscript			
报纸	newspaper	$a text $2 rdacontent	$a unmediated $2 rdamedia	$a sheet $2 rdacarrier
音乐（印刷乐谱）	music	$a noted music $2 rdacontent	$a unmediated $2 rdamedia	$a volume/sheet $2 rdacarrier
音乐（CD）	sound recording	$a performed music $2 rdacontent	$a audio $2 rdamedia	$a audio disc $2 rdacarrier
录像	Videorecording	$a two-dimensional moving image $2 rdacontent	$a video $2 rdamedia	$a video disc $2 rdacarrier
电子资源（情况复杂多样，以网络电子书为例）	electronic resource	$a text $2 rdacontent	$a computer $2 rdamedia	$a online resource $2 rdacarrier
缩微制品（缩微平片）	microform	$a text $2 rdacontent	$a microform $2 rdamedia	$a microfiche $2 rdacarrier
缩微制品（缩微胶卷）		$a text $2 rdacontent	$a microform $2 rdamedia	$a microfilm roll $2 rdacarrier
测绘资料（以地图为例）	cartographic material	$a cartographic image $2 rdacontent	$a unmediated $2 rdamedia	$a roll/sheet/volume $2 rdacarrier

具体而言，在国家图书馆外文资源 GMD 的整合过程中，应当注意以下几个方面：

①在传统编目中，图书、期刊、手稿被视为完全不同的资料类型，但依据 RDA 的规定，三者

的内容类型、媒介类型和载体类型完全一致，编目中使用相同的 336、337 和 338 字段即可；

②历史记录中的缩微平片、缩微胶卷等多种缩微形式的资料，在著录时均使用“缩微制品(microform)”这一相对宽泛的 GMD 术语，在转化时应当通过记录中 300 字段描述中的诸如“microfiche”“roll”这样的术语加以区分，并在 338 字段中注明；

③“测绘资料”中包含了“地图”这种资源类型，在转化时应当予以合并，同时要注意与同属于测绘资料的其他资源(如地球仪等)加以区分，并在 336 字段中注明；

④电子资源的类型复杂多样，包括计算机软件(如程序、游戏、字体等)、数值型数据(由数字、字母、图形、图像、地图、音乐等构成的信息)、多媒体文献及联机系统或服务等多种媒介类型[5]，因此电子资源所对应的 336、337 和 338 字段也有多种组合形式。在转化已有电子资源记录的 GMD 时，还需要根据实际情况加以分析，得出合理的映射关系。

由此可见，传统编目的需求并不会因 RDA 规则的应用而无法满足。传统意义上认为有必要汇集和区分的书目记录，如图书、期刊、手稿以及不同语言的资源类型，完全可以通过书目记录的控制字段代码实现，如 LDR/06、07、008/35-37 等；而 336、337、338 字段的组合使用也相比之前的 245$h 或 $k 科学得多，简单配置即可实现不同的汇聚功能，过多逻辑库的划分反而会适得其反。

3.2 对 GMD 整合工作的建议与思考

3.2.1 历史调研必不可少

要构建符合 RDA 的 GMD 规范化体系，首先必须要对系统中的历史数据进行全面调研，了解以往 GMD 的使用情况。特别是国家图书馆这样的超大型图书馆，历史数据年份跨度较大，书目记录的编目级别也参差不齐，通过历史调研方能明确不同时期编目规则对 GMD 的具体规定，对于后续的整合工作尤为重要。

3.2.2 适应本地化管理需求

国家图书馆书目记录中的 GMD 不仅指示了资料类型，还具备数据管理的功能，是区分馆藏类型和划分文献逻辑库的重要标志。可以说通过 GMD 的著录，国家图书馆实现了对不同类型、不同语种的文献具有针对性的特色管理。可见在整合 GMD 新体系时应当充分考虑本地化管理的需求，不能因为新增了描述资料类型的字段就贸然删去历史记录中的 GMD，导致系统中的逻辑库发生混乱。

3.2.3 人为判断不可或缺

依据 RDA 的规则转化现有记录中的 GMD，并不是一个子字段对应三个字段的简单映射。在数量巨大的历史记录中，往往存在着 GMD 著录缺失、限定词不够精细、新旧编目数据的术语差异等问题，因此，完善的 GMD 规范化体系，一定离不开人工识别。尽管人为判断从效率上明显低于计算机自动识别，但经过文献考证和鉴别，更加确保书目质量，能够达到更好的 FRBR 化效果。

着眼于国际编目大环境，已有十几个国家实施了 RDA 或正在为此积极准备[6]，国际编目一体化的趋势日益加强，RDA 在我国的本地化实施可谓大势所趋[7]。在 RDA 的指导下整合现有记录中的 GMD，旨在为国家图书馆历史数据的批处理提供参考依据，同时还将推动馆藏目录的 FRBR 化显示，让更多用户从立体化的书目世界中获益，对实现资源的全球共享具有重要意义。

参考文献：

[1] 曹宁，姜萍萍. 一般资料标识(GMD)的产生、变化和发展趋势[J]. 国家图书馆学刊，2005(4)

[2] 高红. 编目思想史[M]. 北京:北京图书馆出版社(今国家图书馆出版社),2008
[3] Tom Delsey. The logical structure of the Anglo-American Cataloging Rules—Part I[EB/OL]. [2012-03-22]. http://www.rda-jsc.org/docs/aacr.pdf
[4] 顾犇. ISBD 国际标准书目著录(2011 年统一版)[M]. 北京:国家图书馆出版社,2012
[5] 罗翀等. 电子资源 MARC21 组织法[M]. 北京:国家图书馆出版社,2013
[6] RDA Toolkit [EB/OL]. [2015-12-17]. http://www.rdatoolkit.org/RDA_institutions
[7] 赵丹丹,王志君. RDA 在世界范围内的应用及启示[J]. 山东图书馆学刊,2014(5)

基于用户信息行为的图书馆编目工作创新研究

武小瑞

根据中国互联网信息中心(CNNIC)2015 年 3 月 17 日发布的第 35 次《中国互联网络发展状况统计报告》,随着信息技术及网络技术的迅速发展,截至 2014 年 12 月底,我国网民规模达到 6.49 亿。迅猛发展的网络工具为信息的传播模式与交流方式提供了一条新途径,且日益成为信息交流与沟通的重要平台,也改变着用户的行为模式。编目工作一直是图书馆的核心业务,也是图书馆优质服务的前提,但是面对日以信息化的社会,传统的编目工作模式已经满足不了用户的需求,且日益边缘化。本文以用户为基础,通过对网络环境下用户信息行为的分析,发掘新行为模式下图书馆编目中存在的不足,提出编目工作创新建议,为编目工作的发展探索新道路。

1 用户信息行为的内涵

图书情报界对网络用户信息行为的研究最早可追溯到 20 世纪 60 年代"信息需求和信息使用"这个概念。随着信息化的普及,用户行为的改变,各界从自己的领域出发对信息行为都做过不同定义。其中比较有代表性的定义有:Bouazza 把信息行为定义为用户利用信息满足自身信息需求的行为;Wilosn 将信息行为界定为与信息资源和信息渠道有关的用户主动与被动的信息查询行为、信息利用行为以及面对面的交流行为。本文中的用户信息行为是特定的群体在特定的信息需求和信息环境下所产生的信息行为,具体指图书馆用户在一定的认知思维下,为了满足某种信息需求,在信息获取过程中,所产生的与信息搜寻、信息浏览、信息交互、信息选择、信息评价等行为的总和。

2 图书馆用户信息行为特点分析

2.1 图书馆用户的信息行为互动性特点

交互行为是指图书馆网络用户,利用网络平台进行双向信息交流的行为,是最为显著的信息行为特点之一,其理论依据最早可追溯到六度分割理论。该理论由哈佛大学著名心理学家斯坦利·米尔格拉姆(Stanley Milgram)通过连锁邮件实验提出它,证明最多通过六个人就能认识世界上任何一个人,这个理论奠定了社交网络的理论基础。图书馆用户的交互行为是指,用户既可以从图书馆获取信息,也可以向图书馆传递信息,用户和图书馆之间是一种双向的信息交流行为。例如,图书馆用户在网络环境下借助图书馆社交网络平台,即可以通过人—机互动来查找信息,也可以通过人—人(用户与用户)之间的互动来进行信息交流。图书馆社交工具平台的活跃用户主要是青年,他们天然有着对新事物的探索兴趣和对新工具的试用爱好,用户更倾向于通过图书馆微博、微信等社交平台通过回帖评论、留言、发私信和点赞的方式和平台进行互动,而不是通过单向的意见箱和工作人员沟通。

2.2 图书馆用户信息行为策略性特点

策略性是指,图书馆网络用户针对不同的信息需求、在不同的信息环境下采取不同的行为策略,最大限度满足自己的需求的行为。由于读者并不了解我们的编目规则和编目习惯,在利用图书馆平台检索时最优化的检索策略甚少,所以用户常常根据现实条件的限制,将自己的最大满足降为适度满足,或利用规则较少的网络搜索引擎检索信息。根据 OCLC 2014 年度调查,使用搜索引擎搜索信息的用户数远超使用图书馆首页平台检索信息的用户量,用户行为方式的改变使图书馆引导式的检索服务日渐式微,读者自助式检索日益主流。用户信息行为的策略性还表现在,用户在信息行为中常会简化自己的行为过程、减少行为中的利益损失,实现利益最大化。如在信息查询和检索中,为了实现检索效益最大化,他们会使用多词组合检索,通过限定条件制定检索策略,利用较好的网络工具和浏览器,在最短的时间下提高查准率。此外,信息交互中的"从众行为"也体现了这一特点。

2.3 用户信息行为中的有限理性和动态逼近

本文所指的有限理性是介于完全理性和非理性之间的理性。图书馆网络用户信息行为根本上是一种需求满足行为,策略性、最小努力原则均为用户信息行为中的理性表现。但是由于用户所处环境的不断变化,对自身认识能力的限制,背景知识掌握的非完善性,不可能完全科学合理地对行为过程及结果做出判断后再选择是或否付诸行动,从这个角度讲,用户的理性又是有限的。他们会在有限理性的促使下做出不合理的判断,例如,某用户在对一个新概念的了解过程中常常把信息浏览和信息检索相结合、将信息查询和信息交互相交织,一步一步地向目标靠近,这就是信息行为有限理性导致信息行为动态逼近的体现。有限理性下的动态逼近特征体现了用户信息构建的过程,在这个过程中用户不断获取新的知识,这些新知识和原有的背景信息构成新的背景知识。网络环境下,开放的环境中信息传播速度和传播量对用户的冲击远超过往。

2.4 用户信息行为的选择性和多样性

图书馆用户的信息选择行为是指,在不同的信息需求中,通过判别和筛选,分析和整理,从繁杂的信息中挑选自己需要的信息。用户行为的选择性,常常建立在一定的检索和浏览基础上,且具有一定的时效性。受用户自身信息素养的限制,信息选择行为,在给用户带来准确有效信息的同时,也给用户造成一定的认知和时间压力。例如,用户在图书馆借阅图书的时候,受制于借阅数量的规定,往往会通过二次筛选,选择自己最需要的文献进行外借,这种思考—

检索—筛选的过程就是一次简单的选择行为。用户信息行为的多样性，既包含信息需求的多样性，也包括行为特点和方式的多样性，同时受多样性信息载体的影响。海量的信息资源和丰富多样的载体类型极大满足了用户多样性信息需求，用户在查阅信息的时候可以在数据库中检索，也可以在纸质文献中查找，甚至可以选择音频和视频信息。

3 新行为环境下编目工作存在的问题

3.1 编目工作格式的单一，不能满足多样性需求

随着社会的进步和技术的发展，信息资源呈现的方式越来越多样性，人们在日常学习、工作以及生活过程中对精神文化的需求越来越旺盛。图书馆作为社会文化遗产的贮藏基地，只有把这些资料拿出来服务社会才能发挥最大作用，而在此过程中编目工作显得尤为重要。但是，图书馆在运行过程中，编目员还是依据传统的编目规则和流程进行图书的编目工作，没有结合现今资源和服务需求的多样性来进行职能的完善和提高，目前我国图书馆编目员还是广泛使用 MARC 著录格式来编目，对元数据的反映多少有些不足，对用户多样需求有一定局限。随着网络技术的不断发展和完善，国内外都在积极研究新的编目规则和模式，RDA 的尝试和探索，对编目工作来说是变革性的改变。

3.2 编目数据的兼容和互转换性差，不利于用户检索和利用

在社会网络化和信息共享的信息社会，编目资源的兼容和共享能极大程度减少人力物力和财力的投入，达到最高的资源使用率。然而在国内不同图书馆之间采用不同的编目系统和编目格式，资源只能为我所用，同一资源在不同的图书馆都要进行编目，很难实现一站编目多方使用的目的。在国际上，我们只有少数的数据可以和一些国家的图书馆进行共享。这都不利于满足读者在信息获取中的查准率和查全率。因此在目前的多元化环境中，如何对国内的编目规则和编目系统进行统一，对图书馆编目员的职能进行改进和丰富，加大编目规则和多元化资源两者之间的一致性和融合性，便于用户检索和利用，是现阶段图书馆发展和建设过程中的一大难题。

3.3 编目工作封闭，与用户交流互动少

目前我国的编目员还带有神秘的色彩，我们采用的编目规则还是依据 MARC 的居多，MARC 虽然是一种机读目录格式，但是进入 21 世纪，社会发展迅猛，网络工具和平台不断改变人类获取信息的方式，用户信息行为也在转变，这些都给传统的编目规则带来挑战，传统的编目越来越不适应新的资源类型和用户需求。所有的编目都是基于服务的目的，所以在新的形势下，编目工作要采用多种调研方式，详细了解用户的信息行为，依据用户的新行为模式和国际编目规则进行本地化机读著录格式的制定，使编目工作更加灵活和实用。

4 提高编目工作水平的策略研究

4.1 调研用户信息行为，制定本地化编目规则

不同国度的图书馆用户受民族文化、教育程度、行为习惯等影响，信息行为的特征也不尽

相同。在这个信息化进程越发快速的时代，本国图书馆用户的信息行为也在发生改变，而我国的图书编目工作还在采用旧有规则，编目工作边缘化。伴随 RDA 席卷全球之时，我国图书馆编目工作正在进行变革性的发展，在进行 RDA 本地化规则的制定中，用户调研必不可少，应依据用户信息检索行为、信息浏览行为、信息交互行为、信息策略行为等制定本地编目规则，并且有效引导和规范用户的信息行为。这种引导不是通过强制的方式实现的，而是通过用户自身行为规律自组织实现的。通过和用户的互动和了解，提高编目规则的实用性和对接性，使编目规则更加合理和科学。

4.2 编目工作加强信息组织与揭示，方便用户信息选择

图书馆是信息大仓库，是用户获取信息的主要渠道之一，对各种载体和类型的文献进行组织和揭示是图书馆的主要职能。信息的初级组织和揭示往往是由编目工作完成的，编目员要根据用户的信息行为，从用户的角度出发，在遵循编目规则的前提下，按照一定的用户需要的标准和方式，对图书馆购买的文献、期刊、平片、资源库进行著录和标目，详细分析资料内容，揭示逻辑关系，便于读者检索和选择。要发挥图书馆员挖掘信息的能力，对用户信息需求进行整合，对大众化的信息需求进行专题资源整合，大规模揭示信息内容，利用关键词、主题词等方法，构建专题数据库，满足读者多样性需求，降低读者选择信息的难度。

4.3 搭建交流平台，促进与用户的信息交互与评价

图书馆用户不仅是信息的获取者，也是信息的传递者、生产者、评价者。用户信息行为的互动性，也要求编目工作必须从幕后走到台前，通过交流平台，倾听用户的建议，了解用户的需求，解答用户的疑问。编目人员要通过互动交流平台，与用户沟通，建立良好的关系，增进用户对图书馆的信任，把用户的潜在信息行为转化为实际信息行为，通过用户的建议和评价，发现自身的不足，改进工作方法，提高编目水平。编目工作者可以利用微信、微博等公众平台宣传自己的工作，让更多的人了解编目，并吸引更多的社会精英加入编目工作的队列。

在此过程中，图书编目员要积极应对网络风险带来的挑战，做好信息安全保护措施是保障，在编目员从幕后到台前和用户互动沟通的过程中，应避免因为技术问题导致的用户信息的泄露。

4.4 建立用户信息行为数据库，实现个性化编目服务

用户的信息行为对图书馆编目工作的改进和创新具有重要的价值。编目工作人员应通过多种渠道获取用户的信息行为，例如检索行为、浏览行为等，建立系统化的用户行为数据库，并及时更新。依据用户行为数据库，通过分类和统计，整合数据资源，挖掘有价值的信息，寻找用户行为规律及信息需求。针对不同类型的目标用户群体，在编目工作中可以选择不同编目服务，从而做到对不同类型的目标用户群体实施个性化、精准化的编目服务。

参考文献：

[1] 邓小昭. 网络用户信息行为研究[M]. 北京：科学出版社，2010
[2] Herbert L. Petri John M. Govern. 动机心理学[M]. 西安：陕西师范大学出版社，2005
[3] 张正. 数字图书馆用户研究[J]. 图书馆，2004(1)

[4] Burton J. UK public libraries and social networking services[J]. Li-braryHiTech News,2008(4)
[5] 张蕴姗.《英美编目规则》第二版使用问题初探[J]. 国家图书馆学刊,1981
[6] 肖楠. 探究高校图书馆编目工作的现状、存在的问题及对策[J]. 办公室业务,2014(9)
[7] 何显红. 浅议网络环境下的西文编目和西文编目人员[J]. 科技情报开发与经济,2007(2)
[8] Bouazza. A Information user studies Encyclopedia of Library and Information Science[J]. 1989,44(9)
[9] Wilson T D. Human information behavior Information Science[J]. 2000,3(2)

浅议西文编目工作中图书复本的甄别与著录

赵丹丹

传统意义上的复本是指内容、出版、印刷等与正本完全相同的图书[1]。如果同一种图书改版、内容有变动,或者版面、印刷、装帧上有所不同,也不认定为复本,即要求复本与正本的内在和外在完全一致。但是在实际工作中常常遇到内容相同,但是外在特征略有不同的图书,这种类型的图书应该作为新书、新的版本或者复本处理一直也是令人困惑和引起广泛争议的问题。一部分人坚持遵从传统意义上的复本概念,但是也存在不同的意见,如应用"内容相同的原则"[2]来判断是否为复本,也有人提出"隐形复本"[3]的概念,这两种看法均是主张将图书的内容作为判断复本的标准。

根据《国际编目原则声明》,用户的便利性是指导编目工作的最高原则。因此,笔者倾向于后一种观点,扩大复本的内涵,以图书的内在特征作为判断复本的主要标准。最主要原因是大多数读者对所需图书的外在形式并不关心。以精装和简装图书为例,按照传统复本的概念,精装和简装图书互不为复本,应分别创建记录。而大多数读者可能并不关心所需图书是精装还是简装,根据传统复本的概念创建不同的目录反而会给读者在目录检索时带来困惑。此外,根据《书目记录的功能需求》概念模型,资源被解构为四个实体,即作品、内容表达、载体表现和单件。其中"作品"与传统概念中的含义已有较大出入,作为一种抽象的概念,不再对应于特定的实体文献,而是涵盖通过不同内容表达实现的知识或艺术的创作。因此,以图书内容为判定标准也更切合这一概念模型的内在要求。

1 美国国会图书馆—合作编目项目政策声明对复本的认定

美国国会图书馆是美国图书馆建设领域的领军者,在国际图书馆界也发挥着不可或缺的引领和示范作用,其在图书馆领域的举措往往成为国际图书馆界的风向标。为了实施最新编目规则——《资源描述与检索》,美国国会图书馆制定了本地政策,即美国国会图书馆政策声明。后又与合作编目项目合作,联合制定了美国国会图书馆—合作编目项目政策声明(LC-PCC PS,以下简称为美国国会图书馆政策声明),针对 RDA 中的可选项——交替规则、可选择的附加、可选择的省略做出规定,并对规则进行进一步阐释,以指导应用 RDA 规则的编目实践。

在美国国会图书馆政策声明中，针对 RDA 第 2 章识别载体表现和单件的规则阐释中对如何判断图书复本做出了规定，归纳了两大主要判断规则，并列举了一些可视为复本处理的情况。首先，图书的内容没有明确的变化。其次，MARC21 字段的 245（题名说明）、250（版本说明）、300 $a（载体形态的数量）或 4××（丛编说明）字段中，两本图书的书目记录均相同（CIP 图书有特殊规定）。同时规定了一些变异形式，如：ISBN 的增、减或变化；不同装订形式；存在相同出版日期但印刷或版权日期不同；出版者名称同时出现多种形式；以精装和简装两种方式发行的 CIP 图书的版本说明或丛编有所不同。政策声明中规定上述变异形式均作为复本处理[4]。从以上规定中不难发现，美国国会图书馆的政策声明对于复本的处理是以内容相同为判断标准的，忽略了外在形式可能存在的一些不同。

2　西文编目实践中对复本的判定与处理

参照美国国会图书馆政策声明对复本的判断标准，下面针对西文编目工作中常见的几种情况进行分析，探讨这几种特殊情况是否可作为复本处理以及如何著录。在著录实例中遵循了 RDA 的规则，并启用了 MARC 格式的新增字段，如 264 字段，以便更明确地对出版、印刷和版权说明加以记录。

2.1　不同机构同时出版发行

西文图书存在由不同机构出版发行的情况。如果为联合出版，那么毋庸置疑应为复本。也有可能为分别出版，即两本书分别拥有各自的出版者。在西文图书中分别出版最常见的情况为在不同国家出版发行，如同时在英美出版发行，这种情况下两本图书通常有不同的出版者、出版地和 ISBN。美国国会图书馆政策声明没有将出版发行项纳入判断复本的标准。对于此类图书，在内容没有变化的前提下，如果图书的主要信息，如题名、责任者、版本、页数、出版日期及丛编均相同，依据美国国会图书馆政策声明，应该作为复本处理。

例 1：

020##$a9781849042543$qHurst

020##$a9780231704083$qColumbia University Press

1001#$aCoker, Christopher.

24510$aWarrior Geeks：$bhow 21st-century technology is changing the way we fight and think about war /$cChristopher Coker.

264#1$aLondon：$bHurst；$aNew York：$bColumbia University Press，$c2013.

300##$axxv，330 p.；$c23 cm.

本例中的图书同时在英国和美国两地由不同出版者出版发行，ISBN 不同，264 字段中 $a（出版地）和 $b（出版者）不同，两本书其余信息均相同，可以作为复本处理。如例中所示，在 MARC21 格式中重复 264 的 $a 和 $b 子字段，同时记录两本书的出版者；020 字段分别记录两本书的 ISBN，并用出版者加以区分。

2.2　多次印刷

西文图书中多次印刷的情况比较常见，也较为复杂，可能为近年内多次印刷，也存在时隔多年再次印刷;可能为内容不变单纯增加印数,也存在对内容进行改动的重印。最常见的可以归纳为三种:单纯印刷;重印;数字印刷。

(1)单纯印刷

单纯印刷是指由于图书需求不断而增加印数的图书。此类仅是印次不同的图书,一般内容没有变化。根据美国国会图书馆政策声明,只是印刷年不同,图书的主要信息,如题名、责任者、版本、页数、出版日期及丛编均相同,应该作为复本处理。单纯印刷的图书通常会在版权页有清楚标识,如"third impression""second printing"等。

例2:

020##9780198062509

1001#$aMukherjee, Mithi.

24510$aIndia in the shadows of empire: $ba legal and political history (1774-1950)/$cMithi Mukherjee.

264#1$aNew Delhi: $bOxford University Press, $c2010.

300##$axxxviii, 302 p. ; $c22 cm.

另有一本图书,用以判断复本的相关信息均与上述记录中一致,只是在版权页标注了"First published 2010. Second impression 2011."。此书仅是隔年再次印刷,不足以作为新版本,因此作复本处理。可以选择记录附注500字段,说明复本的印刷年有所不同,如:

500##$a"Firstpublished 2010. Second impression 2011."—cop. 2.

(2)重印

重印是指由于图书需求或勘误等各种原因重新印刷的图书。重印的图书可能为不同出版者出版,内容也有可能发生了变化,如增加了重印说明、前言,增加了勘误表或将错误直接修订等。根据美国国会图书馆政策声明,内容发生了明确变化的图书应作为新版本处理,不再作为复本。重印图书在版权页的标识通常为"reprinted…"。

例3:

008061013r20092007njua^^^^^b^^^^001^0^eng^^

1001#$aNewman, Barbara M.

24510$aTheories of human development /$cBarbara M. Newman, Philip R. Newman.

264#3$aNew York: $bPsychology press, $c2009.

300##$aix, 338 p. : $bill. ; $c26 cm.

本例中图书的版权页上标注的重印信息为:Reprinted 2009. First published 2007. © 2007。如例中所示,将重印年记录在264字段的$c子字段,第二指示符为3表明为印刷日期,与之对应的008字段06字符位(日期类型/出版状态)应为"r"(表示重印),07到14字符位分别记录重印年和版权年。如果重印图书由与原版不同的出版者出版,可以选择记录534字段(原版附注),记录原版的相关信息,如:

534##$pReprint. Originally published: Mahwah, N. J. : Lawrence Erlbaum Associates, c2007.

重印图书通常会有小的修订,与原版在内容上有所不同,也可能存在内容没有发生变化的情况,但是在编目过程中不可能将图书的内容逐页比对,因此,重印图书可以考虑统一做法,即通过新建记录,与原版加以区分。

(3)数字印刷

数字印刷是一种新的印刷技术,在印刷过程中以电脑处理为主,用数字化技术将资料直接传输到印刷机上,不需要制版、洗板、冲片等步骤。数字印刷的图书通常为时隔多年再次印刷,一般内容上与原版保持一致,但由于其区别与原版的印刷技术,图书的页面显示有所不同,类似影印书的效果。且数字印刷的图书通常为时隔多年再次印刷,出版者也可能发生了变化,因此建议参照重印图书的做法,通过新建记录,与原版进行区分。数字印刷图书在版权页的标识通常为"Transferred to digital printing..."。

例4:

008 080410r20071999nyua^^^^^b^^^^001^0^eng^d

24504$aThe end of the welfare state?:$bresponses to state retrenchment /$cedited by Stefan Svallfors and Peter Taylor-Gooby.

264#3$aNew York:$bRoutledge,$c2007.

300##$axii,244 p. :$bill. ;$c24 cm.

本例中图书的版权页上标注了:Transferred to digital printing 2007。如例中所示,将数字印刷年记录在264字段的$c子字段,第二指示符为3,008的相对应字段参照重印图书的做法。为了说明此书为数字印刷版本,可以选择做附注,将版权页的数字印刷信息记录在500字段,如:

500##$a"Transferred to digital printing 2007."--T. p. verso.

2.3 不同装订形式

装订形式不同的西文图书最常见的为精装和简装图书。精装和简装图书一般ISBN不同,尺寸略有差异,也存在出版日期不同的情况。除了精装和简装图书,不常见但存在的不同装订形式还有如,既作为合订本又作为多卷册出版的图书。

(1)精装和简装图书

对于出版日期相同的精装和简装图书,一般ISBN不同,尺寸略有差异,其余信息均相同,依据美国国会图书馆政策声明,此类精装和简装图书建议作为复本处理。

例5:

020##$a9780521323352$qhbk.

020##$a9780521025560$qpbk.

1001#$aLeakey,F. W.

24510$aBaudelaire,collected essays,1953-1988 /$cF. W. Leakey;edited by Eva Jacobs;with forewords by Eva Jacobs and Claude Pichois.

264#1$aCambridge [England];$aNew York:$bCambridge University Press,$c2006.

300##$axxv,320 p. :$bill. ;$c22 cm.

本例中精装和简装图书仅ISBN不同,其余信息皆相同,因此作复本处理。020字段分别记录两本书的ISBN,装订形式记录在$q子字段。

精装和简装图书还有一种比较常见的情况是先后出版,即出版日期不同。出版日期是识别资源的一个重要的元素,美国国会图书馆政策声明中虽在主要规则中没有明确要求记录在264字段的出版日期必须相同,但是在可以作复本处理的差异形式中提及出版日期相同但印刷或版权日期不同的图书可以作为复本处理,也即是强调了出版日期必须相同。因此,对于出版日期不同的精装和简装图书,即使其他信息完全相同,也不建议作为复本处理。

例6:

008000622t20012000iaua^^^^^b^^^^001^0^eng^^

020##$aa9780813804095$qpbk.

1001#$aPaarlberg,Don,$d1911-2006.

24514$aThe agricultural revolution of the 20th century /$cDon Paarlberg and Philip Paarlberg. 264#1$aAmes:$bIowa State University Press,$c2001.

264#4$c© 2000

300##$a xvi,154 p. :$b ill. ;$c24 cm.

本例中的图书为简装图书,其精装于2000年出版,2001年同一出版者再次出版了简装版,在简装版的版权页上标注了:First edition 2000,first paperback edition 2001,© 2000。如例中所示,为简装版构建新记录,装订形式记录在020字段$q子字段。对于出版日期和版权日期不同的图书,根据RDA规则,需要重复264字段,通过第二指示符指明制作、出版、发行、生产和版权说明。本例中第一个264字段为出版信息,$c子字段记录出版年2001;第二个264字段为版权说明,$c子字段记录版权日期2000。对应008字段的06字符位为"t",表明出版日期和版权日期不同,008字段的07—14字符位分别记录出版日期和版权日期。为了说明本书的特殊情况,可以选择做附注,将版权页的出版信息记录在500字段,如:

500##$aFirst edition 2000,first paperback edition 2001.

(2)合订与分卷出版

在西文图书中,既作为合订本又作为多卷册出版的图书并不常见,同年出版的情况更为少见。如果出版日期不同,则如上文所述,建议建立新记录著录。如果出版日期相同,原则上可以作为复本处理。但是作为复本共存在同一条记录中,读者在借阅时会对不同的单册描述产生困惑,难以理解不同单册间关系。因此,合订与分卷出版的图书不建议作为复本处理,其著录区别仅在于300字段(载体形态),在此不再举例说明。

编目工作中遇到的图书情况纷繁复杂,远不止本文中所列举的几种情况,由于篇幅问题,在此只能对几种常见情况加以分析。对于以内容为导向的复本的认定,最重要的是内容相同,在此前提下,依据读者便利性的原则选择性地将外在特征略有不同的图书作为复本处理。对于复本的认定并没有编目规则加以界定,本文也仅限于探讨,如何处理复本还需要各图书馆和编目机构制定相应的本地规则。

参考文献:

[1] 辛苗.隐性复本及其关联著录[J].图书馆杂志,2012(4)

[2] 冯小永.复本的判断及著录格式[J].山东图书馆季刊,2002(4)

[3] 陈艳春.论馆藏图书隐性复本[J].图书馆工作与研究,2009(1)

[4] RDA Toolkit[EB/OL].[2015-09-15].http://access.rdatoolkit.org/

论英美编目体系与普鲁士编目体系关于团体著者的分歧以及二者在 RDA 中的融合

赵 娜

19 世纪英美编目和普鲁士编目两大体系的形成与对峙是西方编目史上的重要史实,而团体著者问题是两大体系争论的焦点之一。虽然这两大编目体系均以著者为主要款目标目,但对著者概念却存在很大分歧,尤其是在团体著者方面,英美编目体系认为团体是著者,并且可以作为主要款目标目,而普鲁士编目体系则不认同此种说法。两大编目体系关于团体著者的分歧持续了近半个世纪之久,直到 1961 年《原则声明》问世后,两大编目体系才开始走向合流,然而团体著者的分歧始终没有得到彻底的解决,直到最新的国际编目规则《资源描述与检索》(Resource Description and Access,简称 RDA)的出现,才使得英美编目体系与普鲁士编目体系在团体著者方面得到统一。

1 世界两大编目体系的形成[1]

1908 年,"英美规则"和"普鲁士规则"的同时问世,标志着西方世界两大编目体系的最终确立,即英美编目体系和普鲁士编目体系。英美编目体系和普鲁士编目体系是 20 世纪世界编目史上的两大体系,前者的主要影响范围是英美及亚洲与英联邦国家和地区,后者的影响范围在东欧、中欧等地区。

1.1 英美编目体系的形成

英美编目体系源于英、美两国图书馆协会共同制定的条例——《编目条例:著者与题名款目》(以下简称《AA 条例》)。在《AA 条例》出现之前,美国图书馆协会和英国图书馆协会是分别出版各自的编目条例的,但在 19 世纪末,英、美图书馆界都认为各自为政的重复编目是一种极大的浪费,因此,他们要求实行集中编目和合作编目,而合作编目的前提就是要有一个统一的编目标准,经过协商,由美国国会图书馆从 1901 年起发行统一的印刷卡片。同时,美国图书馆协会新成立了一个"编目条例委员会",在 1902 年该委员会出版了《美国图书馆协会编目规则(试用版)》,同期,美国图书馆学家杜威注意到英、美两国的编目条例存在很大差异,他认为英、美两国图书馆协会应该合作起来,共同制定编目标准,因此,在 1904 年英、美两国成立了专门委员会,合作制定编目标准,经过讨论和协商,终于在 1908 年联合编制出版了《编目条例:著者与题名款目》(*Catalog rules: author and title entries*),编目界称之为《AA 条例》或《AA1908》。《AA 条例》的问世标志着英美编目体系初步的确立。在此之后,英美等国又共同制定了很多编目规则,最终形成了英美编目体系。

1.2 普鲁士编目体系的形成

普鲁士编目体系源于德国内部的编目条例——《普鲁士规则》,《普鲁士规则》的前身是齐亚茨科于1874年出版的《布雷斯劳皇家图书馆兼大学图书馆字顺卡片目录编目规则》(*Instruktion für die Ordnung der Title im alphabetischen Zettelkatalog der Konigl ,und Universitätsbibliothek zu Breslau*),1890年皇家图书馆对齐亚茨科的编目规则进行了修订和补编,将它正式定名为《字顺目录卡片著录规则》,并在全国推行此原则。此外,《普鲁士联合目录》的出版与发行,也进一步扩大了该规则的传播范围。从1896年起,为了满足统一编目和编制联合目录的需求,皇家图书馆再次组织编制通用的编目条例,最终于1899公布了《普鲁士图书馆字顺目录与普鲁士联合目录编目规则》(*Instruktion für die alphabetischen Katalog der preussischen Bibliotheken und für den preussischen Gesamtkatalog*),简称《普鲁士规则》。1908年《普鲁士规则》第二版出版。随着该规则的发展与完善,它在欧洲大陆产生了广泛的影响,很多欧洲国家先后采用《普鲁士规则》,因而最终形成了普鲁士编目体系。

2 世界两大编目体系关于团体著者的分歧

英美编目体系和普鲁士编目体系关于团体著者的分歧主要体现在团体是否属于著者的范围,进而是否为团体著者做主要款目标目。在英美编目体系中,团体责任者(或团体著者)属于著者概念的一部分,著者概念包括个人著者和团体著者两类。如1908年英美图书馆协会合作编制的《AA条例》中对"著者"的广义定义是"图书的创造者或对图书的存在负有直接责任的个人或团体";此外,1949年《美国国会图书馆著录规则》将著者概念进一步明确为"主要对图书、文献、艺术和音乐作品的'知识内容'负责的个人或团体"[2]。由此可见,英美编目体系将著者、译者、编者、编纂者均列入"个人著者"范畴,承认团体为著者,可将团体著者做主要款目标目。

但是,普鲁士编目体系则在著者概念的处理上与英美编目体系存在严重的分歧:它只承认原始创作者是著者,否认团体是"著者",因而不能做主要款目标目,对于公司出版物按个人著者处理,若公司名称中包括一个姓氏,则将该姓氏做主要款目,若公司名称中不包括个人姓氏,则把公司名称当作一般人名处理[3]。此外,将公司出版物以外的其他团体出版物按佚名处理,用题名作为标目。以上两大编目体系的编目条例虽然屡经修改,但是意见始终无法统一起来,直至1961年巴黎编目原则会议召开后才开始走向合流。

3 世界两大编目体系的合流

在巴黎编目原则会议后上述两大编目体系均做出了一些让步,英美编目体系接受了"文集取书名作标目"的意见,缩小了著者概念的外延;普鲁士编目体系大体接受了团体著者的概念,扩大了著者概念的外延。会议通过的《原则声明》(Statement of principles)第9条规定了团体名称作为主要款目标目的情况:"9.1.1 作品从性质来说,必然是表达该团体的集体思想或该团体的活动,或9.1.2 题名或题名页的用词结合著作性质,清楚地表明是团体集体对作品的内容负责"[4]。《原则声明》沿袭了英美传统,虽然没有使用"团体著者"这一字样,但基本上使团体作为文献的责任者得以承认。

3.1 英美编目体系关于团体著者规则的改变

根据《原则声明》的精神,于 1967 年出版的《英美编目条例》(简称 AACR1)中对著者是这样规定的,"对于著作的知识和艺术内容主要负责的个人或机关团体";在 1978 年出版的《英美编目条例》(第二版)(简称 AACR2)中使用了含义更广的词语,即"责任说明"来概括了个人著者和机关团体责任者。AACR2 没对责任说明进行定义,只是分别定义了个人著者和机关团体。AACR2 对机关团体所做的定义是:"有一个特定名称,作为一个实体或可以作为一个实体行动的一个组织或一批人"[5]。AACR2 规定的典型机关团体有:协会、公共机构、商行、非营利企事业单位、政府、政府机构、宗教团体、各地教会,以及会议,此外 AACR2 具体指出了五类以机关团体为标目的著作,即:①关于该团体本身或其内部的方针;②某些立法、政府和宗教作品;③记录机关团体集体思想的文献;④报道符合机关团体定义的会议、考察、事件等集体活动的文献;⑤一个表演团体集团活动的录音资料、电影和录像资料[6]。1988 年修订出版的 AACR2R 基本同上,只是在后增加了一类以机关团体为标目的著作,即一个机关团体负责制作的测绘制图资料。从实质上看,上述做法是一种逃避行为,其结果是放弃了从理论上进一步完善"团体著者"这一问题。

3.2 普鲁士编目体系关于团体著者规则的改变

受巴黎《原则声明》和《国际标准书目著录》(ISBD)的共同影响,在 1976 年德国制定了《按字母顺序编目的规则》[*Regeln für die alphabetische Katalogisierung*(*RAK*)],RAK 包括《高校图书馆中按字母顺序编目的规则》[*Regeln für die alphabetische Katalogisierung in wissenschaftlichen Bibliotheken*(*RAK-WB*)]和《公共图书馆中按字母顺序编目的规则》[*Regeln für die alphabetische Katalogisierung in öffentlichen Bibliotheken*(*RAK-ÖB*)],RAK-WB 于 1976 年首次出版,1994 年出版的第二版先后于 1995 年、1996 年、1998 年和 2002 年进行补充更新。此外,RAK 还包括了一些特殊规则,如《音乐作品按字母顺序编目的规则》[*Regeln für die alphabetische Katalogisierung von Ausgaben musikalischer Werke*(*RAK-Musik*)]、《非书资料按字母顺序编目的规则》[*Regeln für die alphabetische Katalogisierung von Nichtbuchmaterialien*(*RAK-NBM*)]和为制图资料编制的规则(RAK-Karten)。在 RAK-WB 中规定了团体的范围,即①所有能通过名称形成独立、确定的单位的组织、机构或公司等,如社会团体、协会、政党、工会、学会、学校、图书馆、博物馆、剧院、公司、银行、教会、会议、节日、博览会和展览等;②政府和政府机构。此外,行动、数据库、研究计划、投资、颁奖、竞赛(不包括体育比赛)项目和计划等均不能被视作团体。当匿名作品或匿名作品中的一部分由上述某一团体独立或与其他团体协共同起草、发起或出版时,则将该团体视为创作者,这时需要为该团体做主要款目标目。由上述 RAK-WB 关于团体的规定可以看出,普鲁士编目体系虽然接受了团体著者这一概念,但对于团体著者的规定与英美编目规则还不尽相同。

综合上述英美编目体系和普鲁士编目体系在 1961 年巴黎国际编目原则会议之后做出的改变,可以看出团体著者已被广泛接受,但是,对于团体著者的解释和使用两大编目体系之间还存在很多的不同,因此,英美编目体系与普鲁士编目体系关于团体著者的分歧依然未得到彻底解决。

4 团体著者的分歧在 RDA 中的统一

《资源描述与检索》(*Resource Description and Access*,以下简称 RDA)作为新的编目规则于2010年以工具套件形式(RDA Toolkit)正式发布。RDA 是以《英美编目条例》为基础,以国际编目原则声明为原则,并基于书目记录功能需求(FRBR)和规范数据功能需求(FRAD)模型编制而成。RDA 颠覆了 AACR2 的总体框架,在概念基础和内容结构安排上均做出了很大的创新和改变。从 RDA 这一名称我们就可以看出这一新编目规则的目标所在,即不再局限于英、美、澳大利亚、加拿大等英语国家,而是被更多非英语国家采用,最终成为国际性的书目记录与检索的内容标准。

事实证明,RDA 的这一目标是可以实现的。因为,RDA 的问世在国际编目界引起了很大的反响,很多国家纷纷表示接受并使用 RDA 规则,其中英美编目体系中的代表方美国国会图书馆和大英图书馆已在 RDA 工具套件(RDA Toolkit)上发布了各自的本地政策声明,并且美国国会图书馆已于2013年3月31日全部实施 RDA;普鲁士编目体系中的代表方德国国家图书馆虽然不是 RDA 负责委员会的编制方,但对于该国际编目标准的制定和讨论都积极参与,尤其是在 RDA 的修订、测试和实施的过程中均表现出了与编制方一样的热情和负责的态度,并且也在 RDA Toolkit 上发布了德语国家政策声明[Anwendungsrichtlinien für den deutschsprachigen Raum(D-A-CH AWR)],这是继美国(LCPS/LC-PCC PS)、澳大利亚(NAL PS)后的第三个政策声明,也是第一个跨国的语种政策声明。此外,从2015年10月1日起,德国国家图书馆正式使用 RDA 编目,这标志着德国、奥地利和瑞士三个德语国家开始切换到用 RDA 编目。德国的举动具有划时代的意义,它意味着分立近一个多世纪的世界两个编目体系终于走上了国际统一化的道路,由此,双方持续了近一个世纪的关于团体著者的分歧也将不复存在。RDA 对与团体著者有关的内容进行了详细的修订,主要体现在以下几方面:

4.1 从主要款目标目到主要检索点

RDA 依据 FRBR 概念模型对 AACR2 中的术语进行了修改,本文所涉及的术语"主要款目"(Main Entry)在 RDA 中被彻底废除了,取而代之的是"主要检索点"(Primary Access Point)。"标目"(Heading)的概念完全被"检索点"(Access Point)取代,这些改变看似微小,但是却有很大的作用,它有助于将所有图书馆的资源对象抽象为一个统一的模型,使不同国家的书目数据得到统一,客观上为世界两大编目体系之间的统一扫除了一个重要的障碍。

4.2 团体的定义和类型

在 RDA 11.0(识别团体)中明确规定了团体的定义,即"团体是指以特定的名称来识别的组织(即指代团体的词是一个特定称谓,而不是一般描述)。典型的团体包括协会、机构、工商企业、非营利性事业单位、政府、政府机构、项目和计划、宗教团体、以教会名称识别的地方教会组织和会议。特别事件(诸如体育比赛、展览、考察、博览会和节日),船(例如,船舶和航天飞船)也视为团体"[7]。针对上述规定,美国国会图书馆没有在自己的本地政策声明中做相关说明,因为 RDA 关于团体类型的规定基本上与 AACR2 一致。与美国国会图书馆不同德国国家图书馆在团体类型方面做出了很大的改变,因此,它在本地政策声明中列出了以下说明:①只有固定的且不存在松散联系的组织才被视为团体，像二重唱或艺术家们，这些人只有在特定机会下才登台演出或参加展览，所以不能将他们视为团体；②船舶和航天飞船应被视为团体；③体育比赛、项目和计划均可被视作团体；④关于会议的说明：不带会议术语的会议和在线会议均按会议来处理，电视节目和音乐会不视作会议处理。从上述说明的内容可以看出德国国家图书馆在总体上认同 RDA 的规定，并在全面实施 RDA 之后将与 RDA 的规则保持一致。

4.3 RDA 中团体作为创作者的情况

当团体对作品的创作负有责任时，则团体就成为创作者，此时需要为团体名称做主要检索点，也就是上文中提到的为团体著者做主要款目标目。团体是否应该被视为创作者，需要满足两个条件，一是团体对作品的产生、发行或者导致其发行负有责任，且属于 RDA 19.2.1.1.1（视为创作者的团体）中规定的七种类型中的一种或多种，即“①涉及团体本身下列任何方面的行政性作品：内部政策、程序、财政和/或运作；管理人员、工作人员和/或成员（例如，名录）；资源（例如，目录、清单）②记录团体集体思想的作品（例如，委员会报告，关于对外政策、标准的官方立场声明）③报道如下集体活动的作品：会议（例如，会议录、论文集）；考察（例如，勘查、调查的成果）；属于团体定义范围内的事件（例如，展览、博览会、节日、听证会）④由作为一个整体的表演团体集体活动产生的作品，该团体的责任超出纯粹的表演、执行等⑤团体原创的地图作品，但不包含仅对作品的出版或发行负有责任的团体⑥下列类型的法律作品：政治行政管辖区的法律；国家元首、行政长官或执政机构的法令；法案和立法草案；行政法规等；宪法、宪章等；法院规章；条约、国际协定等；对陪审团的指示、起诉书、法院诉讼和法院判决⑦由两个或两个以上的艺术家作为一个团体创作的命名的单个艺术作品”[8]。对于上述规定，美国国会图书馆和德国国家图书馆在各自的本地政策声明中均表示认同。

上述三点看似简单，但可以从根本上消除英美编目体系和普鲁士编目体系之间关于团体是否属于著者，是否需要为团体做主要款目标目的分歧，因为在 RDA 中团体属于责任者实体，并且它还明确规定了团体被视为创作者的情况，这就避免了以前因两个编目体系各自的编目规则产生的不同解释而造成的团体著者方面的混乱局面。

综上所述，本文主要论述了团体著者在世界两大编目体系之间由产生分歧到逐步走向统一的过程。虽然，这个“统一”目前还停留在理论规则方面，因为这两大编目体系中的很多国家还没有实施 RDA，但是，可以明确的是未来编目体系的融合是一种必然，因为 RDA 的抱负就是走出英美，走出图书馆界，这一点从它的规则内容和工具套件形式就可以得到证实。未来各个编目体系首先要做到总体规则的统一，然后可以根据自身的特殊情况，制定自己的 RDA 本地实施政策。只有做到求大同、存小异，允许各自差异的存在，才能在真正意义上实现编目的统一和融合。

参考文献：

[1][3] 高红.编目思想史[M].北京：北京图书馆出版社（今国家图书馆出版社），2008

[2] 王松林.论中、外文献编目中的团体责任者及其标目[J].大学图书馆学报，1993（6）

[4][6] 吴龙涛.叶奋生.吴晓静.最新详解《英美编目规则，第二版，2002 修订版》[M].北京：北京图书馆出版

社(今国家图书馆出版社),2006

[5] 王松林.论中、外文献编目中的团体责任者及其标目[J].大学图书馆学报,1993(6)

[7-8] RDA发展联合指导委员会主编,RDA翻译工作组译.资源描述与检索(RDA)[M].北京:国家图书馆出版社,2014

我国编目界对RDA的喜与忧
——基于RDA调查问卷的统计分析

袁　硕

1　调查问卷的背景

纵观美国、英国、加拿大、澳大利亚等在RDA全球化浪潮中走在前列的国家,无一不是由该国国家图书馆牵头开展了培训、调研、测试及推广等一系列相关研究和实践工作,并最终将该国编目工作推至RDA时代的。与国际相比,中国国家图书馆在RDA理论研究与实践方面虽然起步较晚,但发展迅速。近几年来,我们在RDA理论研究和实践推广方面都取得不少令人瞩目的成绩:《RDA中译本》和《RDA全视角解读》等专著陆续出版,相关课题成果丰硕,培训推广如火如荼。特别是2014年9月、2015年5月分别在北京和南京举办的两次“RDA的理论与实践”全国性培训班,更是广受好评,并在业界产生了巨大反响。

然而RDA在我国的平稳落地并非“一家之事”,我国编目界的普遍关注与参与,编目界诸方对RDA的态度很大程度上决定着RDA在我国实施工作的走向。为深入了解我国编目界对RDA本地化实施的认识和观点,国家图书馆借助举办全国性培训之机,对参与培训的学员开展了抽样调查,获得了较为真实和全面的一手资料。问卷共计25题,包括单选、多选及文字题目等多种形式,内容包括学员背景情况、对RDA的认知程度、对RDA实施前景的看法和对课程的评价这四个方面。调查问卷共发放110份,回收100份,回收率约为91%。调查结果显示,国内编目界对RDA的了解程度总体较低,但认为采用RDA作为编目规则已是大势所趋,并对此持积极接受的态度。与此同时,根据编目资源语种以及所在馆实际情况的不同,编目员对如何采用、学习RDA方面的态度和需求也呈现出明显的差异。此次调研结果无疑将对未来RDA相关工作的开展与调整,产生不可忽视的积极作用。

2　调查问卷的反馈与分析

2.1　受访者覆盖范围广

绝大部分受访者来自公共图书馆以及高校图书馆,两者约占全部样本的80%。除图书馆领域之外,此次培训班还吸引了如中图公司等出版界同仁的参与。受访者年龄段主要集中在31—40岁之间,占比约43%,多是具备了较长年限工作经验的图书馆员。从受访者的地区分布上来看，来自两次培训班的举办地江苏及北京地区的人数分列前两位，依次是广东及上海。对于华北，华东及华南区域的而言，这四个地区的图书馆在业界具备较强的代表性。

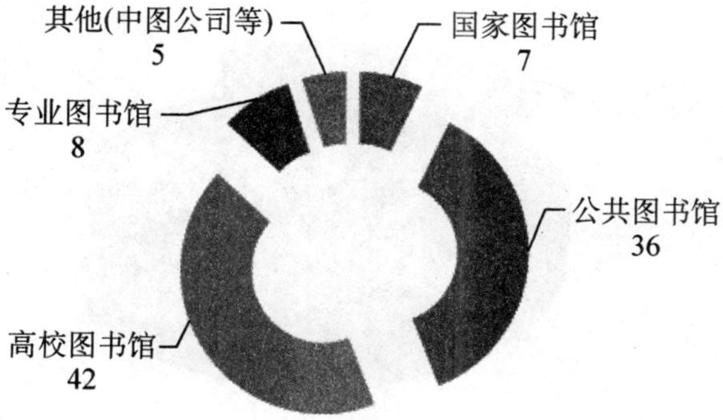

图 1　受访者所在机构类型统计图

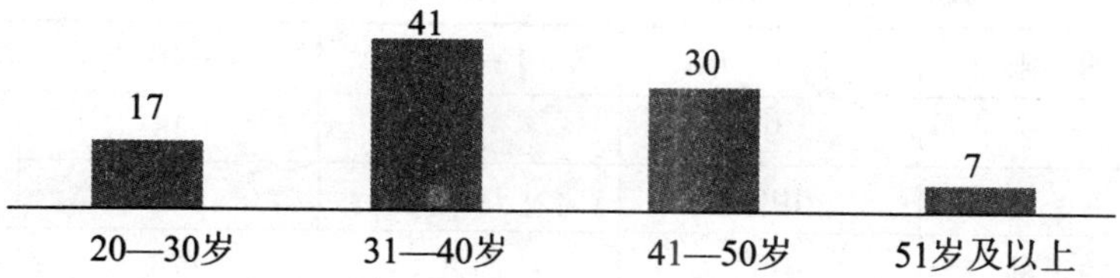

图 2　受访者年龄分布统计图

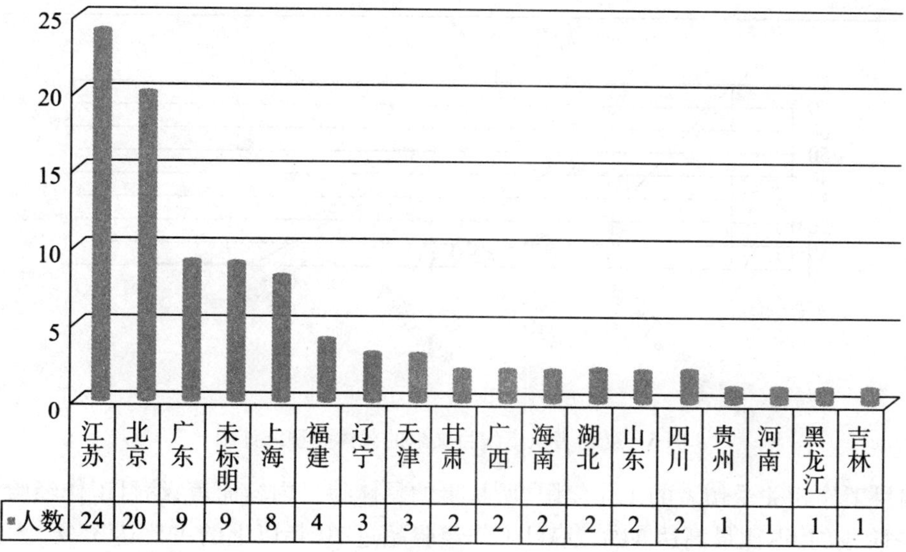

	江苏	北京	广东	未标明	上海	福建	辽宁	天津	甘肃	广西	海南	湖北	山东	四川	贵州	河南	黑龙江	吉林
人数	24	20	9	9	8	4	3	3	2	2	2	2	2	2	1	1	1	1

图 3　受访者地区分布统计图

2.2　受访者编目工作经验丰富

作为以学习和实践 RDA 这一全新编目规则为目标的培训班，其受访学员的职位构成也以一线编目或元数据加工的图书馆员为主，这一比例占受访者总人数的 77%。其次是系统管理员等相关技术职位,以及馆长或编目工作管理者等管理层职位。此外,受访者还包括期刊管理、采访人员等。

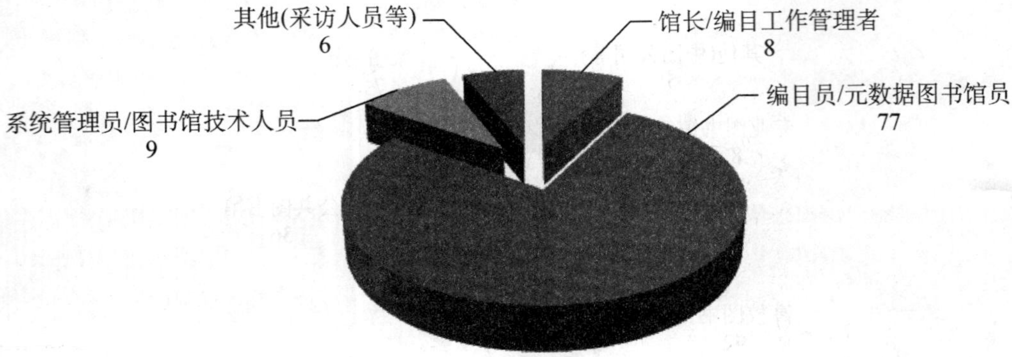

图4 受访者职位统计图

表1 受访编目工作者的工作年限与编目语种统计表

从事编目工作的年限	不足1年	1—3年	4—10年	10年以上
数量	9	12	38	28
占比	10%	14%	44%	32%
从事编目文献的语种	中文	西文	东文	俄文
数量	60	45	2	2
占比	55%	41%	2%	2%

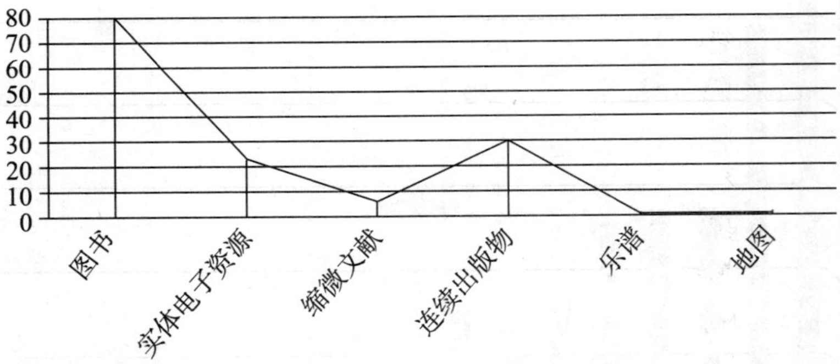

图5 受访者从事编目文献的载体类型统计图

从编目工作相关受访者的工作年限、所从事的具体编目内容而言,编目工作经验处于4至10年这一阶段的,占比最高达44%,编目工作经验超过10年以上的占比达32%,大多数受访者可谓经验丰富的资深编目员。编目内容方面,编目文献语种为中文或西文的占绝大多数,两者占比总计达96%。编目文献的载体类型方面,从事图书编目的人员居首,其次为连续出版物和实体电子资源,三者所占比例分别为56%、22%和16%,其他载体类型在此次调查中占比较少。其中,部分受访者从事多种文献类型的编目工作。

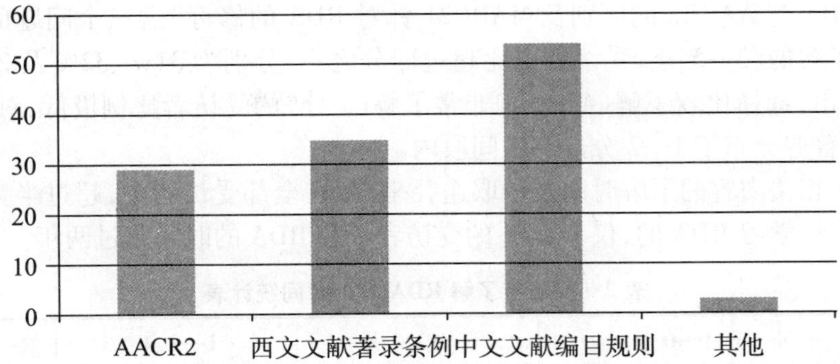

图 6　受访者编目规则使用情况统计图

基于上述编目工作内容分析，受访的中、西文编目员在工作中使用的编目规则也相应地以中文文献编目规则、西文文献编目规则以及 AACR2 为主。图 6 显示的统计结果表明本次受访者中，中文编目员的比例多于西文编目员：选择中文文献编目规则的占比 45%，选择西文编目规则的共计占比 53%。编码规则方面，CNMARC、MARC21 的选择比例分别为 56% 和 41%。

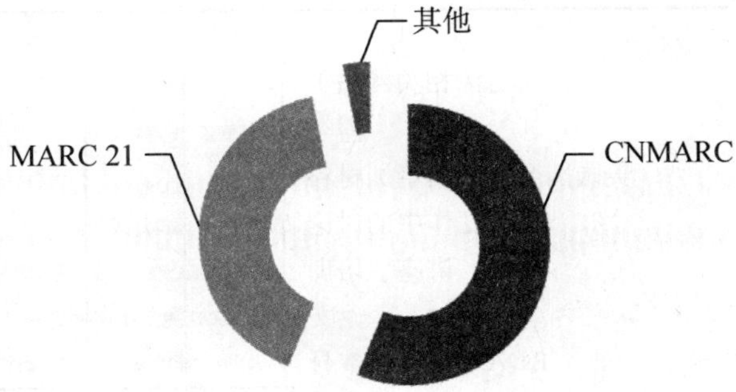

图 7　受访者编码方案使用情况统计图

2.3　对 RDA 总体认知程度低

国内业界同人对 RDA 认知程度的高低，是关系其能否在我国编目界得以顺利推广的重要因素，这是本次调研首先予以关注的问题。

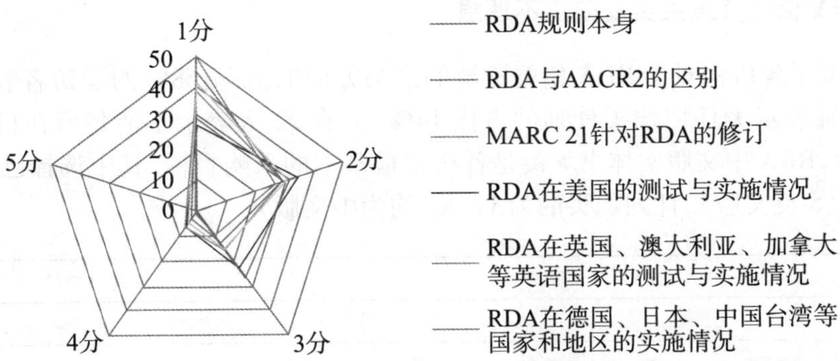

图 8　受访者对 RDA 规则及相关信息的了解程度示意图①

结果显示，受访者对于 RDA 的了解程度普遍不高。对于各个具体选项，表示不了解的（选择 1—2 分）比例分别为 69%、68%、75%、79%、85% 及 81%，均值约为 76%。受访者对于

① 对于 RDA 规则本身、RDA 与 AACR2 的区别、MARC21 针对 RDA 的修订以及 RDA 在世界各地的测试与实施情况的认知度调研，本问卷以 1—5 分的分值表示受访者对 RDA 的了解程度，1 分表示最不了解，5 分表示非常了解。

“RDA 规则、RDA 与 AACR2 的区别及 MARC21 针对 RDA 的修订”这三个问题的了解状况相对稍好，表示了解的(3—5 分)受访者占比超过四分之一，分别为 31%、32% 及 26%。由此图可以直观地看出，选择比较了解(4 分)和非常了解(5 分)的受访者比例极低，对 RDA 相关内容的了解程度普遍分布于 1—2 分这一区间段内。

从对 RDA 相关内容的了解时间及获取途径来看，在全部受访者中，超过半数受访者是在半年内开始接触、学习 RDA 的，仅有 10% 的受访者了解 RDA 的时间超过两年。

表 2 受访者了解 RDA 规则时间统计表

时间范围	1—6 个月	6—12 个月	1—2 年	2 年以上
数量	51	15	17	9
占比	55%	16%	18%	10%

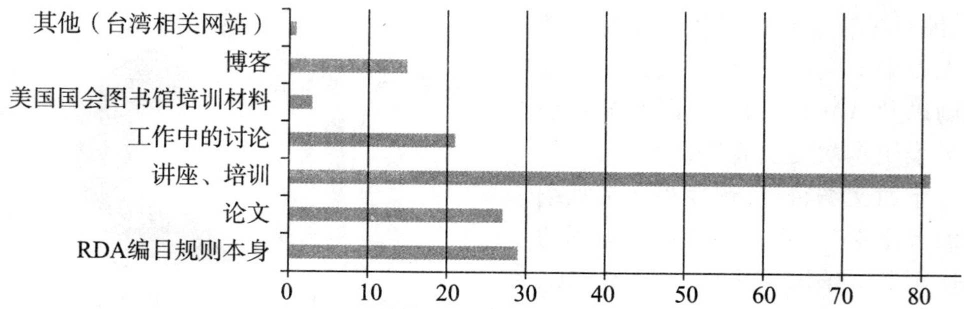

图 9 受访者了解 RDA 规则的来源方式统计图

从信息源方面来看，通过讲座、培训学习 RDA 的受访者比例占据绝对优势，达到 46%。通过 RDA 编目规则本身、论文、工作研讨及博客等途径来了解 RDA 的分别为 16%、15%、12% 和 8%，也具有一定的参考性。

2.4 RDA 相关资源采买及应用不理想

图 10 显示了各机构对于 RDA 相关资源的采买方面的情况：68% 的受访者表示已购买或计划购买，明确表示无任何购买计划的占比 14%，另有 22 人表示不清楚所在机构的采买计划。结果显示，RDA 中文版实体书无疑是各机构最基本的采购目标，其中选择已购买的为 47 人(47 中文版，5 英文版)，计划购买的为 17 人(均为中文版)。

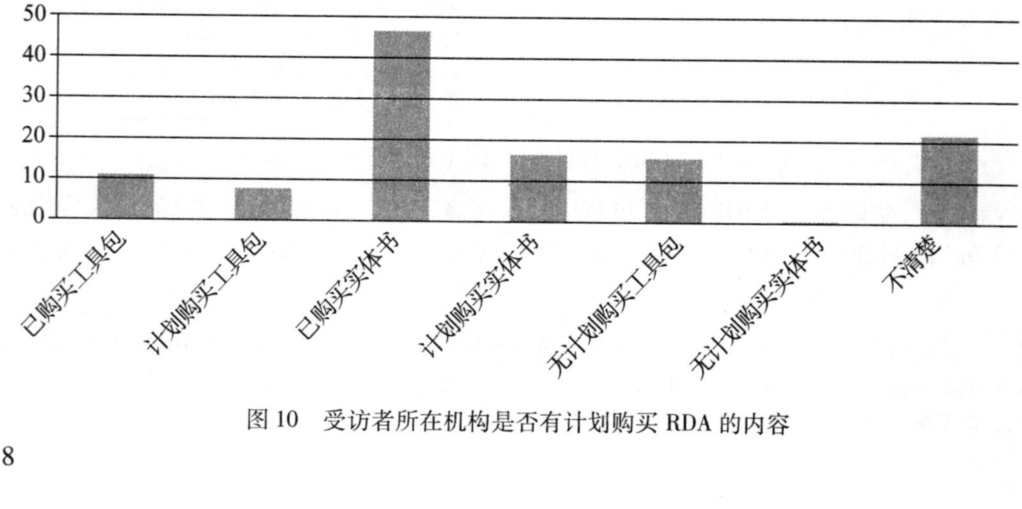

图 10 受访者所在机构是否有计划购买 RDA 的内容

表 3　受访者是否使用过 RDA 工具包统计表

受访者是否使用过 RDA 工具包	是	否
数量	10	85
占比	11%	89%

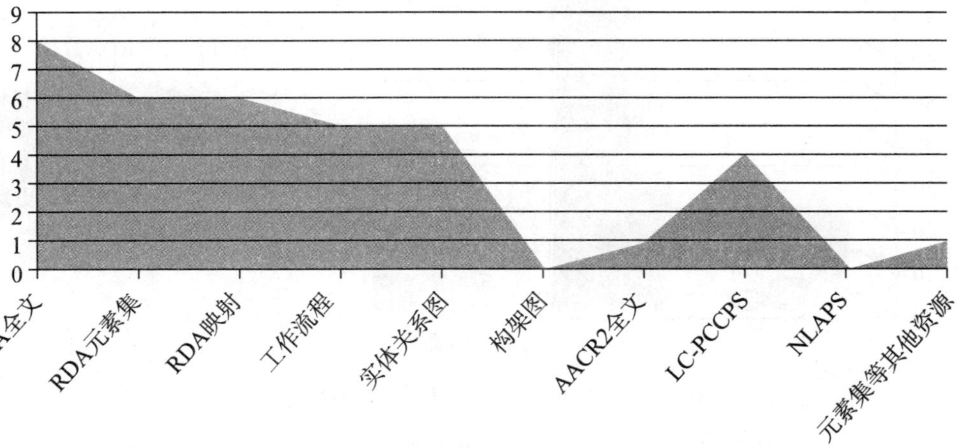

图 11　受访者 RDA 工具套件中的资源使用情况统计图

表 4　受访者 RDA 工具套件中的功能使用情况统计表

RDA 工具套件中的功能	简单搜索	高级搜索	个人配置文件	上传本地工作流程等个性化功能	反馈及询问功能	其他
数量	7	4	2	0	0	0
占比	54%	31%	15%	0%	0%	0%

表 5　受访者对 RDA 中文版工具套件内容及功能的建议统计表

建议	RDA 中文全文	映射集	元素集	国内工作流程	本地化政策	国内 RDA 研究进展	中文版反馈功能
数量	8	6	3	3	2	1	1
占比	26%	19%	10%	10%	6%	3%	3%
建议	AACR2 中文全文	附录	实例	构架图	RDA 工具手册	高级搜索	实体关系
数量	1	1	1	1	1	1	1
占比	3%	3%	3%	3%	3%	3%	3%

在全部受访者中，使用过 RDA 工具套件的与未使用过的比例悬殊，约为 1∶9。在表示使用过 RDA 工具套件的受访者中，主要使用的是“RDA 全文、RDA 元素集、RDA 映射、工作流程、实体关系图和 LC PCC 的政策声明”等内容以及搜索功能。受访者希望 RDA 中文版

工具套件包含的内容及主要集中于RDA中文全文、映射集上、元素集和国内工作流程方面,其他各项的选择人数相对较少且分布平均。由此可见,RDA中文全文是各机构学习RDA基础性资源。同时,在RDA工具套件的使用推广及中文RDA相关资源方面,还有很多可做的工作。

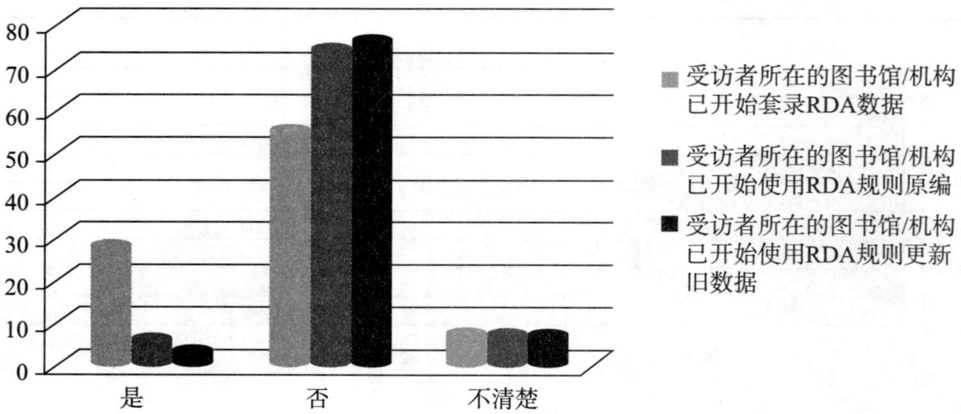

图12　受访者所在机构对于西文编目实施RDA规则的情况统计图

在RDA规则的应用方面,28家受访者所在机构表示已开始在编目工作中套录RDA数据,占比31%。而已开始使用RDA规则进行原编和更新旧数据的数量则凤毛麟角,比例分别只有7%和3%。对于这三个问题,选择“否”的机构占比则分别为61%、85%和88%。

2.5　实施RDA意愿强烈

业界对于应用RDA规则的态度,是RDA未来本地化实施能否顺利开展的先决条件之一。因此,这也是本次调查中我们非常看重的一个方面。问卷的16—22题调查了受访者及所在机构对RDA未来实施问题的态度与看法。

关于采用RDA规则进行编目的意愿这一问题,63%的受访者表示如果国家图书馆开始采用RDA规则进行西文编目,他们也将会顺应采用。选择不确定或不清楚是否采用的比例均为18%。如果采用RDA规则,对于其中的可选项部分,有近半数的受访者表示将采用国家图书馆的做法,即遵照“国家图书馆政策声明”,这一数字占比47%。有19%的受访者认为会由所在机构自行决定,还有30%的受访者表示不确定将如何处理。受访者中认为将由编目员本人自行决定的仅有2人。

表6　受访者所在的图书馆/机构采用RDA规则的意愿统计表

受访者所在的图书馆/机构采用RDA规则的意愿	是	否	不清楚
数量	55	16	16
占比	63%	18%	18%

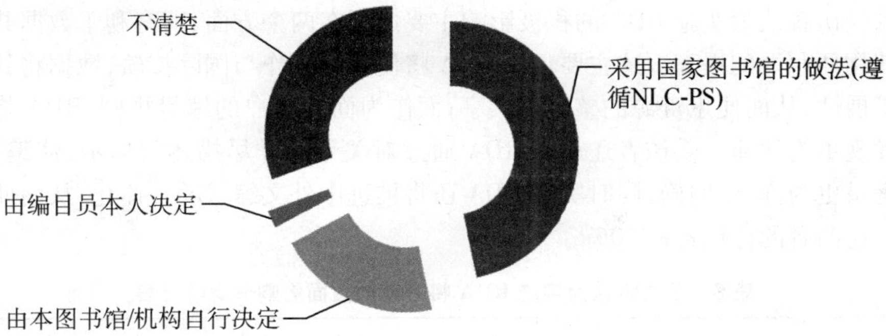

图 13　受访者所在的图书馆/机构对于 RDA 中可选项的处理方法统计图

就 RDA 将对图书馆/机构的编目工作产生怎样的影响这一问题，此次调查问卷将其影响值范围划为 -5 分至 5 分这一区间，共计 11 个等级，其中负数为消极影响，正数为积极影响。根据下图可见，选择 RDA 会对图书馆/机构的编目产生积极影响的比例明显高于选择无影响和消极影响的比例。其中，选择 3 分(比较积极影响)的占比最高。

综合而言，受访者所在机构对于 RDA 的未来，多采取积极、乐观且开明的态度，在一定程度上展现了业界对我馆在 RDA 相关研究成果及实践经验的广泛关注，特别是"国家图书馆政策声明"这一具体工作的情况。

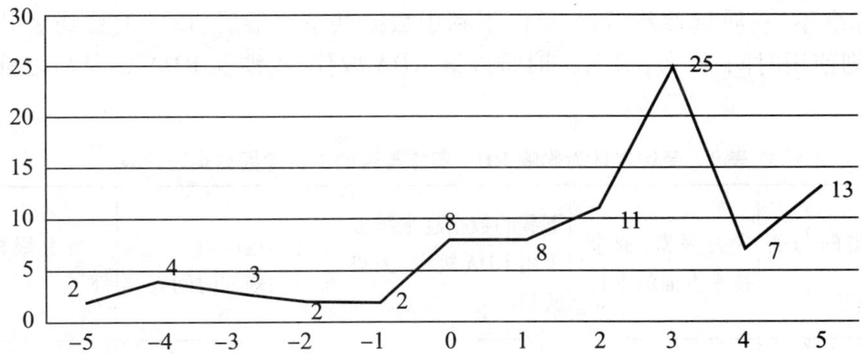

图 14　RDA 对图书馆/机构的编目工作影响程度统计图

2.6　对 RDA 相关问题的各抒己见

针对实施 RDA 带来的"积极影响、负面影响、RDA 实施与否的原因、中文资源是否应实施 RDA 及其原因"这四个问题，本问卷通过问答题的形式进行了调研。

表 7　受访者认为实施 RDA 将带来的积极影响分类统计表

RDA 的积极影响	与国际接轨，提高数据共享程度	面向用户，提高读者目录的便利性	RDA 加大了对各种关系之间的描述与揭示	推进中外文编目一体化	适应数字环境下各载体类型的著录	更利于规范控制的统一
数量	15	13	4	4	3	2
占比	37%	32%	10%	10%	7%	5%

69%的受访者认为实施RDA的积极影响主要体现在两个方面,即有利于数据共享程度的以及读者使用便利性的提高。这主要包括RDA将使编目工作与国际接轨,数据将具备良好的兼容性与扩展性,从而便于资源的整合与共享;而作为面向用户的编目规则,RDA将使目录检索和资源发现更为便捷。受访者还认为RDA通过对关系的详尽描述与揭示,使编目更科学、各个字段著录更为详细、明确;同时实施RDA还将推进中外文编目的一体化,从而便于编目成果的共享。这两者的比例各占10%。

表8 受访者认为实施RDA将带来的负面影响分类统计表

RDA的负面影响	学习成本与工作压力的加大	各馆对RDA态度及推行进展情况不一	AACR2的与RDA的格式转换问题
数量	20	14	8
占比	48%	33%	19%

在受访者看来RDA可能带来的负面影响主要体现在三个方面。首先,48%的受访者认为最主要的负面影响是学习成本与工作量的加大,这主要是由于RDA规则设置较为复杂,对广大基层编目员要求过高,不少馆员技术缺乏足够的技术基础,需要大量的学习时间。其次,33%的受访者认为各馆对RDA的态度不一,将会导致施行进度的不同,因此很可能造成数据标准不一、质量参差不齐,反而不利于数据共享。最后,19%的受访者认为目前的AACR2规则使用时间长、范围广,一时难以被RDA取代,也涉及RDA记录与之前记录的转换问题。

表9 受访者认为影响RDA实施与否的主要原因分类统计表

影响RDA实施与否的主要原因	人力因素,资金、技术方面的支持	下载的数据越来越多采用RDA规则,大势所趋	没有本地政策声明及统一的规划时间表	等待上级机构的统一部署
数量	24	5	5	5
占比	62%	13%	13%	13%

近六成的受访者将“人力、财力及物力”归结为影响RDA实施与否的主要原因,这不单是指“培训成本、图书馆现有系统的技术升级及所在馆对RDA的态度”等因素,还包括领导对RDA的了解程度以及对编目工作的重视程度。同时,不少机构套录的数据主要来自已经开始采用RDA进行编目的美国国会图书馆和OCLC,比如香港中文大学等机构。因此,RDA的实施已变为大势所趋的时间问题。

认为影响RDA施行的主要原因包括本地政策声明等实施准则的缺失,以及等待上级机构的统一安排等。后者主要指一些行业性图书馆系统,如军队院校图书馆系统。其执行的是特殊的体系,现行技术平台不支持RDA,需全军统一执行。除此之外,一些机构的编目资源主要是中文图书,是否采用RDA需等待联编中心的决定。

表 10　受访者认为中文编目是否有必要实行 RDA 规则分类统计表

中文编目是否有必要实行 RDA 规则	统一中西文标准,文化走出去的必然要求	中文编目量数目庞大,对编目人员要求过高,缺乏可行性	CNMARC 中许多细则不适应 RDA,持观望态度	RDA 更为科学、增加了对相关作品间的相互标引
数量	20	11	5	3
占比	51%	28%	13%	8%

对于中文资源编目是否也需实行 RDA,受访者存在一定的分歧。认为中文应实行 RDA 的比例超过五成,其主要依据是实施 RDA 有利于统一中外文编目规则,也有利于实现高校馆和公共馆编目的统一,国家将有机会建设统一的 RDA 数据库,并用于全国共享。同时,RDA 将便于实现数据的统一、共享以及全球范围的数据交换。也有近三成的受访者认为,根据目前的国情,中文出版物占世界出版物的比例很大,出版规范性不足,实行 RDA 会对中文编目造成很大负担。同时,CNMARC 与 RDA 的不少细则并不一致,两者编目思想差距较大,实施 RDA 会造成时间、人力、物力的耗费,不划算,也不见得对读者有多少实质的好处,13% 的受访者据此采取观望的态度。因此,由受访者据此建议国家图书馆可以考虑与港、澳、台联合来制定中文 RDA 的规则,以实现中文 RDA 政策的统一。

2.7　对 RDA 培训班的高度评价

对于 65% 的受访者而言,我们举办的两次培训班是其首次参加 RDA 相关培训。剩下 35% 的受访者表示曾参加过其他讲座或培训。其中 16 位参加的培训为 2012 年美国国会图书馆芭芭拉·蒂利特女士在国家图书馆进行的为期两天半的 RDA 培训,其他的培训主要包括全国图书馆联合编目中心组织的 RDA 培训、数字化资源建设与共享论坛以及上海市图书馆等省级公共馆举办的 RDA 相关培训。

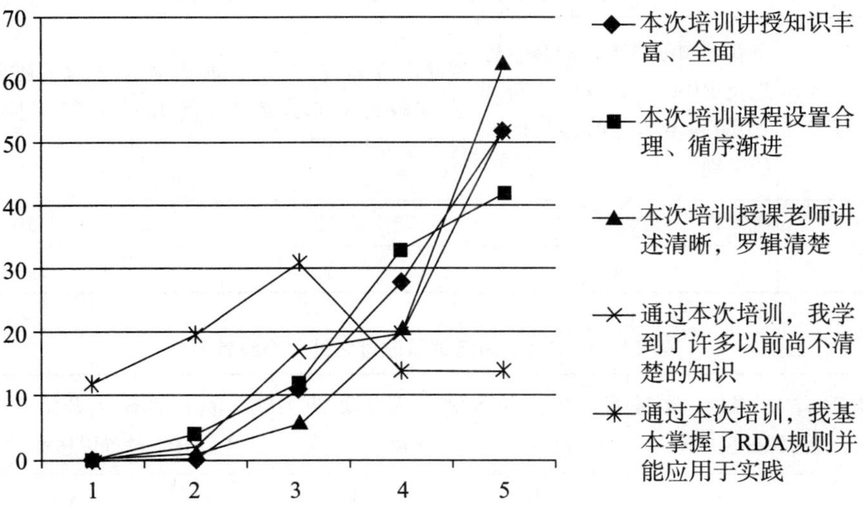

图 15　受访者对本次培训的评价情况统计图

为了了解此次 RDA 理论与实践培训的效果并希望通过反馈进一步改进培训水平,本次调研特将培训的评价分为五个部分,详见图 15。每个部分分值为 1—5 分,1 分为最不符合、5 分为最符合,由上图清晰可见,除最后一个问题"通过本次培训,我基本掌握了RDA规则并能应用于实践"外,调查结果均呈现出明显的单调递增曲线。在培训的知识丰富性和全面性,培训课程设置的合理性、循序渐进性,培训授课老师讲述清晰及逻辑是否清楚,通过培训是否掌握了较多以前尚不清楚的知识等四个方面,受访者给出的均分分别为4.45、4.24、4.60及4.34。可以说,受访者对国家图书馆举办的RDA理论与实践培训的评价较高。而在通过本次培训是否基本掌握了RDA规则并能应用于实践方面,受访者给出的平均分为2.98分,不足3分,这一方面反映了培训时间较短、培训课程内容设置仍需进一步合理化,也从一个侧面说明RDA作为一个全新的且较为复杂的编目规则,其被接受和理解的确具有一定的难度,仍需要各位编目工作者的不懈努力。

表11 受访者眼中RDA学习中的最大难点分类统计表

学习RDA的难点	条款繁杂,理论相对抽象	资源实体之间的关系与区分	编目知识欠缺	知识点较多,短时间内难理解	英语能力差,很多缩写和单词混淆
数量	18	5	4	3	3
占比	55%	15%	12%	9%	9%

具体而言,受访者认为RDA规则的最大难点主要为条款繁杂且描述规则的语言较为晦涩,新概念和术语难于理解,相关实例仍显不足,选择这一项的比例超过了半数。另外,RDA对于关系,作品和内容表达在利用MARC21著录时的区别以及编目的规范内容方面等具体问题也让不少受访者感到难以理解。此外,不少受访者从事的是中文编目工作,没有西文编目基础,甚至有受访者提到其所在机构西文编目采用的是CNMARC,对MARC21的不熟悉也造成了理解RDA的困难。

表12 受访者眼中培训最大亮点情况分类统计表

RDA培训的最大亮点	重新理顺编目工作的基本思想及RDA带给编目的新理念、明确了与之前编目标准的区别	授课内容丰富,方式生动灵活,讲解细致,形式新颖且资料准备周到细致	对RDA有了初步宏观理解、知道如何按照RDA进行实践
数量	12	12	10
占比	35%	35%	29%

表13 受访者认为培训需改进之处分类统计表

RDA培训需改进之处	增加课时,放缓讲课速度	配合更多的实例加以讲解	更多互动、更多交流	各学员基础不一,开始就从RDA起学会让部分学员难以接受
数量	9	9	4	3
占比	36%	36%	16%	12%

对于培训的改进,受访者也提出了中肯的意见,首要意见便是培训时间安排较为紧凑,知识点过多,特别是对于某些较难消化的章节,应更加详尽地加以讲解。同时,应对实践予以更

多的关注,比如上机操作等机会,配合 MARC21 编码进行实操指导、增加规范记录以及 RDA 中文著录的实例等。这两类建议的比例均为 36%。此外,各学员基础不一,直接学习 RDA 对某些学员而言稍显困难,可考虑增设一节编目基础知识以便拉平起点。

3 调查问卷的结论与思考

RDA 在我国的本土化无疑是一项持久而复杂的系统工程,需从规则本身、经费投入、技术支持及人员培训等多角度进行努力。国家图书馆 RDA 相关项目组一直尽心尽力走在 RDA 研究及推广这条路上,以期找到一条适合我国编目工作 RDA 化的阳光大道。调查问卷真实客观地反映出我国编目界"RDA 化"的现实,从中更能窥探未来发展的诸多可能性。总体而言,就目前我国对 RDA 的研究与实践情况,可谓是喜忧参半。

"喜"的是从此次调研中可以充分感受到我国编目界对 RDA 实施前景的积极态度,以及对 RDA 培训和推广所展现的较高参与热情:多数受访者都表达了其所在机构采纳 RDA 的意愿,认为西文编目将从 RDA 的实施中受益良多,表明了 RDA 在西文编目界已获得了相当的群众基础。此次实践也充分证明,讲座和培训的确是当下业界多数同仁学习、探讨 RDA 的最主要途径——内容丰富、结构合理的课程设置,授课教师逻辑清晰的讲授,氛围良好的互动氛围,不仅可以使学习者直接、高效地理解吸收 RDA 相关的理论知识,加强实践操作水平,也可以增进各个机构成员间的了解,拉近彼此的距离。

"忧"的是目前我国编目界对 RDA 的总体认知程度不尽理想:多数受访者无论是对 RDA 本身还是与 RDA 相关的 FR 家族,以及随 RDA 而变化的 MARC21 均不甚了解;受访者所在机构大多都没有采购 RDA 工具套件,致使其获取 RDA 相关信息的渠道相对单一,多局限于培训讲座和相关论文等。可以说,RDA 相关资源、人才的匮乏与学习途径的相对单一都是阻碍 RDA 在我国进一步发展、实施的障碍。

对于中文资源,受访者看法分歧较大:多数受访者也认为实施 RDA 规则是中国文化走出去、中文数据参与国际共享的大好契机;但不少受访者均表示中文资源出版量很大,其现行编目规则与 RDA 规则差异较大,实施 RDA 会给中文资源编目带来较大的财力、物力及人力负担,缺乏可行性与必要性。

国内业界已经深刻认识到在未来的西文编目工作中采用 RDA 已是大势所趋,并陆续开展了相关的学习、研究与实践。同时,"西文先行,辐射中文"将是很长一段时间内 RDA 在我国发展中遵循的途径;"消除壁垒,促进融合"共谋 RDA 事业的发展可谓是当下业界的共同心声。

参考文献:

[1] RDA 发展联合指导委员会. 资源描述与检索(RDA)[M]. 北京:国家图书馆出版社,2014

[2] 罗翀. RDA 全视角解读[M]. 北京:国家图书馆出版社,2015

奥斯本图书馆学思想对当代编目工作的启示

袁 雪

1 引言

20 世纪初,西方编目界迈入了一个全新的时代,"英美规则"和"普鲁士规则"同时问世,意味着西方两大编目体系的确立,此后他们对立并存了半个多世纪,直至 1961 年巴黎原则的出现,才实现了编目规则的统一。20 世纪 30 年代末,随着大量图书不断涌入图书馆,加之联合编目规则的实施导致编目效率的下降[1],美国国会图书馆产生了大量的文献积压。形成于 1908 年的英美编目规则也受到了各方的理性批判,期盼出台更加合理的、更适合于实际的编目规则的呼声越来越高。在这种背景之下,美国国会图书馆于 1940 年任命了包括奥斯本在内的三人小组来研究这一问题的现状和解决办法[2]。次年,奥斯本在哈佛大学做了题为"图书馆管理者需要了解什么:编目的危机"的演讲,并于同年 10 月,发表于《图书馆季刊》(*Library quarterly*)。

《编目的危机》是编目史上著名的战斗檄文,他犀利地批判了当时盛行的三种编目作风,并为走出当时的困境提出了具体的思路。教条主义迂腐刻板,将编目变成了一门纯技术;理想主义追求尽善尽美、一劳永逸,容易造成图书的积压;书目主义过分追求详尽,却无法真正实现书目的功能;只有实用主义推崇视具体情况灵活处理,并能使编目员充分发挥判断力,因此要走出困境就需要秉承实用主义的作风。文中还分析了当时图书馆管理中亟待解决的编目效率低、流通速度慢以及管理者不懂编目等实际问题,并在此基础上提出如何从目录编制、分类与主题标目、目录部门的组织以及管理者与编目员的合作等方面优化图书馆的管理。

奥斯本的担忧与疾呼,在当时陷入困惑与变革的西方编目界可谓一石激起千层浪,要求简化编目规则的声浪越来越高,直接导致了对编目条例的再次修订,即 1949 年出版的"红皮书"和"绿皮书",其中"绿皮书"的规则已趋于简化,大有践行奥斯本所倡导的实用主义之意。虽然《编目的危机》发表已逾 70 载,但其对当代的图书馆管理和编目工作仍有一定的启示作用。

2 编目依靠管理,管理促进编目

70 多年前奥斯本已经意识到图书馆管理者与编目员之间的关系日渐疏离,正如《编目的危机》中所言"两者曾并排而坐,但近期他们分开了。管理者对编目知道得越来越少,编目员对管理也知道得越来越少"[3]。如今,编目工作与往昔相比已发生翻天覆地的变化。首先,编目流程一改过去的流水作业模式,主要采取分类—标引—著录等过程全流程包干的方法;其次,编目来源多样化,发行机构、书商、在版编目信息和 OPAC 等都可提供外部数据源;编目规则更发生着革命性的变化,过去基于 MARC 格式的 AACR2 规则,遭受了 RDA 所带来的前所未有的冲击。编目在发展的同时产生了一些新的问题，这就对当代图书馆的管理者提出了更高要求，像奥斯本所言"管理者或编目员都无法单独解决这么多问题，合作是关键"[4]。事实上，编目与管理之间的关系密不可分，这在目前的图书馆工作中体现得淋漓尽致。

2.1 编目依靠管理

管理保障，编目才能发展创新。近年来，随着科技发展，图书馆的信息组织模式正在发生转变，新的编目规则——资源描述与检索（Resource description and Access，以下简称 RDA）的产生，无疑为逐渐走向没落的编目行业注入了一剂强心针。2013 年 3 月 31 日美国国会图书馆将书目数据全面切换成 RDA 后，对我国编目界产生的影响不小，尤其是西文编目，编目员套录的 RDA 数据有许多与 AACR2 规则相悖之处，加之我国尚未出台本地化声明，常常令编目员无所适从。编目部门希望能跟上时代大潮，在中国早日实施 RDA，而由于历史原因我国的中文和西文编目规则尚未统一，加之 RDA 的研究与实施需要政策、人力、物力和财力的多重支持，编目的发展与编目成本之间的矛盾需要管理者去解决。诚如奥斯本所言"管理者的确需要知道足够的编目知识以便能够智慧地掌控他的编目部门的命运"[5]，一个了解 RDA 重要性的管理者，才愿意投放更多的资源来发展这一新的编目规则。

管理得当，编目才能井然有序。长期以来采访与编目衔接环节产生的问题书、复本和续卷的问题一直困扰着编目部门，耗费了编目员大量的时间和精力，加之与采访之间的沟通不到位，造成这类图书积压时间较长，拖延了编目进度。要解决这类问题，需要管理部门从中协调，统筹安排。但从根源上来说，管理部门应更科学地设置编目业务的岗位职责，平衡好编目业务的上下游环节。笔者认为，复本和续卷的编目操作简单，可以交由采访部门处理，同时还能减少一部分因查重遗漏而购买的复本，编目部门则可腾出人力去处理比较复杂的问题书等其他情况。一个复本续卷的小问题就折射出管理对于编目的重要性，同样，编目知识也有助于管理者做出正确的判断和决定。

2.2 管理促进编目

科学管理，提高编目的质与量。当前编目部门所采取的个人全流程包干模式，需要以数量定额的方式来保证每年任务量的顺利完成，而数量定额和质量控制要掌握好平衡。定额多了质量必然下降，定额少了完不成既定目标也不利于充分发挥员工的价值，造成人力资源的浪费。所以，管理部门要在对编目工作进行充分调研的基础上，与编目部门共同协商制定一个科学合理的工作量，同时应定期抽查编目质量，设立奖惩机制。

Aleph500 图书馆集成系统为采访、编目、典藏、阅览各工作环节的组织管理带来了便利，但与此同时，系统的透明性也使读者能随时掌握文献的各类加工和使用信息，这对编目工作的时效性提出了更高的要求。此外，书目记录操作环节的责任都能被系统清晰记录，也使编目员的工作质量随时接受读者的监督。这些都令编目员倍感压力。制定好规则制度，明确岗位职责，才能推动编目工作的规范化，也才能满足读者需求，减少与读者的矛盾。例如，明确对编目时效性的要求，制定质量控制标准等。

3 实行分流，提高效率

奥斯本的图书馆学思想还有一个重要内容就是如何解决图书的积压问题，他在文中指出

"美国国会图书馆每年有三万种图书超出了编目的负荷,当这种积累开始被感知时,已经产生了几百万种未编图书的积压"[6],因此他提出了实用主义的编目理念。积压问题在当代大型图书馆的编目部门也普遍存在,笔者受奥斯本思想启发,结合当下工作实际,提出了一些解决图书积压,提高编目效率的方法。

3.1 编目流程的分流

奥斯本在批判教条主义时指出,"校对处于对编目员'审判'的位置,总校对是他所在图书馆的'最高法院',这种依靠权威解决争论的方法是武断的"[7]。我们要批判地看待这一观点,奥斯本并非认为编目部门不需要校对,而是那个时期大家耗费过多精力去争论毫无意义的细枝末节。事实上,如今的编目部门采用加工、分编和校对分流程进行的方式不失为明智之举。加工由专人负责,这是编目得以顺利进行的第一关,可在此阶段将不同语种、不同来源和不同利用率的图书区分开,为后续数据质量的分流打下良好基础,若条件允许,复本和续卷也可在该阶段筛出,减轻分编的工作量。将加工后不同类别的图书分发给相应的分编人员,由其进行查重、标引、分类、著录等一系列步骤,再由经验丰富的编目员校对,同时还可定期安排校对之间互相审校,避免奥斯本所说武断的情况出现。这种流程分流的方式在加工环节做足了准备工作,节约了分编和校对的时间,既能保证图书快速流通,又能严格控制编目质量。

3.2 数据质量的分流

奥斯本指出在很多图书馆中应按简单级、标准级和详细级这三种级别进行编目[8],其实就是一种数据质量分流的思想,不同类型图书的编目应简繁有别,才能合理分配人力资源,减少积压,让读者更及时地利用到馆藏文献。

3.2.1 不同利用率文献的分流

利用率高的文献,考虑到读者的需求,应尽快编目上架,如小说、畅销书籍、得奖作品等,以中文图书为例,可先使用在版编目或书商的数据进行简编,然后尽快上架与读者见面,后续若有必要,可再购买复本完善数据。古籍、善本这类利用率较低的文献,因其收藏价值大、编目难度高,应与普通文献区分开,由更资深的编目员处理。

图书馆每年都会采购大量新书,尤其对自然学科而言,科技发展日新月异,时效性很重要,所以这类文献的利用率较高,应及时编目上架。同时,图书馆还有大量卡片目录时代的文献存在,这类图书的年代久远,但对历史人文类学科仍有利用价值,故应对其进行回溯。因早期图书的著录项目较少,只需根据卡片内容将基本信息录入即可,有条件者甚至可以将回溯业务外包出去,集中力量保证利用率高的文献快速流通。

3.2.2 套录和原编的分流

随着计算机和网络的普及,我们正进入一个信息爆炸的时代,人们获取知识和信息的来源更广、速度更快、频率更高,信息资源共享也变得愈加简单,同样,编目数据也应实现共享和开放获取。中文文献肯定为原编;这里的原编和套录主要针对西文文献而言。正如前文所述,现在可套录的外部数据来源广泛,大多数只需经过核对和一些本地化的修改即可使用,这将大大提高西文数据的编目质量和效率。所以西文编目部门应将套录和原编的文献进行分流,对原编类酌情减少工作量、降低编目要求,也可分配更有经验的编目员或校对处理原编文献。若不分流一方面会造成可套录文献的积压,另一方面也会因更多关注简单的可套录文献而导致原编文献的积压。

3.2.3　其他特殊类型文献的分流

对于大型图书馆而言，馆藏宏富，以国家图书馆为例，馆藏文献已达几千万册，并且每年以近百万册的速度增长，有各种不同类型的特殊文献，若条件允许，也应进行分流编目。如捐赠和交换所得文献所占比例较小，其中还有不少属于复本、其他版本等情况，这类文献应与购买的文献分开编目；特别是捐赠文献，一般需要在编目记录中标注相关的捐赠信息，若混在一起，也会因编目员不清楚文献来源造成著录信息遗漏。影印书、再版书也应分流，这类书的编目比较容易，与普通文献混在一起会造成不必要的积压，且从封面、书脊的影印版字样和版本信息能快速作出判断，分流不需要很大的成本投入。

除此以外，期刊、小语种文献的编目也应分流。期刊是一种连续出版的动态资源[9]，其编目主要包括新刊的编目、旧刊的回溯和日常的数据维护，与图书差别较大。图书编目注重当前资源的信息著录要完整详尽，而期刊的书目数据更多的是要体现出一种变化，如期刊的更名情况，ISSN 的变化等。小语种文献因语言限制，使用率较低，简单编目即可；而一些小语种里的大语种，如日文、俄文等，使用率相对高，且能套录到质量较好的数据，应按照标准级进行编目。这两类文献都有较强的专业性，在数据质量已经分流的基础上，可不再进行流程分流，即采访、加工、编目、校对由一人完成。

4　借古鉴今，提升素质

奥斯本指出当时的图书馆界存在教条主义、理想主义、书目主义和实用主义四种编目作风，这四种主义对提升现代编目员的素质也有一定的警示和指导意义。

4.1　走出去，摆脱故步自封

走出去，摒弃实用主义。奥斯本推崇实用主义编目，一切规则的制定都要本着实践性和可操作性的原则，细枝末节的内容通常被认为是无用的东西。在今日的图书馆，编目依然应当遵循实用主义，而编目员却要摒弃实用主义。这里的走出去，指的是要走出编目的世界，学习和积累各学科知识，丰富和开阔眼界，挖掘和开发自身潜能，以便更出色地完成编目工作，例如分类，只有知识面广的编目员，才能迅速准确地给出类号。正如文中所传递的理念"编目员要被训练使用自己的判断力，不要去期望规则或前人的先例在每个拐弯处指导他们。如果处处都受规则的限制，这个工作也很难成为一个发挥智慧的工作。运用判断力，工作也会变得更有趣"[10]，判断力的养成恰恰需要学习一些看似与编目并不相关的知识。若每天只关注手边的几本书，几个字段，很容易使编目沦为一门纯粹的技术。事实上，奥斯本对教条主义的批判就在于此。鉴于编目与管理相辅相成的关系，编目员可以学习管理知识；西文编目员也可学一点中文编目，虽然编目规则不同，但能帮助编目员全面认识整个编目体系，扩大视野，也有利于不同岗位之间的人才流动。

走出去，加强同业交流。职业造就性格，长期以来，大多数编目员都给人低调、内敛的印象，埋首故纸堆，独自钻研，甚至同处一个办公室的编目员之间都很少交流，这种保守的态度既限制了个人的职业提升，也不利于编目事业的健康发展。一个不愿意走出去的编目员，很容易陷入教条主义的怪圈，希望每个点都有设立好的规则，照本宣科，不能以开放的姿态迎接编目的变革,“把编目变成了理解和原则越来越少的一件事儿成为对规则和定义学习越来越多的一件事”[11]。只有走出去,多参加学术会议、业务研讨,了解业界动态,学习他人的长处,不断更新自己的编目知识,才能在工作中灵活处理各类情况。

4.2 引进来,保持开放创新

对今天的编目员而言,走出去接收了先进的编目理念后,要思考如何将各种海量信息经过筛选,去粗取精、去伪存真地进行本地化应用。《编目的危机》中提到了编目员曾一度受理想主义思想所累,解决办法是“必须找到能使编目产品持久耐用的方法和途径”[12],近年来 RDA 正逐渐以“国际编目标准”的姿态向我们走来[13],它的出现也许能实现这一理想,但真正实现应用的前提是本地化[14],这些都得依靠编目员引进来。我们不能做逃避问题的鸵鸟,而要做迎风而上的雄鹰。

4.3 沉得住,坚守职业理想

编目员的职业理想是要努力令读者满意,一切工作都应从读者的需求出发。奥斯本所批判的书目主义,“过分强调书目细节,用毫无意义的术语堆砌稽核项和书目附注”[15],对读者而言毫无用处。无论何时,编目员都不应丢掉图书馆为读者服务的本来面貌,做好读者和图书之间的桥梁。新时代的编目员多为接受过高等教育,具有不同专业背景的知识分子,学习与接受新事物能力很强,思想也比较活跃。编目工作虽为图书馆最基础且不可或缺的业务,但也是一个要坐得冷板凳的岗位,很多年轻人可能因此耐不住寂寞,久而久之,产生职业倦怠,甚至自我否定。正所谓“不忘初心,方得始终”,编目员要树立终身学习的理念,静下心来做学问,在不断研究中发掘乐趣,建立起职业信心和自豪感,为读者提供更优质的书目数据,在这浮躁的社会中坚守住自己的职业理想。

奥斯本对 1940 年间美国国会图书馆所出现的编目危机做了深刻剖析,鞭辟入里,引发了我们对当代图书馆管理与编目之间关系的思索。如今图书积压问题依然存在于大型图书馆,本文联系当下编目实际,提出了分流的做法来提高编目效率,合理规划、统筹安排,保证各类文献高效有序地流转。奥斯本对四种编目作风的阐释,更值得今天的编目员自省,努力克服职业倦怠,积极修炼用户意识,时刻谨记阮冈纳赞的图书馆五定律——“书是为了用的;每个读者有其书;每本书有其读者;节约读者的时间;图书馆是一个生长着的有机体”,一切从读者需求出发,以实用主义的思想指导编目工作,才能避免重蹈当年的覆辙。

参考文献:

[1-2] 胡小菁. 编目的未来[J]. 信息组织,2008(3)

[3-8][10-12][15] Andrew D. Osborn. “The crisis in cataloging”[J]. Library quarterly,1941(11)

[9] 郁长祥,马明慧,李琳. 外文期刊编目亟待加强[J]. 中华医学图书情报杂志,2008,17(2)

[13-14] 罗翀. RDA 在中国的实施设想[J]. 国家图书馆学刊,2014,23(1)

信息时代的大学图书馆
——俄罗斯大学图书馆发展新模式分析及其启示

刁一卓

大学图书馆是为大学提供教学和科研文献的辅助机构，图书馆和大学在一个统一的信息空间内共存，是大学生获取知识的统一来源，它们的任务是培养适应社会需要的专家。图书馆是教育和科研工作的信息基础，作为大学的分支机构，图书馆的资源和服务决定了教学和科研的质量和内容，是大学学科建设、科学研究和人才培养的重要保障[1]。

一直以来，俄罗斯大学图书馆很好地履行着服务用户的职能：采购并向大学生外借课程学习资料；提供学习、研究文献以及教学书刊，以便学生、教师及研究人员在阅览室阅读或外借；通过馆际互借向用户提供本馆缺少的所需文献，并应各院系以及个别用户的要求进行文献检索……

今天，俄罗斯大学图书馆的这一职能正在发生着变化。

1 信息时代为俄罗斯大学图书馆带来的新环境

进入新时期，俄罗斯信息技术飞速进步。随着"电子俄罗斯(2002—2010)"和"统一教育信息环境发展(2001—2005)"两个国家项目的实行，教育信息化推动高校图书馆的教育和信息功能蓬勃发展，以适应为高校教学、科研以及人才培养提供信息保障的新要求。

大学图书馆的战略任务是发展成为一个信息中心，既延续传统图书馆的功能和服务，同时又通过计算机网络以纸、磁、数字资源及远程交流等各种形式向用户提供信息。这样的信息中心能够汇集和归纳资源的所有形式，使用户自由连接网络从事教学和科研。

过去，俄罗斯大学图书馆服务基于馆藏，馆藏文献均为印刷品。然而，随着角色的转变，俄罗斯大学图书馆的发展模式也在变化：大学图书馆正在从印刷品汇集地转变成为信息提供中心。衡量大学图书馆发展水平的主要标准与其说是印刷文献的数量，不如说是图书馆向用户提供信息的数量和种类。俄罗斯参加到博洛尼亚进程中，这意味着高校将更加重视学生独立创造的能力，同时这也对大学教学和科研的信息保障工作提出了更高的要求。因此，今天的大学图书馆必须具备相当的信息资源。

使用新形式提供和保存信息为大学图书馆的信息服务带来了全新的机遇。在这种情况下，大学图书馆必须进行根本性变革，重新定位其在高校中扮演的角色，开创新的发展模式。

2 俄罗斯大学图书馆的改革方向

新环境下，俄罗斯大学图书馆迎来了改革的浪潮，这场变革主要从大学图书馆建设的三个方面进行。

2.1 组织结构灵活化

为实现用户的新要求,必须加强大学图书馆组织结构的现代化水平,基本原则就是图书馆各部门的现代化(这里不包括那些收集特定信息、服务特殊用户的部门)。俄罗斯大学图书馆着力将包括重点项目工作组、部门以及专门科处在内的管理机构灵活化、机动化。

2.2 管理方式现代化

现代图书馆的管理原则是基于项目管理的团体协作,欧洲和美国的大学图书馆正是采用了这样的管理模式,将图书馆工作人员分为专家和普通员工,使其完成不同类型的工作。俄罗斯在这方面借鉴了欧美经验,同时密切关注大学图书馆的财政和经济,因为这对于构建新型图书馆来说非常复杂,难以考虑周全。

2.3 资源建设电子化

全面分析图书馆资源,充分保障信息存储和用户服务是大学图书馆发展的第一要务。俄罗斯大学图书馆从硬件设施上建造新馆舍、选择和购置现代化设备;从软件系统上研究、开发、购买先进技术和软件、图书馆自动化信息系统,其中最主要的就是建立电子图书馆。

自 1996 年,俄罗斯学术界开始出现有关"电子图书馆"的论述。国立中央医学图书馆馆长 Б. Р. Логинов 将这一概念理解为"开放全球电子资源的机构";Ю. В. Гениева 将电子图书馆定义为"通过全球计算机网络可获得的信息资源的总和";《科学技术图书馆》杂志中,编辑引用弗吉尼亚大学医疗所网络中心主任、网站管理员 К. Гентер 在《保障数字图书馆的开放性》中的观点指出"现在某些不同术语有相同含义。俄罗斯更多使用'电子图书馆',较少使用'虚拟图书馆',而英文文献中多用'数字图书馆'"[2]。作为人工建造的生存环境和人类知识的存储库,现代图书馆在电子图书馆的影响下发生了巨大变化,这些电子图书馆掌握了大量以数字形式保存并且在网络上开放的信息。不论对"电子图书馆"的概念有怎样的阐释,建立电子图书馆首先应当是对网络知识的系统化[3]。

电子图书馆就像导航仪一样,把人类带向全球网络信息资源。目前独联体框架内有很多相关的国家项目和洲际项目,如白俄罗斯和乌克兰国家电子图书馆,大学网络电子图书馆,驻俄罗斯英国文化协会电子图书馆等。对于电子图书馆来说,不仅要为用户提供良好的技术、高品质的沟通渠道和程序,还必须为在线网络资源建立一个灵活的参考咨询系统。俄罗斯图书馆专家正在筹备名为"俄罗斯参考图书馆"的电子图书馆俄语项目,现已放到俄罗斯学者 В. К. Степанов 的个人网站上[4]。

3 俄罗斯大学图书馆发展新模式的探索实践

3.1 俄罗斯大学图书馆基于自身建设的发展新模式

如今,越来越多的俄罗斯大学图书馆认识到,实现发展的新模式需要大量有组织、系统化的技术工作以及对发展各阶段的具体研究。其中,最有代表性的是南乌拉尔国立大学科学图书馆。近年来,该馆正在从以下几个方面着手,积极通过多种渠道转变为新型、混合型图书馆[5]。

3.1.1 工作规划

该馆把将国内和全球信息向用户开放作为根本任务,视良好规划为图书馆发展首要条件,筹备并完成了欧洲"TEMPUS"独联体技术援助计划,国家干部培训基金和俄罗斯社会服务工作人员机构委员会"开放协会"项目,学习英国、美国、德国大学图书馆的经验,从自身条件和资源情况出发,制定了未来2—3年的战略规划,这一规划揭示了图书馆的优势和劣势,阐明了图书馆工作的优先方向。

3.1.2 组织管理

从组织和管理上,南乌拉尔国立大学科学图书馆制定了灵活且适应性较强的方案,简化职位体系,打破各部门和员工职务上的固有界线。具体来说,该馆创建新型组织结构,撤销一些部门、增设一些部门,改变它们的名称和功能;整合图书馆与大学院系的关系,以各院系为信息资源采访用户,开创图书馆工作新模式;积极分析欧洲大学图书馆的决策系统、员工激励方式、物资探求形式、公共关系,并结合实际工作执行;馆内定期组织培训、研讨会和圆桌会议,以便形成强凝聚力、高协作度的工作组;帮助员工设立目标,力求每个人清楚知晓各自职责,了解个人发展前景。

3.1.3 资源建设

为转变为混合型图书馆就必须考虑信息资源方面。南乌拉尔国立大学科学图书馆正逐步在资源建设上进行改革,这一过程离不开相关的项目和资助。一方面,图书馆各部门都亟须计算机、扫描仪、复印机、音像设施等新型设备,该馆仅凭欧盟经济援助就添置了40余台设备。另一方面,该馆在近三年的时间里通过欧盟的"TEMPUS"计划完善图书馆管理,研究各种图书馆自动化信息系统,了解它们各自的功能及优势,最终选定VTLS公司的Virt. ua项目,这些工作则有赖于国际复兴开发银行国家干部培训基金项目的资助。

目前,图书馆还没有能力采购所有教学出版物,但是可以通过馆际互借、馆内电子编目、调用跨区联合目录中的书目记录实现共同协作、共享馆藏,向用户提供印刷本或其他形式的资料信息,使用数据库"ПОЛПРЕД. Справочник"、俄罗斯国立图书馆学文论文电子图书馆、国际协议 НЭИКОН 向研究生和本科生提供他们最需要的资源。此外,南乌拉尔国立大学科学图书馆避免纯粹地应借阅要求充实馆藏、大规模购入"备用"文献,而是根据需求购买电子版本或数据库原件的印刷本,这些资料在今后的图书馆资源体系中将占据重要位置。

3.2 俄罗斯大学图书馆面向用户服务的发展新模式

现代大学图书馆的变革与图书馆的用户,与他们的需求、兴趣和期待的变化也有关系。例如,用户希望图书馆全天、全年开放,认为图书馆不仅提供本馆资源,还应借助其他机构的数据,即从掌握资源转为开放资源。俄罗斯大学图书馆通过电子资源的开放满足用户的需求。当前俄罗斯大学图书馆的主要信息资源是电子目录。电子目录是一种搜索工具,它使信息接收更加便捷。用户可以在图书馆、大学范围内使用电子目录,或通过图书馆网站远程接入。奔萨国立大学图书馆使用最多的电子目录是企业信息资源——文章跨区分析目录数据库(МАРС),该馆自2005年加入该项目,用户通过该数据库文献传递获取图书馆缺少的资源。与此同时,由于电子图书馆的文献类别和涵盖范围不同,注册用户和非注册用户的权限也不尽相同,某些文献的全文仅对高校师生开放。

信息资源的复杂性要求图书馆了解提供信息、教授用户的新方式、新手段,相应地,大学图书馆的参考咨询服务也需要变化:从墨守成规地为用户提供馆藏文献到具备利用相关信息源(电子图书、网络资源等)向用户提供新型服务的必备知识和技能、为用户培训。因此,无论是大学图书馆馆员还是用户都需要提高相关能力。

3.3 俄罗斯大学图书馆针对部分学科的发展新模式

俄罗斯大学图书馆对于某些学科的专业性需求则进行了特殊处理。

国立伊尔库茨克交通大学设立了电子图书馆"铁路网",基于跨国交通电子资源、国内交通电子资源、地区交通电子资源、电子百科全书和参考书、期刊、电子出版社和电子书店几个类别充实图书馆的基本馆藏。同时,该馆已开展善本文献题名页数字化工程,其中包括稀有的俄罗斯地理学会东西伯利亚分会赠书,有关俄罗斯19世纪到20世纪初交通事业以及铁路交通相关问题的书籍和明信片。

奔萨国立大学为医学院学生选择了"ГЭОТАР МЕДИА"出版社的电子图书馆系统"Консультант студента",此外还购入"Лань"出版社电子图书馆系统的数学、物理、工程学、经管、法律主题系列产品,从不同专业的现实出发,以更低的价格购买各出版社电子资源[6]。

4 有关我国大学图书馆的一些思考

大学图书馆是向大学师生提供信息的重要来源,加强大学图书馆的这一作用,使图书馆信息服务与大学教学工作更加紧密,结合科研和教育工作进一步拓宽信息资源涵盖的领域必将使大学图书馆成为信息教育空间的重要组成部分。

进入新时代,我国大学图书馆也面临新的机遇和挑战。我们可以借鉴俄罗斯的经验,从组织、管理、资源、服务等方面对大学图书馆进行改革和完善,事实上,我国在某些方面已经取得一定进展。

4.1 我国大学图书馆在组织管理方面的发展

我国大学图书馆的组织管理经历一个循序渐进的改革过程。1984年,教育部印发的《关于在高等学校开设〈文献检索与利用〉课的意见》的通知奏响了我国信息素质教育的新篇章[7]。由此开始,中央和各级政府、机构大力开展相关工作促进大学图书馆的发展,并设立多种国家社科基金项目、地方政府人才工程项目以资助各地大学图书馆馆员开展学术研究或赴国内外进修。

各高校领导对学校图书馆的工作也给予了高度重视。例如一些图书馆设立了学科馆员的岗位,他们有图情教授的职责,有针对性地为师生利用图书馆资料提供帮助,这样一来,学科馆员成了院系与大学图书馆之间的桥梁,而图书馆则根据相应的师生反馈、科研成果等情况量化其工作并建立相应的激励机制[8]。

4.2 我国大学图书馆在资源建设方面的发展

信息时代下,我国许多大学图书馆正逐步转变为大学信息服务中心,将学校的图书馆、计算机中心、档案馆等与信息服务相关的机构进行重组,将人员、资源进行整合,对外统一提供服务。例如,浙江大学和中国矿业大学分别于2009年和2010年实现了图书馆与网络中心的合并[9],在更高效、更优质地提供公共信息服务的同时,大大降低了成本。

针对不同学科,我国已建立相应的文献中心,大力推动文献信息资源的共建共享,为全国高校各学科的教学和科研提供高水平的文献保障。目前,国内大学图书馆已经利用 CASHL(中国高校人文社会科学文献中心)和 NSTL(国家科技图书文献中心)的馆际互借数据进行采购[10]。

与此同时,信息资源形式的丰富也为我国大学图书馆带来了一个问题,即馆藏形式的选择问题,它主要体现在数字资源和传统资源的碰撞。大学图书馆发展模式由此可以区分为三种:传统型图书馆模式、纯数字化图书馆模式以及复合型图书馆模式。各馆应当结合自身及所在院校的规模、定位、学科特点等因素决定未来的发展方向。例如,对于一些工程技术、医学类的大学图书馆来讲,用户对资源的及时性和创新度要求较高,对陈旧资源的需求较低,那么高比重的数字化馆藏将更加适合这类大学图书馆。

4.3 我国大学图书馆在用户服务方面的发展

传统的大学图书馆只面向校内,为高校师生提供学科和科研的信息平台,这在今天是远远不够的。我国大学图书馆应当大力增强信息整合能力,拓展社会服务功能,这就要求大学图书馆与企业、政府合作,实现信息资源的交流,使服务“走出去”、资源“引进来”,进而提高整个社会的生产力。例如,黑龙江中医药大学图书馆通过加强与社会机构、企事业单位的合作,委托有关专家和学者利用参观、考察、讲学等机会,广泛收集民族特色文献信息[11],开展信息的编译、课题查新、定题跟踪等服务,同时系统全方位地收集散见于地方的中医药信息,极大地丰富了馆藏。

综上所述,通过对俄罗斯大学图书馆发展新模式的研究以及与我国的比较,笔者认为,大学图书馆应当从工作规划、组织管理、资源建设、网站建设、用户服务等方面着手,全方位转型,利用先进技术拓展网络服务,通过信息推广和培训更好地为教学和科研提供资源。

大学是重要的学术和研究机构,今天,信息网络环境强烈冲击着大学图书馆的传统理念与模式。大学图书馆应当依托数字技术,对信息资源进行深层次开发、高水平建设,从而实现知识服务的创新发展,这也是大学图书馆未来的发展方向[12]。

参考文献:

[1] 张月群. 数字信息环境下的大学图书馆运行机制变革研究[J]. 图书与情报,2013(3)

[2] ГентерК. Обеспечение доступности цифровой библиотеки [J]. Научные и технические библиотеки, 2002(7)

[3] Кожевникова Е. С. Виртуальная библиотека вуза [J]. Библиография,2007(3)

[4] Степанов В. К. Русская справочная библиотека [EB/OL]. [2015-09-23]. http://www.vadimstepanov.ru

[5] БургерИ. П. Университетская библиотека новые реалии-новый облик [J]. Информационный бюллетень РБА,2008(46)

[6] ОрловаА. П. Вузовская библиотека в условиях информационного общества [J]. Информационный бюллетень РБА,2013(68)

[7] 陈建宇. 大学图书馆与信息素质教育[J]. 农业图书情报学刊,2010,22(8)

[8] 王俊俐. 大学图书馆实行学科馆员——图情教授服务模式的思考[J]. 现代情报,2007(10)

[9] 方胜华. 大学图书馆未来发展模式探析[J]. 大学图书馆学报,2013(4)

[10] 张艺缤. 全媒体时代馆际互借文献传递服务创新[J]. 图书馆学刊,2012(9)
[11] 周春华. 地方高校图书馆特色文献采集模式研究[J]. 农业图书情报学刊,2004,16(12)
[12] 范静怡. 大学图书馆知识服务[J]. 现代情报,2014,34(1)

国内外图书馆阅读推广活动概观

刘　丹

中国古代有"书中自有黄金屋,书中自有颜如玉"来比喻人们从书籍和阅读中可以获得什么。苏联著名学者高尔基先生也曾说过"书籍是人类进步的阶梯"。书籍的发明是件了不起的事情,它改变了人类的精神生活。有了书籍,也就有了阅读。当我们阅读书籍,沉浸在那一行行奇妙变换的文字中,我们可以畅游在从未探究的领域汲取知识,可以体验今生无法亲历的许许多多浪漫奇异、惊心动魄的生活,可以插上梦想的翅膀在幻想的世界中翱翔……阅读之于人类,是启迪智慧、陶冶情操的手段,更是文化传承、社会发展的推动力。借用阿尔维托·曼古埃尔在其著名的《阅读史》中的一句话:"阅读,几乎就如呼吸一般,是我们的基本功能。"[1]

图书馆作为专门收集、整理、保存、传播文献的机构,自19世纪中叶诞生以来,就以其自身的专业性、权威性、包容性、丰富多样性,致力于成为促进全民阅读的主阵地,积极倡导全民阅读、社会阅读等阅读理念,为社会公众提供一个没有门槛限制的阅读场所。从建立之初的提供阅读内容和阅读场所,逐渐到积极推进阅读、开展阅读活动,国外图书馆已形成相当完善的推进体系和服务模式,历史悠久、活动多样、效果显著。我国的阅读推广活动始于20世纪80年代,相比欧美发达国家起步较晚。但近几年随着国家对精神文明建设的重视,建设学习型社会的口号响亮提出,全国各地的公共图书馆普遍开展了全民阅读活动,并取得了成效。

1　图书馆与阅读推广的关系

1.1　阅读与阅读推广

阅读于个人,是认识世界、获取知识、传承文化、净化心灵的一种行为;于国家,是提升国民素质,加强国家软实力的重要途径。一个热爱阅读的国家,才能在经济发展和技术革新的潮流中站稳脚跟,领航世界。阅读推广就是让本地区每一位具有阅读能力的人都加入到阅读行列,让阅读成为人们日常生活中不可或缺的一部分,同时培养市民的图书馆意识,以促进全民综合素质的提高[2]。当阅读推广使每一位公民都开始阅读热爱阅读之际,就是这个国家经济文化崛起之时。

1.2　阅读推广的重要性

2009年,温家宝总理在参加国家图书馆"世界读书日"活动时说道:"书籍是人类智慧的结晶,读书决定一个人的修养和境界,关系一个民族的素质和力量,影响一个国家前途和命运,一个不读书的人,不读书的民族,是没有希望的。"[3]我国的《全国国民阅读调查报告》[4]反映出

2008 年之前国民图书阅读率持续走低，同时网络阅读率却持续上升（见图 1）。这表明我国国民的阅读习惯正在发生变化，从传统纸本阅读到数字化阅读，从“深阅读”到“浅阅读”，从文学经典阅读到娱乐消遣阅读，这些转变无一不是阅读危机的体现。然而，阅读观念和阅读习惯的改变并不完全是人们自主做出的选择，而更多的是社会和时代所产生的潜移默化的影响。当今社会是知识大爆炸、通讯与媒介技术日益革新的社会，海量信息以迅雷不及掩耳之势让我们应接不暇，无从选择。不仅国内如此，阅读危机已呈现出世界性的特征。在世界各地，处处上演着相似的场景。此时，如何引导人们热爱阅读、正确阅读、有效阅读，是全社会亟待解决的问题，也是阅读推广所要解决的问题。

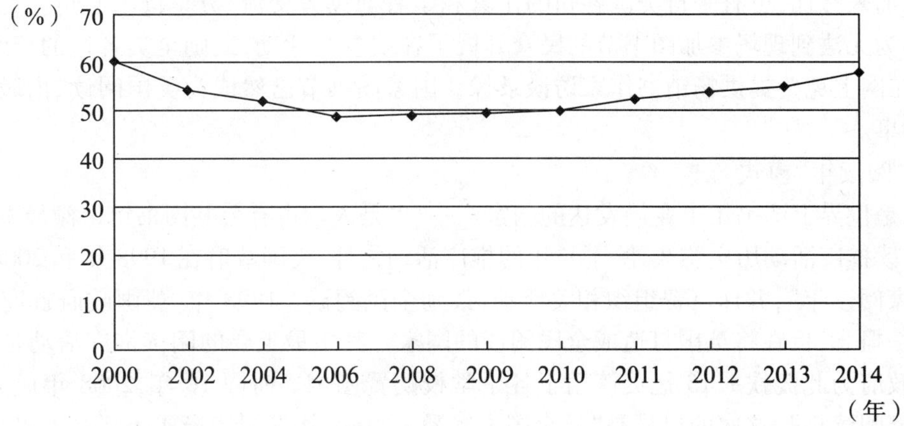

2000—2014 年国民图书阅读率曲线图

1.3 图书馆在阅读推广中的作用

阅读推广是图书馆服务的永恒主题，是图书馆的根本任务和核心使命。在阅读推广逐渐成为国家工程项目之际，图书馆在全民阅读推广中占有不可替代的地位，拥有绝对优势。首先，图书馆的社会职能之一是保存人类文化遗产。图书馆具有丰富的文献资源做物质保障，专业的人力资源提供服务，能够满足不同类型读者的不同阅读需求。其次，图书馆是供人借阅并阅读书籍的地方。整洁的场所、舒适的环境和安静的氛围为读者提供了适合阅读的绝佳场地。不仅如此，图书馆还是实现公民平等阅读权利的场所。在这里，无论你是位高权重的领导干部还是勤劳质朴的普通百姓，是衣着光鲜一掷千金的企业家还是衣衫褴褛食不果腹的乞丐，是两鬓斑白步履蹒跚的老人还是朝气蓬勃风华正茂的青年，都有权利享受相同的资源和同等的服务。总之，无论从资源还是环境上，图书馆都理应成为一个区域的文化中心，在阅读推广中具有其他组织所无法比拟的优势。同时，图书馆的另一重要社会职能是开展社会教育，这就使其在促进全民阅读活动中负有不可推卸的责任和义务。

2 国内外图书馆推进全民阅读的服务模式解析

2.1 国外图书馆阅读推广活动解析

（1）“阅读中心”模式

美国国会图书馆的图书中心[5]是 1977 年依据国会通过的公共法案而成立的，目的在于推广图书、普及阅读，提高国民的文化素养。自成立开始，图书中心在全美50个州、华盛顿哥伦比亚特区和所属维尔京群岛分别建立了各地图书中心，并在国内外发展了80多家合作机构，包括美国书商协会、美国图书馆协会、国际阅读协会、美国国家档案馆等。通过这些中心和机构，图书中心得以在全美及国外成功组织了许多颇有成效的阅读活动，例如1981年的"读书创造不同"、1987年的"读者年"、1991年的"终生读者年"等，都获得全国各地学校和图书馆的热烈响应，深受民众和读者的欢迎。更有某些活动已逐渐形成体系和规模，定期举办，这其中最著名的就是2001年由当时的美国第一夫人劳拉·布什开创，并在此后一直由美国国会图书馆组织举办的"全国图书节"[6]。图书节每年9月或10月初在国家广场举办，届时不仅会吸引众多读者前来参加，更有来自美国各州的作家和学者与读者交流，分享读书心得。此外，国会图书馆还为无法到现场参加图书节的民众开展了在线参与活动，鼓励全美各地的读者参加图书节，并在网上免费提供畅销书作家访谈录像。国家图书节已然成为美国阅读、出版、文学界的一大盛事。

(2)"阅读年"模式

英国是世界上图书馆事业最发达的国家之一，也是人均占有公共图书馆份额最多的国家。英国的阅读推广活动历史悠久，除了长年的推广活动之外，英国政府在1998年和2008年两度设立"国家阅读年"，并斥巨资组织相关活动，鼓励全民阅读。1998年，英国政府首度推出"阅读年"这一概念，旨在将英国打造成全民阅读的国家。其中最重要的阅读推广活动是"送书到学校"。政府为此拨款1.15亿英镑用于各个学校购置图书。时隔10年，2008年成为英国第二个"国家阅读年"，这次的口号是"让全国人民爱上阅读，并将阅读当成生活必不可少的一部分"，网站登记的阅读活动多达近6000个[7]。与第一次阅读年不同，此次阅读年投入的资金不仅仅用于为学校购置图书上，而是更多的用于推广家庭阅读、鼓励和劝说人们去阅读。政府的巨额资金支持和企业的赞助使"阅读年"活动集公益性和商业性于一身，既带动了全民阅读热潮，又让书店和出版商名利双收。图书馆在阅读年的活动中更是发挥了巨大的作用，组织和参与多种推广活动为读者提供服务，吸引那些逐渐远离图书馆的人群走进图书馆，享受阅读。

(3)专题阅读项目模式

每年世界各国都会推出很多专题的阅读项目以促进全民阅读。无论图书馆是否是这些项目的发起者和组织者，图书馆都在各项活动中发挥着巨大的甚至是不可替代的作用。在荷兰，阅读推广自公共图书馆成立之初即为其服务的一部分。20世纪90年代，出版社与图书馆联合创办了"基础阅读"基金，旨在促进区域阅读计划，协调评估和研究。"阅读的艺术"是基金会和荷兰公共图书馆协会得到政府部门的资金支持，刚刚推出的一项阅读推广项目，包括四部分内容：阅读起跑线、为文化水平较低的学校提供打包服务、文化历史经典和覆盖全国的服务范围。阅读起跑线计划旨在加强与零到一岁婴儿父母的沟通合作，吸引他们积极到当地的公共图书馆参观和阅读。新生儿的父母会收到图书馆的邀请，第一次到馆将获赠一本图书、DVD和图书馆的相关信息资料，促使家长建立起对孩子进行早期阅读培养的观念。为文化水平较低的学校提供打包服务是一项试点工程，由7家图书馆负责30所学校。每所学校设立一个图书馆，配备一个图书馆员，馆藏文献都是当下流行的书目。向学生推广阅读，喜欢阅读的学生还可获得奖励。文化历史经典计划旨在将晦涩难懂的荷兰历史知识转化为通俗易懂的基础历史传达更广泛的读者群。荷兰北部几个省份已成功创建阅读推广网络，使阅读推广能够更加有效进行[8]。

2.2 中国图书馆阅读推广活动解析

与欧美等发达国家相比,阅读推广在中国作为一项特殊的事业还尚显稚嫩,从20世纪90年代拉开序幕至今仅仅二三十年的历史,属于刚刚兴起的发展阶段。中国在20世纪60、70年代经历了一段特殊的十年时期,文化发展被压抑,很多珍贵书籍遭到了破坏,民众对阅读仍存渴望,但受到了限制。十年结束,改革开放和思想解放的口号和热潮冲击着国人,政府开始重视文化事业发展,出版和阅读重获自由。最早的阅读推广活动可追溯到1982年由上海市总工会等单位和机构联合筹划的"振兴中华"读书活动[9],虽然面向的对象是上海的工人群体,但所产生的影响却是席卷全国的。

此后受到社会发展的影响和物欲的冲击,我国国民的读书热情又经历了起起伏伏的过程。直到1997年政府发出在全国组织实施"知识工程"的通知,号召"以发展图书馆事业为手段,以倡导读书、传播知识、推动社会文明与进步为目的"。通知中还指出:"图书馆是一种社会公益性的文化教育机构,在思想道德建设和文化建设中发挥着不可替代的作用,也是科学普及、社会教育和信息传播的重要工具。"[10]此次通知的重要性之一在于确立了图书馆在文化建设中的重要地位,为我国图书馆事业的发展以及图书馆在全民阅读推广中的作用奠定了政策性基础。

为响应国家号召,贯彻"知识工程"的通知,全国各地图书馆组织或参与的全国性或地区性阅读推广活动如雨后春笋般涌现。2000年开始,作为"知识工程"的重大项目,"全民读书月"活动正式在全国展开,旨在"营造全民读书、终身学习的良好社会氛围,提高全民族的思想道德素质和科学文化素质"[11]。在形式多样、内容丰富的阅读推广活动如火如荼进行的同时,阅读推广也逐渐朝着规模化、系统化和事业化的方向发展,出现了一批积极推进阅读的机构和组织。2005年,中国图书馆学会成立了阅读推广委员会,在全国拥有15个专业委员会,专门从事阅读活动的策划、组织、实施和研究工作,为全民阅读的推广提供了强有力的组织保障和人力保障。2005年,学会将"倡导全民阅读"作为重要任务写入《中国图书馆学会章程》[12],并在中国第一个《图书馆服务宣言》[13]中郑重承诺:图书馆努力促进全民阅读。图书馆为公民终身学习提供保障,促进学习型社会的建设。凭借着强大的专业队伍,系统的组织结构,以及庞大的业界资源,图书馆学会得以顺利开展阅读推广活动,并取得卓越的成效。

国家图书馆作为中国馆藏最为丰富、品类最为齐全的国家级公共图书馆,在全民阅读推广事业上更是不遗余力,成效卓著,影响深远。每年4月23日的"世界读书日",国家图书馆都会举办大型广场活动等一系列公益文化活动,届时会揭晓并颁发文津图书奖,借以向广大读者宣传阅读、推广阅读,让大众有机会近距离与作家交流,体验阅读带给他们的快乐。在刚刚过去的2014年"世界读书日"活动中,国家图书馆还举办了"网络书香·掠美瞬间"数字图书馆推广工程优秀摄影作品展,并陆续在全国几家省市级公共图书馆巡回展出。除此之外,国家图书馆另一主要阅读推广品牌是系列公益讲座,邀请作家、教育家或者社会公众人物,面向少年儿童或者家长进行阅读和讲座,发挥他的影响力,号召孩子们、家长多读书,多利用图书馆这样一个定位。

3 我国图书馆阅读推广服务新启示

2013年党的十八大报告中倡导了"开展全民阅读活动"[14],之后"倡导全民阅读"先后被写入2014年和2015年的《政府工作报告》[15-16],政府对于全民阅读的推广力度可见一斑。阅读推广在我国也确实取得了一定的成效,但相比发达国家成熟的阅读推广事业,还有亟待改进的方面。

(1)加强社会参与,吸引企业投资

美国国会图书馆的图书中心只有四位专职工作人员,除他们的薪水由国会图书馆划拨之外,其余一切用于组织策划阅读推广活动的资金都由政府和其他机构提供。例如其主办的国家图书节,每年所需的近200万经费主要来自于出版商。而英国在这方面更是有很多可借鉴之处。例如英国的开卷公司和阅读社是专门为阅读推广服务的公司和提供资金支持的慈善机构。总之,国外图书馆在阅读推广活动中基本上是只出力不出钱,这与我国情况十分不同。国内鲜有企业和社会力量参与到图书馆的阅读推广活动中,而图书馆在吸引社会资金方面也缺乏经验。2013年第八届文津图书奖颁奖现场,加多宝集团向国家图书馆捐赠阅读推广公益金300万元人民币,这是文津图书奖首度引入社会力量共建阅读文化项目。今后图书馆应重视社会力量对全民阅读的推广,大力吸引企业等团体对文化事业的参与和投资。

(2)建立常设机构,实行责任到人

目前国内图书馆的阅读推广活动大多由主管部门发出文件,社会教育等相关部门抽派人手制定方案和组织实施,每年组织和参与活动的人员不定,很多都是入馆工作时间尚短的年轻馆员,没有活动经验,即使在推广活动中积累了经验,也可能由于第二年没有参加活动而无法将有价值的经验发挥作用,此时即体现了图书馆建立常设机构专门负责阅读推广的重要性。美国国会图书馆的图书中心是专门负责阅读推广的典型案例。从1977年建立至今,在三十多年的时间里发挥了重要的作用。四位工作人员各司其职,分工明确,经验丰富。机构的建立和人员的固定有利于各项活动的衔接和统筹,对阅读推广活动的功效有事半功倍的效果。

社会的发展和技术的进步带来了阅读方式和阅读习惯的变革。阅读已不局限于青灯黄卷式的传统阅读,人们越来越倾向于轻触鼠标的在线浏览和移动便携的手持终端,无论哪种都是阅读发展的一种方式。阅读提升生活,阅读发展社会,一个正在前行的国家怎能不重视阅读呢。阅读推广在我国还像一个刚会走路的孩子,活泼蹦跳地留下了稚嫩却又弥足珍贵的小脚印。作为阅读推广组织者的政府和图书馆等机构就像孩子的引导者,应该致力于怎样为孩子的成长打下坚实的基础,为其创造一个美好的明天。

参考文献:

[1] 阿尔维托·曼古埃尔.阅读史[M].吴昌杰译.北京:商务印书馆,2002

[2] 蔡菲.中山市中山图书馆推广社会阅读的尝试[J].图书馆学研究,2007,(9)

[3] 温家宝参加世界读书日活动[EB/OL].[2015-08-15].http://www.gov.cn/ldhd/2009-04/23/content_1294455.htm

[4] 中国新闻出版研究院[EB/OL].[2015-08-24].http://cips.chinapublish.com.cn/

[5] 美国国会图书馆图书馆中心[EB/OL].[2015-08-15].http://www.read.gov/cfb/

[6] 美国国会图书馆全国图书节[EB/OL].[2015-08-15].http://www.loc.gov/bookfest/

[7] 秦鸿.英国的阅读推广活动考察[J].图书与情报,2011(5)

[8] Marian Koren. The Netherlands Nordic Plus: Reading Promotion in the Netherlands[EB/OL].[2015-08-24].http://slq.nu/?article=the-netherlands-nordic-plus-reading-promotion-in-the-netherlands

[9] 许琳瑶.从"振兴中华"读书活动到全民阅读推广工作:1982—2012[D].南京:南京大学,2013

[10] 中央宣传部、文化部、国家教委、国家科委等部门关于在全国组织实施“知识工程”的通知 [EB/OL]. [2015 - 08 - 10]. http://www.chinalawedu.com/news/1200/22598/22617/22842/2006/3/wu2811171328131360025202-0.htm

[11] 艾青春. 在“全民读书月”新闻发布会上的讲话[EB/OL]. [2015 - 08 - 01]. http://www.ccnt.com.cn/news/read/index6.htm

[12] 中国图书馆学会章程[EB/OL]. [2015 - 08 - 06]. http://www.lsc.org.cn/c/cn/news/2010-12/21/news_5073.html

[13] 图书馆服务宣言[EB/OL]. [2015 - 08 - 05]. http://www.lsc.org.cn/c/cn/news/2010-12/21/news_5091.html

[14] 十八大报告[EB/OL]. [2015 - 08 - 01]. http://www.xj.xinhuanet.com/2012-11/19/c_113722546.htm

[15] 2014 年政府工作报告[EB/OL]. [2015 - 08 - 01]. http://lianghui.people.com.cn/2014npc/n/2014/0305/c376646-24535026.html

[16] 2015 年政府工作报告[EB/OL]. [2015 - 08 - 06]. http://lianghui.people.com.cn/2015npc/n/2015/0305/c394298-26642056.html

意大利公共图书馆全面均衡发展措施评介

李　伟

1　历史与现状

意大利 1861 年统一前处于多个小国分治的状态，统一后原各小国的中央图书馆、公共图书馆和一些地方图书馆等划归国有，图书馆事业开始置于国家的统一管理之下，得以有所发展，但因历史的原因各地图书馆发展水平不一，也缺乏统一立法、规划和合作模式。因此，整体上，意大利公共图书馆在欧洲相对不是很发达。

意大利全国分为 20 个大区，下辖 110 个省，几乎各大区的首府都有国立图书馆。就全国经济最发达的米兰地区而言，其国立图书馆的藏书也比较贫乏。国立图书馆中最大、最重要的是佛罗伦萨国立中央图书馆，曾出版意大利全国新书目录。作为意大利公共图书馆的代表，它拥有藏书近千万册。但是，在意大利统一前那不勒斯地区出版书籍的收藏方面，佛罗伦萨国立中央图书馆并不是最全、最多的图书馆，要查阅这一时期的书籍，必须到那不勒斯国立图书馆去。此外，意大利的一些图书馆在藏书分类、检索方式方面自成体系，并不统一，如米兰国立图书馆的分类方式就与前面两个图书馆完全不同。直到今天，在图书馆开展服务和活动方面还残留着地方分权、各自为政的现象[1]，这种情况制约了不同图书馆间的合作与发展，也使得一些地区公共图书馆发展较为缓慢。

意大利经济和社会发展总体状况是北方发达，各方面基础雄厚，人们普遍受教育程度高，达到了欧洲发达国家的水平，而南方各方面相对比较落后，南北差距问题一度成为意大利非常严重的社会问题，公共图书馆发展建设和服务水平也是如此。目前，意大利有最主要的 8 个国立图书馆,其中在佛罗伦萨和罗马两地的称为国立中央图书馆,共同行使着国家图书馆的职能。其他6个分别位于那不勒斯、米兰、都灵、威尼斯、巴勒莫和巴里的国立图书馆主要收集本地区的出版物[2],它们都对公众开放,也有公共图书馆的功能。另外,意大利直接由国家管理的公共图书馆有46个,称为国立公共图书馆,有些收藏古籍善本较多,主要为专家学者利用;还有一些书目情报中心和文献机构,以收藏近现代文献为主,例如,佛罗伦萨法律文献研究所是意大利法律文献的总数据库,用户可以通过不同形式使用其收藏文献。

在省级公共图书馆中最突出的是博洛尼亚省图书馆联合体,包括32所图书馆。除传统服务外,这些图书馆还举办音乐会、美术展览、报告会等。市级图书馆中最突出的是米兰市立图书馆,包括1个中心馆和33个分馆[3],它提供的图书和服务,以及管理模式、制度都更贴近,方便市民的需要,被称为"家中书房"。现今米兰市立图书馆满足着本地、全国甚至欧盟成员国从普通市民到大学教授的需要[4]。

意大利最早的公共图书馆始建于1959年的罗马,现全国共有4918所公共图书馆,分属省、市和各级机构团体[5]。意大利图书馆协会是本国公共图书馆行业领导协会,它于1930年建立,其会员包括以下图书馆[6]:国立和参、众两院图书馆;国家部委及所属机构图书馆;省、市图书馆;半官方和慈善机构图书馆;教会图书馆;允许公众使用的私人图书馆;国家文化机构所属图书馆;政治团体、政党文化机构和业余及相关机构图书馆;社区大学和民间文化机构的图书馆;个人冠名的中等或职业培训机构图书馆。

随着欧洲图书馆一体化计划的开展,意大利公共图书馆存在的服务质量不高、开馆时间短、场地不足、具备资质的人员短缺、设施和资金缺乏以及地区间的发展不平衡等问题日益显现。虽有发展地区图书馆的计划,但缺乏有效的地区间合作和统一指导规划,迄今并未建立实质性的体系或合作网络。为此,意大利图书馆协会制定计划,致力于国内公共图书馆服务内容的整合提升和文献资源建设工作,力求从服务模式和理念、设施标准、社会认知、馆际相互合作、人员培训和政策资金保障等方面上一个台阶。

2 优先支持公共图书馆的发展措施

2.1 法律保障

在意大利,图书馆被认为是体现民主平等的地方,是宪法意志的体现,国家保证每一位公民有平等地利用图书馆获得信息、知识和自由参与科研的权利。其宪法中相关条款规定和描述图书馆应发挥和起到的作用包括:

第3款1—2 平等参与(1、所有公民不论性别、种族、语言、宗教、政治见解和个人社会地位如何都有平等的社会尊严及在法律面前人人平等的地位。2、它的职责是消除那些国家经济生活和社会发展中限制公民自由、平等、阻碍人的全面发展的障碍,倡导所有劳动者积极有效参与到国家社会的政治,经济发展活动中去。)

第9款1 推动文化和研究活动(国家促进文化、科学和技术研究的发展)

第34款1 受教育的权利(有能力和天赋的人,不论贫富,都有权获取、掌握和利用更高水平的研究成果)[7]。

近年,意大利立法机构也十分重视文化发展,众议院出台了"采取紧急措施保障、提高和振兴文化和旅游活动"的法规,在参议院也得到顺利通过。其中提到要扩大公共图书馆免费阅读服务和降低对开放存取的限制,并强调文化法规也是法律,应予以切实有效的遵守和执行,这对公共图书馆发展无疑是一个利好的消息[8]。

2.2 确立基本公共图书馆服务模式

在意大利,各公共图书馆之间的情况有所不同。这里主要是指威尼斯的 Marciana、米兰的 Braidense、罗马的 Casanatense 这样一些由国家以及市立机构管理的小型图书馆。它们之间除规模大小不同外,在功能定位方面也存在差异。国立图书馆负有保存国家文化产品,及提供文献服务和书目数据服务的责任;市立图书馆则提供更贴近社区市民的基本阅读和信息获取服务,没有特别专业的功能。不在省会城市的公共图书馆基本上只提供公共阅读服务。

目前,不仅公共图书馆存在发展不平衡的问题,全国各地的图书馆也苦于缺乏一种获得广泛认可的服务模式。今天公共图书馆被认为应该具备自己的场所、先进的设备和专业的人员,并能提供各类用户满意的服务,而不仅是满足用户一般的休闲消遣的需要。

为了确保公共图书馆服务在全国各地有效地发展,确定一个最基本的公共图书馆服务模式,满足基本服务要求是必要的。在基本的需求确定后,不同地方或不同管理部门可以对一些细节作调整和局部变化。公共图书馆需要认识到自身作为一个文化机构所应发挥的作用和提供的基本服务。意大利图书馆协会将为地方负责图书馆决策的机构提供各种必要的技术支持。

2004 年,这项工作开始于图书馆间的合作。在确立公共图书馆具有政策自主权后,确定了一个普遍接受的公共图书馆服务的最低和客观标准,即地方图书馆应至少达到以下要求:

①加入本地区的一个图书馆合作网;

②具备一定数量获得专业资质的人员;

③每周向市民开放不少于 15 小时,并与公众的生活节奏和需求保持一致;

④提供全面的馆藏目录,并能不断更新;

⑤连接到宽带网络和实现 Wi-Fi 的覆盖;

⑥可远程访问公共和商业领域的数字内容;

⑦有少年儿童、期刊和公共互联网浏览的专门空间;

⑧鼓励用户使用最普及的信息技术手段,并对他们提供技术指导;

⑨启动阅读和图书推广活动;

⑩开展文献和信息咨询活动;

⑪通过评价和绩效评估机制,实现在本区域内共享的标准。

2.3 社会认识的作用和公共阅读服务的特殊功能

传统意义上,意大利图书馆的公共阅读更多体现为休闲化服务方式,通过公平获得信息知识来宣传推广文化,并作为体现民主平等和言论自由的一种手段。尽管近年来各种新技术不断涌现,并且发展步伐加快,如电子书、多媒体、互联网等大量出现,但是这种现实的选择从来没有改变。

在英美和北欧国家已出现了图书馆社会服务的内容,图书馆被看作是一项文化服务并不是偶然。毫无疑问,图书馆的服务除了提供书籍、先进的技术设施和学习研究空间,还应包括提供各种学习和培训活动的计划,以提高对获取知识和信息的满意度,帮助人们形成和加强在信息、语言和阅读方面的终生学习能力。在意大利公共图书馆,服务往往被忽视,现行有关法规中也没有对地方机构文化服务管理职能的规定,这可能是公共图书馆被边缘化和不被重视的原因[9]。

如今,面对经济危机和技术进步带来的变化,需要对许多文化机构的社会作用和为公众提供服务的价值进行深刻的反思。首先应更加清楚地认识到,阅读活动是公共图书馆发挥社会职能的重要手段,要把它摆在优先的发展地位,在国家文化发展中,提高竞争力并保持自己的传统是一个紧迫的问题。其次,公共图书馆应该在提供综合知识,集成信息和合格的内容方面做出重要的贡献,并尽可能把服务延伸到每一个所需要的地方。总之,从社会发展变化的角度来看,地方公共图书馆不应简单定义为"文化服务"单位,它应同时成为"社会机构",直接参与到推动社会经济发展和提高人们生活质量的活动中,除了要发挥传统的阅读推广作用,还应支持开展其他学习活动:

①确保社区居民获取并得到各种类型和载体形式的信息和知识,满足对文献和信息的各种不同使用需求;

②促进用户信息素养和信息技术的提高,使用户能够掌握访问信息网络,获取研究信息的技能,并提高鉴别评价研究成果的能力;

③通过促进阅读,使书籍和教育成为个人成长,公民素质提高以及社会和经济条件改善的手段;

④支持所有公民在不同阶段进行自我培训和终身学习的需要,与不同培训机构合作,以全面促进公民权利的充分行使;

⑤促进人们在社会文化多样性和包容性方面的融合,使所有公民能够和谐相处,并能得到日常生活需要的技能和指导。

2.4 推动馆员合作和全国图书馆服务体系(SBN)

在市级、省级、大区和国家层面开展地方图书馆系统内图书馆员多种形式的合作是必要的。这种不同机构之间的人员合作,有利于本地图书馆员体系的建立,相比于每个单独的图书馆,它能够更好地发挥各自的优势和服务特色,同时增加各种合作机遇。

负责全国图书馆政策制定的机构应努力营造这样一个图书馆间的合作管理方式,在不同层面的机构间建立联络和协调机制,以取代当前这种单一、分散和零星的咨询和决策过程。合作应该是建立加强本地间的协同能力,以促进协调干预的实施,优化资源,共享设施,统一服务,推动各项开发活动。各地方机构应通过他们参与的图书馆专业组织,在创建全国图书馆服务体系,整合设施,服务和加强图书馆员作用方面发挥积极的能动性,最终保证所有意大利公民都能够以同样的方式平等地获得信息和知识。

全国图书馆服务(SBN)体系除了管理各所属图书馆得到的出版物总目录,还要开展以下工作:

①确定成员馆的最低要求和标准;

②无论各馆的所属关系如何,确定合作政策以及在推动实现图书馆服务一体化中,各参与馆所期望达到的服务水平;

③从用户的需求出发,通过调整服务的目录、参考咨询及借阅方式,使更广泛的用户便利地使用不同馆藏,促进文献的流通;

④建立意大利数字图书馆服务的基础设施；

⑤致力于全国图书馆服务标准和评价体系的建立和实施。

3 必要的专业技能和行业协调机制

3.1 加强专业人员培训

图书馆需要具备专业意识、素养和技能的图书馆馆员，这似乎是老生常谈了，但在意大利，进入图书馆工作前的培训学习并不那么严格，任何人无论学历或专业背景如何，都可以申请以馆员的身份在图书馆工作。在这方面，意大利与一些欧洲国家有很大差距，在那些欧洲国家，图书馆服务更加规范化和专业化，只有合格获得专业教育者才有资格从事图书馆相关专业的工作，并作为日后承担重要岗位工作的依据。

另外，不同图书馆的具体任务和用途功能不同，它们各有特点，也需要拥有人文科学、社会科学和管理学科专业知识，以及在文献修复和生产、交流沟通和语言学习方面有所专长的人才。图书馆员是需要经过专门和高级培训（大学和研究生）的知识型职业，需要有相关的知识、能力和才干，以及高度负责的职业态度和独立解决问题的能力。

在意大利大学课程的设置中，缺乏从事图书馆专业工作必需的基础培训。许多图书馆也缺乏相应机构，没有足够的培训计划，有时这已经影响到图书馆相关服务工作的顺利开展。近年，这些状况在意大利有所改善，一些著名大学相继开设了图书馆学教育、图书馆科学现代教程和基本技能的课程，以及图书馆学和档案学研究生课程，提供专业化的教育和培训，向图书馆管理专业化方向发展[10]。

3.2 扩大行业间技能认证

图书馆馆员作为信息和知识管理方面的专业人员，其能力应得到相关行业主管机构的认证，其服务应得到市民的认可。意大利的有关法规也逐渐向欧盟的相关规定靠拢，目前，由第三方和其他类型协会完成的有关职业技能和职业修订的方案即将出台。通过与一些主要的协会（意大利全国社区协会、意大利省际联盟、地区会议等）和工会达成协议的方式，使在图书馆的工作经历、技能和业务能力的提高得到认可，保证人员流动时其基本能力和水平得到相互承认。另外，意大利全国社区协会和意大利省际联盟地区专门委员会起草了一个有关图书馆员基本技能的框架文件，并已得到伦巴第大区政府委员会的批准，它规定了图书馆员的基本专业技能。

在这一过程中，通过共享资源和专业化图书馆服务的模式，也确保了市镇一级的小型图书馆可以提供良好的服务，同时自身得到可持续和均衡的发展。这种合作也是民主公平的一个很好的体现，因为它使得居住在同一地区不同城市的公民都可以得到相同、平等条件的各种服务。

3.3 落实制度保证

依据2007年11月6日颁布的第206条部级法令，意大利图书馆协会向给司法部提交了申请，对全国未达到要求的专业协会成员的名单进行登记。这项部级法令的颁布要求意大利图书馆协会的成员馆都应该有具体的研究和专业目标，以及永久或长期规范的培训计划。通过了这份认证名单,就能证明它们达到了开展图书馆相关业务活动的要求。随着这项司法部法令的实施,意大利图书馆协会作为行业内专业资格认证权威部门的主导地位也得以明确。

4 资金支持

4.1 多渠道筹集

在过去的5年中,意大利中央政府为控制公共财政支出,不断削减给有关部委的拨款,在国立图书馆方面表现得尤为明显,预算已经从每年3000万欧元减到1700万欧元。公共图书馆经费状况受到了严重影响,有时已直接影响各地各类图书馆的主要活动,导致服务质量的下降,缺乏可持续发展动力,而这种状况在未来几年也不会有很大改观[11]。

资金是图书馆发展的基础,各地方机构图书馆应充分利用管理自主权,按一定市场规律,多方筹集经费并在一定范围内接受社会捐赠的资金,以确保其图书馆功能的充分发挥。首先要确保图书馆硬件和技术基础设施建设资金的连续性和充足,以及馆藏建设和人员发展的资金需求。

然而,在经费削减中受影响更大的是南方地区的图书馆,那里的图书馆服务主要受历史影响而发展滞后,缺乏制度和社会关注。这些地区应该得到比其他地区更多的投资和政策上的倾斜,以推动服务市民的图书馆网络的建设发展。当地图书馆要努力全面收集当代出版作品,不断更新、充实自己的馆藏,全面提升服务的水准,还必须要配备更现代化的技术手段和阅读设备,更多地提供在线数据库访问和在线信息服务,以适应时代的发展变化。

4.2 目标

在意大利,有些地方公共图书馆的服务还只是提供一个阅览空间,馆藏匮乏,读者往往带着自己的书去学习。在缺少资源和工作人员不足的情况下,会使图书馆服务的效果大打折扣,致使社会和公众认为投资建设新图书馆是对公共资金的浪费。图书馆要想有吸引力,就要不断更新充实馆藏文献,引入新技术和服务手段,同时要有良好舒适的阅览环境。一些基本的服务设施也是必不可少的,如酒吧、咖啡厅等,这些条件对于当今的图书馆来说也很重要。

要加强对图书馆投资改建和重修现有建筑物的规划。不管是在修复方面,还是在场所改建方面,资金使用上必须精心计划,管理上必须有章可循。馆舍规模的大小不仅要考虑到到馆用户的潜在数量,还要考虑到馆内人员数量的发展需要,计划要有前瞻性。服务时间要能满足社会需要,利用各种时机、方式和手段满足用户希望得到优质服务的各种需求,而不单纯做文献的保管者。

近年,意大利也在积极着手制定公共图书馆整体的投资发展计划,整个计划将涉及投资和维持正常开馆支出的需求,以及全国不同地区公共图书馆的服务发展、合作前景和功能要求。其中要求图书馆每年用于更新馆藏的经费应不低于人均1.50欧元,这是国际图联相关规定标准的一半,也是考虑到目前意大利全国大部分公共图书馆现状而制定的最低标准。

5 启示与思考

5.1 政府主导

促进公共图书馆均衡发展是政府的责任,也是图书馆事业发展的重要目标。新中国成立以来,我国建立了较为完备的公共图书馆体系和服务标准,各级政府也十分重视公共图书馆的发展与建设,从政策、资金等方面都有很大的支持和倾斜,最大限度地推动了公共图书馆均衡全面发展。

目前,我国公共图书馆资金来自国家或省市财政税收的支持,公共图书馆的发展与社会的整体发展还有不协调之处,主要表现为不能与经济发展速度相适应,有些时候经费数量在增加,但比例在降低;在一些边远和经济欠发达地区,人均经费和图书数量等方面还都远远低于国际图联的有关标准;对公共图书馆的经费支持缺乏机制和制度方面的保证,在人才培养、职业培训、服务内容方面有待不断提高和改善,这些不协调使一些公共图书馆难以持续有效地均衡发展。

5.2 全社会共同参与

从国外发达国家的情况看,公共图书馆经费主要来自各级政府财政,但同时各种基金会、社会团体以及私人资助也是重要的来源。要使经费来源更加多元化,调动全社会资源和财力办好公共图书馆。此外,要让更多人关注图书馆发展,这里不仅指捐款、捐书,还包括公共图书馆建设发展需要的各种设备等,同时要使发展成果能惠及更广大的社会群体,这方面国外一些好的经验和做法值得学习。

均衡发展着力要推动地区间、城乡间以及各类不同性质图书馆之间的均衡协调和资源的优化,全力构建公共图书馆发展综合评价体系,建立相关政策法规、标准和规范的制度,不断营造有利于图书馆发展的外部环境,提高社会支持力度和公众认知意识,图书馆也要不断提高自身的整体应变能力、竞争能力和可持续发展能力,使图书馆均衡发展成为全社会共同的关注和责任。

参考文献:

[1][4] 出版人·图书馆与阅读.回到"家中书房"——访意大利米兰市立图书馆[EB/OL].[2013-10-20]. http://www.gzlib.gov.cn/special_topic/detail.do? id=281107

[2] 李伟.意大利国立图书馆略说[J].北京图书馆馆刊,1997(3)

[3] 孟广均.欧洲图书馆事业[EB/OL].[2013-11-29].http://www.chinabaike.com/article/316/327/2007/2007022053942.html

[5][10] 蒋金和.意大利图书馆的现状与发展趋势[J].重庆图情研究,2010(3)

[6] Il primo Statuto dell'AIB[EB/OL].[2013-11-05].http://www.aib.it/aib/stor/statuto30.htm

[7][9] Rilanciare-le-biblioteche-pubbliche-italiane-documento-programmatico[EB/OL].[2013-10-28].http://www.aib.it/attivita/campagne/2012/12818-rilanciare-le-biblioteche-pubbliche-italiane-documento-programmatico

[8] Il Decreto Cultura è legge:ecco le novità per le biblioteche[EB/OL].[2013-12-13].http://www.aib.it/attivita/2013/38411-decreto-cultura-legge/

[11] Per le biblioteche e i bibliotecari del 21. Secolo[EB/OL].[2013-12-09].http://www.aib.it/attivita/campagne/biblioteche-bibliotecari-21-secolo/

全民阅读与国家图书馆

张学梅

阅读是随着文字的产生开始的人类活动。在漫长的人类社会发展中,阅读不仅改变了人们口口相传获取知识的方式,更使社会文明获得了传承发展的基础。可以说中华文明之所以能够得以传承,很大程度上缘于我们祖先喜欢读书并且热爱思考。中华民族有着重视学习的悠久历史。在古人看来,人的能力在小时并非有很大差距,而造成人生巨大差别的原因是所受教育的不同。“学所以益才也,砺所以致切也”“唯学问可以广明德慧也”,这是古代无数智者的经验之谈。

在信息化社会加速发展的今天,阅读已经成为人们调整知识结构,提高生存技能,应对挑战压力,实现人生目标的一个重要途径。在技术进步加速,经济力量加强的大背景下,“全民阅读”已上升为国家发展战略,它直接影响着国家文化与科技等软实力的竞争。我国几代领导人对全民读书学习一直高度重视。党的十八大报告提出了“开展全民阅读活动”的号召,习近平总书记一直倡导认真读书学习,弘扬民族传统文化,提高全民素质,拯救诚信危机,构建诚信体系。李克强总理把“全民阅读”连续两年写入《政府工作报告》,并明确表态“还会继续”。因此,研究如何推进全民阅读,提高中华民族的整体素质,是我们图书馆工作人员应该非常注重的问题。

1 当前全民阅读活动的特点

1.1 阅读内容丰富

市场经济的发展,使图书生产者形成了以市场和读者需求为中心的经营理念。从出版物品种看,中国582家出版社每年出版44万余种、总印数83亿册的图书和1万余种纸质报刊,致使我国图书出版品种、总印数居世界第一位[1]。从阅读内容看,政治性内容不断减少,取而代之的是文化、文学、经济、教育、体育和综合性等方面的内容。从表现形式看,图文书、书配碟、书配带以及基于手机客户端的电子视听读物等形式多样,方兴未艾。这种“读图”“听书”的视觉文化的盛行,不仅提高了人们阅读的兴趣,而且极大丰富了人们的阅读内容。

1.2 阅读方式多样化

当今,数字文献和互联网技术正以人们难以想象的速度发展,人们的阅读形式已经从阅读传统的纸质图书为主,向多媒体和互联网方向发展。CD、VCD、DVD、CD-ROM、MP3、MP4 等新型的音像和电子出版物正不断普及。新型的电子书不仅包括了传统图书的全部内容,其阅读、检索、编辑、下载、复制的种种便利化功能更是传统图书无法比拟。新技术的发展已经把人们带入了全新的阅读天地。

新型的电子书,电子阅读给图书馆带来阅读方式的转变,更带来阅读理念的变革。这种转变首先要求图书馆应革新服务需求观念,同时实现馆藏资源多样化和馆藏建设特色化,提倡传统和电子阅读并重,通过各种技术的发展和应用,提升大众阅读兴趣,营造图书馆的书香氛围,这样才能使图书馆事业获得新生。

1.3 阅读取向实用化

在当前社会竞争的巨大压力下,不仅是成年人,而且年轻人也越来越关注如何提高谋生技能并为自己减压;而在阅读活动中,普遍存在着功利化和消遣娱乐化的特征,人们往往只读取与自身工作、社会竞争,特别是专业考证之类有关的书籍。不仅造成阅读面窄,阅读的情趣与品味下降,而追求阅读轻松、愉快、解脱和满足的感性成分越来越多[2]。

1.4 图书馆使用意识淡薄,中国人的读书率相对低

有数据显示,我国国民人均纸质图书阅读量2014年为4.56本,较2013年的4.77本、2012年的6.7本呈下降趋势。远低于韩国的11本,美国的15本,法国的20本,日本的40本,奥地利43本,德国47本,俄罗斯的55本,以色列的64本。从纸质图书获取来源来看,我国读者"自费购买"比例高达70%以上;"向他人借阅"占比43%以上,"到图书馆借阅"却不足20%。在总体上,我国图书馆资源利用率不足50%,远远低于美国图书馆利用率230%以上[3]。

在美国十来岁的学生就会到图书馆查询资料,写小论文,从小就养成了利用图书馆进行学习、研究的习惯。比较而言我国公共图书馆利用率仅为50%,公共图书馆意识淡薄,利用图书馆能力较低的状况普遍存在,有的学生到中学毕业还没进过图书馆,甚至到了以自学为主的大学也还不会利用图书馆。

2 中国国家图书馆在全民阅读活动中的作用

图书馆是人类文明进步和社会发展的产物。随着公众阅读需求的不断提高,图书馆的职能也在发生着变化。图书馆以其舒适的阅览环境、丰富的馆藏资源和多样化、人性化的服务方式,为人们获取和更新知识提供了良好条件,成为人们精神生活的重要场所。现在的图书馆已经成为除学校之外,人们获取知识的最主要渠道。因为它是克服了学校教育的阶段性和时限性,可承担着社会教育的职能,在推动全民阅读活动中发挥着积极的作用。现以中国国家图书馆为例,看看图书馆与全民阅读的关系。

2.1 国家图书馆营造舒适的阅读环境

想要改变国人的阅读兴趣和习惯,吸引更多人来图书馆阅读,那么改变图书馆的阅读环境很重要。为此,国家图书馆为读者提供和创造和谐的色彩以便提升室内环境的品质。如阅览室的色彩是柔和舒适的,因为我们知道柔和、适度的光线会使读者达到最佳的阅览状态,有利于记忆和思维。另外适宜的温度、安静的环境和舒适的桌椅让读者坐在阅览室里看书感到舒适,有宾至如归的感觉。此外,国家图书馆对于残障人士,特别提供更为舒适的阅读和便利条件,有专门供残疾人通过的安全通道让他们感受到国家对残障人士的爱护和尊重[4]。

2.2 做好图书和文献宣传与推介

国家图书馆具有独特的文献资源优势，它收藏了几乎所有学科领域重要论著和最新研究成果，历来就被称为知识的海洋。但有些资源埋的很深，挖掘不够。如国际组织与外国政府出版物托存资料经几十年的积淀，馆藏量已超过70万册(件)，其文献类型多样，内容丰富。涵盖了金融、农业、环境等各个领域。这种资源虽然有很高的利用价值，然而往往是"藏在深闺人不知"很难被用户发现和阅读，急需宣传和推介。因而，对于国家图书馆来说如何加大图书宣传力度、做好为人找书和为书找人的工作显得十分迫切。

首先，做好新书的推介工作，以避免读者在选择图书时的盲目性，浪费读者大量宝贵的时间。由于文献老化的速度在加快，知识更新的周期在缩短，科研人员需要及时了解和跟踪其学科领域的最新动态和科研成果，为此，国家图书馆在网站上设置新书推介栏目，将近期上架的新书以书目的形式及时上网，读者在家就可浏览其中的书目，从中挑选到适合自己阅读的图书，到图书馆来阅读[5]。

其次，利用博客和微信等平台推介热点图书。随着网络和移动通信技术的迅猛发展，博客和微信等新的网络沟通与交流工具应运而生。它们是一种简洁性和即时性很强的网页，传播速度快，传播范围广，受到广大读者的普遍欢迎。国家图书馆在工作中曾经为一名著名的外国歌曲翻译家提供过服务。当时由于他身存疾患，行动不便，外文期刊阅览室的工作人员就为他查阅图书提供和创造了许多方便，甚至超出了图书馆工作人员的本职工作的范围。譬如代他借阅图书、联系住宿，甚至他在别家图书馆借阅的图书替他去还等等。所有这些，给他留下了难忘的记忆，为此我们外文期刊阅览室工作人员与他也结下了深厚的友谊，还欢迎他对国家图书馆工作提出建议。该翻译家个人微博拥有大量粉丝，由于他的影响力，宣传效果特别好。我们也因此认识到，图书馆借助博客和微信等平台，开展大量宣传活动，可以推动各项图书推介活动，更好地发挥图书馆为广大人民群众提供信息资源和个性化服务。

2.3 开展丰富多彩的学习与阅读活动

国家图书馆作为国家重要的文化设施、社会教育的重要窗口，多年来已成功举办一系列形式多样、内容丰富的公益性学术讲座和文化活动，深受社会各界的好评。如："文津讲坛""世界图书馆馆长论坛""中国典籍与文化""艺术家讲坛""教育家讲坛""科学家讲坛""企业家讲坛""文津读书沙龙""联合国与中国讲坛"等系列讲座在社会上反响很大。此外，国图面向公众推出了精选国图讲座视频资源，让更多的优秀文化为大众所共享，使国家图书馆成为传播先进文化、普及科学知识的没有围墙的学校。

设立于2004年的"国家图书馆文津图书奖"举办近十年来，每年都有上百家出版社及读者积极参与推荐优秀图书评选。"文津讲坛""书香中国""数字图书馆推广工程"及数字化触摸屏阅读体验等各类型活动都旨在推动全民阅读活动的有效开展。同时为提高精细化服务水平努力为弱势群体服务。2011年，"中国残疾人数字图书馆"网站在"世界读书日"正式开通。同时开通"盲人数字图书馆"提供信息无障碍服务包括电子图书、讲座、音乐等内容最大限度地满足残疾读者的阅读需求保障他们能够均等地享受到公共文化服务真正实现全民阅读[6]。

此外，国家图书馆还制定了各种阅读计划(例如亲子阅读计划、城市精神创建阅读计划等)，引导各个读书会的会员有选择的阅读。读书会还组织会员间的读书交流和讲座、作者见面会等多种形式的阅读活动，把阅读理念推广到家庭、单位、学校甚至是监狱等单位，在社会上形成一个倡导读书的氛围。

2.4 成立相关学术组织，拓宽服务渠道

国家图书馆和图书馆学会专门成立了“阅读推广委员会”，近几年相继以“阅读推广——图书馆服务的永恒主题”“携手共促，全民阅读”为主题，向全社会推广图书馆阅读服务。同时，“挖空心思”提升“全民阅读”服务水平：不断拓展服务渠道，不断创新服务形式。如国家图书馆推出的“中国国家数字图书馆推广工程”和“掌上国图”等[7]，都收到了各方的好评。

阅读是提高广大人民素质的有效途径，是弘扬中华民族优良读书传统，实现中华民族伟大复兴的必然要求，更是提高国家文化软实力，增强我国综合国力的重要内容。国家图书馆作为国家重要的文化服务设施，引领大众阅读，为大众提供终身学习的机会是其义不容辞的责任，也是当今社会的发展趋势。国家图书馆应充分发挥自身的资源优势，努力为读者营造一个良好的阅览环境，吸引更多的读者愿意到图书馆来读书。同时还要不断地创新服务，开展多种形式的图书推介和举办各种知识讲座等活动，满足社会各方面需求，让更多的人了解图书馆，走进图书馆，让人们充分享受阅读的乐趣，使他们在阅读中获取信息、学习知识，提高自身素质和生活技能，使图书馆真正成为读者大众获取知识的加油站，为建设和谐社会、学习型社会做出应有的贡献。

参考文献：

[1] 中国出版网. 2013 年新闻出版产业分析报告[EB/OL]. [2015 - 11 - 04]. http://www.chuban.cc/toutiao/201407/t20140710_157016.html

[2] 赫爱琴. 全民阅读存在的问题与对策研究[J]. 边疆经济与文化，2014(7)

[3] 人才网. 2015 年全国国民阅读调查报告[EB/OL]. [2015 - 11 - 04]. http://baogao.cnrencai.com/diaocha-baogao/11508.html

[4] 孙书玲. 图书馆阅览环境的人性化设计[J]. 中国科技信息，2006(23)

[5] 朱丹. 全民阅读现状分析与引导途径研究[J]. 图书馆学研究，2011(2)

[6] 孙婠，孟化. 从“国家图书馆文津图书奖”看图书馆推动大众阅读新方式[J]. 图书馆理论与实践，2014(4)

[7] 人民网—文化频道. 韩永进谈“互联网 +”时代图书馆阅读[EB/OL]. [2015 - 11 - 04]. http://culture.people.com.cn/n/2015/0420/c87423-26874177.html

重视家庭阅读

——对延续中华阅读传统的思考

李怡锐

自古以来，阅读是中华民族的优良传统。国学大师季羡林在《藏书与读书》中写道：“中国是世界上最喜藏书和读书的国家。”阅读是人生的重要使命。朱永新曾说过：“一个民族的精

神，一个民族未来的发展，在很大程度上取决于这个民族对阅读的热爱程度，因为一个人的精神发育史就是一个人的阅读史，一个人的气质和社会责任感，在很大程度上取决于这个人是不是能认真读书。不同的国家和不同的民族，其竞争力也取决于国民的阅读状态。"

进入20世纪以来，信息技术迅猛发展，各种外来文化逐渐渗入我们的生活，移动终端不知不觉改变了人们的阅读方式。《2015年全国国民阅读调查报告》数据显示："2014年我国国民人均纸质图书阅读量为4.56本，美国是7本左右，日本是8本左右。"相比之下，我们国家的阅读水平与发达国家尚存一定差距。家庭是传承中华阅读传统的基本单位，重视家庭阅读是延续中华阅读传统的根本途径。

1 家庭阅读概述

1.1 家庭阅读的含义

按照《新华词典》的释义，"阅"为看，"读"为看书，"阅读"的基本含义即为读书。根据阅读的基本含义，家庭阅读是以家庭为基本单位，家庭成员在家中读书的一种生活方式。实现家庭阅读需要三个基本要素，即阅读主体、阅读客体和阅读空间。家庭阅读主体是家庭成员，阅读客体是书籍。家庭阅读空间是家中用于读书的地方。此外，家庭阅读氛围、家庭阅读时间等因素是实现家庭阅读的必要条件。

1.2 重视家庭阅读的意义

家庭阅读的核心是阅读。阅读对人类具有重要意义。首先，阅读是人类探索未知，认知世界的重要途径。其次，阅读是一种文化现象，人们通过阅读的方式获取知识。第三，图书具有保存人类文化的作用，人类通过阅读创造文化，传承文明。第四，阅读是人生的重要组成部分。人们享受阅读带来的快乐。第五，阅读促进民族素质的提升。家庭是构成国家的基本单位，是培育国家栋梁的育苗基地。重视培养家庭成员的阅读兴趣是实现优质阅读，共建书香社会的根本途径。

2 我国家庭阅读的产生与发展

2.1 我国家庭阅读传统的形成

中国古代家庭形成了"耕读传家"与"诗书济世"的阅读传统。"耕读传家"是通过田间耕作与读书学习，使家业代代相传。"诗书济世"是通过饱读诗书，实现古人修身、齐家、治国、平天下的伟大志向。时至今日，探访古宅旧居或书香门第仍可见到内容相仿的匾额或楹联。

2.2 我国家庭阅读的变化

新技术的到来对传统家庭阅读方式产生了重大影响。数字时代的到来，使得纸张不再是唯一保存、传播信息的途径。广播、电视等媒体丰富了信息传播渠道。互联网技术的发展逐渐改变着人们的阅读习惯。

2.2.1 家庭藏书

家庭藏书是以家庭为单位，通过继承祖辈、购买、受赠、交换等多种途径获得且收藏在家中的书籍。古代家庭藏书以竹简、纸质书籍为主。古代家庭藏书内容以古籍经典为主,如四书五经。现代家庭藏书以纸质书籍为主,也包括以光盘、云网盘等方式存储的电子读物。现代家庭藏书种类较古代更为丰富,包括中外名著、儿童读物、生活实用书等。

2.2.2　家庭书房

书房,古代称书斋,是专门存放、储藏书籍的地方,也可用来书画的地方。中国古代的藏书家对书房的布置很讲究。书房里除了藏书以外,还有传统的文房四宝、琴棋书画,乃至花瓶、香炉等陈设。《书香集》中对此有细致描述。古代文人墨客极端注重自己的书斋文化,并赋予其种种名号,如刘禹锡的"陋室"、杜甫的"浣花草堂"、蒲松龄的"聊斋"等等。书斋的名号及布置反映了藏书人的人生际遇和处世风范。

现代家庭书房基本设施有书柜、书桌、座椅,有些书房亦会设有电脑。在一些没有书房的住宅,通常会将卧室的部分空间当成书房使用。对比古人的书斋,我们现代人的书房除了读书外,增加了办公、写作业等用途。现代家庭阅读的空间不再限于固定空间,人们通过移动终端阅读电子读物成为一种趋势。

2.2.3　家庭阅读氛围

书香氛围是指读书的气氛。家庭是否重视读书,是否有供家人读书的条件,家居庭院的装饰、布置是否有利于读书等都是阅读氛围的要素。对比以上要素,中国古代读书人的家庭阅读氛围更浓厚。现代人消遣方式多样化,使得家庭阅读时间减少。加之现代家居空间相对狭小等原因不利于形成浓厚的家庭阅读氛围。

2.2.4　家庭阅读主体

古代家庭重视家庭阅读,读书人是家庭阅读主体。中国古代读书人勤奋苦读的品质以及读起书来如痴如醉的境界令人俯首称叹。现代家庭阅读的物质条件相对优越,普通家庭就可以满足家庭成员基本的阅读需求,但现代人读书的境界能否达到古人那般值得商榷。

3　我国家庭阅读现状与分析

3.1　家庭藏书质量的问题

普通家庭藏书没有做过认真规划,藏书没有科学依据,随个人主观偏好而定,导致家庭藏书的类别失衡,仿佛人体摄入营养不均衡,出现营养不良。有些家庭藏书未考虑到后代的发展,不利于后代的健康成长。比如,儿童读物、青少年读物的缺藏或数量不足。由于家庭成员对藏书知识的缺乏,对不同版本的甄别能力不够,使得入藏的书籍并非最佳选择。网络化的环境吸引了大批读者,但是目前电子读物的质量参差不齐,监管方面不如纸质书籍严格,对于缺乏鉴别能力的青少年读者十分有害,而部分家长未足够重视这个问题。

3.2　家庭阅读时间的减少

现代家庭的物质生活相对富足,家庭休闲娱乐方式多样化,导致以休闲为主的家庭阅读时间减少。旅游、户外运动、看电视、上网……上班族的休闲娱乐方式丰富多样,在家中阅读书籍的空余时间因而减少。学生族除了在家温习功课、写作业以外,家庭阅读的时间被补习班、兴趣班等课余学习和其他休闲娱乐占用。此外,部分中国现代家庭没有足够重视亲子阅读,家长陪同孩子阅读时间不够。

3.3 家庭阅读空间的缩小

现代普通家庭没有充足、固定的阅读空间。普通家庭居住环境不够宽敞,没有独立书房,更不用说拥有书香庭院了。现代家庭的阅读空间要承担多种功能,包括学习、工作以及休闲阅读等。尽管家庭成员通过移动终端可在家中不同的空间进行阅读活动,但这样的阅读质量并不高。长时间使用电化阅读工具使人身体疲惫,影响家庭阅读质量。

3.4 家庭阅读氛围的淡化

家庭阅读时间的减少和家庭阅读空间的分散不利于形成浓厚的家庭阅读氛围。家庭成员对家庭阅读的重视程度不够,在闲暇时间选择了其他休闲娱乐方式,没有保证足够的阅读时间。一些家庭没有为家人提供良好的阅读条件,不重视营造家庭阅读氛围。分散的家庭阅读空间不利于培养家庭成员的阅读兴趣。阅读是专注程度很高的脑力活动,与浏览网页有很大区别。

4 延续中国家庭阅读传统的建议

4.1 丰富家庭藏书

4.1.1 按照推荐书目丰富家藏

珍惜祖辈留下的文化珍品,按照知名学者的推荐书目丰富家藏。按照学者的建议,家庭藏书大致包括中外经典著作、儿童读物、青少年读物和一些生活实用类书。作为中国人,不读中国经典是无法想象的。阅读经典的重要性,古代圣贤多有论述。中国经典大致分为八类:四书五经、前四史与《资治通鉴》、先秦诸子、其他子部书、唐宋诗文、其他诗文、古典小说和其他。按照推荐书目选择适合儿童年龄特点的绘本、童话作品等。青少年处在成长重要阶段,可为其选择通俗易懂的科普类读物和内容积极向上的励志类文学作品等。生活实用类书籍包括大众医疗类、教育类、生活常识类读物等。

4.1.2 保证一定规模的藏书数量

藏书人要注重家庭藏书的品质,即品味、质量,宁缺毋滥。有关学者主张普通家庭的藏书量达到500种左右比较适宜。按照知名学者的推荐书目选择图书,基本可以保障家庭藏书的品质。除了推荐书目所列书籍,由于藏书人的阅读偏好不同,家庭背景不同等原因,中国家庭藏书各有特点。此外,藏书人应注重图书版本知识的积累,学会挑选适合自家收藏的版本。推荐书目的书单不是一成不变的,家庭成员的阅读需求也不是固定不变的。因而,家庭藏书是一个动态过程。藏书人在一定时期内剔除一些过时书籍,并补藏相应数量的新书,使家庭藏书量趋于平衡。

4.2 保证家庭阅读时间

阅读是人生的一部分。家庭阅读不仅具有放松身心的调节功能。对现代上班族而言,家庭阅读是生活中不可或缺的组成部分。通过家庭阅读不仅可以休闲放松,也可进行人生充电。现代学生族除了在家学习,做功课外,利用课余时间阅读有益的课外读物是提高自身素养的良好途径。对学龄前儿童而言,父母有义务培养其阅读兴趣,启发他们对书籍的认知。家长应对亲子阅读足够重视,保证足够的时间陪同孩子阅读。

4.3 创建家庭阅读空间

现代人居住环境和古代不同,拥有独立书房、庭院可能不容易。如果没有独立书房,藏书人可以在家居装修时设计读书角或多功能阅读区。家庭书房的必备家具包括书柜或书架、写字台和椅子。如果在室内装饰中融入书香文化元素就更好了。由于时代变迁和大环境的影响,现代家庭普遍缺乏对中国古代书房的认知和体会。藏书人可以通过游览文化故居,参观历史博物馆,探访皇家园林等方式寻找建造书房的灵感。固定舒适的家庭阅读空间有助于家庭成员养成阅读习惯,保证阅读质量。

4.4 营造家庭书香氛围

书香氛围是一种传承、一种积淀、一种格调。"书香世家"刚好证明读书不是一辈子的事,祖辈对书的感情和投资对后辈有很好的启示。书香氛围是无形的。通过有形的字画、壁挂,访客可以略微领会藏书人对书的喜爱。对书香氛围更深刻的理解来自沟通。藏书人阅读时,通过介质上的文字跨时空与作者沟通。藏书人与家人交流,培养孩子的读书意识,探索阅读的真谛,发现阅读的美妙与力量。藏书人可通过多种方式丰富家庭藏书,将藏书视为一种生活乐趣。藏书人去文化重镇旅游,与书友交换书籍,到书店淘书等过程为生活增添了乐趣。

4.5 继承中国古代读书人的优秀品格

中国古人对书的真挚情感可歌可泣。读书人身上的珍贵品质值得每一位爱书人认真思考与继承。中国古代读书人热爱读书且阅读好书。好书是人类进步的阶梯。中国现代家庭应传承阅读好书的家风,注重培养后世子孙阅读好书的兴趣。中国古代读书人具有勤学苦读的高尚品格。现代家庭应注重对家庭成员阅读品格的培养。尽管现代社会物质条件优越,不需要我们凿壁偷光,但悬梁刺股的苦读精神不可遗忘。中国古代家庭藏书源于对书籍的珍视与热爱。中国现代家庭可引导家庭成员关注书籍,使其从阅读中寻找乐趣,从而更加热爱书籍。此外,中国古人良好的阅读方法值得我们认真学习。

参考文献:

[1] 季羡林. 季羡林读书[M]. 北京:中国社会出版社,2010

[2] 王余光. 让阅读成为我们生活的一部分[J]. 中国图书馆学报,2006(5)

[3] CN 人才网. 2015 年全国国民阅读调查报告[EB/OL]. [2015 - 12 - 23]. http://baogao.cnrencai.com/diaochabaogao/11508.html

[4] 王余光. 论阅读传统经典[J]. 北京大学学报,2001(1)

[5] 王玮. 试论家庭阅读的重建[J]. 图书情报知识,2004(5)

从有形障碍到无形障碍:残疾人阅读推广新挑战

——以法国残疾人阅读推广实践为例

杨 柳

法国残疾人扶助政策的发展是一个渐进的过程,从最初注重帮扶救助到后来逐步上升到社会团结与社会融合的高度。早在中世纪,宗教团体便开始了对残疾人及贫困人群的扶助。1790年,制宪议会首次将国家救助残疾人的义务作为一项原则确认下来。进入20世纪,随着社会、经济和政治的发展完善,法国涌现出了大量的残疾人联合会,同时对残疾人的帮助也从单一的救助逐渐转向了治疗、补偿、教育和就业多头并进的方式。

2005年颁布的《残疾人机会均等、参与和公民权法》为残疾人权利保护带来了根本性的变革:从今以后不再是残疾人自己去适应社会,而是整个社会改变环境来促进残疾人的融入。2002年7月,连任法国总统的雅克·希拉克宣布将残疾人融入社会作为其未来执政五年的"三个大方向"之一。2005年2月11日,《残疾人机会均等、参与和公民权法》通过并于次日颁布。该法律首次给出了残疾的法定定义,使得残疾人扶助工作在残疾人服务(在家中或者在机构中)、就学(所有的儿童均有权就近入读普通学校)、就业(雇员人数超过20人的用人单位招聘的残疾职工需占其职工总数的6%)、无障碍设施建设(10年内必须完成建筑物和交通设施的改造)等满足残疾人的期望和需求的方方面面都获得了巨大的进步。

虽然该法律中并没有明确提到"文化"或是"图书馆"本身,但是法律中提到的"公民生活"涵盖了接受文化活动的权利。同时,图书馆作为公共机构,也必须遵守法律中要求的残疾人雇员、无障碍设施建设等条款。因此,这部法律成为近十年来图书馆致力于推广残疾人阅读活动的法律保障。

2015年巴黎图书博览会特别设立一个名为"图书获取:数字化无障碍阅读"展台。文化与交流部联合12家政府机构及出版机构在此展示残疾人阅读技术方面的最新进展。这也从一个侧面反映出法国社会对残疾人阅读推广的关注。

1 法国残疾人阅读推广特点

经过长期的推动,法国残疾人阅读推广事业取得了巨大的发展,并呈现出鲜明的特征。

1.1 残疾人阅读推广体系完备

在残疾人阅读推广领域,图书馆不应该是一个孤立的个体。残疾人阅读推广仅靠图书馆的力量可以说是寸步难行。在2005年颁布的《残疾人机会均等、参与和公民权法》(下文简称《残疾人法》)的保障下,法国的残疾人阅读推广形成了一个非常完善的体系。各种残疾人联合会、受过正规培训的志愿者、医疗康复机构等都是图书馆可以争取和团结的力量。

1.1.1　文化与交流部

文化与交流部主要制定残疾人阅读推广相关的全国性行动计划,协调相关部门的工作,指导全国残疾人文化委员会的工作。全国残疾人文化委员会成立于2001年2月1日,是相关政府部门、各类残疾人联合协会和文化艺术界之间的对话和协调机构。文化与交流部下设的图书与阅读处主要协调不同群体的阅读发展政策。公共信息图书馆主要指导"阅读与残疾人"工作组,并和提供残疾人阅读服务的图书馆进行合作。另外该馆还肩负监督、信息传播、人员培训等责任。

1.1.2　省级残疾人之家

该法律规定创建省级残疾人之家(MDPH),向残疾人及其家人提供接待、宣传、帮扶、咨询等服务,同时也向广大公众宣传残疾人扶助政策。省级残疾人之家是各省内集中处理各项残疾人权利事宜的唯一窗口。对图书馆而言,省级残疾人之家是一个必不可少的合作伙伴,可以帮助图书馆将最新的信息传达给残疾人及其家庭。

1.1.3　残疾人协会

无论是地区还是国家级别都存在很多不同类型的残疾人协会。在法国,这些残疾人协会为残疾人提供保护和陪护,在后者的社会、职业和文化生活中发挥着巨大的作用。通过与残疾人协会合作,图书馆能够更加充分的了解残疾人的真实需求。

1.1.4　专门的残疾人扶助机构

其中包括专门的卫生医疗机构、收容中心、面向儿童和成人的教育和培训机构、残疾人就业保护机构等。图书馆主要和社工、辅助医疗以及教育人员进行合作。

上述各类机构,权责划分明确清晰,既承担宏观层面的政策制定、组织协调等责任,又有微观层面的需求收集、监督培训、信息传播等工作,最后再加上提供阅读服务的主体——图书馆,涵盖了残疾人阅读推广各个层面的工作。在整个体系的协同作战中,残疾人阅读推广才得以广泛开展。

1.2　通过对残疾人群体的细分提供个性化服务

"残疾人"在我们的社会中并不是一个僵化的群体。"残疾"这个概念下包含了很多不同性质不同程度的缺陷。因此,残疾人的期望和需求也有很大的差异。图书馆必须满足这些不同需求来保障残疾人能够公平地获取信息和知识。因此对残疾人读者进行细分是必不可少的工作。

1.2.1　对残疾人群体进行细分

2005年颁布的《残疾人法》中不仅给"残疾人"做出了明确的定义,还根据不同性质将残疾人细分为以下几种:

视力残疾:除了不同程度的弱视和失明外,视力残疾还包括视觉敏锐度下降、色盲、畏光、老年人出现的黄斑变性等。

听力残疾:听力残疾包括多为天生的严重失聪以及中等或轻微听力障碍。失聪儿童在学习口语方面有很大障碍,继而会影响到书面语言的学习,因此这一群体在知识的学习方面处于落后位置。大约有80%先天失聪的人群是文盲,仅仅有5%严重失聪人群接收过高等教育。

智力残疾:智力残疾是指智力因各种原因受到持久的不可逆的损伤。智力残疾表现为程度或轻或重的思考、概念化、交流和做出决定的困难。患有此种残疾的人无法集中注意力、信息记忆及重要性评估、时间感知、空间定位,周边及大环境的认知、交流习惯等方面均有不同程度的困难。

心理残疾:心理残疾是指残疾人心理(神经官能症、精神病等)或生理原因导致的障碍从而不同程度影响到对自己智力、情感及心理行为的限制。这类人的智力和认知能力并未受损。这类疾病可以治疗,病人可能痊愈,也可能一直处于混乱状态。

行动受限:行动受限是指身体或者身体的一部分丧失行动能力,包括:移动、姿势、交流、外部世界的感知和饮食等。行动受限可能对整体或者部分活动产生或轻或重的影响。

除以上几种传统意义上的残疾外,法律中还提到了一种"看不见的残疾",指某个或某几个身体机能衰退。最常见的有行动能力、视力、听力、语言能力以及整体机能的衰退。主要涉及老人、怀孕妇女、康复期病人、病人(心脏病,糖尿病和其他罕见病)以及脑部病变的人。这一类可以说是对传统意义上的残疾的延伸,尤其是在目前人口老龄化日益加剧的情况下,这种延伸显然有积极的意义。

1.2.2 在细分的基础上提供更具个性化和人性化的服务

在对残疾人群体进行细化的基础上,图书馆可以根据自身条件(空间、人员配备、经费等)发展出独具特色的残疾人服务。

以格勒诺布尔市图书馆网络为例,该网络由 14 家市立图书馆和 9 家专业性图书馆组成。该网络内的所有图书馆均设有无障碍设施,方便残疾人出入。同时,不同的图书馆提供不同类型的残疾人阅读服务,除了常规的大号字体图书、布莱叶盲文图书、有声讲解电影、可放大字体的电子书刊、有声读物等,该网络还提供上门阅读和上门借阅两项特色服务。

上门阅读服务由图书馆组织志愿者进行,服务对象主要是 60 岁以上无法自主阅读的老人。阅读时使用的书籍可以是个人所有,也可以是从整个格勒诺布尔市图书馆网络中所借的。参与该项活动的志愿者将接受由图书馆提供的书籍选择及阅读技巧方面的培训。

上门借阅服务的对象是暂时或永久丧失行动能力的读者。他们一次最多可以借阅 20 册文献。图书馆员会和读者面谈以确定读者的阅读兴趣和阅读需求,之后图书馆员选择图书、期刊、音乐 CD 或者有声读物 CD 并将其带到读者家中。

1.3 雇佣有能力的残疾人在图书馆从事力所能及的工作

2005 年颁布的法律中将 6% 的就业机会留给残疾人。在国家公共机构领域,每一个部门、公共行政机构、文化机构等都必须遵守这项要求。在图书馆雇佣能够胜任的残疾人工作人员是推广残疾人阅读,促进残疾人融入社会的一个非常有效的手段。

残疾人工作人员一方面需要参与图书馆的改造——如何将图书馆的环境改造成适应残疾人需求和能力,另一方面还必须熟悉所有残疾人阅读者可能用到的技术设备,同时,他们也需要具有和普通图书馆员一样的专业技能。雇佣残疾人工作人员需要图书馆的专门培训以及对岗位设置做出重大调整。

以瓦伦丁—阿羽衣协会图书馆为例,该馆有三分之二的员工存在视力缺陷。因此图书馆建立初期在引导标识、管理系统等方面精心设计,投入了大量财力和物力。但是这些特殊设施在图书馆开放后迎接残疾人读者时发挥了巨大的作用,尤其是各种隔音设施、墙壁和家具的圆角设计等。整个图书馆的物理设计和运行模式最初就已经将残疾人的需求融入其中。

2 法国残疾人阅读推广中面临的困境

2015 年是 2005 年《残疾人法》颁布十周年，同时也是法律中要求的公共设施无障碍改造的最后期限。借此机会法国的图书馆界也对过去十年残疾人阅读推广活动进行了深入的总结与反思。在肯定了各方面所取得进步的同时，很多图书馆都反映出一个共同的问题：虽然图书馆在硬件设施、专业设备以及特殊馆藏等方面做出了很多工作，但是效果却并不尽如人意。

普遍反映的一个问题是图书馆联合各种社会力量做了大量工作，但是到馆的残疾人读者数量仍然十分有限。虽然图书馆组织过多次推广活动，为残疾人读者提供适用的专业设备并不一定能提高他们来图书馆的积极性。

3 对我国残疾人阅读推广的启示

推广残疾人阅读服务意义深远，目前这一点在我国的图书馆界也已形成共识。自中国图书馆学会《图书馆服务宣言(2008)》发布以来，越来越多的图书馆重视残疾人阅读推广，并加入到致力于残疾人阅读推广的队伍中来，进行了内容丰富，形式多样的残疾人阅读推广活动，在社会上引起了巨大的反响。同时在绝大多数经济发达地区，无障碍设施逐渐成为公共场所的“标配”，这也为残疾人阅读推广创造了便利条件。

但是目前我国的残疾人阅读推广仍存在很多问题。如社会层面重视程度不够、缺乏专业的推广人员、读者群体非常局限、收效非常有限等。

残疾人阅读推广，怎样在已有的基础上做得更加深入，更加专业？如何才能真正提高残疾人读者群体对图书馆的“忠诚度”？这是一个值得图书馆届深思的问题。从法国的情况来看，一方面从图书馆的硬件条件来看，截止到 2015 年，2005 年法律规定的十年之内所有公共场所完成无障碍改造，这个十年之期已经到来，相信绝大多数图书馆也已经按照法律规定完成了改造——残疾人停车处、无障碍通道、经过重新设计的引导标识，重新组织的空间布局、重新改造的走廊和家具等，另一方面不断优化发展的扶助阅读设备、不断丰富的适应不同残疾人群需求的馆藏，那么下一步残疾人阅读推广应该从哪里着手呢？完善的硬件条件为什么没能让残疾人群像普通人群一样光顾图书馆呢？从硬件到软件，从跨越有形障碍到跨越无形障碍，这中间还有很长的路要走。

首先，图书馆物理格局和硬件设施的调整与改造，是否真正考虑到残疾人群体的实际需求，或者只是从普通人的视角出发，想当然地进行所谓的调整，甚至只是敷衍了事？

其次，图书馆工作人员，尤其是一线工作人员是否对残疾人读者一视同仁，不恐惧、不歧视、不冷落也不过分热情，让到馆的残疾人读者感到自然放松？

再次，残疾人读者从居住地到图书馆，期间会经历包括公共交通在内的多个场所的转换，图书馆以外的环境和人群是否对残疾人友好？这也是影响残疾人参与公共文化活动的一个非常重要的因素。

而这些都是看不见摸不着的“隐性因素”。相比较于设施、馆藏这些看得见摸得着的东西，隐形因素毫无疑问是更为重要的，也更考验图书馆乃至整个社会对残疾人的接纳程度，需要整个图书馆行业付出更多的努力。

首先整个社会需要长期的普及、动员和宣传，消除对残疾人的歧视、偏见和恐惧，提高整个社会的文明程度和包容力。这一过程可能需要数十年，甚至更长的时间，但这是残疾人阅读推广以及促进残疾人融入社会的基础。只有实现了整个社会对残疾人态度的转变，公共文化生活才能成为残疾人生活的有机组成部分。

其次，提高残疾人在图书馆硬件设施改造调整中的话语权。残疾人群体最了解自身的需求，已有图书馆进行无障碍改建时完全可以和残疾人协会接触，听取专业的意见；新建的图书馆更应该从设计环节就将残疾人读者群体的需求融入其中，当然这也对设计和施工单位提出了更高的要求。

最后，图书馆需要对工作人员进行专业培训，内容包括不同类型的残疾人交流时的音量、语调、语气、交流的技巧和策略、基础的心理学知识、基本的盲文、手语知识等。有条件的社区图书馆可以尝试雇佣全职、兼职的残疾人工作人员，一方面他们能够对图书馆的硬件设施改造提出中肯意见，其他员工也可以通过日常交往更加习惯和残疾人读者的交流，另一方面对残疾人就业也有很大的促进作用。

图书馆是残疾人阅读推广工作的主要承担者，但是残疾人阅读推广绝不只是图书馆一个行业的工作。从国家到地方，从专业机构到业余协会，社会的每一个分子都可以贡献自己的力量。最大限度地调动一切可以利用的力量，形成一股合力，才能逐渐攻克残疾人阅读推广过程中遇到的种种难题，为残疾人广泛参与文化生活创造最佳条件，帮助残疾人提高自身素质和生活技能，平等共享全社会的精神文化成果，从而更好地融入社会。

参考文献：

[1] Touzan, Stéphanie. Les usagers déficients intellectuels en bibliothèque[EB/OL]. [2015-06-05]. http://bbf.enssib.fr/consulter/bbf-2009-05-0049-011

[2] éboli, Gilles. De l'accès: la bibliothèque, lieu de l'accessibilité ? [EB/OL]. [2015-06-05]. http://bbf.enssib.fr/consulter/bbf-2009-05-0006-001

[3] Bonello, Claire. Accessibilité et handicap en bibliothèque[EB/OL]. [2015-06-05]. http://bbf.enssib.fr/consulter/bbf-2009-05-0034-006

[4] Muzumdar, Girish. Pour l'autonomie des personnes handicapées mentales[EB/OL]. [2015-06-05]. http://bbf.enssib.fr/consulter/bbf-2009-05-0053-012

[5] 陈俭峰. 残疾人阅读推广现状、问题及对策[J]. 国家图书馆学刊,2012(6)

[6] 朱莺. 图书馆残疾人阅读推广模式研究[J]. 图书馆研究,2014(4)

[7] 孙卫红. 公共图书馆对残疾人服务实践探析——以宁夏图书馆为例[J]. 图书馆理论与实践,2014(12)

[8] 王菁菁. 关注残疾读者开创特色服务——南京图书馆残疾人服务的探索与思考[J]. 河南图书馆学刊,2013(5)

[9] 马晓丽. 图书馆面向残疾人阅读推广的方法研究[J]. 科技情报开发与经济,2014(17)

联合国网络资源传播在读者服务中的探索与实践

李跃进

1 国家图书馆收藏联合国资料的历史与变迁

联合国是处理全球重大问题的政府间国际组织，自创立之日起，为宣传其宗旨、目标与任务，联合国用多种语言出版了不计其数的文件、报告和书籍，并通过 1946 年以来编织的联合国托存图书馆网络向世界 140 多个国家的 400 多所图书馆分发联合国资料，供用户免费使用。国家图书馆自 1947 年 4 月被指定为联合国文献托存图书馆以来，已累计入藏联合国文件 25 万余件，联合国系统书刊 8 万余种，是国内联合国资料收藏历史最悠久，藏品最丰富的图书馆，这些珍贵资料为广大用户在学习和研究方面提供了巨大的信息支持。

2 联合国网络资源对图书馆的冲击

根据业务统计，1962 年至 2012 年的五十年里，国图年均收到联合国赠书 259 种，其中英文 232 种，中文 27 种。1995 年 6 月联合国将它的网址（www. un. org）放到了互联网上，最初互联网对图书馆的影响并不明显，图书馆几乎是用户查阅联合国资料的唯一来源，但 2000 年之后随着网络出版量的迅速上升，国图收到的赠书逐年萎缩，2012 年英文版受赠图书已不足百册。根据联合国出版计划，国图收到的赠书已跌破出版量的三分之一。更为严峻的是自 2012 年以来，从纽约向各托存图书馆分发印本联合国出版物的工作几乎完全终止，目前在供图书馆订阅的载有当前所有联合国出版物的电子文集尚未推出以前，国图仅能收到总部以外的少量纸质出版物。数字环境下，联合国高度重视以电子形式出版并在网络中传播联合国资料，文件的网上开放获取和众多公益型数据库的推出标志着联合国已进入电子化时代。目前虽仍采取网络出版与传统纸上出版并行的方式，但根据规划，到 2015 年联合国网络出版将超过传统出版，图书馆将受到更大的冲击。

3 数字环境下图书馆向用户传播联合国资料和相关知识的实践

3.1 数字环境下用户需求的变化

资料的性质决定着读者的范围，环境的变化决定着用户需求的变化。由于联合国资料主要涉及和平与安全、经济和社会事务、发展合作、人道主义事务，以及生产、贸易、投资、环境、法律、航空、气象、海事、电信、刑事司法等专业领域，其读者大多属于研究型读者，按查询内容可分为热点追踪型、任务驱动型、政策导向型、发明创造型和应用研究型。他们中多数人任务明确，目的性强，在来图书馆前通常已上网或就近做过资料调研，已获取了部分资料或资料线索，来图书馆或是查找原文,或是进一步了解所需资料线索。他们既看重有价值的印本资料,也不放过任何有用的数字资源,因此,在需求方面他们兼有传统用户与网络用户的双重特点,具体表现如下:

(1)信息需求从单一化到社会化

数字环境下研究人员获取信息的方式已从图书馆扩展到网络,专业文献开放获取网站,专业论坛,同行的微博等新途径。

(2)信息需求的多元化,个性化

数字环境下,信息用户迫切需要信息服务机构能够针对他们所承担的具体业务.提供内容全面、类型完整、形式多样、来源广泛的信息保障,满足他们多元化和个性化的信息需求。

(3)信息需求的集成化

在网络环境下,用户对信息检索的集成化和便捷性提出了较高的要求,希望信息服务机构结合基于互联网的信息收集和数据分析挖掘技术,提供一个统一的实时高效、精准权威且操作简单的搜索系统;希望按照学科门类将学科信息、学术资源集中在一起,以实现资源的规范搜集、分类、组织和有序化整理,并能对信息进行多用途内容揭示,使用户通过一个节点进入系统后,能在统一的界面中方便快捷地检索到所需的各种相关信息。

(4)注重对精品信息的需求

面对海量的网络资源,信息用户更希望获得针对性更强,专指度更高的信息,或经综合、分析和评述再度呈现的信息加工产品,如各种述评、进展报告、动态综述等。

(5)网络用户对信息工作人员的要求更高

由于信息用户在获取网络信息时存在时间成本问题,因此,他们希望信息服务人员具有较高的网络操作技能,能够熟练掌握各种数据库的使用方法和网络检索技巧,能在短时间内帮他们找到有用信息,或提供有价值的检索路径。

3.2 数字环境下图书馆推广联合国资料的实践

针对用户在数字环境下的需求变化,图书馆在通过互联网推广联合国资料方面进行了一些新的尝试。

3.2.1 提供适宜阅读的软硬件条件

在宽大,安静,整齐,舒适的阅览室为用户提供可上网的计算机和无线上网便利;不但提供公共目录的网络检索,而且提供各机构出版的纸本目录;实行大面积开架阅览,方便用户在书架间浏览选择。

3.2.2 加强一线人员的基础业务知识和基本业务技能培训

要求一线人员对收藏文献的组织机构和出版范围有概括性了解,并熟练掌握各种检索途径和方法,尤其是各种网络数据库的检索方法,能够高效准确地指导读者在短时间内获取所需信息。

3.2.3 搭建网络资源整合服务平台

面对数字环境下印本文献出版量下降,网络资源大规模增加的现状,为整合各种资源,提高用户的利用率,经过两年多对联合国等国际组织文献进行全面、系统的调研和分析,国图于2012年6月正式推出了国际组织与外国政府出版物网络资源整合服务平台(http://www.nlc.gov.cn/gjzzywgzfcbw/),平台整合了联合国实体与网络资源,集资源导航与检索、用户交互于一体。该平台旨在揭示重要国际组织与外国政府网络资源,建立特色资源导航;推广我馆特色馆藏资源,充分实现文献的利用价值;适应现代信息技术发展,为读者提供一站式信息服务。平台设立如下栏目:

①“国际机构”栏目介绍平台所涵盖国际组织与外国政府的基本信息。

“资源库”是平台的核心栏目,整合了“国际机构”栏目列出的所有机构所提供的各类型资源,包括实体文献和电子资源,有助于读者了解该领域内的所有可用资源,并根据载体类型从不同的渠道获取信息,同时提供资源检索功能;此外,特别对数据库这一重要的网络信息资源进行了单独整合,以便用户能够更好地利用该类资源。

“特色阅览室”栏目介绍国家图书馆国际组织与外国政府出版物阅览室的概况及发展史,对各机构的旗舰型出版物以及研究范围广、读者利用率高的经典出版物进行了推介,还将定期为读者提供新书目录,并对其中研究价值较高的图书重点推荐。

②“托存图书馆”栏目主要介绍出版物托存制度及其在我国的发展现状。

③“OPAC 检索”栏目可直接链接到我馆 OPAC 系统查询文献资源。

④“读者服务”栏目包括动态信息发布,提供与馆员进行互动的留言板。

3.2.4 结合咨询案例,归纳通过互联网利用联合国文献的方法和技巧

(1)文件

联合国文件浩如烟海,从形式上看有报告,研究报告,会议记录,政府来函等,内容涉及各种引人关注的重要议题,如裁军、环境、人权、国际法、维持和平等。国图的参考咨询馆员为更好地向用户提供这些文件,根据多年整理联合国文件,为读者提供咨询的经历,归纳了八种研究中通过互联网利用文件的方法和技巧,并形成文字,逐一进行详解,成果将发布到互联网上,这八种研究工具为:

①《今日联合国》(The United Nations Today) http://www.unic.org.ar/mat-didactico/UN_TODAY_BOOK.pdf

②《联合国年鉴》(Yearbook of the United Nations) http://unyearbook.un.org/

③《会议记录索引》(Index to Proceedings) http://www.un.org/depts/dhl/deplib/docs/ITP/list.htm

④联合国文件系列文号,1946—1996(United Nations Document Series Symbols,1946—1996) http://daccess-dds-ny.un.org/doc/UNDOC/GEN/N97/362/77/PDF/N9736277.pdf? OpenElement

⑤联合国文献:研究指南 http://www.un.org/Depts/dhl/dhlchi/resguidc/

⑥联合国正式文件系统(ODS) http://documents.un.org/welcome.asp? language = C

⑦书目信息系统网络版(UNBISnet) http://unbisnet.un.org/indexc.htm

⑧联合国资料文号数据库(UN-I-QUE)(英文版) http://lib-unique.un.org/lib/unique.nsf

(2)图书

由于图书涉及出版机构多,内容杂,读者需求各异,因此,在揭示这部分资料时,宜发挥咨询人员的主观能动性,在开展辅导性咨询和专题咨询的同时,对室藏专题文献逐一进行揭示,列出裁军、环境、能源、人权、国际法、维和、外层空间、重大国际会议和特别会议、世界经济、统计等专题的相关参考资料,归纳总结各机构的热点文献,提供每月重点新书介绍,并公布在国际组织与外国政府出版物网络资源整合服务平台上。

以参考咨询馆员为用户归纳的统计类专题文献为例,专题列了 17 大类,140 余种连续性

出版物,包括:综合性统计、发展指标、行业统计、能源、环境、发展援助、国民核算、贸易、金融、外国直接投资、研究与开发、人口、社会、卫生、教育、就业、军事等,凡网络版资料都给出了相应的链接。

(3)热点网络资源导航

一方面丰富的网络资源扩展了用户对信息的选择途径,突破了地域和时间的限制,使信息的获取更加便捷;另一方面网络信息的冗长与庞杂,对检索技巧与方法的高度依赖,又制约着用户对有效信息的获取。因此,信息工作者,特别是图书馆员在网络资源的开发与利用中可发挥专业技术优势,将无序的网络信息进行有序的归整,为用户提供与联合国等国际组织和外国政府出版物相关的专业导航,开发特色数据库,对搜索难度大,且利用率高的网络数据库检索方法和操作范例进行汉化,公布在馆网上,方便用户对相关信息的查找。为使平台上的网络资源得到及时更新,咨询人员应随时关注联合国系统及相关国际组织的网络信息,将发现的有潜在利用价值的数据库,网站,文献,例如裁军条约数据库,联合国条约机构数据库,联合国宪章机构数据库,世界创新产品贸易数据库,人类发展报告数据库等汇集起来,作为热点网络资源导航添加到平台上。

4 结语

数字环境下,联合国出版发行机构已将重点从印刷材料转向数字资源,并开始向本组织的利益攸关方和一般公众提供以数字形式制作的联合国信息。在此背景下,作为肩负着收集,组织和传播联合国知识与信息使命的托存图书馆,在为公众提供联合国资料和研究服务方面还应做出相应的调整。

首先,应利用联合国总部图书馆的电子培训资源与讲义,主动学习联合国文件、出版物、数据库和网站的检索与使用方法,建立起一支掌握有关联合国知识和专门技能的图书馆馆员队伍,凭借在业务实践中不断总结、积累的经验和技巧,利用实体资源和虚拟资源主动提供各种类型的参考咨询和阅读指导;与重点用户和科研院所建立点对点联系,确保联合国的关键资料能够更加迅速地送到最需要和最重视这些资料的人手中;向专业团体和广大公众提供资料和研究服务,协助他们开展工作;直接参与各国际组织、研究机构的相关科研项目,与他们分享图书馆员对联合国等国际组织网络资源的研究成果;加强与网络资源发布机构的联系与合作,进行知识发现。

其次,制作不同载体的联合国资源使用指南,在网络平台上发布,并在阅览室供用户免费索取;筹办联合国等国际组织专题文献展览,并通过会议,简报,出版物以及开展联合国纪念活动宣传等方式加强公众对联合国作用、工作和关切问题的了解,从而融入支持联合国,参与联合国的工作中;利用互联网和新媒体平台带来的机会,包括利用社交网站和移动设备传播联合国文献和知识;订阅联合国即将推出的电子文献集,并通过国际组织网络资源整合服务平台向公众传播;持续追踪国际组织网络资源,定期将新的数据库和重要书目信息添加到平台资源库中;与联合国总部图书馆咨询团队建立密切的业务联系,利用其建立的“ASK DAG”咨询平台,随时就联合国网络资源传播和读者服务与咨询中遇到的难题进行沟通;在鼓励实体阅读和电子阅读的同时,考虑在阅览室增加可上网的计算机。

最后,制定网络资源长期保存策略,建立健全与网络资源发布方的沟通渠道,积极洽谈非商业性利用有版权限制文献的可能性,如对于有长期保存价值的联合国网络资源,寻求相应授权,做本地镜像处理,并纳入馆藏目录等。新的探索将有助于把国家图书馆的实体资源和联合国的虚拟资源整合到一起,并留给子孙后代。

参考文献:

[1] 联合国主页[EB/OL].[2015-07-10]. http://www.un.org

[2] 国际组织与外国政府出版物网络资源整合服务平台[EB/OL].[2015-06-10]. http://www.nlc.gov.cn/gjzzywgzfcbw/

[3] 陈越. 论网络环境下图书馆信息服务的新模式[J]. 图书馆工作与研究,2003(1)

[4] 李跃进. 国家图书馆的特色馆藏——联合国出版物考略[J]. 中小学图书情报世界,2010(5)

[5] 雷亮. 国际组织网络资源开发利用中的问题与对策[J]. 图书情报知识,2011(3)

波兰汉学家卜弥格相关文献馆藏纪略

李　晶

"中国文化西传的使者——波兰传教士卜弥格生平成就展"于2015年6月15日至7月5日在北京外国语大学图书馆展出。2014年是波兰与新中国建交65周年,广州、澳门等地已先后举办卜弥格(Michal Boym,1612—1659)主题的展览;北京这次展览,是内容最为丰富,也最偏重学术研究成果的一个,不仅展示了卜弥格及其同时代学人的著述,还重点展陈了当代国内外学人对卜弥格的研究文献,资料较多。

此展览位于北外图书馆一层西侧,以画架形式展出了多幅卜弥格手绘中国地图,旁边大展厅以中、英、波三语对照形式制作了多幅展板,逐一介绍卜弥格对中国的语言文字、地理环境、动植物和中医药等内容的译介,以及他对南明政治的深度参与,尤其是作为特使出访罗马,促成"中国古代王朝和西方首次进行的正式外交活动"。展览正是从明末清初传教士东来的历史背景开始的。笔者观展之余,对这位早期汉学家的相关文献做出一些梳理,核查国图馆藏,概述如下。

1　卜弥格其人其作及国图馆藏

十六世纪中叶始,天主教传教士来华,开启近代欧洲与中国的接触与对话。意大利汉学家、"沟通中西第一人"利玛窦与徐光启等中国士大夫来往密切,逐渐推动了"西学东渐"与"中学西传"。传教士译介经典,介绍中国,促成十八世纪席卷欧洲的"中国热"。北外这次卜弥格主题展览即以其"生平""在华活动""出使欧洲及在欧活动""返华与逝世"等板块,介绍了这位早期传教士自1644年抵达澳门,后经葡萄牙传教士曾德昭推荐进入南明永历朝廷,并于1650年出使欧洲,希望能为南明王朝争取到罗马教廷支持的传奇事迹,以及他对中国语言文字、地理地貌、中医药等文化内容的译介。

据史料介绍，卜弥格几经艰险，到达罗马教廷，却未能完成使命，但他对南明的忠诚并未动摇。他冲破教廷阻挠，坚持返回南明，不幸于1659年返华途中病逝于广西边境。政治立场的坚持与弘扬宗教的热忱，或许是支持卜弥格矢志不渝的重要因素；然而，当今学术界钦佩他的弘毅精神之余，更关注的还是他对中国文化的了解与传播。据展览文献介绍，卜弥格的汉学成就主要包括几个方面：绘制了精美准确的《中国地图册》，推动中国地理知识西传；发表了欧洲第一部论述远东和东南亚大自然的《中国植物志》；最早向欧洲介绍中国的中医和中药；全文复制并翻译《大秦景教流行中国碑》。

卜弥格绘制的《中国地图册》包含十五张中国行省图，还有中国全图、海南岛、辽东地图各一张，并从十个方面对中国进行介绍。他根据亲身考察，修正了《马可波罗游记》中的诸多地名，明确界定了中国的地理学范畴，推进了西方对中国的地理认识。这一地图于1792年为梵蒂冈图书馆收藏，并未出版；卜弥格生前唯一正式出版的著作也是他的代表作：《中国植物志》(Flora Sinensis)，1656年出版于维也纳。

虽然名为“植物志”，此书中也有动物的内容。书中介绍了椰子、槟榔、番木瓜、胡椒、桂皮树、海马、野鸡等三十余种生长在中国热带地区的动植物的特性与产地，附27张彩图，均标有中文名称及注音。展板介绍说：它是西方对中国植物认知的第一步，书中对中国植物(和动物)的介绍和插图是欧洲百余年间关于中国动植物的唯一资料。

展览还介绍了卜弥格对《黄帝内经》、中医药的译介，以及他在中国语言文字西传方面的贡献，后者主要体现于他对“大秦景教碑”的翻译与传播。谈到卜弥格对景教碑的译介，又要从与德国传教士基歇尔(Athanasius Kircher，1602—1680)的交往说起。基歇尔于1667年出版《中国图说》(*China iIlustrata*)一书，其中详细介绍了卜弥格的汉学成就，书中公布了他关于大秦景教碑的一封信，尤其是完整刊出了卜弥格对景教碑碑文的注音和逐字解释。据展板介绍，《中国图说》中的信息为西方首次全文展示此碑的中文内容：这是在十七世纪欧洲出版物中首次发表这样长的中文文献，碑文中的汉字和注音对当时欧洲人对中文的了解和认识产生了长期的影响……这可能是在欧洲公开发表的第一部关于中文的字典，也是最早在欧洲发表的一部中文和拉丁文对照注音和释义的词典雏形。

《中国图说》一书出版后，对于欧洲早期汉学的发展形成了长远的影响。该书的另一大意义在于，使早期来华耶稣会士关于中国风土人情的研究突破了宗教与知识界的领域，将中国文化的传播引入大众读者的范畴。

卜弥格本人的专著《中国植物志》，国图并无馆藏，这是一个遗憾①；但基歇尔所著《中国图说》一书，国图的馆藏还是比较丰富的。古籍馆藏有1667年的拉丁文原版②(China Monuments)，馆藏信息标注有“古籍(ancient book)”字样；此外，还有1670年出版的法文版两种，一

① 笔者查询到有国外书商可提供此书的影印出版服务，详见此网址：http://www. facsimilefinder. com/facsimiles/flora-sinensis-facsimile。若能订购一册，可填补早期海外中国学文献馆藏之不足。

② 此书馆藏记录的简明标题为中国纪念碑，拉丁文全称应为：Athanasii Kircheriêirc。JESU 中国 monumentis：QUA sacris QUA profanis，NEC 非 variis naturae 和阿蒂斯 spectaculis，aliarumque rerum memorabilium argumentis illustrata auspiciis Leopoldi 普米族，罗马。Imper。森佩尔 Augusti，munificentissimi mecaenat。详见波士顿大学珍稀图书介绍网页：HTTP://ricci. bc. edu/books/china-illustrata

种为根据伦敦大学亚非学院图书馆所藏的中国学藏书遴选出版的实体书，题名 China Monumentis，另一种为根据此实体书制作的缩微文献；另有一种是 1979 年加德满都出版的一版，题名 China Illustrata，系根据 1667 年拉丁文重印，另附有部分章节的英文翻译；最为晚近的一种馆藏是美国印第安纳大学于 1987 年出版的英译本，附有根据 1667 年原版影印的拉丁文原著，译者范图尔（Charles D. Van Tuyl，1942— ），题名为 China illustrate：with Sacred and secular monuments，various spectacles of nature and art and other memorabilia.

2 卜弥格研究文献及国图馆藏

波兰驻华大使塔德乌什·霍米茨基为北外卜弥格主题展所撰的"献词"中谈道："提到卜弥格先生的同时，我们必须也要提到爱德华·卡伊丹斯基。卡伊丹斯基与中国有着千丝万缕的关系。他 1925 年出生于中国东北的哈尔滨，除波兰语以外还精通汉语、英语、俄语和拉丁语……本次我们所使用的有关卜弥格的珍贵历史资料都是经过卡伊丹斯基先生近 30 年的苦心搜集和完善整理而来。"

波兰学者爱德华·卡伊丹斯基（Edward Kajdanski）不仅在中国各地实地调查研究，也在海外诸多档案馆、图书馆中发掘文献，获得大量原始资料，撰写了《中国的使臣：卜弥格》一书，为重新界定卜弥格在世界科学、文化史上的地位颇具贡献。至于中国学者对域外文献的译介，多年前，社科院学人张振辉就翻译过卡伊丹斯基的《中国的使臣：卜弥格》（大象，2001）；基歇尔所著的《中国图说》，也已由北外学人张西平等人翻译出版（大象，2010）。另外值得一提的是，卡伊丹斯基多年间搜集、整理的卜弥格著述，虽未以外文成书出版，却以中文形式翻译成书，那就是北外展览中展出的，近年来比较引人关注的北外汉学研究中心重要成果之一：《卜弥格文集——中西文化交流与中医西传》（华东师大，2013）。

谈到欧美早期汉学，国内学界了解较多的是意大利汉学家利玛窦、德国汤若望、比利时南怀仁、法国沙畹、伯希和等名家，而波兰籍卜弥格，是在中文世界鲜为人知的名字。除了致力于基督教东亚传播史的一些学者之外，了解卜弥格乃至波兰汉学的人并不多。北京外国语大学是新中国最早开设波兰语教学的高校，迄今也最具规模，多年来持续关注卜弥格，多有学术成果问世者，也首推《卜弥格文集——中西文化交流与中医西传》的两位译者，张振辉与张西平。

此文集中收录了迄今所能收集到的卜弥格报道和论文共计 15 篇，内容涉及他对于大秦景教碑的翻译与研究、多份报告与信件、中医、中药西传等。书中图文并茂，全面展现出卜弥格和他所生活的时代，译文多附详细译注，后附人名、地名索引，书前则有张振辉所撰"中译者前言"与张西平所撰长文"中西文化交流的使者，波兰汉学的奠基人：卜弥格"，详细介绍了这部文集的渊源、特点与中译者的文化立场与译介理念。

以上三种译著，国图都有馆藏，可供研究者借阅使用；值得一提的是，笔者梳理卜弥格相关文献时发现，卜弥格其人其事的关注与研究，在国内学术界并非全新的课题。早在二十世纪三四十年代，就有冯承钧、向达等学人致力于此，并有相关学术成果出版。

3 文献中的卜弥格

笔者于北外展览中见到一册小书:《明末奉使罗马教廷耶稣会士卜弥格传(附:卜弥格传补正)》。书仅为薄薄一册,封面上的三个名字却均不陌生。"卜弥格传"与"补正"的作者分别为法国早期汉学家沙不烈与伯希和;译者则是译著等身的民国年间中西交通史学者冯承钧。冯承钧这部译作展出的是2014年上海古籍重印本,原版于民国三十年(1941,长沙商务印书馆初版)。书前有"概说十七世纪之中国及耶稣会"一文,介绍卜弥格入华前后中西交流的历史背景,然后分三编,述及卜弥格"自中国奉使赴欧洲""滞留物搦齐亚罗马二城""结局——卜弥格与后世"等行传,第三编中"卜弥格之遗著"一节,简要介绍了"中国特产植物""中国地图""中国医法举例"等著述。内容虽简略,条理明晰,文字平实,堪与当今学人之译著对照阅读,领略学术史之传承。

关于卜弥格译介的景教碑,冯承钧也有专门著述《景教碑考》。核查国图馆藏,冯承钧此著共有书目九种,其中上海商务印书馆1931年初版、1933再版、1935年新版三种,属于商务当年的重点出版项目"史地小丛书"之一;另有据民国版制作的缩微文献五种,另有1970年台湾商务重印本一种。

冯承钧所著《景教碑考》分五节,述及碑之发现、清儒考证、唐代之景教、景教碑文等,另有叙利亚文人名表;书后附有《大秦考》等三篇文章。当今读者多不熟悉此类著述,于二十个世纪三四十年代,国内学术、出版界致力于早期中西文明交通史的情形恐也不甚了解。实际上,自早期学者陈衡哲以降,陈垣、向达、张星烺、方豪等学人,或于高校开设相关课程,或笔耕不辍,为中西文明交流史、中国边疆史、域外宗教东渐史等领域倾注了大量心血,也留下许多文献资料。

据笔者查考,仅国图馆藏"冯承钧"为著、译者项的文献即有三百余种,其中上海商务印书馆出版者即九十二种,出版时间自1911至1954年,1930至1937年间出版七十余种。另有北京图书馆2003年版《近代译书目》一书可供检阅。此书影印有国图馆藏民国书目六种,包括王韬辑《泰西著述考》、顾燮光撰《译书经眼录》等,最后一种是曾任北京图书馆馆长的陈垣收藏的油印本《冯承钧翻译著述目录》。

翻开"目录"首页,"陈垣同志遗书"与"北京图书馆藏"两印章上下并陈,清晰可见。目录最后一页有注云:"凡未注明出版处所者皆在商务印书馆出版。"这与笔者检索国图馆藏的结果可以互相印证。此目录虽然只包括题名与著者信息(单篇文章多附有发表刊物题名),却也井井有条,共分四个部分:"甲:翻译长篇之部",计29种;"乙:翻译短篇之部",计13种;"丙:著述长篇之部",计12种;"丁:著述短篇之部",计22种。

前文提到的《卜弥格传》与《景教碑考》,即分别为甲部第23种与丙部第2种。

谈及中西交通史,卜弥格其人其事在多年前的相关著述中也并非无人提及。中西交通、敦煌文献、边疆地理史大家向达所著《中外交通小史》一书中,对卜弥格亦有所介绍。"小史"分十章,记有"古代中西交通梗概""马哥孛罗诸人之东来"等,最后一章是"鸦片战争与中西交通之大开"。第七章"明清之际之天主教士与西学"中,提到了卜弥格:连宫禁中也有信教的,后来永历皇太后皇后以及皇太子,相继信教,且曾遣卜弥格(Michel Boym)上书罗马教皇,求其保佑。

书中附录"中西交通大事年表摘要"中,"清世祖顺治七年(1650)"一栏也有卜弥格的相关内容:"一六五零,永历皇太后及太监庞天寿作书致罗马教皇为明社求福,派卜弥格为使臣赴罗马。"

向达《中外交通小史》也是上海商务印书馆出版,1930 年初版,为"万有文库第一辑","百科小丛书"之一;后屡经重印;新世纪以来,仅国图馆藏的缩微文献即十种左右,岳麓书社等出版社也有重印本,坊间可得。

向达为《中外交通小史》自撰的书前小引中提到:"中西交通史在中国的史学上是一门新兴的学问,现在国内究心于此的很不乏人。""绪论"中又说:"近百年来的中国,变动之急剧,真是洋洋大观,这又是一个时期,一直到现在,还是在这一个大潮流中回环激荡,未有了日。"

置诸当下,前一句论断是否恰切姑且不论;后者则似乎仍然成立。当今学人鉴往思今,能无辨否? 回顾北外的汉学家卜弥格主题展,展陈中列出的《卜弥格文集》等著述,意义更为彰显。查阅学术界对此书的种种评论,部分译文或有争议,但两位译者面对学术批评的态度是平和而客观的。他们在译注中坦陈,原始文献几经折损,内容多有难以考辨之处,又经英文、波兰文转译,差错在所难免,并不回避问题。此外,面对比较冷门的学术对象,展示当今成就的同时不忘钩沉,溯及多年前的相关成果,梳理学术脉络,同样值得称道。相应地,服务于学术界及大众阅读的图书馆从业者,面对国家主流话语体系中日渐高扬的"走出去"趋势,追源溯流,梳理一下为早期海外中国学传播做出过贡献的小众人士,以及大半个世纪以来对他们的薪火相传的研究脉络,也许会有新的启迪。

e-Science 环境下图书馆信息服务模式的转型

贺 佳 孙 羽

信息与通信技术的飞速发展,一种新的数字化科学研究环境即 e-Science 逐渐应运而生,它改变了传统的科研环境、用户行为、科研方法等,它是在新一代 Internet 技术和 GRID 基础上建立起来的全新科学研究模式。这个概念最早是在 2000 年,由英国科学技术局研究理事会前任会长约翰·泰勒(John Taylor)提出的。他认为:未来的科学研究需要多领域共同合作,学科交叉将成为常态,这些研究不仅会产生海量数据,而且很多数据往往分布在全球各地,这就需要通过信息技术,创造非常便利的大环境,使数据的交流和分享更加方便,实现交叉学科的数据分析和整合。微软全球资深副总裁托尼·海将 e-Science 定义为一套全新的科研方式,把计算、数据、理论、实验等所有方法整合起来,提供给各个研究领域的科学家一个大型平台,通过这个平台大家可以相互的交流、合作。现代科学的研究方法、研究对象、科学进步模式都将在 e-Science 平台的协助下,受到直接或间接的改变,并通过共享的方式,使科学家们对科研成果与方法在短时间内能够得以利用与互动,从而促进了科研的进一步创新。

e-Science 环境下,科学实验所产生的大量基础性、原始性科研数据的主要特点为高度的共享性、密集型和不规范性,由于大量的科研原始数据在内容、形式、标准上都不尽完善,迫切地需要图书馆等信息机构承担起科研数据管理的责任。

1 e-Science 环境与传统图书馆收藏资源之比较

图书馆是搜集、整理、保存和利用文献资料的公共场所，图书馆的一切活动都是以文献资源为中心，开展的一系列读者服务活动。因此文献资源内容发生了转变，图书馆的管理与服务势必会重新定位。e-Science 环境下，图书馆收藏的科研数据与传统的信息资源的区别主要有以下三点：

(1)从资源获取途径分析：现代图书馆馆藏资源是经由多种渠道采集构建而成的，其中以呈缴和购买为主，其他重要的补充途径还包括：交换、接受捐赠、征集、自建数据库等。而 e-Science 环境下的图书馆所获取的科研数据却不同于传统图书馆馆藏的采集，在 e-Science 环境下图书馆所扮演是维护与管理科学数据的新角色，因此图书馆对于资源不是采集，而是管理，是科研合作需求与数据共享的产物。

(2)从资源的更新时间分析：科研数据是 e-Science 环境下科研人员在科学研究和实验过程中所产生的大规模科学计算的数据，相比传统的信息资源，其数据的产生更为快速、无序、海量，工作人员需要实时对科研数据进行处理，维护，不断地扩充和更新其内容。而现代信息资源虽然由于技术的进步，文献资源的有效使用时间缩短，但还是具有一定的周期性。

(3)从资源的载体形式分析：现代信息资源载体形式呈多样化，纸本、磁带、光盘、缩微、网络数据库等多种载体形式并存。相比现代信息资源载体的多样性，e-Science 环境下科研数据主要来自于：高性能计算模拟所生成的数据、传感网数据以及卫星遥感所产生的数据等，这些数据的存储、获取、组织等更依赖于大数据技术服务体系。图书馆与科研机构工作人员通过运用物联网、传感网、云计算等新兴网络技术，实现对科研数据处理与管理。

2 e-Science 对图书馆信息服务的影响

e-Science 环境下，图书馆等信息服务机构与科学研究机构的联系越来越紧密，科研数据逐渐成为图书馆一项重要的管理、收藏与服务对象，馆藏资源的转变直接影响着图书馆信息服务，并促使图书馆工作的创新，以应对 e-Science 带来的挑战。

2.1 图书馆信息服务的扩展——科学数据管理

e-Science 环境下，图书馆的信息服务由传统的提供文献资料、决策咨询服务、查新服务、编译服务、文献的收集、存储和开发等，进一步延伸至对科研数据的管理，并逐渐成为图书馆的重要服务领域。图书馆从传统文献的信息管理转向科研数据服务，这一过程主要基于图书馆自身的专业优势。因为图书馆在书目数据的管理方面已经形成了一套标准化和规范化发展模式，图书馆员利用在信息的揭示、检索、整合、保存等方面的特长，通过与科研人员合作，将科研数据根据特定的分类结构，有序的保存组织起来，严格的管理，并进行准确的注释，从而使数据存储标准化，将不同来源、不同标准的元数据整合在统一标准的平台下，最终完成对科研数据的二次加工和再分析，实现科研数据的管理与共享。

2.2 图书馆与科研团体的合作增强

在 e-Science 环境下,科研活动发生了巨大的变革,学科的分化、融合、衍生的加剧,使科学研究仅仅依靠自身的力量已是不够的,还需要图书馆等信息服务机构从技术、资源上给予支持与补充。图书馆等信息服务机构利用嵌入式的信息服务,融入科研团体中,为科研人员提供科学数据管理的指导与技术支持,协助他们更好地进行科研工作。其具体表现为:图书馆员需要深入科研单位,协同研究人员进行科研数据的分析、评估、保存。同时与研究机构共同搭建科研门户平台,以推进科研成果的传播,并为科研人员提供最佳的科学方法。

2.3 网络技术成为图书馆科研数据保存的重要支撑

由于科学数据具有不可重复性,因此能否保证长久获取和长期保存成为图书馆提供科研数据服务的基础和关键。尽管图书馆长期从事信息的收藏和保存,但在技术方面仍然是薄弱的,尤其是对海量数据的保存与归档,图书馆需要 IT 部门、数据库专家的帮助共同搭建科学数据保存技术体系,解决数据保存在时间、技术发生变化的情况下,其文档数据的存取免受影响的关键问题。欧盟科学数据长期保存计划即欧盟第七研究暨技术发展框架计划资助的一项为期两年(2008 年 3 月至 2010 年 2 月)的研究项目,对科学研究过程中产生的原始数据开展了深入的研究,并进行了中期的、最终成果等分析,探讨了数字资源的长期保存问题,以获得确保珍贵的科学数字资源长期可存取、可利用、可理解的有效方法和途径,从而为欧洲信息化基础设施的整体构建提供建设性意见或指南。另外,美国航空航天局(NASA)1990 年开始着手建设的国家级分布式数据存档中心。该数据存档中心不仅包含海量卫星观测数据,还在原有数据存储基础上增加一些长期保存活动,例如制定长期保存计划;数据评估来决定哪些数据需要长期保存;数据清洗、分配保存元数据、文件格式等。

3 e-Science 环境下图书馆信息服务模式的创新

e-Science 的出现打破了地理的限制,使科学家在网络环境中能够通过数据存储库实现对科研数据的使用和再利用。图书馆利用与科研团体、出版社等合作,逐步形成了一个能够沟通科研团体、出版社以及科研数据网站的管道,用户可通过图书馆搭建的虚拟网格平台实现科研的交流和资源的共享。在 e-Science 环境下,图书馆的信息服务只有向着更为智能化、个性化、专业化、知识化的方向转型,才能发挥其的主导作用。那么,图书馆员应如何选择科研数据以及规范数据服务,以适应 e-Science 环境下的图书馆信息服务新模式的转换:

(1)图书馆为用户提供存储在图书馆或图书馆外的数据咨询与获取的个性化服务

在 e-Science 环境下,图书馆为读者提供个性化服务、流程设计与验证、资源搜索、内容与元数据的管理及注解、内容来源的描述等方面的服务。未来图书馆科研数据服务将逐步成为图书馆服务的一个主流,科研人员在开展一项新的课题研究时,通常需要从科学数据知识库和机构库中获取所需数据,需要图书馆员帮助科研人员发现相关数据,为其提供个性化服务,使他们能够及时、准确获取科研数据,同时也需要图书馆员指导他们及时存取项目中间和结束时产生的大量数据。科学数据服务包括科学数据的存储与获取服务,如美国哈佛—麻省理工数据中心是两校联合建立的数据仓储,供教师存储、获取数据;及科学数据的咨询服务,图书馆员通过嵌入到科研团体中,为科研人员提供专业数据服务。如麻省理工学院图书馆学科馆员通过与研究人员合作,参与到科研中去,为其提供社会科学数据的咨询服务。

(2)整合 e-Science 资源的网络入口,为用户提供统一的资源平台

为了让科研数据在公共空间得以最大化的传播和使用,图书馆有责任为科研数据提供一个共享平台,建立科研数据门户,提供导航服务,方便用户获取数据。由于存储在图书馆外的科研数据大多是分散的,图书馆通过永久性保存和利用机制、不同标准的元数据之间的信息共享、跨平台的无缝融合、更广泛的意义上实现资源整合和信息交互技术以及网格技术的利用,建立科研数据知识组织环境,通过稳定的链接方式链接到其他的存储中心,把与数据管理相关的内容集成到一个系统内,统一进行管理,提高科学数据的有序性和有效性,为科研数据的交流和共享提供一个统一的资源平台。如美国哥伦比亚大学图书馆建有数据门户(data-gate),通过门户主要提供适用于 GIS(地理信息系统)绘图软件的空间数据,适用于各种统计软件的数据。还有 DILIGENT—虚拟图书馆的原型,其目标就是创建一个先进的试验平台,使动态虚拟的组织成员能够以安全、协调、动态和低成本、高效益的方式开展合作,存取共享的知识。该架构允许来自动态虚拟组织的成员在共享计算资源、存储资源、多媒体资源、多类型内容资源以及多类型应用资源的基础上建立一个临时的虚拟数字图书馆。

(3)图书馆承担起数据监护的责任,便于长期的数据保存和数据机构库间的整合

数据监护是一项新的知识服务,是为确保数据当前使用目的,并能用于未来再发现及再利用,从数据产生伊始即对其进行管理和完善的活动。对于动态数据集而言,数据监护意味着需进行持续性补充和更新,以使数据符合用户需求。可以说数据监护是图书馆提供数据保存和管理基础上的一项更深入的数据服务。图书馆的数据监护服务意味着图书馆与高校科研的进一步融合,在现有机构库的基础上积极转型,将目标由科研成果转向科研支撑材料——数据,通过为科研项目提供数据监护服务,从而使图书馆摆脱单纯的收藏者角色,成为知识发布、保存、利用和管理的全能者。DataStaR 就是数据监护服务的典型,它是康奈尔大学图书馆的一项主要针对本校学者的数据监护服务,以机构库为基础,由图书馆员负责操作,通过协助学者完善数据和元数据来促进共享,最终积极帮助他们向各自领域的学科库发布数据成果,供长期使用和保存。

综上所述,在 e-Science 环境下,科研人员对信息的需求从传统的文献提供服务逐步转向对科研数据保存、监护的服务,这无疑给图书馆信息服务带来了新的机遇和挑战,科研数据的管理与服务中,一方面汲取传统信息文献管理的方法与思路,另一方面要在环境中开辟新的思路,创新,转变信息服务模式,为满足科研人员对科学数据的需求,提升图书馆的竞争力,图书馆应在充分与科研团体融合的基础上,依托科研数据服务平台,创建图书馆新的信息服务模式。

参考文献:

[1] 孙坦.数字化科研:e-Science 研究[M].北京:电子工业出版社,2009

[2] 肖潇,吕俊生. e-science 环境下国外图书馆科学数据服务研究进展[J].图书情报工作,2012(17)

[3] Linn Marks Collins. Mark L. B. Martinez. Ketan K. Mane. et al. Collaborative eScience libraries [J]. Int J Digit Libr,2007(7)

[4] Radovan Vrana. Public libraries and popularisation of science [J]. New Library World,2010(1/2)

[5] 郝晓兰. 基于 Web 挖掘的数字图书馆个性化技术探究[J]. 中北大学学报(社会科学版),2007(6)
[6] 褚波. 专访微软全球资深副总裁托尼·海—eScience 大科学平台[J]. 环球科学,2012(74)
[7] 赵功群. e-science 环境下图书馆信息服务变革的研究热[EB/OL]. [2015 - 09 - 20]. http://www.nmgkjyjj.com/Article_Show.asp? ArticleID = 6968
[8] 王学勤,Amy Stout,Howard Silver. 建立数据驱动的 e-Science 图书馆服务:机遇和挑战[J]. 图书情报工作,2011(13)
[9] Tony Hey,Jessie Hey. e-Science and its implications for the library community[J]. Library Hi Tech,2006(4)
[10] D. Scott Brandt. Librarians as partners in e-research: Purdue University Libraries promote collaboration[J/OL]. [2015 - 09 - 20]. http://crln.acrl.org/content/68/6/365.full.pdf
[11] 杨晓湘,张玲. E-science 网格与数字图书馆[J]. 南京工业大学学报(社会科学版),2005(1)
[12] 孙倩. E-Science 下的图书馆信息服务研究[J]. 科技文献信息管理,2009(4)

图书馆定位新探
——德国不莱梅图书馆管理与服务模式的启发

唐玉屏

今天德国图书馆一以贯之的理念,是把图书馆建设成为“文化交流、教育和终生学习的场所”[1],把图书馆当作一个中立的信息提供者、信息服务提供者以及学习能力、意识形成和创造力的促进者,不莱梅图书馆是这一服务体系中的典范。

1 图书馆概况与定位

1.1 德国图书馆

德国图书馆的行业概况和社会普及程度,可以通过这几个数字[2]得到了解:①每年 2 亿访问者;②每个居民 4 个媒体;③每个居民每年 2.5 次访问;④每个居民每年借 5 本书;⑤超过 14% 的居民拥有借书证。

可以说,在地区性层面上,图书馆在德国是访问数量最多的文化机构;从全国来看,德国图书馆的访问者数量比观看第一届德国足球甲级联赛的人数还要多。

总观德国图书馆行业对现代图书馆定位的态度,可以发现在德国,(公共)图书馆应该提供的是:①由社会和公共行业组织的中立的信息服务;②积极的公民生活以及个人生活安排所需的信息;③获得信息的来源——证明信息的可信度。也就是说,图书馆是一个中立的信息提供者,是信息服务提供者,是学习能力、意识形成和创造力的促进者[3]。

1.2 不莱梅市立图书馆

不莱梅市立图书馆是德国图书馆服务体系中的优秀典范,它拥有:①1 个中心图书馆;②6 个分馆(儿童 & 成人);③1 个设立在一家老人中心的“图书馆站点”;④1 个巴士图书馆

(21 个站点);⑤1 个监狱图书馆;⑥1 个医院图书馆。

在它的运营理念和服务方针中,有这几点是在我们的文化环境中容易被忽视的:①中立地提供服务,保护顾客隐私,尊重社会多样性,注意性别主流化的基本原则;②提供中心和非中心的图书馆服务,这些服务项目以社会的发展和市民不断变化的期望值为导向;③作为陪伴读者终身学习的场所要促进读者阅读和使用媒体的能力;④文化、游戏和学习逐渐趋向一致,促进读者在游戏中获取知识,促进日常生活管理、有创造力的业余生活安排以及文化内部和跨文化的一体化[4]。

2 管理与服务理念的推广与运用

现代的图书馆工作,不是只有购买新书、编目入库、典藏阅览、借书还书,还有绩效评估、客户管理和宣传推广等也是优化图书馆管理、发展图书馆形象的有效工具,这是分析了德国图书馆体系和不莱梅市立图书馆个案之后得出的结论。这样的国际经验,在国际图书馆界通常是已经被普遍接受的理念,但在我国尤其是在基层公共图书馆,往往还很难得到观念上的疏通,在实践操作层面的灵活应用则存在更大的困难。下面逐一介绍德国图书馆的三大经验。

2.1 绩效评估

绩效评估和绩效管理是企业包括图书馆评估工作效率、发现改善机会、取得成功的重要工具。图书馆作为一种公共文化基础设施,只要存在,就有对其效用进行评价的问题。以前我国对图书馆工作的评估多集中在对内部员工业务工作的考核上(评估定级),图书馆对社会做出的贡献很难用具体的数字加以衡量。事实上,目前国际上已经发展出了比较完善的用经济学原理对图书馆社会效益进行考量的办法。这对体现图书馆的社会价值,争取更多的社会认可具有重要的意义,非常值得我们借鉴[5]。

总而言之,图书馆绩效评估就是对“图书馆提供服务的效能以及拨款和资源利用在提供服务中的效率”的评价[6]。显然,这里说的绩效评估是针对一个图书馆的整体效能,而不是个人。在绩效评估的过程中,有两点是国际经验带给我们的启示,一是合理的绩效指标的选取关系重大,二是测量数据有其重要性和科学性。但是测量数据仅具备有限意义和有限说服力,只有将数字放在相互关联之中,它们才是可信的,才是有意义的,才能成为参数或者指标[7]。

2.2 客户管理

客户管理是企业经济中的一种组织手段,可用于改善客户关系[8]。图书馆的客户就是读者,而客户管理的重要法则之一,就是在管理模式和程序中,坚持以顾客为主导,这意味着将满足客户的愿望置于产生绩效的中心位置[9]。而以顾客为主导的图书馆将会引入服务标准,优化沟通渠道,组织增进与顾客联系的措施[10],另一个重要方面是,让读者参与图书馆管理,发挥读者在建设图书馆中的作用。通过这些客户管理的具体措施,才能真正为实现“每个读者有其书,每本书有其读者”的目的创造条件和动力。

具体而言,图书以顾客为导向可以做的工作有:藏书/服务要以顾客兴趣为导向;设置合适的开放时间;组织介绍活动,帮助访问者了解自助服务和其他使用情况;安排待人友好、有能力的人员;创造友好的气氛——提供“第二个客厅”[11]……

2.3 宣传推广

传统的宣传推广在现代经营理念中常常被另一个词所替代,那就是市场营销。市场营销是经济领域的又一概念,但也是现代图书馆为了提高资源和服务的利用率,为其书寻找读者,服务读者,促进自身发展的有力武器。

1967 年营销大师 Philip Kotler 创建营销概念及其理论,随即他又将营销理念引入非营利组织。“图书馆营销”在国际图书馆界已得到普遍认同,20 世纪 90 年代以后,欧美国家图书馆界开始用营销理论进行图书馆营销,许多公共图书馆建立了营销部,《公共图书馆服务发展指南》有“marketing and promotion”一节[12]。2000 年 IFLA 设立国际市场营销奖,严格按照市场营销的套路,从 2001 年开始评奖,每年评出一、二、三名。

图书馆也需要拓市场搞营销,这是众多图书馆员工甚至是领导都还没有意识到或者说还不愿意接受的理念。尽管这样,在以清华大学为首的一批高校图书馆和主要城市图书馆里,已经出现了一批为图书馆搞市场营销的人们。他们的实践证明,图书馆确实需要市场营销。

3 图书馆是什么

德国图书馆行业和不莱梅市立图书馆,在管理和服务模式上的国际经验,对于不同文化环境下的普通图书馆员来说,无疑是一种理念上的突破。在了解了这些行为驱动和价值内涵之后,它激发我们重新思考究竟“图书馆是什么”这样的基本问题。

3.1 悦读场所

综合来看,图书馆首先是一个跟阅读有关的场地,而且这个活动的过程应该是顺畅、便利、有效的,因此应该是愉悦的。所以说,图书馆是一个“悦读场所”。作为“悦读场所”的职能和任务,对此中外图书馆同行们都有他们的看法。德国图书馆人愿意认为把图书馆建设成为“文化交流、教育和终生学习的场所”是他们始终不渝的目的所在。而在我国,关于图书馆的职能和使命通常有这样一些定位:阅读习惯的培养,信息素养的培育,终身教育,信息服务,文化传播,促进社会和谐与维护公民权利……

3.1.1 文化交流的场所

从文章开篇介绍的德国图书馆概况可以看出来,德国图书馆在满足市民文化需求过程中起到的作用是显而易见的,人均享有的文献资料和实际借阅文献的数量都不低。图书馆不仅是德国访问数量最多的文化机构,而且人数绝对值也很可观。

在我国,基于文化交流的功能,图书馆也在发生一些变化,例如杭州图书馆在打造文化休闲中心、对外交流窗口、市民的第二起居室(除了家庭之外的第二个客厅)等空间形象时,就体现出不一样的活力,而且 21 世纪以来正在从“第二起居室”向“第三文化空间”发展。

3.1.2 教育的场所

图书馆是一个教育的场所,这跟它的文化地位和文化教育职能是分不开的。(公共)图书馆是最无私的知识传播机构和社会教育机构,作为国民教育体系的重要组成部分,承担着公共教育的职能,与以盈利为目的的专业教育机构形成了鲜明的对比。(公共)图书馆是公共文化事业最主要的组成部分,是义务教育的延伸,是唯一向社会全体成员开放,提供终身免费教育的机构[13]。

3.1.3 终身学习的场所

图书馆作为陪伴读者终身学习的场所要促进读者阅读和使用媒体的能力。这种能力的培养在一个消极的图书馆体系里往往被忽视,信息总是被动的提供给读者,或者由读者千辛万苦地寻找。实际上,在这个空间里,文化、游戏和学习逐渐趋向一致,图书馆可以促进读者在游戏中获取知识,促进日常生活管理、有创造力的业余生活安排以及文化内部和跨文化的一体化[14]。可以说,图书馆在提供信息源,与开展游戏、营造轻松愉悦的学习氛围,提供便利、有趣的学习途径方面,是不会冲突的。

3.2 信息工具

除了作为空间场所,图书馆还是传递信息、获取信息的工具。在这个功能背景之下,(公共)图书馆提供的应该是:由社会和公共行业组织的中立的信息服务;积极的公民生活以及个人生活安排所需的信息;获得信息的来源——证明信息的可信度。

所以,从信息工具的角度看,图书馆究竟是什么?图书馆是[15]:

①中立的信息提供者;

②信息服务提供者;

③学习能力、意识形成和创造力的促进者。

这样的定位或许会跟一些传统的图书馆理念有差距,但是也更能带来思考。譬如看看这些可能常常在我们脑海中打架的信息:图书(Books)VS 图书馆(Library);学术宝库 VS 学术服务;文献的典藏阅 VS 信息的自由获取;典藏 VS 检索;信息存起来 VS 信息送出去……如何在这些看似对立的角色定位中,找到一种合适的平衡与沟通,实现图书馆功能从静态、二元到动态、多元的转型,是亟待解决的事情。

3.3 服务体系

3.3.1 文化服务体系的一部分

从社会角色的角度来看,图书馆是我们文化服务体系的一部分,有其政策支持背景和社会大环境。公共图书馆是社会公共文化服务体系的重要组成部分,在公共文化建设中有着重要作用,要坚持以人为本,服务民众,使每一个人都有平等享受公共图书馆服务的权利,而不受年龄、种族、性别、宗教信仰、国籍、语言或社会地位的限制。国家"十二五"时期文化改革发展规划纲要中的主要目标之一是:覆盖全社会的公共文化服务体系基本建立,城乡居民能够较为便捷地享受公共文化服务,基本文化权益得到更好保障[16]。

3.3.2 有组织、有内涵的系统组织

从图书馆内部构成和运转结构来看,图书馆也不仅是一个用于文化服务的单一概念或建筑,它应该是一个有组织、有内涵的系统组织。举例来说,德国不莱梅市立图书馆拥有一个从中心到分支,以及分散在老人中心、巴士点、监狱和医院等各点的分布体系,正是这样一个立体式的结构体系,为它向全市各地区、各类人群提供服务创造了条件。

但是,在这个服务体系的运营模式和服务方针中,有这几点前文分别提到过,但是在我们文化环境中容易被忽视的:①中立地提供服务,保护顾客隐私,尊重社会多样性,注意性别主流化的基本原则;②提供中心和非中心的图书馆服务,这些服务项目以社会的发展和市民不断变化的期望值为导向;③作为陪伴读者终身学习的场所要促进读者阅读和使用媒体的能力;④文化、游戏和学习逐渐趋向一致,促进读者在游戏中获取知识,促进日常生活管理、有创造力的业余生活安排以及文化内部和跨文化的一体化。

3.3.3 服务规范化

出于稳固和整体改善与读者关系的考虑,图书馆需要引入服务标准,一方面用于改善服务,用于对员工要求的统一透明,一方面让读者明了图书馆可以提供标准服务有哪些,同时还是向社会公众和监督机构表明其运营形象,以赢得尊重、支持和信任的必要举措[17]。

所以,图书馆作为一个行业,应有其制度规范,尤其是作为具有服务公众功能的体系一部分,也应该有其服务规范,法制化是其中之要义。在德国,《图书馆法》的制定和实施早已为大家熟知;在我国,图书馆服务体系的规范化也在取得一些进步,尤其以《公共图书馆服务规范》的实施为一个里程碑。2012 年 5 月 1 日起,《公共图书馆服务规范》正式施行,它对中国公共图书馆界的一些好经验和好做法通过条文进行了固化,比如总分馆服务、志愿者队伍等,这标志着中国图书馆法制化进程又迈出了坚实的一步。

3.4 自营机构

自营机构是引自企业管理的一个概念,它涵盖一定的管理方法和价值理念,引进这个企业管理方法和价值理念来运作图书馆,有助于凸显图书馆自身的核心价值,促进图书馆的可持续发展。实际上,不莱梅市立图书馆从经营方式上讲,就是不莱梅市管辖区的一个自营企业。它的目标是利用公共的,对所有人开放的中心和非中心媒体服务为满足不莱梅市辖区布置的教育任务、文化任务及信息任务做出持续贡献,其所有设施都要为社会与文化交流服务。作为自营企业,它承担的主要任务包括:①为学校与职业教育、培训和进修,为个人、社会、文化导向、一生规划、日常生活安排以及娱乐挑选、准备和推介当前的信息和文学材料;②学校之外的阅读促进,保障文化技术阅读的活动;③推介媒体使用能力[18]。

同时,参照前文详细介绍的三个方面的国际经验和理念,分别是绩效评估、客户管理、市场营销管理经验和手段,图书馆的自营形象跃然纸上,管理模式得到优化,图书馆资源和服务的利用效率也得到提高。

从国内的具体实践来看,虽然这些国际理念在本土化的过程中往往会遭遇一些尴尬,但令人喜悦的是,不少国内同行的先驱精神和创新意识已经取得了不错的成绩。例如 2012 年,清华大学图书馆的项目——“爱上图书馆”校园短剧视频,获得 IFLA 国际市场营销奖第一名。这对于中国图书馆界来说,可能是一个关于“营销”的启蒙,也意味着我们在宣传推广图书馆的时候,理念与手段都在发生深刻的变化[19]。

4 结语

在繁忙的业务工作中,在海量的信息冲击下,传统观念和定式思维带来的思想禁锢,使人们疲于应付常规定量工作的压力,日复一日重复似乎恒久不变的工作流程,尤其是在图书馆这样看似稳定、沉闷、静谧,处处透露历史封印的环境中,这在一定程度上限制了我们创新的思维和发展的步伐。

20 世纪 90 年代末期以来,整个社会在信息技术的带动下,发生了天翻地覆的变化,而中国在这十几年左右时间里发生的变化也许不是所有人都能想象和理解的巨大,但却是我们身在其中的每个人都能切身感受得到的。而图书馆,作为信息的提供者和提供信息的服务者,真的也发生了同样巨大的变化吗?图书馆员的心态、理念、手段也随之进行了及时的更新和升级吗?所谓的“第二起居室”或者“第三空间”难道仅仅是几张舒适的沙发、几个计算机屏幕、几场读书会就足以表达的吗?

理念是自知识产生但超越经验的概念,换个角度说,知识与经验,哪怕产生自曲折道路上,也可以期待成为先进理念和正确观念的辅料。借用德国文豪歌德在谈到图书馆功能时的话来勉励我们新时代的图书馆人:“人们感觉就像面对着一笔巨大的资本,无声无息地带来无法计算的利息。”[20-21]

参考文献:

[1-3][15][20] 芭芭拉·莱森.今天的德国图书馆——文化交流、教育和终身学习的场所[EB/OL].[2015-09-25].http://www.doc88.com/p-9923776681992.html
[4][14][18] 芭芭拉·莱森.不来梅图书馆——变化中的文化[Z].2012 年 4 月
[5-6][13][16] 褚树青.图书馆馆长务实[Z].2012 年 4 月
[7] 芭芭拉·莱森.绩效评估[Z].2012 年 4 月
[8-11][17] 芭芭拉·莱森.以顾客为主导的图书馆会怎么做[Z].2012 年 4 月
[12][19] 李超平.图书馆宣传推广[Z].2012 年 4 月
[21] 约翰·沃尔夫冈·冯·歌德.日志与年鉴[A].1801 年

国家图书馆少儿馆建设与服务特色

贾　琳

阅读是一种能力,需要训练。人类不是天生就会阅读的,阅读是一项需要通过后天努力培养才能形成的技能。儿童时期的阅读活动越多,其成年后在人生理想、社会参与性、市民责任感、自我肯定、积极热情、兴趣广泛、文化礼仪和教养高尚方面的意识与能力就越强。更有利于社会文明程度的提高以及良好的社会环境的营造。

少年儿童是祖国的未来,作为国家图书馆,如何在少年儿童阅读技能的提高和阅读的普及上,贡献应有的责任和力量呢?据有关资料统计,美国孩子的阅读量是中国孩子的六倍,我们的少年儿童在图书阅读方面,显然缺乏合适于他们的图书和阅读环境与氛围,缺少从政府到图书馆有计划实施的阶梯性阅读推广。作为社会教育角色中很重要的图书馆教育,我们有责任认真思考一下,如何进一步提高少年儿童图书的阅读质量,营造更适合于孩子们的阅读环境,吸引他们更多的走进图书馆,将图书馆的图书阅读作为他们业余生活中不可或缺的一个习惯。笔者将在本文中,探讨一些先进的服务方式,来提高国家图书馆少儿阅览室的服务质量。

1 国内外图书馆和社会为少年儿童阅读服务的现状

1.1 日本国立国会图书馆

2000 年 5 月,日本国立国会图书馆的分馆上野图书馆经过改造,成为日本第一个国立的以儿童书籍为特色的图书馆,专门面向少年儿童开展特色服务。

日本作为第二个开展“图书起跑线”计划的国家,日本的儿童阅读推广活动开展得多种多样,富有特色。其中有很多即简单又有利于儿童参与性的趣味读书活动,受到孩子们的欢迎,例如“书评汇”。“书评汇”的基本规则为:①参与者各带一本自己最喜欢看的书;②按顺序对各自的书进行几分钟的介绍,各人介绍完毕后,就与其他孩子们就这本书进行深入的交流,交换对此书的认识和感兴趣的地方;③所有内容介绍完后,按多数人的意见评选出最值得阅读的图书。

趣味阅读活动“书评汇”给儿童带来了一种全新的阅读体验。这个活动可以让孩子们觉得有参与感,创造性和体验到与人交流的乐趣。在孩子们挑选图书,阅读图书中,促使他们开动脑筋,边读边想,认真做好读书笔记。以便向别人推荐时,更具有说服力。这种主动性的阅读,促使他们读过的每一本书,都会有一定的收获。在日积月累的阅读中,渐渐爱上阅读,提高了语言能力,交流能力和丰富了各方面的知识。

1.2 英国国家图书馆

英国国家图书馆为学校中的儿童及社会福利院等其他组织提供继续教育的课堂,使图书馆成为少年儿童学习与阅读的第二课堂和阅读分享的活动乐园。

在英国众多的儿童阅读推广计划中,最知名的就是“图书起跑线”运动。英国所发起的“图书起跑线”运动,是专门针对国内少年儿童的长期的阅读启发和促进运动。此项运动首先是通过政府,向全国儿童免费发放图书,资助贫困地区的孩子们。同时开展其他活动,包括“一起写”计划、国际儿童图书周、亲子阅读等多种文化活动,这些计划是用来保证少年儿童的父母在孩子很小的时候,就能和他们分享阅读的乐趣;并且可以保证孩子们长大后,也可以持续保持对阅读的兴趣。

英国政府向全国儿童免费发放图书,使得贫穷的孩子们也可以拥有同样的阅读权利。与此同时,政府开展的“一起写”计划,促使父母参与到孩子们阅读活动中,一起阅读,分享阅读乐趣,增强了父母与孩子的亲子关系,让孩子们从内心可以感受到来自家庭的支持,同时获得学习的原动力。从本质上说,家庭成员们所营造的持之以恒的良好阅读习惯,是影响儿童时期阅读体验的非常重要的环节,同时对儿童一生的阅读习惯的养成都具有深远的影响力。

1.3 美国各类图书馆

在美国的许多学校中,设有“图书馆”课程。在图书馆课上,学生们可以借还书,阅读推荐的图书。图书馆的老师还会安排一些相关的活动,例如作者见面会、学生的阅读体验、邀请志愿者辅导等,活动内容丰富而有趣。各级图书馆在推动儿童阅读活动中,除参与学校课程外,还参与社会性质的制订少年儿童阅读书目活动计划,及时向学生们推荐新书和优秀的图书。同时,学校图书馆与社区图书馆建立密切的联系,以便在假期中跟学生交流辅导。这样,就可以形成学校图书馆、公共图书馆、社区图书馆连为一体的互动性很强的图书馆阅读推广体系，使得学生们无论在校内或是校外，都有机会免费读到好书。

美国的图书馆所开展的读者作者互动、家长互动，使孩子们在阅读过程中得到了更多意外的乐趣。同时图书馆定期向孩子们推荐新书、好书，形成良性的阅读导向，营造良好的社会阅读环境。

美国各级出版社也会定期出版形式多样的儿童读物，读物针对不同年龄段的孩子们，设计出各种有趣的图书，包括可以自己动手制作、参与游戏活动、手工制作图书、有声读物、有气味的读物等吸引孩子们阅读。

美国社会各级儿童阅读服务机构都积极努力，参与到浩大的儿童阅读工程中，使孩子们得到了阅读的启蒙，影响非常深远。

1.4 中国家庭中的阅读现状

在孩子幼儿时代，父母往往急于让孩子认识更多的文字，但这个时期是孩子们对于图画更敏感的时期。儿童时代，父母会买来很多超出他们年龄段的图书，孩子们很难理解书的真正含义。到了少年时期，家长学校布置了过多的课业任务，使他们很少有时间静下心来阅读。这些问题长期存在，阻碍了少儿对阅读知识的渴求，很多课堂上学不到的东西，无法通过阅读途径来获得。

1.5 中国社会中的阅读现状

如今社会的导向将孩子们带入了手机阅读，电子产品，电脑等电子阅读时代。遍及大街小巷的不规范广告语言，商业宣传用语，这些快餐文化将不准确的网络语言，同音但意思不同的错别字灌输给了孩子们，对少年儿童的语言判断产生了不良影响。对于他们对语言的准确把握和写作能力都是极大的误导。试想连自己母语都学不扎实的孩子们，将来又如何立足于世界呢？

2 中国国家图书馆为少年儿童服务的现状及不足

2.1 国家图书馆新馆建立了少年儿童阅览室

2010 年 5 月 31 日，国家图书馆少年儿童图书馆正式面向未成年人开放。针对6—15 岁的儿童提供阅读服务，包括提供近三年出版的中文普通少儿文献、数字资源和多媒体光盘阅读等全方位服务。

2.2 国家图书馆为少年儿童提供了各种特色服务

国家图书馆同时开展丰富多彩的少年儿童文化教育服务。除了传统的图书馆文献信息服务外，国家图书馆根据少年儿童的心理特点，利用讲座、展览、专题活动等形式，开展全方位多层次的文化教育服务。

讲座、展览和专题活动可以带动孩子们的阅读兴趣，在形式上应更加具有创意性、趣味性、参与性、互动性，这样可以更加符合少年儿童的心理特点和精神需求。吸引他们更愿意参与进来，形成好的阅读氛围。

2.3 国家图书馆为少年儿童提供了延伸性服务

国家图书馆进一步加强了对中国各级公共图书馆特别是少年儿童图书馆的服务。国家图书馆借助数字图书馆分馆建设、县级数字图书馆推广计划以及全国文化信息共享平台,在人才培养、图书联合编目、馆际互借等业务方面向基层图书馆提供服务,通过各级公共图书馆、少儿图书馆,为全国的少年儿童提供服务,把国家图书馆的少儿服务延伸到全国。同时,进一步加强与全国少年儿童图书馆及公共图书馆的交流与合作,推动资源的共建共享,为少年儿童提供更加丰富的文化资源和服务。

国家图书馆的少儿服务惠及全国各地图书馆,带动了全国少儿图书馆的服务扩展和资源的丰富。尤其为偏远地区的孩子们带去了福音。还可以扩展更多的服务项目,例如送书下乡,捐助图书到偏远地区的学校,数字图书馆信息共享,在线阅读活动共享,城市孩子与乡村孩子的阅读交流活动等等。

2.4 少年儿童图书馆在细节服务中的不足

馆区内只能提供阅读服务,但是不支持借阅,目前这是服务中所欠缺的一项内容。国家图书馆儿童阅览室目前所欠缺的是儿童阅读活动缺少规范性的阶梯性阅读计划,不同年龄阶段的孩子,都具有不同的阅读需求,儿童阅览室里缺少细致的各个年龄段的分区域阅读。同时,儿童图书馆能够长期开展的系列性少儿阅读活动较少,缺少与社会各界联合制定的儿童图书推荐体系。因此,孩子们的参与性不强,在社会中的影响力度不够广泛。

2.5 少年儿童图书馆在延伸性服务中的不足

馆区内缺少延伸性的服务。例如现代化多媒体互动活动,定期的家长与孩子们的阅读交流活动,以及各种形式的读书会、儿童剧表演、演讲朗诵会、科技小制作、作者见面会等活泼有趣的参与性活动。同时也缺少有组织的社会团体参与,带领孩子们去福利机构图书捐赠,乡村的民风民俗探索活动等等。

3 国家图书馆推进少儿馆建设的若干建议

3.1 制订细致有效的儿童阶梯性阅读计划

建议以国家图书馆为龙头,邀请社会各方面教育机构参与,包括各区级图书馆,社区图书馆,中小学校图书馆,儿童文学作家、阅读研究专家、各级教育机构的各地域的优秀语文教师、优秀的儿童图书出版机构,新闻媒体中的儿童节目组,共同商议制定方案。方案要做到因材施教,符合各个年龄阶段的儿童心理需求和接受能力,争取形成长期的,可持续的,有效的阅读实施计划。让孩子们从幼儿园到大学,都可以看到他们想看的书籍,形成稳定良好的阅读习惯。

从美国实施的儿童阅读计划来看,阶梯性阅读是最符合不同年龄阶段的孩子们阅读需要的阅读方式。各级出版机构和图书馆可以联合起来,推选出从幼儿到儿童,再到少年,不同年龄阶段的最适合他们阅读的一批图书。这些图书形成系列出版,建立稳定的推荐体系,使家长和孩子们不再为读什么书而犹豫不决,不再错误的选择超出自身年龄阶段的图书,以期解决目前家长为孩子们选书的种种误区。

3.2 培养一批有爱心,有思想,懂教育的少儿服务团队

国家图书馆可以建立专门的培训基地,除了培养本馆员工的综合服务素质,还有责任为社会各级图书馆,教育机构培养更多的优秀少儿阅读教育服务者。以国家图书馆为源头,向全国各地各级图书馆播种少儿阅读的种子,渐渐形成一片片书籍的森林,滋润着每个孩子纯净的心灵。让他们在阅读中找到自信、奉献、坚强、乐观、教养等优秀的品质。少儿阅读服务团队的核心就是要将良好的读书习惯带给全国每个角落里的每个孩子。

3.3 开展寄书和赠书活动

国家图书馆可以组织各个地方图书馆,区级县级图书馆,社区图书馆,以及中小学生们,将他们家中闲置书籍集中起来,寄到偏远地区,免费赠送书籍。或者组织慈善机构,社会上的爱心人士,各级政府拨款,向全国儿童免费发放图书。为偏远地区买不起图书的孩子们,带去精神的滋养和丰富。这些善举必定会在将来显现出成效,必定会促进社会文明程度的进一步提高。

3.4 开展多种形式的儿童阅读体验

国家图书馆少儿阅览室,可以有计划地开展各种生动有趣的儿童阅读体验活动。例如,每周定期开展图书交流会,孩子们将自己喜欢的图书带来,讲讲书的内容,有趣的地方,读书的收获,一定会激发孩子们的读书热情。也可以将书中的故事改编,用情景剧的形式表演出来,很生动多彩。还有一起写故事活动,图书文化周,新书推荐,故事大王讲故事活动,也可以到书中人物去过的地方生活体验。这些活动都可以带动孩子们的阅读积极性,让他们更加热爱读书,并且可以长期持续的阅读,成为伴随他们终生的一个习惯。

组织少年儿童阅读讲座和展览,告诉他们社会上的不良语言习惯,电子阅读所带给他们的危害,及时有效的教育孩子们回到良性的阅读习惯中来。也可以开展家长、教师、社会各阶层阅读知识讲座,使家庭和社会都对少儿阅读形成正确的认识观。

3.5 利用多媒体开拓儿童阅读新模式

国家图书馆可以利用数字时代的多媒体技术开拓少儿网上阅读平台,通过小游戏、歌曲、动画、知识问答、竞赛等形式,在网上形成几家较大规模的阅读体验网站。对于孩子们的阅读方式,也是一种崭新的拓展和开发。

3.6 分层分级实施儿童阅读推广活动

儿童阅读推广需要落实时间、地点及区分不同年龄。①政府及教育行政机构制定儿童阅读推广政策。②各级教育部门及图书馆配套执行儿童阅读推广活动。学校和图书馆是孩子们学习和业余时间能够读书的主要公共场所,是可持续推广儿童阅读活动的根本保障。③出版机构及家长间的推广。

儿童阅读推广的根源,在于有真正优秀的童书吸引孩子们阅读。儿童阅读推广动力和意识最强的应是广大家长,他们的持续支持与行动是儿童阅读推广最有力的保障。因此,对家长群体的广泛教育是图书馆教育部门应尽的职责,将家长们观念转变过来,宣传分级阅读的好

处，让他们参与到孩子们的阅读中，是少儿阅读中最重要的一个环节。

3.7 进一步改善少儿图书馆的服务水平

国家图书馆目前的服务还存在一些问题。例如，可以在孩子们进入阅览室之前，向他们讲解在阅读过程中必须遵守的若干公共规则，防止出现嘈杂的阅读环境和许多破坏图书的行为。对于不遵守规则者，采取一定的惩罚行动，这样可以保护大多数少年儿童的利益。

可以增加外借服务，让孩子们可以方便地看到更多的书籍。还可以增加外文儿童图书的数量，使他们可以通过阅读学会英语及各国语言。这些扩展的服务可以增强国家图书馆对于少年儿童的服务质量，确立国家馆在其他图书馆中的先锋和引领地位。

总之，少年儿童阅读教育任重而道远，读好书、育好人是社会各界的教育力量应该共同承担的责任，国家图书馆也会义不容辞的承担起来。如果有天堂，天堂应该是图书馆的模样。那么，如果少儿图书馆真的变成了孩子们的天堂，那会是多么美好幸福的一个地方！会有很多孩子在他们长大成人后，还会感激这个引领他们，滋养他们心灵的地方。

参考文献：

[1] 杨丹丹. 日英美儿童阅读推广举措及对我国的启事[J]. 出版发行研究，2013(11)

[2] 周樱格. 日本图书馆阅读推广动向研究：案例分析与启迪[J]. 新世纪图书馆，2013(5)

[3] 王余光. 图书馆与儿童阅读推广[J]. 当代图书馆人，2010(8)

日本国立国会图书馆的残障读者服务

崔 健

日本国立国会图书馆于 1975 年开始制作学术文献录音图书，不遗余力地对实行残障读者服务的图书馆进行支援。2011 年颁布了《视障者（等）服务实施计划》，至 2013 年先后启动了视障者用资料整合检索服务，视障者用数据收集和传送服务，国立国会图书馆网站服务的无障碍化等各项服务事业，国立国会图书馆的残障读者服务日趋完备。在前期取得的成果基础上，2014 年 3 月国立国会图书馆颁布了《视障者（等）服务实施计划 2014—2016》，为下一步的残障读者服务事业指明了方向[1]。

1 馆藏残障读者所用资源

国立国会图书馆入藏的可供残障读者使用的资源主要有大活字本・大抄本、盲文资料、学术文献录音图书、多媒体 DAISY（Digital Accessible Information System 的缩写，数字化无障碍信息系统）图书、LL 图书、布绘本、无障碍 DVD 等。

1.1 大活字本·大抄本

大活字本·大抄本是方便弱视读者阅读的、字体扩大的资料。大活字本由出版社出版、比通常出版物使用的字体要大。大抄本是由志愿者根据每位读者的要求将文字扩大后的资料。这样的资料也很受老年读者欢迎。

1.2 盲文资料

盲文资料是将文字、图、表用凸点来表示的资料。除了点字资料和点图资料,国立国会图书馆还收藏有9000册的点译绘本。做法是用透明的点字胶带贴在文字上,图画部分也用透明胶带剪成图画的形状贴在图上面,必要时旁边添加说明性文字。通过这种形式可以让视障者与普通人同时享受阅读带来的乐趣,尤其适合家里有视障儿童的亲子阅读。

1.3 学术文献录音图书

国立国会图书馆于1975年开始通过音译①来制作录音图书,当初是为了支援公共图书馆和盲人图书馆的残障读者服务。书目的选取根据全国公共图书馆、盲人图书馆的要求而定。主要挑选专业性强、其他机构难以制作的学术文献为对象。最初的载体是盒式磁带,之后随着DAISY的兴起,2002年音频DAISY取代了盒式磁带的模拟录音,通过CD-ROM来承载信息。到2014年3月底,国立国会图书馆制作的学术文献录音图书数量为盒式磁带2112册(图书),音频DAISY857册(图书)。涉及领域多为哲学、历史、社会科学、自然科学,自然科学中东洋医学所占比例甚高,达到自然科学的80%以上,占整个录音图书总量约20%。

1.4 多媒体DAISY图书

这种文档表现为数字式语音图书、数字式文本图书或数字式语音和文本同步的图书。DAISY拥有普通音频资料所不具备的章节、段落、页面跳转,目录导航,字体控制,颜色调整等功能。利用DAISY可同步听录音、看图像、调字幕,且被朗读的文字会自动变亮,适合各类信息获取障碍者使用。

1.5 LL图书

“LL”是瑞典语Låttläst的简称,意思是“简单阅读”。特点是使用简单易懂的词汇和语法,书中使用大量图片和照片,结构单纯。对患有认知障碍、理解语言困难的人士以及正在学习日语的人士来说更容易阅读。最近,易于阅读的LL漫画也进入了研究阶段。

1.6 布绘本

布绘本是将各种各样的布做成图后贴在衬纸上。制作时会用到拉链、纽扣、子母扣、绳子等多种材料。布绘本有很多使用方法。例如视障儿童通过手的触摸来“阅读”;手有残疾的孩

① “音译”如同字面含义“翻译声音”所表达的一样,是为了满足视障人士或阅读文字等视觉著作物有困难的人士而进行的声音翻译。即把图书、杂志等视觉信息翻译为听觉信息(声音)。与饱含感情、富有“表现力”的朗读不同,音译原则上不加入录音人的情感表现,而是尽量忠实地阅读原文内容。

子可以用作康复训练的游戏;对认知障碍的孩子则是一种快乐的学习教材。

1.7 无障碍 DVD

近年来市面销售的面向聋哑人带字幕和视障者带声音的 DVD 逐年增加。聋哑人的字幕里有诸如“风声”等声音的解说和圈定说话人(看不到说话人的嘴型,很难明白是谁在说话)的字幕。视障者的声音 DVD 里“* *公司的广告”“(场面切换时)傍晚、* *的家里”等通常不用声音传递的视觉信息中也加入了声音的元素[2]。

2 残障读者所用资源的揭示平台

国立国会图书馆对残障读者的文献提供了两种检索平台,即 OPAC 中的“盲人图书·录音图书全国综合目录”和 Search 中的“残障读者资料检索”。下面分别介绍这两种检索模式。

2.1 NDL-OPAC 的“盲人图书·录音图书全国综合目录”

“盲人图书·录音图书全国综合目录(以下简称‘综合目录’)”以 1981 年国际残疾人年为契机,在日本公共图书馆、盲人图书馆的支持协助下,由国立国会图书馆制作发行。1986 年建成数据库形式,1995 年开始发布 CD-ROM 版,1998 年发行纸本,CD-ROM 版于 2013 年 3 月停止发行。现在“综合目录”是国立国会图书馆藏书目录 NDL-OPAC(NDL 为 National Diet Library 的简称,即日本国立国会图书馆的英文略称)的数据库之一[3]。收录了国立国会图书馆制作的学术文献录音图书和全国公共图书馆、盲人图书馆制作的盲人图书、录音图书的馆藏信息[4]。目的是避免图书馆间的重复制作,使资源超越馆种限制,在全国图书馆间互通有无。现在收录的目录已经由最初 1982 年只有 50 个图书馆参加、2238 种扩大到 239 个图书馆参加、包含纸本盲文资料 16 万件、盲文数据约 5800 件、录音磁带约 22 万件、音频 DAISY 约 13 万件[5]。

2.2 NDL Search 的“残障读者资料检索”

现在,日本的残障读者资料主要集中于上面介绍的“综合目录”,此外比较典型的还有 Sapie①面向视障人士提供的资料检索服务,同时 NDL-OPAC 里也有部分残障者资料当作一般图书而收藏。读者想要获得准确的资料需要检索多个系统和数据库。为了便于读者使用,2012 年 1 月国立国会图书馆将这些信息进行整合,开发出统一的检索平台“国立国会图书馆检索(NDL Search)”。通过平台的“残障读者资料检索”,可以使资料得到更广泛的利用。截至 2014 年 10 月底 NDL Search 的“残障读者资料检索”已包含约 72 万件馆藏[6]。

① Sapie 是由日本盲人图书馆负责体制管理,全国视障情报提供设施协会负责运营的网站,该网站将各种信息转化为点字、音频数据等提供给视障者和阅读文字有困难的人士。网址为 https://www.sapie.or.jp/cgi-bin/CN1WWW。

3 残障读者的服务

3.1 馆内服务

为了使残障人士顺利使用图书馆，国立国会图书馆采取了一系列服务措施：如开馆日期（笔者注：日本国立国会图书馆不是全年无休）和时间的自动语音介绍；设置残障人士专用停车位；铺设盲道；允许与辅助犬（导盲犬、助残犬、助听犬等）一同入馆；轮椅的存放与出借；手杖·笔的出借；升降电梯配备轮椅用的按钮及镜子；残障人士专用卫生间；笔谈服务；面对面朗读服务；配备先进的设备如助听器、扩大读书器、语音读书机等[7]。

3.2 面向图书馆员的服务培训

多年来，国立国会图书馆与日本图书馆协会共同举办以国内图书馆员为对象，围绕残障读者服务的年度讲座。今年的安排如下表所示[8]。

表 1 2015 年国立国会图书馆面向残障读者服务的图书馆员举办的讲座

日程	讲义 2015 年 11 月 16 日、17 日 实习 2015 年 11 月 18 日
会场	讲义 国立国会图书馆关西馆 实习 各协助机构
对象	公共图书馆、大学图书馆馆员
企划	国立国会图书馆关西馆、日本图书馆协会

表 2 2015 年讲座的主讲及题目

前田章夫	残障者服务和残障者差别消解法
山内薰	对不能来图书馆或来馆有困难的人实行访问服务
南亮一	著作权法和残障者服务
松原洋子	大学图书馆的残障者服务——以教学资料的提供为中心
神山忠	针对阅读障碍人士的图书馆服务
东泰江	视障者的图书馆服务——以个例为中心
原田敦史	残障读者的资料·器械介绍
山口俊裕	听障者的图书馆服务——以事例为中心
加藤俊和	残疾人语音·点字等数据和全国所藏资料共同利用的在线服务“Sapie”介绍
国立国会图书馆协力课	残障者服务中可以利用的国立国会图书馆服务
杉田正幸	残障者服务入门——以具体服务事例、无障碍化为中心

表 3 2015 年的实习

大阪府立中央图书馆 实习内容：面对面朗读、听障者服务、邮寄借书、电脑指导
大阪市立中央图书馆 实习内容：邮寄借书、盲文录音资料借阅、面对面朗读、高龄者设施见学
枚方市立中央图书馆 实习内容：视障者服务、听障者服务（上午参加音译协力者联络会）
日本光明屋信息文化中心 实习内容：视障者点字录音资料的邮寄、信息提供服务
京都光明屋信息站 实习内容：视障者的信息制作和服务
堺市立健康福祉广场视觉·听觉障碍者中心 实习内容：视障者服务及听障者服务
吹田市立千里山·佐井寺图书馆 实习内容：录音图书的登记、邮寄、面对面朗读等

3.3 对全国残障读者服务的调研

2010 年 8 月至 2011 年 3 月国立国会图书馆实施了“公共图书馆残障读者服务的调查研究”。旨在从总体上把握全国公共图书馆的残障读者服务状况，并促进取得与图书馆相关领域的支持协助。调查由小林卓、返田玲子、野口武悟、野村美佐子 4 位专家组成研究会，通过文献调查，问卷调查，听证调查，先进经验的图书馆实况调查等方法展开。文献调查主要是对国内外动向的研究，4 位专家分别撰写学术论文一篇。问卷调查以全国公共图书馆为对象，围绕残障读者服务的各方面细节进行调查。听证调查选取了 9 个（分别是浦安市立中央图书馆、大阪市立中央图书馆、大阪府立中央图书馆、埼玉县立久喜图书馆、千叶市中央图书馆、调布市立中央图书馆、名古屋市鹤舞中央图书馆、枚方市立中央图书馆、横滨市立中央图书馆）有先进经验的图书馆，对各馆的残障读者服务具体措施和今后的计划等展开调查[9]。调研结束后，形成调查报告一册，并于国立国会图书馆网站公开其成果。

4 结语

本文的写作构想要回溯到《日本公共图书馆的残障读者服务及启示》（已发表于 2014 年 8 月《国家图书馆学刊》）一文，当时在写日本公共图书馆的残障读者服务时，已经深深认识到日本国立国会图书馆在整个残障读者服务体系中占据了重要的位置。可以说是引领日本图书馆界残障读者服务大军的领导者。于是一直惦记着要把它付诸笔端，也算是满足一下自己的好奇心。于是有了如今的这一篇。细细整理起来，可做如下的归纳，希望对我馆甚至我国公共图书馆的残障读者服务起到抛砖引玉的作用。

首先，硬件是基础。这个硬件可以概括为两方面。丰富的馆藏资源和人性化的馆内配套设施。图书馆的一切服务是以我们所掌握的资源为前提,文中以首要的位置大量的篇幅介绍了日本国立国会图书馆所拥有的可供残障读者使用的各种文献资源,这样的敬业精神值得我们去效仿。是否也可以把我们图书馆中分散在各处的资源进行归纳整合,以全新的姿态登场,真正做到清点家当,心中有数?在馆内配套设施方面,虽篇幅短小,但事无巨细,点点滴滴这些细小的方面都体现了为世人称道的日本人所特有的服务意识。

其次,统领全局的责任意识。日本国立国会图书馆作为日本规模最大、藏书最多、服务最完善的图书馆,在残障读者服务方面也勇挑重任,从文中可以看到每年都组织全国范围内面向残障读者服务的图书馆员进行业务培训和内容充实的专题讲座,从理论的高度和实践的层面给予图书馆员切实的指导,有了训练有素的一线图书馆馆员,才能把残障读者的服务落实到每一个具体的细节上。同时,国立国会图书馆还组织专家学者对全国公共图书馆残障读者服务进行调查研究,有效地把握了全国的情况,并在有先进经验的图书馆举行听证研究,为今后残障读者服务的推广奠定了坚实的基础。

最后,广泛的参与。国立国会图书馆的残障读者服务事业能够开展得有声有色,离不开做基础业务的采编人员对特殊文献的采选和编目标引,离不开典阅人员的归纳整理,离不开信息技术人员对检索引擎的不断改进升级,离不开阅览室服务人员的朝夕付出,离不开良性的政策制度,离不开专家学者的深入研究,更离不开全社会的重视。国立国会图书馆举办的培训中,实习部分分散于全国多个城市的图书馆或文化中心或信息站;对全国图书馆的调研工作也离不开全国几千家图书馆的通力协作、积极配合。正是因为全社会对于这项事业的支持,残障读者才能如常人一样享受到书籍带给他们的快乐。

一个社会的文明程度主要体现在它如何对待弱势群体的态度上,对于图书馆——公共文化服务阵地,我们更需要有一颗温柔敏感的心,让书找到它的读者,让读者找到他的书。

参考文献:

[1] 特集「国立国会図書館と障害者サービス」[EB/OL]. [2015-09-22]. http://www.ndl.go.jp/jp/library/supportvisual/geppo201501/index.html

[2] 障害者向け資料の紹介[EB/OL]. [2015-09-22]. http://www.ndl.go.jp/jp/library/supportvisual/geppo201501/article05.html

[3] 点字図書・録音図書全国総合目録[EB/OL]. [2015-09-22]. http://www.ndl.go.jp/jp/library/supportvisual/supportvisual-03.html

[4] 「点字図書・録音図書全国総合目録」概要説明[EB/OL]. [2015-09-22]. http://www.ndl.go.jp/jp/library/supportvisual/sanka_gaiyou.pdf

[5] 点字図書・録音図書全国総合目録の編纂[EB/OL]. [2015-09-22]. http://www.ndl.go.jp/jp/library/supportvisual/geppo201501/article03.html

[6] 国立国会図書館サーチの障害者向け資料検索の提供[EB/OL]. [2015-09-22]. http://www.ndl.go.jp/jp/library/supportvisual/geppo201501/article03.html

[7] 来館して使えるサービス[EB/OL]. [2015-09-22]. http://www.ndl.go.jp/jp/service/support/index.html#inhouse

[8] 障害者サービス担当職員向け講座[EB/OL]. [2015-09-22]. http://www.ndl.go.jp/jp/library/supportvisual/supportvisual-kouza.html

[9] 平成22年度「公共図書館における障害者サービスに関する調査研究」[EB/OL]. [2015-09-22]. http://current.ndl.go.jp/files/research/2010/2010research_report.pdf

国图百年中日文化交流钩沉

霍晓伟　黄术志

1　综述

中国国家图书馆(下称“国图”)是中国文化的重要标志,他草创于1909年[1],兴盛于二十世纪八十年代,至今已有百年历史。“国图”在发展过程中,除收集各种文献信息资源,满足社会各界阅览需求,认真履行国家馆的职能外,还积极与世界各国开展文化友好交流活动,努力宣传中国文化,增加世界对中国的认识与了解,促进世界对中国的友好。中日两国一衣带水,同文同种,自古至今文化交流频繁,往来不断,国图在中国文化事业中的地位受到了日本各界的重视,国图多年来也一直重视与日本各界的文化友好交流,立足自身特点,积极策划与日本各界文化友好往来,促进了中日两国人民的互相了解,推动了中日文化友好事业向前发展。本文旨在对发生在国图百年历史上的中日文化交流活动事业进行简单的归纳总结,揭示其发展规律与意义,以为促进这一事业更好地发展提供参考。

2　中日文化交流活动的形式与内容

国图与日本开展文化交流事业可追溯到二十世纪初期,当时国图建馆伊始,百事待兴,一批日本学人开始对国图开展赠书活动,并与国图工作人员友好往来,这种友好活动随着中日战争而一度中止,二战结束后,尤其是新中国成立后,国图与日本学人之间的友好关系逐渐得到恢复,国图与日本各界文化友好交流形式与内容也不断丰富发展,开创了新的局面。纵观历史,中日文化交流活动的形式主要有国图与日本各界间的赠书往来、与日本图书资料单位间的书刊资料国际互换、与日本图书馆界开展的学术交流、业务学习、图书馆人才培养、高层领导间不定期互访等等,中日两国人员通过这些文化友好形式往来不断,中日文化交流活动蓬勃发展。

2.1　图书赠送方面的友好文化交流活动

日文文献是国图重要馆藏之一,接受外界赠送是国图收集日文文献的一种重要方法。国图多年来努力通过开展中日友好文化交流活动,与日本社会各界建立良好关系,争取更多日本赠书丰富本馆日文馆藏。同时,国图也充分发挥自身优势,利用各种机会向日本开展赠书活动,宣传中国文化,促进中日友好。赠书活动大体可分为新中国建立前与建立后两个时期,新中国成立前国图接受日本赠书总量少,新中国成立后接受赠书总量猛增,基于赠书的中日文化交流活动日益频繁。

2.1.1　新中国成立前日本对国图的赠书活动

现发现最早载有国图接受日本赠书的文献是《北平北海图书馆第三年度报告》,该年报在最后部分详细记载了当年（即1928年）收藏日文图书的情况，并对接受日本赠书情况进行了详尽登记“本年度接受日本学者羽田亨博士赠《敦煌遗书·第一集》2册，《四译馆则》2册；接受日人长泽规矩也赠送《娇红纪》1册、《橘浦记》2册、《顾亭林之著书》1册；接受日人萱原信雄赠送《全人》1册；接受日本静嘉堂文库赠送图书《图书分类目录》1册”等等[2]，以此为始到截止1949年，国图共收到来自日本方面的赠书1335册左右，其中日本学者友人向国图赠送图书126册，日本团体向国图赠送图书1309册。这些赠书活动主要集中产生于1927到1932年间，此后由于中日关系恶化，国图接收来自日本的赠书锐减，基本处于停滞状态。

新中国成立前共有49位日本专家学者向国图赠送图书，这些赠书多是日本专家、学者的学术成果，图书内容大都与中国有关，如盐谷温所赠的《杨东来先生批评西游记》《宋明通俗小说传流表》、铃木大拙先生赠送的《敦煌出土荷泽神会禅师语录》《敦煌出土六祖坛经》《兴圣寺本六祖坛经》等，这些专家希望本人的学术成果让更多的人知道，尤其是与中国有关的学术成果，希望能够在中国学术界引起共鸣。众多赠书者中长泽规矩也与国图的关系与其他人稍有不同，1928年国图为了扩大外文文献采访渠道，曾聘请美、英、法、德、日等国的几位专家学者作为自己的通讯员，加强与海外各国的联系，以便获取更多的文献信息与文献，长泽规矩也先生受邀成为国图在日本的文献信息通讯员。除个人赠书外，新中国成立前国家图书馆还收到来自日本团体的大量赠书，据统计新中国成立前向国图赠送过图书的日本单位共有133家，这些单位以日本文化事业团体为主，另外还有日本的一些外交、行政等政府部门、高校等教育机构、科研学术机构团体、各类图书馆、博物馆、出版社、财团、协会、学会等等，与个人所赠送的图书相比团体赠送的图书种类较多，内容涉及面广，个别团体赠书单位特色明显，例如图书馆、博物馆团体以赠送本馆所藏文献目录类图书为主，科研机构学术团体以赠送本机构的学术成果图书为主，这些赠书不仅补充了国图馆藏的不足，同时赠书活动也增加了文化学术界的相互了解。

2.1.2　新中国成立后日本向国图的赠书活动

新中国成立后，尤其是中日邦交正常化以后，日本方面频繁对国图进行赠送图书活动，这也客观地使国图接收赠书在质量与数量方面都上了一个新的台阶。到目前为止国图接收到来自日本方面的赠书共计20多万种册，其中绝大多数是新中国成立后收到的，这些赠书内容新，品相好，内容更加广泛。由于互联网等现代信息技术在社会生活中的普及应用，使日本一些有赠书意向的个人能够通过互联网轻松获取国图藏书等各方面情况，为他们进行赠书活动带来了极大的方便，因此国图接到的个人赠书正在增加。国图除能够接收到日本个人赠送的图书外，还能接受到其他类型的文献资料，如1994年，志鸟荣八郎先生将其所收藏的几万张唱片中的2万张激光唱片[3]赠送给国图，1995年志鸟荣八郎再一次访问国图时，又向国图赠送1万多张音乐光盘，促进了中日文化友好交流[4]。

新中国成立后国图在接受日本团体赠书交流活动方面取得了前所未有的成就，每年固定向国图赠送图书的日本团体机构有日本出版贩卖株式会社（下称“日贩”）、岩波书店、日本现代歌人协会等三家从事文化事业的团体，这三家团体每年向国图赠送图书达到了9000种左右，这些赠书具有类目齐全、内容广泛、学术性强、质量好等特点[5]，这在国图发展史上是绝无仅有的事情。岩波书店、日贩等团体由于有充足的经费做支持，使得赠送活动有规律，赠书数量稳定，克服了一般赠书活动存在突发性、不稳定性等弊病，使国图能够将接受赠书工作顺利纳入到日常工作管理中。在这些团体的影响下，日本其他一些民间组织也有向国图赠送图书的文化交流活动,例如1988年日本三井物产株式会社向国图赠书1000余册[6],1993年国图接受日本下中纪念财团赠送日文图书等[7],这些赠书不但丰富了国图馆藏,也促进了中国日本文化交流。作为对这些单位友好赠书的回应,也为了表达中方对这些单位长期赠书的谢意,国图对到访赠书者进行热情接待,对未到馆者发放证书,还对其中贡献突出的单位进行表彰,如国图曾三次邀请岩波书店负责人来中国进行交流访问,文化部向其颁发“中日文化交流贡献奖”。此外为表彰日贩在中日两国文化交流上所做的贡献,文化部于1992年、2002年两次授予日贩“文化交流贡献奖”[8]。

2.2　书刊文献国际互换中日文化交流活动

书刊等文献的国际交换是国际文化交流的一种重要手段,国图本着公平合理,以已所有,换已所需的原则,充分利用这一国际公认的方法与日本图书馆界开展资料交换,实现书刊资料方面的文化交流[9]。20世纪50年代初,国图根据新中国对日本的外交政策,首先与日本国立国会图书馆(下称“国会馆”)建立了国际交换关系,这也拉开了国图与日本各图书馆等文献收藏单位开展国际互换的序幕[10],经过近半个世纪的发展,目前国图已经与国会馆、东洋文库、日本国立博物馆、东京大学图书馆、日本史学会、内山书店等127家单位建立了国际互换关系。国图每年通过这种方式从日本获取日文期刊700余种,占国图年入日文期刊的63%。这些期刊基本反映了日本自然科学与社会科学等众多领域的研究情况,为我国的各学科科研发展、国家建设提供了重要的参考。同时,每年以这种方式交换到日本的中文期刊有330多种2000多册,中文图书2000册,流向日本127家文化单位,将中国古典诗词、文学、历史、政治等方面的文化信息传递到日本,增加了日本对中国文化的了解。国图与日本各单位开展的书刊文献国际互换文化交流活动,最大限度地节约了双方文献采购经费,丰富了各自的馆藏,为社会读者借阅创造了更多机会。

2.3　文献展览方面的中日文化交流活动

国图在与日本进行友好文化交流过程中,注重发挥自身在文献资料、读者人群上的优势,积极进行文献展览,日本出版物文库阅览室的成功创立就是文化交流活动的最好证明。1983年日贩与国图在达成图书赠送关系的同时,也与国图签订了《关于举办日本出版物文库阅览室协议》,定期向国内读者展览日贩赠书,这一活动受到读者的欢迎,日贩阅览室每年接待读者1万多人,图书流通册次在8万册以上,一些专家、学者、科研人员利用阅览室所藏图书资料完成了自己的科研工作。时至今日,日本出版物文库阅览室已经平稳地走过了三十年,历任日本出版贩卖株式会社高层领导、在日贩工作的友人、日本各出版社的有识之士对她的发展都非常重视,日贩每年都要组织访华代表团到中国国家图书馆考察日本出版物文库阅览室的开展情况,并以此使日本出版界更好地了解阅览室的发展状况。同时,日本出版物文库阅览室也一直受到中国文化部历届领导的重视,日方代表团每次访华都受到文化部领导的亲切接见,阅览室在发展上也一直得到文化部给予的政策上的支持。日本出版物文库阅览室成立20周年之际,中日双方还举行了隆重的纪念活动,时任国图副馆长杨炳延和日贩社长菅彻夫共同种下象征中日文化繁荣昌盛的樱花树[11]。此外国图还利用自己馆藏资源的优势,积极进行各种展览,宣传中国的文化,例如:1992年1月2日在日本举办“中国年画展览”,1992年6月与东京都书道联盟联合在日本举办“北京、东京书法联展”,1993年1月26日—2月18日国图善本部携馆藏《西厢记》珍本 8 种，赴日参加“西厢记与风俗画”展览等。

2.4 与日本图书馆界开展的学术交流、业务学习活动

国图与日本国会馆、高校间还开展了一系列的学术交流活动，就共同关心的业务发展问题进行探讨，这既增加了相互间的了解，也提高了各自的业务发展水平。

国图与国会馆间人员往来始于二十世纪七十年代，正式确立业务交流关系始于 1981 年。1974 年，中国文物局在日本举办“汉唐壁画展”，国图工作人员金凤吉老师作为日语翻译随团出访，在日期间金凤吉随文物局局长王冶秋访问了国会馆，受到了时任国会馆馆长岸田实的亲自接见[12]，这次访问国会馆虽然具有很大的偶然性，但却是“文革”以来国图与国会馆首次进行直接接触。此后，1977 年国图因建设新馆舍需要组建“图书馆建筑考察访日团”，对日本东京都立中央图书馆与国会馆的业务自动化情况进行了考察学习；1979 年，国图与国会馆间进行了多次交流往来，首先国会馆协力部长陶山见国访问国图，11 月国会馆总务部副部长高桥德太郎访问国图并进行讲座，12 月国图副馆长谭祥金等访问国会馆，谭祥金访日期间双方就今后要扩大业务交流、增加国际合作达成共识，这也为 1981 年双方召开第一次业务交流会做了有力的铺垫。1981 年夏，国图副馆长李家荣带团访日，再次向日本国会馆表达了希望召开业务交流会的意愿，10 月 21 日，时任国会馆副馆长的陶山见国带领国会馆第一次业务访华团对国图进行访问，参观访问期间中日双方就“计算机在图书馆的应用”等关心的话题进行了具体业务交流。这次业务交流会在两馆交流史上意义重大，他促使此后两馆人员往来，业务交流进入常态化。2011 年，国图与国会馆间已成功举办 30 次业务交流活动，业务交流会讨论的内容以图书馆业务为主，双方就各自发展中遇到的问题进行相互切磋学习，取长补短，共同提高，例如：2011 年在日本国会馆举办的第 30 次业务交流会上，中日双方围绕电子图书馆、地震中的图书馆、古籍资料的电子化等当前图书馆发展的前沿问题进行了交流[13]。国图与国会馆除每年进行一次常规性的业务交流活动外，还各自根据业务发展需要，不定期进行一些临时性的业务交流活动，以解决发展中遇到的难题。

国图除与国会馆进行广泛的业务交流外，还与日本一些公立图书馆、大学图书馆等保持着良好关系，国图也经常派人到这些图书馆进行交流访问，这些图书馆也不定期到国图进行参观学习。如 2007 年 9 月日本爱知淑德大学图书馆情报学系师生一行 47 人到国图进行参观学习；2009 年 2 月，日本京都大学图书馆馆员一行 4 人到北京与国图进行业务交流学习等等。随着国图事业不断发展壮大与在世界图书馆界影响的不断提高，将来这种围绕业务发展而开展的文化交流活动还会增多。

2.5 中日双方共同进行的人才培养活动

国图与国会馆、日贩、日本国际交流基金会等单位积极合作，不断为培养图书馆事业发展需要人才创造机会，在人才培养方面进行交流合作，促进了业务的发展。1985 到 1986 年前后，国图与国会馆间开始开展交换馆员业务，不定期互派工作人员到对方图书馆进行业务学习，成功互派交换馆员达七次，这一良好的交流形式增加了交流的实用性与灵活性。另外国图积极与日贩合作，从 1989 年开始定期派人赴日本进行研修，在提高日语水平的同时也了解日本的风土人情、社会文化，促进了中日友好。另外国图还利用日本国际交流基金会的赞助，派人赴日研修提高了工作能力与日语水平。中日双方进行的人才培养方面的文化事业，除了解

决了人才成长方面的问题,更增加了参与者对两国的感性认识,破除了神秘,消除了误会,培养了友好感情。

2.6 其他形式的文化交流活动与意义

国图与日本社会文化界始终保持着友好关系,与一些单位通过高层互访的形式,保持友好,例如:2003 年 3 月日本驻华大使阿南惟茂及和夫人阿南史代来馆参观访问[14];2009 年中国国家图书馆百年馆庆之际,日本国立国会图书馆馆长长尾真先生到国家图书馆道贺并做了学术报告等,高层领导的互访对实质业务方面的文化交流起到很好的润滑作用。国图还与日本社会一些非文化单位保持着友好关系,如与日本和平龙友好访华团保持友好关系,1989 年 7 月 28 日"和平龙"在国图院内揭幕[15],此后日本和平龙友好访华团多次来馆都受取了国图的热情接待。随着社会的发展变化,国图的功能也不断地丰富,国图对外文化交流事业的形式与内容也不断丰富,对日文化交流事业也会随之取得更多的成就。

围绕国图开展的中日文化交流,是中日文化交流的一部分,它的发展经历了一个由自发到自觉的过程,从最初少数日本学者来京赠书开始,发展到如今每年都有日本团体有计划大量向国图赠送图书,这也是文化交流发展的必然规律。这种交流是文化发展的需求,相互交流增进了解,提高了自身的水平。另外这些交流始终围绕国图事业发展而展开,以友好为主题,交流形式多种多样,涉及社会层面广。通过这种交流缓解了中日图书馆界购书经费不足问题,丰富了各自的馆藏。

参考文献:

[1] 丁志刚. 北京图书图书馆发展纲要刍议[J]. 北京图书馆同人文选,1987

[2] 黄术志. 国家图书馆接受日本赠书探讨[J]. 图书馆工作与研究,2010(8)

[3-4][6-7][11][14-15] 李致忠. 中国国家图书馆百年纪事[M]. 北京:国家图书馆出版社,2009

[5] 孙利平,张艳霞. 日贩赠书年与国家图书馆的日文采访[J]. 国家图书馆学刊,2001(4)

[8] 国图要闻[EB/OL][2012-03-01]. http://www.nlc.gov.cn/old2008/GB/channel55/59/200706/06/3157.html

[9] 马静,黄曼丽. 国家图书馆书刊国际交换发展史浅析[J]. 图书馆理论与实践,2007

[10] 段洁滨. 中国国家图书馆与周边主要国家文献交换的历史、现状及展望[J]. 浙江高校图书情报工作,2011(2)

[12] 金鳳吉. 回憶與懷念—私と国立国会図書館[J]. 国立国会図書館月報,2002(491 号)

[13] 国立国会図書館編. 中国国家図書館との第 30 回業務交流[J/OL]. [2012-03-01]. 国立国会図書館月報,2012(610 号):31p http://www.ndl.go.jp/jp/publication/geppo/index.html(2012/03/01)

国家图书馆出版社
图书馆学、信息管理科学重点图书推介

中国图书馆分类法(第五版)
《中国图书馆分类法》编辑委员会编　定价:360.00 元　出版时间:2010 - 09

中国图书馆分类法简本(第五版)
《中国图书馆分类法》编辑委员会编　定价:120.00 元　出版时间:2012 - 09

《中国图书馆分类法》第五版使用手册
《中国图书馆分类法》编辑委员会编　定价:59.00 元　出版时间:2013 - 11

图书馆情报学概论
于良芝著　定价:75.00 元　出版时间:2016 - 09

20 世纪的西方与中国的图书馆学——基于德尔斐法测评的理论史纲
范并思编著　定价:精装 60.00 元,平装 38.00 元　出版时间:2016 - 09

程焕文之问:数据商凭什么如此狼?
程焕文编　定价:48.00 元　出版时间:2016 - 07

公共图书馆绩效与价值评价研究
褚树青主编　定价:60.00 元　出版时间:2016 - 07

图像语义信息可视化交互研究
陆泉著　定价:120.00 元　出版时间:2016 - 07

文化行业标准化研究
柯平　申晓娟等著　定价:80.00 元　出版时间:2016 - 07

数字文化馆:网络平台与实体空间
李国新主编　定价:48.00 元　出版时间:2016 - 06

中国文化文物统计年鉴 2015
中华人民共和国文化部编　定价:220.00 元　出版时间:2015 - 10

中国图书馆年鉴 2015
中国图书馆学会　国家图书馆编　定价:340.00 元　出版时间:2016 - 04

中华人民共和国文化行业标准
中华人民共和国文化部发布
WH/T 73—2016 社区图书馆服务规范　定价:20.00 元　出版时间:2016 - 05

WH/T 71—2015 图书馆参考咨询服务规范	定价:20.00 元	出版时间:2015 - 12
WH/T 49—2012 音频数据加工规范	定价:20.00 元	出版时间:2015 - 12
WH/T 65—2014 电子图书元数据规范	定价:20.00 元	出版时间:2015 - 12
WH/T 67—2014 期刊论文元数据规范	定价:20.00 元	出版时间:2015 - 12
WH/T 63—2014 视频资源元数据规范	定价:20.00 元	出版时间:2015 - 12
WH/T 45—2012 文本数据加工规范	定价:20.00 元	出版时间:2015 - 12
WH/T 50—2012 网络资源元数据规范	定价:20.00 元	出版时间:2015 - 12
WH/T 68—2014 学位论文元数据规范	定价:20.00 元	出版时间:2015 - 12
WH/T 66—2014 古籍元数据规范	定价:30.00 元	出版时间:2015 - 12
WH/T 64—2014 电子连续性资源元数据规范	定价:20.00 元	出版时间:2015 - 12
WH/T 52—2012 管理元数据规范	定价:60.00 元	出版时间:2013 - 04
WH/T 46—2012 图像数据加工规范	定价:60.00 元	出版时间:2013 - 04
WH/T 47—2012 图书馆数字资源统计规范	定价:40.00 元	出版时间:2013 - 04

当代中国图书馆学研究文库(第四辑)

吴慰慈　陈源蒸主编	定价:70.00 元/册	出版时间:2016 - 01
信息社会中的公共图书馆	于良芝著	
图书馆发展与信息资源建设	孟雪梅著	
信息检索与利用的实践与研究	华薇娜著	
传承与守望	陈红彦著	
数字图书馆资源建设与服务	肖珑著	
图书馆管理与服务	杨勇著	
图书馆事业发展与法制建设研究	肖燕著	
用户信息行为理论与方法研究	邓小昭著	

以上系列图书盗版严重　请从正规渠道购买

地址:北京市西城区文津街 7 号
邮编:100034
电话:010 - 66126153;66114536;66151313;88003146
传真:010 - 66121706
网址:www.nlcpress.com